社会管理河南省协同创新中心智库丛书
A SERIES OF SOCIAL GOVERNANCE
COLLABORATIVE INNOVATION CENTER OF HENAN

河南社会治理发展报告

(2014)

ANNUAL REPORT ON SOCIAL GOVERNANCE
DEVELOPMENT OF HENAN (2014)

主　编／郑永扣
副主编／郑志龙　刘学民　高卫星　樊红敏

社会科学文献出版社
SOCIAL SCIENCES ACADEMIC PRESS (CHINA)

社会管理河南省协同创新中心简介

2012年10月，社会管理河南省协同创新中心被认定为省级协同创新中心。牵头单位为郑州大学，协同单位包括河南财经政法大学、河南理工大学、郑州轻工业学院，以及河南省社会管理综合治理委员会办公室、河南省人民政府研究室、河南省发展与改革委员会、河南省民政厅、河南省人力资源和社会保障厅。中心主任为郑永扣教授，现任郑州大学党委书记，第十一届、十二届全国人大代表，郑州大学哲学学科学术带头人。中心常务副主任为郑志龙教授，现为郑州大学公共管理学院院长，郑州大学公共管理学科学术带头人。中心围绕河南省经济社会转型过程中影响和谐稳定的突出问题，发挥学术研究部门、政府决策部门、基层实践部门协同创新平台功能，现已建立起社会管理体制机制、基层社会管理和服务、公共安全与应急管理3个创新平台，着力解决河南省社会管理实践中面临的理念思路、体制机制、方法手段等方面的难题。

中心自成立以来，围绕"实现理论创新、推动制度创新、促进实践创新"的发展目标，在科学研究、社会服务等方面积极开展工作，取得了丰硕的成果。2013年6~9月，中心与河南省政府研究室开展了暑期社会治理综合调查工作，全面了解河南省社会治理现状，为中心建设"社会治理数据库"、出版《河南省社会治理发展报告》奠定了坚实基础；围绕打造河南省社会治理智库的目标，中心精心组织编写了《决策参考》。《决策参考》涉及当前河南省社会发展的各个方面：新型城镇化建设、产业集聚区发展和社会管理创新、基层公共文化建设、新型农村社区建设、基层信访稳定治理等内容。《决策参考》促进了中心与政府、学术机构沟通和联系，推动了科研成果的转化；2013~2014年，中心启动了"百村调查"实践活动，调查内容包括人口城镇化、农村基本公共服务和农村社区发展等方面。围绕打造河南省社会治理智库的目标，协同中心规划了"智库丛书"系列，《河南省社会治理发展报告》是中心系列成果之一。

主编简介

郑永扣 教授，博士生导师；现任郑州大学党委书记，社会管理河南省协同创新中心主任，郑州大学马克思主义哲学研究中心主任，第十一届、十二届全国人大代表，郑州大学马克思主义唯物论学科学术带头人，兼任河南省哲学学会会长。

郑永扣长期从事马克思主义理论的教学与研究工作，对马克思主义哲学和中国社会主义现代化建设理论有较为深入的研究。在《中国社会科学》、《哲学研究》、《光明日报》等权威期刊和报纸发表《历史唯物主义的科学性质》、《论上海楚简的'五至'说》、《思想、文化、道德的凝结》等文章40余篇，主持国家和省部级项目10余项。

摘　要

本报告由社会管理河南省协同创新中心研究人员经过深入调查研究撰写完成，同时也邀请了部分河南省党政机关和其他大学的专家学者参与。本报告的资料来源主要包括三个部分：一是全国、河南省和各地市的统计年鉴，相关厅局年度工作总结、专题报告等；二是社会管理河南省协同创新中心围绕发展报告编写开展的专项调查，如金水区政府购买公共服务专项调查等；三是2013年8月开展的河南省十县区社会治理综合调查数据。

基于对社会治理内涵的理解，本发展报告的写作体现了三个特点：一是体现社会治理的价值导向性，突出社会组织、公民在社会治理中的参与，突显社会性服务方式的变革，体现社会治理的价值导向如社会活力、社会参与、社会公平等；二是突出社会治理创新的地方特色，体现河南省社会治理的总体形势和现状，凸显社会治理地方性探索和创新；三是凸显社会治理的实践性，将社会治理与当前社会发展面临的新形势、新问题、新任务结合起来，与各行动主体的创新性实践结合起来。

本报告的具体内容分为四个部分：第一部分为总报告，即"河南省社会治理形势分析与展望"，该报告从公共安全、矛盾化解、社会组织、公共服务、社会公平五个维度，对河南省社会治理形势进行了单变量描述和年度趋势分析。研究表明，河南省社会治理公共安全形势总体向好、社会矛盾化解平稳推进、社会组织逐步壮大、基本公共服务状况显著改善，但社会公平状况还有待改善。

第二部分是专题报告，主要包括公共服务、社会组织、基层社会治理、社会安全、社会管理信息化等专题，这些专题分析了河南省城乡一体化、社会组织、社会治理中的法律实施、流动人口服务管理、弱势群体权益维护、信访法制化、农村土地流转的发展现状，评估了河南省18个省辖市政府门户网站，提出了相关的进一步发展完善的对策建议。

第三部分为调查报告，主要包括新型农村社区养老服务、郑州市居民食品安全心理、新型农村社区建设以及河南省新生代农民工社会支持体系等内容。基于问卷调查的数据，调查报告从不同的角度对河南省社会治理的诸多方面进行了定量分析。

第四部分为案例报告，主要包括郑州市网格化社会治理探索、信阳市平桥区公共服务建设、郑州市流动人口信息服务平台建设、义马群众工作的实践、郑州市金水区政府购买社工服务的探索、河南社会法庭新探索、郑州市社会信用体系建设、新郑市统筹城乡社会治理的实践探索。这些实践探索反映了河南省在社会治理方面的努力和成果，为河南省社会治理方式的创新和提高社会治理能力提供了经验、启示。

Abstract

This report is written by researchers of Social Governance Collaborative Innovation Center of Henan Province after thorough investigation and study. The data depend on 3 aspects: the first is from national, provincial and regional statistical yearbooks, special subject reports and yearly work summaries of the relevant government departments and bureaus, etc; the second is from special surveys conducted by Social Governance Collaborative Innovation Center of Henan Province, such as the survey of purchasing public services by Jinshui government; the third is from the comprehensive investigation of social governance in 10 counties (districts) of Henan province which was launched in August 2013.

Based on the connotation of social governance, this report reflects 3 characteristics: the first is the value orientation of the social governance, such as social vitality, social participation, social justice, etc; the second is the local features of innovation of social governance in Henan province; the third is the practical feature of social governance, concerning about the new situation, the new problems, the new tasks and the new practices nowadays.

This report includes 4 parts. The first is general report—the analysis and prospect of situation of social governance in Henan province, which describes and analyzes situation and yearly trends of social governance from five dimensions: public security, social contradiction resolving, social organizations, public services and social justice. It shows that the situations of public security are getting better, the resolution of social contradiction is promoted steadily, the social organizations are expanding gradually, the conditions of fundamental public services improve significantly, and the conditions of social justice need to make better.

The second part is about the special subject reports. It mainly includes the projects of the public service, the social organization, the grassroots governance, the social security, the informatization of social management, etc. These projects analyze the developmental situations of the urban-rural integration of Henan province, the social organizations, the law enforcement in social governance field, the services and management of migrant population, the rights and interests' protection of the disadvantaged groups, the legalization of petition and the rural land circulation, evaluate portal websites of 18 regional governments of Henan province, propose suggestions for further improvements of these aspects.

The third part is about the investigation reports. It mainly includes the aged care services of new-type rural community, the psychological investigation of the household food safety in Zhengzhou, the new-type rural community building and the social supporting system of new-generation peasant workers, etc. These reports analyze the conditions of relevant aspects based on the questionnaire data.

The forth part is about the case reports. It mainly includes the exploration of grid management in Zhengzhou, the public service building in Pingqiao of Xinyang city, the construction of the information service platform for migrant population in Zhengzhou, the practice of the mass work in Yima city, purchasing social work services by Jinshui government of Zhengzhou, the new practice of Henan social tribunal, the building of the social credit system in Zhengzhou, coordinating urban and rural social development in Xinzheng. All the practices reflect the efforts and achievements of the social governance in Henan, which provide the experience and inspiration to innovate the mode of the social governance, and to improve its capability.

序

党的十八届三中全会把创新社会治理体制作为推进国家治理体系和治理能力现代化的重要内容，提出"加快形成科学有效的社会治理体制，确保社会既充满活力又和谐有序"，强调"创新社会治理，必须着眼于维护最广大人民根本利益，最大限度增加和谐因素，增强社会发展活力，提高社会治理水平，全面推进平安中国建设，维护国家安全，确保人民安居乐业、社会安定有序"。当前，河南省正处于实施国家粮食生产核心区、中原经济区和航空港经济综合实验区三大国家战略的重要机遇期。在经济增长方式转变的同时，通过社会治理创新推动河南省以新型城镇化为引领的"三化"协调发展，处理好经济发展与社会公平，工业化、城市化与环境保护，公共需求增长与公共服务供给不足等转型期社会问题，形成具有地方特色的社会治理体制机制和新型政府、市场与社会关系，显得尤为迫切。

2012年10月，社会管理河南省协同创新中心被认定为省级协同创新中心。中心立足于发挥协同创新平台功能，探索形成基层实践部门、政府决策部门、学术研究部门协同合作的有效体制机制，致力于打造河南省社会治理智库，服务河南经济社会发展，推动河南省社会治理创新。出版年度《河南省社会治理发展报告》是中心的重点工作之一，旨在通过社会治理发展报告的编写，充分发挥中心社会服务功能。

社会治理创新的主旨实质是在新形势下如何践行党的群众路线；实施路径是如何通过动员社会参与，理顺政府、企业和民众的关系；在工作方法上是如何有效运用协同机制实现共谋、共建、共治、共享；在目标追求上是如何通过培育社会，最大限度激发社会活力。推动社会治理变革，既是构建国家治理体系的基础，也是提升国家治理能力的前提。面对河南省各地轰轰烈烈进行的社会建设和社会治理实践活动，急需理论研究者和社会实践者同心协力投入这项研究工作中，更好地为现实服务。希望报告的出版，能为推动河南省社会建设和社会治理能力现代化发挥应有的作用。

郑永扣

2014 年 4 月

绪　言

樊红敏[*]

一　社会治理的提出及其实践意义

随着改革开放的不断深入，工业化、信息化、城镇化、市场化进程的不断加快，体制转轨与社会转型全面推进，我国进入了发展的重要战略机遇期，同时又处于社会矛盾凸显期。经济层面，经济体制深刻变革，利益格局深刻调整，利益差别不断拉大，利益冲突逐渐增多；社会层面，社会结构深刻变动，社会阶层不断分化，阶层群体冲突不时涌现，开放性、流动性问题愈显突出；思想层面，社会思潮呈多元、多样、多变态势，价值观念不断分化，各种思想的交融或交锋趋于激烈。与此同时，互联网等新兴媒体的迅猛发展使得网络虚拟社会对现实社会的影响越来越大，国际上各种传统安全和非传统安全威胁相互交织也对中国产生这样或那样的影响。在这种情况下，如何更有效地化解社会矛盾，更好地提供公共产品和公共服务，构建既充满活力又公平有序的社会环境，成为各级政府面临的重大任务和挑战。

近年来，党和政府在一系列重要文件中围绕"社会管理"、"社会治理"进行了战略部署。党的十六届四中全会通过的《中共中央关于加强党的执政能力建设的决定》首次将"社会管理"置于党的执政能力建设的高度，强调"加强社会建设和管理，推进社会管理体制创新"，要求"建立健全党委领导、政府负责、社会协同、公众参与的社会管理格局"，"形成社会管理和社会服务的合力"；十六届五中全会通过的《中共中央关于制定"十一五"规

---

[*] 樊红敏，博士，郑州大学公共管理学院教授，社会管理河南省协同创新中心研究员，研究方向为基层社会治理与社会发展。

划的建议》首次将"社会建设"作为现代化建设的一部分,明确提出"加强社会建设和完善社会管理体系,推进社会主义和谐社会建设";十六届六中全会通过的《中共中央关于构建社会主义和谐社会若干重大问题的决定》进一步明确了"社会管理创新"是构建和谐社会的必然要求和重要内容;党的十七大报告则将"社会建设"提升至中国特色社会主义道路组成部分的高度,强调要"完善社会管理,维护社会安定团结";党的十八大报告则进一步强调"要围绕构建中国特色社会主义社会管理体系,加快形成党委领导、政府负责、社会协同、公众参与、法治保障的社会管理体制,加快形成政府主导、覆盖城乡、可持续的基本公共服务体系,加快形成政社分开、权责明确、依法自治的现代社会组织体制,加快形成源头治理、动态管理、应急处置相结合的社会管理机制"。党的十八届三中全会通过的《中共中央关于全面深化改革若干重大问题的决定》(以下简称《决定》)关于"社会治理"的提出更是成为《决定》的重要亮点。该《决定》将"创新社会治理"提升至推进国家治理体系和治理能力现代化的战略高度,以专章形式对创新社会治理的目标、方向和任务等进行了全面部署。

当前,河南省正面临中原经济区建设和航空港区建设的重要机遇期,在以新型城镇化为引领的"三化"协调发展过程中,深入贯彻落实中央上述文件精神,探索具有地方特色的社会治理和服务体系,包括社会治理体制、基本公共服务体系,现代社会组织体制和社会治理机制,推动社会治理创新,在转型发展中促进和谐稳定,显得尤为迫切。

二 社会治理的内涵

社会治理是从社会管理演变而来,对社会治理的理解还要从社会管理和社会治理的比较中把握。关于社会管理的内涵,学界各有侧重。一是侧重于社会关系的协调,强调社会矛盾化解。马凯认为,"社会管理是指以维系社会秩序为核心,通过政府主导、多方参与,规范社会行为、协调社会关系、促进社会认同、秉持社会公正、解决社会问题、化解社会矛盾、维护社会治安、应对社会风险,为人类社会生存和发展创造既有秩序又有活力的基础运行条件和社会环境，促进社会和谐的活动。"① 这一界定是对社会管理狭义的理解。二是侧重于宏观视角，包含了社会关系、社会事业、社会结构等。陈振明从政府社会管理职能的角度认为，社会管理与政治管理、经济管理相对，指的是政府对社会公共事务中排除掉政治统治事务和经济管理事务的那部分事务的管理与治理，其所涉及的范围一般也就是社会政策所作用的领域②。郑杭生认为，社会管理主要是指政府和社会组织对社会生活、社会结构、社会制度、社会事业和社会观念等各个环节进行组织、协调、服务、监督和控制的过程。③ 陈振明和郑杭生虽对管理主体的界定不一，但他们对社会管理内容的界定更为宏观，除了社会关系协调和社会矛盾化解，也包括了社会事业和社会性服务的提供。

社会治理和社会管理的区别要从治理这一概念的由来和内涵进行区分。按照全球治理委员会的界定，治理是各种公共或私人机构和个人管理共同事务的诸多方式的总和；治理是使相互冲突或不同的利益得以调和并且采取联合行动的持续过程④，可见治理强调的是多元方式和合作治理的过程。王思斌认为，社会治理至少有三种含义：第一，它可以被理解为对社会的治理；第二，它是对社会领域的治理；第三，它是由社会力量作为主体参与的协同共治。⑤ 何增科认为，社会治理强调多元主体之间的协商、协调的持续互动，倡导政府社会管理的透明化、法治化和利益相关方参与社会政策决策，倡导社会自治和参与式自治⑥。由此看来，社会治理的内容和客体与宏观的社会管理基本一致，是对社会性公共事务的规范、组织、协调、监督的过程，包括社会性公共服务的提供、社会行为的规范、社会关系的协调等，其目的是维护群众权益，实现群众利益最大化。社会治理与社会管理的区别在于：一是社会治理更强调治理的社会性，社会管理的主体是政府，社会组织是协同对象，社会参与是辅助的。社会治理主体中公民、社会组织、社会团体、政府都是平等的社会性公共事务管理的主体，在这些主体

---

① 马凯：《努力加强和创新社会管理》，《国家行政学院学报》2010 年第 5 期。
② 陈振明：《什么是政府的社会管理职能》，《新华文摘》2006 年第 3 期。
③ 郑杭生主编《中国人民大学中国社会发展研究报告 2006——走向更讲治理的社会：社会建设与社会管理》，中国人民大学出版社，2006。
④ 全球治理委员会：《我们的全球伙伴关系》，牛津大学出版社，1995。
⑤ 王思斌：《加强社会工作人才队伍建设促进社会治理》，《中国社会报》2014 年 1 月 10 日。
⑥ 何增科：《做社会治理和社会善治的先行者》，《学术探索》2013 年第 12 期。

中，政府承担的只能是社会自身无法达成的社会性公共事务。二是社会治理更强调社会性公共事务治理秩序生成的自发性以及社会自治性。根据西方国家理论的逻辑，社会治理合法性的权力来源首先是社会组织、公民、社会团体等，在此基础上，关注社会组织、公民、社会团体以及政府在社会治理中的协同性，强调政府治理和社会自我调节、居民自治良性互动。三是从社会治理的价值取向上看，社会管理侧重于社会和谐，社会治理更注重社会活力。社会治理的价值导向，包括活力、参与、公平、和谐等，社会治理的根本价值在于人的福祉最大化。

三 框架安排

基于对社会治理内涵的理解，本发展报告的写作力图体现三个特点。

一是体现社会治理的价值导向性，突出社会组织、公民在社会治理中的参与，突出社会性服务方式的变革；

二是突出社会治理创新的地方特色，即体现河南省社会治理的总体形势和现状，凸显社会治理地方性探索和创新的河南特色；

三是凸显社会治理的实践性，将社会治理与当前社会发展面临的新形势、新问题、新任务结合起来，与各行动主体的创新性实践结合起来。相应的，在内容安排上主要包括公共服务、社会安全、社会组织、社会冲突治理、基层社会建设、社会治理信息化和法治化等，并着力凸显社会治理的价值导向，如社会活力、社会参与、社会公平等。在框架安排上主要分为总报告、专题报告、调查报告和案例四大部分。其中，总报告和专题报告旨在全面把握河南省社会治理发展的总体形势，体现地方性；调查报告和案例旨在凸显河南特色。

具体来说，本发展报告框架安排分为四个部分。第一部分为总报告，主要分析河南省社会治理的总体形势。第二部分为专题报告，主要包括公共服务专题、社会组织专题、基层社会治理专题、社会安全与社会风险专题、社会管理信息化与法制化专题等。第三部分为调查报告，主要是对河南省社会治理状况、新型农村社区养老服务、郑州市居民食品安全心理以及河南省新生代农民工社会支持体系等状况进行调查分析。第四部分为社会治理案例，主要是近年来河南省各市、县在创新社会治理方面的实践探索。

四 资料来源

河南省社会治理发展报告的资料来源主要包括三个部分。第一部分是河南省和各地市统计年鉴、相关厅局年度工作总结、专题报告等；第二部分是社会管理河南省协同创新中心围绕发展报告编写开展的专项调查，如金水区政府购买公共服务专项调查、郑州市网格化管理调查等；第三部分是2013年8月开展的十县区社会治理综合调查。这次调查包括问卷调查、案例调查和数据收集三个部分。鉴于有多篇报告引用了这些调查数据，有必要对样本选择、抽样情况及案例选取进行说明。

在样本选择上，考虑样本的典型性、区域代表性、经济发展程度，结合2012年河南省政法委实施的社会管理创新试点情况，最终选取了郑州市金水区、新郑市、巩义市，信阳市平桥区，焦作市孟州市，新乡市新乡县，平顶山市舞钢市，三门峡市义马市，濮阳市华龙区，济源市10个县（市、区）作为调查样本。问卷调查采取随机抽样的方式，选取了40个社区，其中包括16个城镇社区、8个新型农村社区、16个传统农村社区，就公共服务、社会参与、社会公平、社会环境、居民城镇化意愿等进行了调查。每个社区调查25份问卷，每个调查点共计100份问卷，问卷抽样及数量见表1。调查采取面访的方式，共发放问卷1000份，收回有效问卷979份。

表1 问卷调查抽样

单位：个，份

调查地区		行政级别	社区类型及数量				调查问卷数量
			居委会		村委会		
			城市社区	城镇社区	新型农村	传统农村	
郑州市	金水区	区	2	1	1	—	4×25=100
	新郑市	县级市	—	1	1	2	4×25=100
	巩义市	县级市	—	1	1	2	4×25=100
信阳市	平桥区	区	2	1	—	1	4×25=100
焦作市	孟州市	县级市	—	1	1	2	4×25=100
新乡市	新乡县	县	—	1	1	2	4×25=100

续表

调查地区		行政级别	社区类型及数量				调查问卷数量
			居委会		村委会		
			城市社区	城镇社区	新型农村	传统农村	
平顶山市	舞钢市	县级市	—	1	1	2	4×25=100
三门峡市	义马市	县级市	—	1	1	2	4×25=100
濮阳市	华龙区	区	2	1	—	1	4×25=100
济源市	济源市	地级市	1	—	1	2	4×25=100
合计			40				1000

案例调查主要采取了座谈会和实地走访形式。座谈会由调研组人员和调查地县（市、区）的相关部门（主要包括群工部、信访局相关科室、公安局、法院、检察院、司法局、民政局、综治委、社会管理办公室、拆迁办、房管局、新型农村社区建设办公室、街道办等）参加，就选取的样本县主题进行深入座谈，主要内容包括出台的政策、采取的措施、取得的成效、基本经验、面临的困境等。座谈会以各部门工作简述及问答的方式进行。座谈会之后进行实地走访，深入乡镇、社区、产业集聚区等进行实地考察。

案例调查共选取了11个具有代表性的典型案例，涉及公共服务、群众工作、社会组织、城乡一体化、流动人口服务与管理等方面。调查地点、内容包括信阳市平桥区基层公共服务体系建设、义马市社会管理与群众工作创新等，具体调查地点和内容见表2。

表2 案例调查地点和内容

地点	调查内容
平桥区	基层公共服务体系建设
义马市	群众工作与社会管理创新
华龙区	社会组织与社会管理创新
济源市	城乡一体化统筹发展与社会管理
新乡县	新型农村社区建设、养老服务体系建设
孟州市	产业集聚区与社会管理
舞钢市	新型农村社区建设、土地流转与农业现代化

续表

地点	调查内容
郑州市	网格化管理的典型经验
金水区	流动人口服务与管理
新郑市	社会管理创新综合试点经验
巩义市	新型城镇化与公共服务

在数据收集方面,对以上县(市、区)在民生、社会保障、社会管理、新型城镇化、新型农村社区、土地流转等方面的相关资料,主要包括社会发展的各种统计数据、相关典型经验材料、在民生和社会管理方面出台的相关制度和政策等进行了收集,且这些数据构成了本发展报告编写的基本数据。

目　录

第一部分　总报告

河南省社会治理形势分析与展望
　　…………………………… 韩　恒　马　琳　梁思源　岳　磊 / 001

第二部分　专题篇

河南省城乡一体化实践探索与形势分析 ………………… 张瑞琴 / 041
河南省社会组织现状、困境与展望 ………………………… 许　冰 / 062
河南省社会治理中的法律实施状况分析 ………… 李建新　高留志 / 077
河南省弱势群体权益维护推进举措与对策建议 ………… 谢海军 / 103
河南省县（市、区）信访形势与
　　法制化建设考察 ……………………… 樊红敏　岳　磊　赵　阳 / 116
河南省流动人口服务管理现状审视与政策建议 ……… 蒋美华　马　琳 / 132
河南省农村土地流转现实考察 …………………………… 梁思源 / 146
河南省18个省辖市政府门户网站评估报告 ……………… 马　闯 / 163

第三部分　调查篇

河南省社会治理状况问卷调查分析 …………………… 孙远太　侯　帅 / 177
河南省新型农村社区养老服务调查报告 …… 樊红敏　马　闯　欧广义 / 200
新型农村社区建设资金投入模式调查报告 …………… 钟培武　赵青霞 / 218
河南省已入住新型农村社区调查报告 ………………… 许　冰　张　蒴 / 224
郑州市居民食品安全心理调查 …………………………………… 马　琳 / 231
河南省新生代农民工社会支持体系调查报告 …………………… 康绍霞 / 247

第四部分　案例篇

郑州市以网格为载体的社会治理探索 …………………………… 夏德峰 / 257
信阳市平桥区公共服务建设经验 ………………………… 刘学民　姚得峰 / 268
郑州市流动人口信息服务平台建设 ……………………………… 高卫星 / 280
义马群众工作的实践与思考 ……………………………… 程建平　程首一 / 289
郑州市金水区政府购买社工服务的探索与启示
　　　　…………………………………… 霍海燕　胡晓明　高　荣 / 300
社会治理新探索：河南社会法庭 ………………………………… 张嘉军 / 310
郑州市社会信用体系建设探索 …………………………………… 何　水 / 323
新郑市统筹城乡社会治理的实践探索 …………………………… 钟培武 / 335

CONTENTS

General Report

The Analysis and Prospect of Situation of Social Governance in
   Henan Province. *Han Heng, Ma Lin, Liang Siyuan and Yue Lei* / 001

Special Reports

An Analysis of Practical Exploration and Situation of Urban-rural
   Integration in Henan Province. *Zhang Ruiqin* / 041
The Status, Problems and Prospect of Social Organizations in
   Henan Province. *Xu Bing* / 062
An Analysis of the Law Enforcement in Social Governance of
   Henan Province. *Li Jianxin, Gao Liuzhi* / 077
Measures and Suggestions on the Rights and Interests' Protection
   of the Disadvantaged Groups of Henan Province. *Xie Haijun* / 103
A Survey on Situation and Legalization of Petition in Counties (Districts)
   of Henan Province. *Fan Hongmin, Yue Lei and Zhao Yang* / 116
The Examination and Suggestions on the Services and Management
   of Migrant Population of Henan Province. *Jiang Meihua, Ma Lin* / 132
An Inspection on the Status of Rural Land Circulation in Henan Province.
   Liang Siyuan / 146
An Evaluation on Portal Websites of 18 Regional Governments
   of Henan Province. *Ma Chuang* / 163

Investigation Reports

An Analysis of the Conditions of Social Governance in Henan
   Province Based on Questionnaire Survey.   *Sun Yuantai, Hou Shuai* / 177

An Investigation on Aged Care Services of New-type Rural
   Community in Henan Province.   *Fan Hongmin, Ma Chuang and Ou Guangyi* / 200

An Investigation on the Fund Investment Pattern of New-type Rural
   Community Construction.   *Zhong Peiwu, Zhao Qingxia* / 218

An Investigation on New-type Rural Community Inhabited in
   Henan Province.   *Xu Bing, Zhang Shuo* / 224

A Psychological Investigation of the Household Food Safety
   in Zhengzhou.   *Ma Lin* / 231

An Investigation on the Social Supporting System of New-generation
   Peasant Workers in Henan Province.   *Kang Shaoxia* / 247

Case Reports

An Exploration of Grid Management in Zhengzhou.   *Xia Defeng* / 257

Experience of the Public Service Building in Pingqiao of Xinyang city.
     Liu Xuemin, Yao Defeng / 268

The Construction of the Information Service Platform for Migrant
   Population in Zhengzhou.   *Gao Weixing* / 280

The Consideration on the Practice of the Mass Work in Yima city.
     Cheng Jianping, Cheng Shouyi / 289

Inspiration of the Exploration of Purchasing Social Work Services by
   Jinshui Government of Zhengzhou.   *Huo Haiyan, Hu Xiaoming and Gao Rong* / 300

The New Practice of Henan Social Tribunal.   *Zhang Jiajun* / 310

An Exploration of the Building of the Social Credit System in Zhengzhou.
     He Shui / 323

An Exploration of Coordinating Urban and Rural Social
   Development in Xinzheng.   *Zhong Peiwu* / 335

第一部分　总报告

General Report

河南省社会治理形势分析与展望

韩恒　马琳　梁思源　岳磊*

摘　要： 本报告以全国、河南省以及河南省地市的统计年鉴和2013年十县区社会治理综合调查数据为基础，从公共安全、矛盾化解、社会组织、公共服务、社会公平五个维度对河南省社会治理形势进行了单变量描述和年度趋势分析。研究发现，河南省社会治理公共安全形势总体向好、社会矛盾化解平稳推进、社会组织逐步壮大、基本公共服务状况显著改善，但社会公平状况仍有待改善。下一步河南省社会治理的发展方向是：完善基本公共服务体系，强化源头治理；创新社会矛盾化解方式，加强社会治理法治化建设；促进社会组织发育，激发社会发展活力；健全公共安全体系，维护社会和谐稳定。

---

* 韩恒，博士，副教授，社会管理河南省协同创新中心研究员，研究方向为非营利组织、宗教社会学；马琳，博士，讲师，社会管理河南省协同创新中心研究员，研究方向为新型城镇化与社会发展；梁思源，博士，讲师，社会管理河南省协同创新中心研究员，研究方向为土地资源管理；岳磊，博士，讲师，社会管理河南省协同创新中心研究员，研究方向为廉政建设与社会治理。

关键词：

社会治理　公共安全　公共服务　社会公平

在党的十八届三中全会的决定中，第一次对社会治理进行了系统阐述。关于社会治理体制创新，十八届三中全会从改进社会治理方式、激发社会组织活力、创新有效预防和化解社会矛盾体制、健全公共安全体系等方面进行了论述。在社会治理方式方面，强调系统治理、依法治理、综合治理和源头治理；在激发社会组织活力方面，强调正确处理政府和社会的关系，加快实施政社分开，推进社会组织明确权责、依法自治、发挥作用；在社会矛盾的预防和化解方面，强调建立畅通有序的诉求表达、心理干预、矛盾调处、权益保障机制，使群众问题能反映、矛盾能化解、权益有保障；在公共安全方面，强调食品药品安全监管、深化安全生产管理体制改革、健全防灾减灾救灾体制、加强社会治安综合治理等。

学术界对社会管理或治理评价指标体系进行了为数不多但比较深入的研究。中共中央编译局"中国社会治理评价体系"课题组以维护稳定、改善民生、实现社会和谐为目标，设定了中国社会治理指数，该指数包括6个二级指标：人类发展、社会公平、公共服务、社会保障、公共安全和社会参与，35个三级指标。6个二级指标作为6个评价维度构成了中国社会治理评价指标体系基本框架的6大支柱。① IUD领导决策数据分析中心对社会管理领域中社会管理投入、社会管理政策、社会事业、社会和谐、社会生活、社会参与、社会环境等7个方面共38个指标构建评价模型，以量化的手段对各地区社会管理进行客观评估与解读。② 宁波社会管理创新评价指标体系，其客观性指标体系由公共服务保障、社会矛盾调处、社会治安防控、新型城市管理、综合信息管理、实有人口管理、有序规范管理七大类指数，共43项具体指标构成。主观性指标体系选取"和谐宁波"群众感知度专项民意调查的主要内容，包括经

---

① 俞可平、何增科等：《中国社会治理评价指标体系》，《中国社会治理评论》2012年第2辑。
② IUD领导决策数据分析中心：《2012社会管理绩效排行榜》，《领导决策信息》2012年第41期。

济发展受益度、社会稳定满意度、民生保障满意度、生态环境满意度等四个领域中与社会管理有关的 34 个指标[①]。

基于对社会治理概念的界定，借鉴评估指标体系，本报告确立了描述河南省社会治理状况的指标体系。该指标系统共分三级，具体指标如下（见表1）。

表1　河南省社会治理三级指标评价体系

一级指标	二级指标	三级指标
社会治理	公共安全	①安全生产 ②火灾事故 ③交通事故 ④社会治安 ⑤群众评价
	矛盾化解	①人民调解 ②劳动人事仲裁 ③法律援助 ④民商案件 ⑤化解性质
	社会组织	①组织数量 ②发展空间 ③发展活力
	公共服务	①预算支出 ②人均水平 ③社会保障 ④公共服务满意度
	社会公平	①居民参与人大选举情况 ②城乡收入差距 ③城镇居民差距 ④农村居民差距 ⑤社会公平满意度 ⑥低保认定发放公平程度

为了描述河南省社会治理状况，课题组查阅了"中国统计年鉴"、"河南省统计年鉴"等数据资料。为了了解河南省社会治理的具体实践，2013年暑

[①] 汤柏生、章建雷、张秀明、刘艳彬：《构建宁波社会管理创新评价指标体系的探讨》，《三江论坛》2012年第5期。

假,社会管理河南省协同创新中心与河南省人民政府联合进行了河南省社会治理专题调查,此次调查涵盖河南省10个县(市、区)、20个乡(镇、街道)、40个村委会(居委会),调查包括问卷调查、实地走访和专题座谈。本报告就是基于上述数据和调查资料完成的。

在写作思路上,本报告不仅利用数据对各个指标进行了单变量描述,还对部分指标进行了年度趋势分析。为了突出河南省社会治理基本特征,本报告选取了部分指标与中部地区其他省份以及全国的平均数据进行了对比分析。

本报告共分七部分,第一部分是描述框架,接下来的部分则利用相关数据分别从公共安全、矛盾化解、社会组织、公共服务和社会公平等方面对河南省社会治理状况进行了实证分析,在此基础上对河南省社会治理形势的发展进行了展望。

一 公共安全形势总体向好

公共安全是指多数人的生命、健康和公私财产的安全,它是我国社会转型期深层社会矛盾的反映和表征。健全公共安全体系,保障公共安全是经济社会稳定、健康发展的基本要求,是社会治理的首要目标。本报告主要从安全生产情况、火灾事故发生情况、交通事故发生情况、社会治安安全四方面来分析河南省公共安全形势。

(一)安全生产显著改善

安全生产是安全与生产的统一,保护劳动者生命安全和职业健康是安全生产的核心内涵。2012年河南省制定了一系列保障安全生产的规章制度,加强了对重点生产部门的监督管理。

表2 2012年河南省安全生产基本情况

类别	道路交通事故	工矿商贸企业	消防火灾	合计
发生伤亡事故总数(起)	6732	119	3639	10490
造成死亡总人数(人)	1636	202	16	1854
一次死亡10人以上特大事故(起)	3	1	1	5

2012年，全省发生伤亡事故总计10490起，其中道路交通事故6732起，占比64.18%，工矿商贸企业119起，占比1.13%，消防火灾3639起，占比34.69%；全省伤亡事故造成死亡总人数1854人，其中道路交通事故1636人，占比88.24%，工矿商贸企业202人，占比10.90%，消防火灾16人，占比0.86%；一次死亡10人以上特大事故共5起，道路交通事故3起，工矿商贸企业1起，消防火灾1起（见表2）。

从过去5年河南省安全生产形势变化来看，河南省安全生产形势显著改善。发生伤亡事故总数从2008年的15695起减少到2012年的10490起，减少33.16%，年均减少9.58%；伤亡事故造成死亡人数从2008年的3448人减少到2012年的1854人，减少了46.23%，年均减少14.37%；煤矿百万吨死亡率从2008年的1.16人减少到2012年的0.08人，减少了93.10%，年均减少48.75%（见表3）。

表3 河南省近5年安全生产形势变化

类别	2008	2009	2010	2011	2012
发生伤亡事故总数(起)	15695	11592	11798	10623	10490
造成死亡总人数(人)	3448	2567	2479	2033	1854
煤矿百万吨死亡率(人)	1.16	0.76	1.49	0.19	0.08

（二）防范火灾事故在中部六省中最好

在社会生活中，火灾是威胁公共安全、危害人民生命财产的灾害之一。火灾每年造成的人员伤亡仅次于交通事故和矿难，从近几年的数据资料看，河南省每年火灾造成的经济损失成逐年上升的态势，严重威胁人民群众的人身和财产安全。

表4 河南省近5年火灾形势变化

类别	2008	2009	2010	2011	2012
发生(起)	3662	2597	3533	3437	5110
死亡(人)	20	13	14	17	13
损失折款(万元)	2525	2564	3470	5467	5465

河南省近5年的火灾发生数量总体呈上升态势，由2008年的3662起增长到2012年的5110起，增长了39.54%，年均增长8.69%；历年火灾造成死亡人数变化不大，由2008年的20人减少到2012年的13人，减少了35%，年均减少10.21%；火灾造成的损失逐年上升，由2008年的2525万元增长到2012年的5465万元，增长了116.44%，年均增长21.29%（见表4）。

2012年，河南省10万人火灾发生率是全国平均水平的2/5，10万人火灾死亡率是全国平均水平的1/3。10万人火灾发生率和10万人火灾死亡率是两个常用的比较火灾事故的指标，河南省的火灾事故形势要显著优于全国平均水平和中部地区其他五省（见图1）。

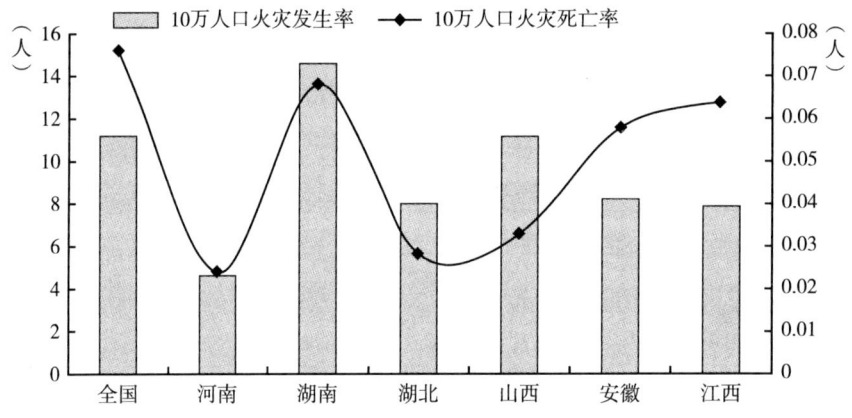

图1　2012年中部六省与全国火灾发生率和死亡率比较

2012年，河南省10万人火灾发生率为4.67人，显著低于全国平均的11.21人和中部其他五省；10万人火灾死亡率为0.024人，显著低于全国平均的0.076人和中部其他五省。

表5显示2012年河南省各市火灾事故的情况。从事故发生数目来看，最多的是郑州市1191起，最少的是漯河市129起；从死亡人数来看，最多的是许昌市6人，最少的为0。

从10万人事故发生率来看，最低的是信阳市1.73人，第二是周口市2.11人，第三是南阳市2.92人，随后依次为新乡市3.63人，商丘市3.67人，开封市3.81人，驻马店市3.93人，焦作市4.46人，许昌市4.70人，漯河市5.04

表5 2012年河南省各市火灾事故对比

地域	发生数(起)	死亡人数(人)	损失折款(万元)	10万人事故发生率(人)
郑州市	1191	2	783	13.19
开封市	177	0	133	3.81
洛阳市	534	0	503	8.10
平顶山市	331	0	211	6.71
安阳市	271	3	429	5.33
鹤壁市	244	0	119	15.35
新乡市	206	0	100	3.63
焦作市	157	2	270	4.46
濮阳市	262	0	664	7.28
许昌市	202	6	128	4.70
漯河市	129	0	88	5.04
三门峡市	141	1	173	6.32
南阳市	296	0	566	2.92
商丘市	269	1	376	3.67
信阳市	111	0	253	1.73
周口市	186	0	327	2.11
驻马店市	273	2	258	3.93
济源市	130	0	86	18.57

人,安阳市5.33人,三门峡市6.32人,平顶山市6.71人,濮阳市7.28人,洛阳市8.10人,郑州市13.19人,鹤壁市15.35人,济源市18.57人。总体来看,河南省各市10万人事故发生率差异较大,最多的济源市是最少的信阳市的10倍,各地的火灾发生情况参差不齐。

(三)减少交通事故在中部六省中最好

近年来,交通安全形势日益严峻,交通事故频繁发生,人员伤亡和财产损失惨重。根据河南省2012年的相关数据,交通事故造成的死亡人数占各种事故的80%。随着改革开放政策的不断深入,经济快速发展,机动车辆迅猛增加,交通条件与交通流量之间的矛盾日益突出。尽管河南省在预防道路交通事故方面做了大量工作,但是由于交通参与者的交通安全法律意识淡薄,安全防范能力较差,道路交通安全现状仍不容乐观。

从10万人交通事故发生率和10万人交通事故死亡率指标来看，河南省的交通事故形势要显著优于全国平均水平和中部地区其他五省。2012年，河南省10万人交通事故发生率为7.16人，显著低于全国平均的15.08人和中部其他五省；10万人交通事故死亡率为1.74人，显著低于全国平均的4.43人和中部其他五省（见图2）。

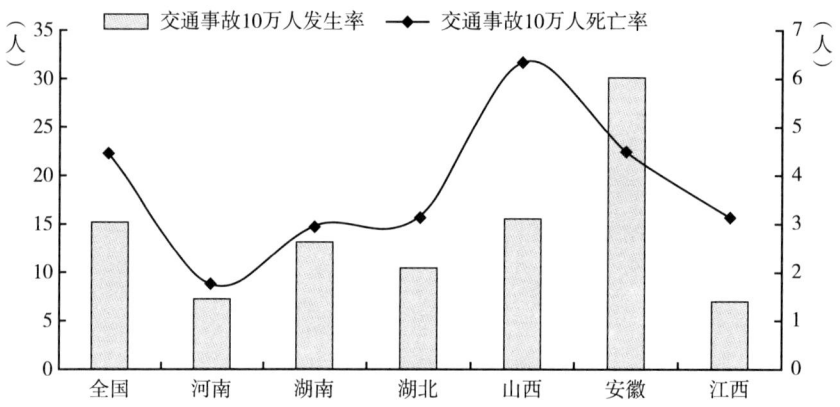

图2　2012年中部六省与全国交通事故发生率和死亡率比较

表6显示了2012年河南省各市交通事故的情况。从事故发生数目来看，最少的是许昌市58起，最多的是洛阳市994起；从死亡人数来看，最少的是鹤壁市和济源市均为25人，最多的是郑州市201人。

表6　2012年河南省各市交通事故对比

地域	发生数(起)	死亡人数(人)	损失折款(万元)	10万人事故死亡率(人)
全　省	6713	1616	2776	1.74
郑 州 市	950	201	458	2.23
开 封 市	297	113	128	2.43
洛 阳 市	994	138	533	2.09
平顶山市	456	117	239	2.37
安 阳 市	446	105	149	2.07
鹤 壁 市	78	25	21	1.57
新 乡 市	561	75	150	1.32
焦 作 市	103	73	74	2.07

续表

地域	发生数(起)	死亡人数(人)	损失折款(万元)	10万人事故死亡率(人)
濮阳市	177	43	92	1.19
许昌市	58	37	37	0.86
漯河市	113	48	46	1.88
三门峡市	186	78	179	3.50
南阳市	636	185	137	1.82
商丘市	487	111	165	1.52
信阳市	539	103	162	1.61
周口市	348	74	125	0.84
驻马店市	138	65	50	0.94
济源市	146	25	31	3.57

从10万人事故死亡率来看，最少的是周口市0.84人，第二是许昌市0.86人，第三是驻马店市0.94人，随后依次为濮阳市1.19人，新乡市1.32人，商丘市1.52人，鹤壁市1.57人，信阳市1.61人，南阳市1.82人，漯河市1.88人，安阳市2.07人，焦作市2.07人，洛阳市2.09人，郑州市2.23人，平顶山市2.37人，开封市2.43人，三门峡市3.50人，济源市3.57人。总体来看，河南省各市10万人事故死亡率差异较大，最多的济源市是最少的周口市的4倍，各地的交通事故发生情况参差不齐。

（四）社会治安相对平稳

良好的社会治安环境，对于维护社会政治稳定，保障改革开放和现代化建设的顺利进行，有着十分重要的意义。近年来，河南省积极开展各项社会治安综合治理，始终把社会治安综合治理工作放在突出位置，积极探索建立维护社会治安长效工作机制的有效途径，扎扎实实推进综合治理各项工作，取得了较好的成绩。

2012年，河南省立案的刑事案件数目为236752件，万人刑事案件率为25.17%，显著低于全国的48.38%；河南省法院一审判决犯罪人数64389人，万人犯罪率为6.85%，显著低于全国的8.67%。总体来看，河南省社会治安形势优于全国水平，相对平稳（见表7）。

表7 2012年河南省与全国万人刑事案件率、万人犯罪率

类别	全国	河南
立案刑事案件数目(万起)	655.14	23.68
法院一审判决犯罪人数(万人)	117.34	6.44
年末人口数(万人)	135404	9406
万人刑事案件率(‰)	48.38	25.17
万人犯罪率(‰)	8.67	6.85

下面从河南省公安机关、检察机关和人民法院受理、审查、审判的情况对河南省社会治安形势进行分析。

1. 公安部门受理的各类案件差异较大

表8显示了2008~2012年河南省公安部门受理各类案件的情况。其中立案的刑事案件数量总体呈下降趋势，从2008年的28.75万起减少到2012年的23.68万起，减少了17.63%，年均减少4.73%；违反《治安管理处罚法》的案件大幅增加，从2008年的59.06万起增加到2012年的107.09万起，增长了81.32%，年均增加16.04%；受理的行政案件大幅增加，从2008年的245.88万起增加到2012年的971.90万起，增加了295.27%，年均增加41.00%。

表8 河南省公安部门受理案件情况比较

单位：万起

类别	2008	2009	2010	2011	2012
立案的刑事案件	28.75	24.81	24.04	23.36	23.68
违反《治安管理处罚法》的案件	59.06	58.17	58.89	82.98	107.09
行政案件	245.88	289.44	467.39	829.18	971.90

2. 检察机关审查批捕案件有增有减

2012年，河南省检察机关共审查批准、决定逮捕案件35819起，其中，危害公共安全案件3675起，占比10.26%；破坏社会主义市场经济秩序案1289起，占比3.60%；侵犯财产案23667起，占比66.07%，妨碍社会管理秩序案7188起，占比20.07%。

对比过去5年各类案件发生情况，危害公共安全案件逐年减少，由2008年的4462起减少到3675起，减少了17.64%，年均减少4.74%；破坏社会主义市场经济秩序案也总体上呈减少趋势，由2008年的1909起减少到2012年的1289起，减少了32.48%，年均减少9.35%；侵犯财产案有所增长，由2008年的15277起增长到2012年的23667起，增长了54.92%，年均增长11.56%；妨碍社会管理秩序案也有所增长，由2008年的5533起增长到2012年的7188起，增长了29.91%，年均增长6.76%（见表9）。

表9 检察机关审查批准、决定逮捕案件数历年比较

单位：起

类别	2008	2009	2010	2011	2012
危害公共安全案	4462	4399	4051	3686	3675
破坏社会主义市场经济秩序案	1909	1470	1236	1283	1289
侵犯财产案	15277	13364	14621	16148	23667
妨碍社会管理秩序案	5533	5379	6151	6027	7188

从河南省检察机关审查批准、决定逮捕案件来看，危害公共安全案件在减少，情况良好；而侵犯财产案件和妨碍社会管理秩序案件的数量在增加，情况恶化。

3. 人民法院审判案件数略有增加

2012年，河南省人民法院共收案42.50万件，其中刑事案件6.09万件，占比14.33%；民事案件34.38万件，占比80.89%；行政案件2.03万件，占比4.78%。对比过去5年河南省人民法院审理一审各类案件，收案总数从2008年的31.19万件增长到2012年的42.50万件，增长了36.26%，年均增长8.04%。其中刑事案件有所增加，从2008年的5.49万件增长到2012年的6.09万件，增长了10.93%，年均增长2.63%；民事案件也大幅增加，从2008年的24.90万件增长到2012年的34.38万件，增长了8.40%，年均增长2.37%；行政案件大幅增加，从2008年的0.80万件增长到2012年的2.03万件，增长了153.75%，年均增长26.21%。过去5年，人民法院审理各类一审案件均有不同幅度的增长（见表10）。

表10 人民法院审理一审案件情况

单位：万件

类别	2008	2009	2010	2011	2012
收案	31.19	32.10	33.16	33.91	42.50
刑事	5.49	4.89	4.85	5.10	6.09
民事	24.90	25.75	26.65	26.47	34.38
行政	0.80	1.46	1.66	2.34	2.03

4. 群众公共安全评价较高

居民对社会治安情况总体评价较好，在调查的979个样本中，对"本县（区）社会治安的总体评价"问题做出有效回答的样本976个。对于目前社会治安情况有23.0%的居民认为"非常好"，51.0%的居民认为"比较好"，认为目前社会治安形势好的居民占74.0%。因此，从调研的结果来看，大部分河南省内居民对周边的社会治安评价是"非常好"和"比较好"，群众对公共安全的评价较高（见图3）。

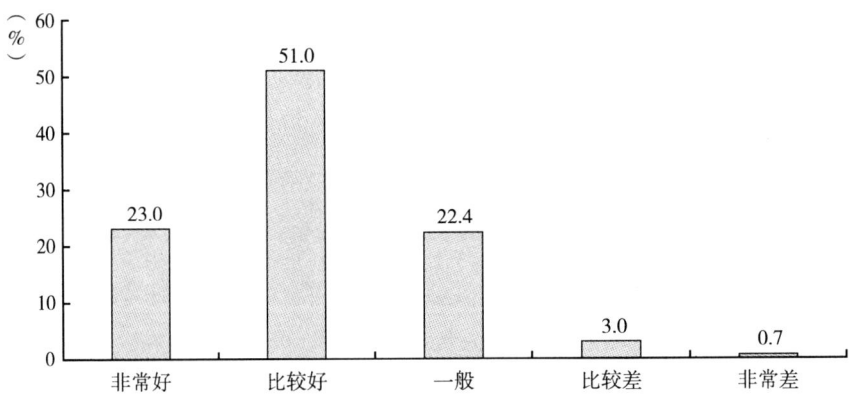

图3 居民对社会治安情况的总体评价

二 社会矛盾化解平稳推进

按照省综治委在全省开展社会矛盾化解活动统一部署，河南全省上下以"解决实际问题"为核心，以"维护社会稳定"为目标，多措并举、攻坚克难，化解了大量社会矛盾纠纷案件，为全省社会经济跨越式发展创造了和谐稳定的社会环境。本报告主要从人民调解工作情况，劳动人事仲裁委员会与法律援助工作情况，人民法院民商案件情况分析河南省社会矛盾化解的形势。

（一）人民调解工作成效显著

人民调解是在人民调解委员会的主持下，以国家法律、法规、规章、政策和社会公德、规范为依据，对民间纠纷双方当事人进行调解、劝说，促使他们互相谅解、平等协商、自愿达成协议，消除纷争的一种群众自治活动。

从过去5年人民调解基本情况的变化来看，人民调解委员会的数量起伏变化不大，但调解民间纠纷的案件在数量上有了显著增长，从2008年的37.84万件上升到2012年的52.12万件，增长了37.74%。虽然2012年的52.12万件与2011年的55.39万件相比有所减少，但整体趋势呈上升状态（见表11）。

表11 人民调解工作基本情况

单位：万个，万件

类别	2008	2009	2010	2011	2012
人民调解委员会	5.74	5.76	5.50	5.60	5.52
调解民间纠纷	37.84	38.23	42.48	55.39	52.12

表12显示了2012年中部六省人民调解工作的比较情况。2012年全国共有人民调解委员会425.1万个，其中河南有5.52万个，居中部六省首位，其次是湖南省，有人民调解委员会5.1万个。2012年全国人民调解委员会共调解民间纠纷926.6万件，其中中部六省中河南省最多，有52.1万件，其次是湖南省，有42.4万件。

表12 2012年中部六省人民调解工作比较

单位：万个，万件

类别	全国	河南	湖南	湖北	山西	安徽	江西
人民调解委员会	428.1	5.52	5.1	3.4	3.5	2.3	2.5
调解民间纠纷	926.6	52.1	42.4	28.3	29.3	33.0	18.7

（二）劳动人事仲裁委员会与法律援助工作范围逐步扩大

劳动仲裁是指由劳动争议仲裁委员会对当事人申请仲裁的劳动争议居中公断与裁决。在我国，劳动仲裁是劳动争议当事人向人民法院提起诉讼的必经程序。河南省大力健全各类劳动争议调解组织，维护用人单位和劳动者的合法权益，促进了劳动人事争议调解事业的有序发展。

表13是河南省2008～2012年劳动人事仲裁委员会受理情况。其中立案受理案件的总数有所增长，从2008年的17258件上升至2012年的19101件，增长了10.7%。集体劳动（人事）争议数量和涉及人数均有所减少，集体劳动（人事）争议数目从2008年的572起减少到2012年的268起，减少了53.1%；集体劳动（人事）争议涉及人数从2008年的7494人减少到2012年的4639人，减少了38.1%。

表13 劳动人事仲裁委员会受理情况

类　别	2008	2009	2010	2011	2012
立案受理案件总数(件)	17258	18024	18341	17118	19101
集体劳动(人事)争议数(起)	572	246	308	219	268
立案受理案件涉及劳动者人数(人)	25710	22955	23497	23853	25336
集体劳动(人事)争议人数(人)	7494	3687	3245	3579	4639

法律援助主要是通过向那些缺乏能力、经济困难的当事人提供法律帮助，使他们能够平等地站在法律面前，享受平等的法律保护，实现公平和正义。法律援助是衡量一个国家法制完善和社会文明程度的公认标准之一。在维护社会稳定，完善社会保障体系，促进各项政策措施的出台和实施等方面发挥着重要的作用。

表14是过去5年河南省法律援助工作基本情况。法律援助机构个数由2008年的179个增长至2012年的207个，实有人数变化不大，诉讼案件总数由2008年的25451件增长至2012年的68904件，增幅高达170.7%。非诉讼案件总数2008年为5796件，2012年为14252件，增长了145.9%。受援人

数与咨询人数都有了大幅度增长，分别由 2008 年的 36467 人和 186088 人增长至 2012 年的 451126 人和 382219 人。

表 14　法律援助工作基本情况

类　别	2008	2009	2010	2011	2012
机构数(个)	179	181	198	204	207
实有人数(人)	980	989	971	979	999
诉讼案件总数(件)	25451	39469	49631	56620	68904
非诉讼案件总数(件)	5796	5921	10891	13148	14252
受援人数(人)	36467	46420	58130	61576	451126
咨询(来访、来电)人数(人)	186088	215698	255903	252406	382219

图 4 显示了历年各类民间纠纷的占比情况。婚姻家庭纠纷除 2009 年大幅下降以外，逐年上涨，邻里纠纷变化不大，房屋宅基地纠纷案件逐年显著增长，生产经营纠纷逐年显著下降，损害赔偿纠纷历年所占比例变化不大。

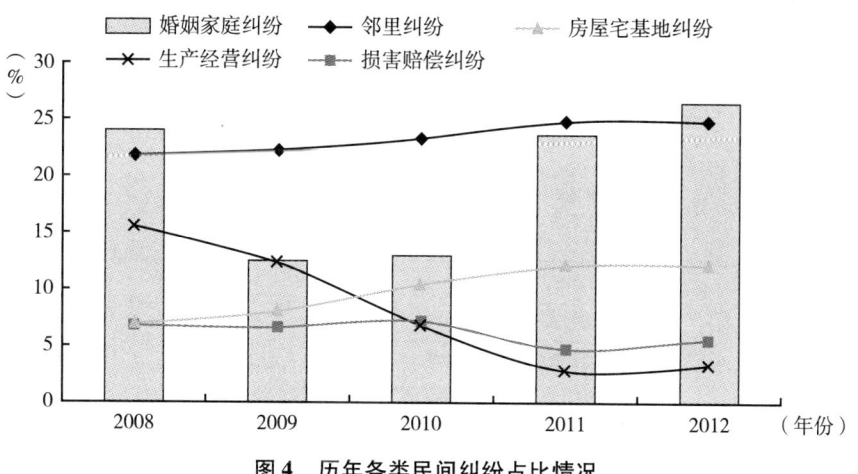

图 4　历年各类民间纠纷占比情况

表 15 是过去 5 年民间纠纷调解情况。其中婚姻家庭纠纷案件数量在 2011 年有了明显的上升，由 2010 年的 55229 件增至 2012 年的 137465 件。邻里纠纷和房屋宅基地纠纷案件上升趋势明显，生产经营纠纷案件逐年下降，由 2008 年的 59000 件减少至 2012 年的 17772 件。而损害赔偿纠纷变化幅度不大。

表15 调解民间纠纷情况

单位：件

类别	2008	2009	2010	2011	2012
婚姻家庭纠纷	91102	47757	55229	131488	137465
邻里纠纷	83197	85599	99470	137759	129554
房屋宅基地纠纷	26150	30815	44767	672971	63746
生产经营纠纷	59000	47561	29138	16131	17772
损害赔偿纠纷	26042	25601	30699	26637	29718

（三）人民法院民商案件结案有增有减

民商案件指以民商法律所调整的社会关系为内容的案件或纠纷，可统称为平等主体之间的人身和财产纠纷所构成的案件。

表16是河南省人民法院民商案件结案情况。2012年，河南省人民法院民商案件共结案30.1万件，其中婚姻家庭类案件7.9万件，占比26.3%；继承类案件0.175万件，占比0.6%；物权纠纷类案件1.0万件，占比3.3%。其他类案件18.5万件，占比61.5%。对比过去5年河南省人民法院民商案件结案情况，收案总数从2008年的246259件增长到2012年的301013件，增长了

表16 人民法院民商案件结案情况

单位：件

类别	2008	2009	2010	2011	2012
合 计	246259	265697	260975	277514	301013
婚姻家庭	69703	69488	69752	69458	79226
继承	1096	1405	1476	1534	1750
物权纠纷	17388	15895	16467	12749	10023
股东权纠纷	263	234	286	271	99
特殊侵权纠纷	1586	1830	1943	1483	11477
票据、证券权益纠纷	66	100	51	184	168
不正当竞争纠纷	63	53	65	27	21
人格权纠纷	27002	31721	35944	9743	9181
特别程序	4567	2875	1821	2358	3943
其他	124525	142096	133170	179707	185125

22.2%。其中婚姻家庭、继承、特殊侵权纠纷、票据、证券权益纠纷案件结案情况均有不同幅度的增长；而物权纠纷、股东权纠纷、不正当竞争纠纷、人格权纠纷、特别程序案件结案情况均有不同幅度的减少。

2012年，河南省人民法院民商一审案件共结案12.9万件，其中借款合同纠纷有4.9万件，数量最多，占比37.7%，买卖合同纠纷案件2.1万件，占比16.6%。对比过去5年河南省人民法院民商一审案件结案情况，收案总数小幅增长，从2008年的119072件增长到2012年的129376件，增长8.7%。其中借款合同纠纷、租赁合同纠纷、建设工程合同纠纷、运输合同纠纷案件数目基本没有变化；房地产开发经营合同纠纷案件、买卖合同纠纷案件等其他合同纠纷案件逐年减少；服务合同纠纷和知识产权合同纠纷案件逐年增加（见表17）。

表17 人民法院民商一审案件结案情况

单位：件

类　别	2008	2009	2010	2011	2012
合　计	119072	136321	127875	117918	129376
买卖合同纠纷	25486	24496	24663	21908	21483
房地产开发经营合同纠纷	2357	2938	2949	546	326
服务合同纠纷	244	293	361	7256	8503
借款合同纠纷	52564	55778	50939	49308	48831
租赁合同纠纷	4707	5187	5445	5095	5458
建设工程合同纠纷	3793	3837	3738	3634	3453
运输合同纠纷	1466	1311	1525	1153	1435
知识产权合同纠纷	34	137	53	71	198
其他合同纠纷	28421	42344	38202	28947	39689

（四）居民矛盾处理方式相对平和

调查结果显示，河南省居民处理矛盾的形势相对平稳。居民的正当利益受到侵害时，选择的解决方式前5位依次是"找村（居）委会协调"、"法院起诉"、"忍了算了"、"社会组织求助"、"人民团体帮助"，而选择"使用暴力"的占2.3%、选择"静坐请愿"的占2.4%。因此，河南省居民矛盾化解形式的选择相对平和。

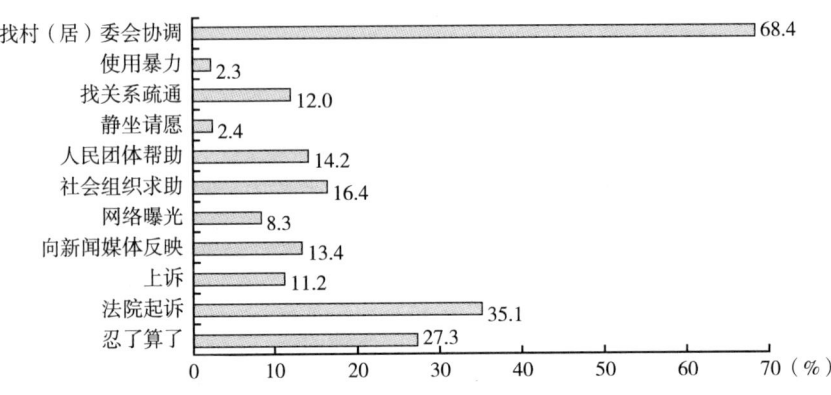

图 5　居民利益受到侵害时的解决方式

三　社会组织逐步壮大

社会组织是公民参与社会管理和服务的重要载体,社会组织的发展水平和活跃程度在一定程度上反映着社会参与的水平,它在反映诉求、自治自律、提供服务等方面发挥着重要作用。本报告主要从社会组织法人数量、从业人数及社会服务机构情况两个维度,对河南省社会组织发展形势进行分析。根据河南省统计年鉴数据的可获取性,从公共管理、社会保障和社会组织统计总数中,间接反映社会组织法人数量、从业人数发展变化情况,并将河南省社会服务机构情况与中部六省进行对比分析。

(一)社会组织数量逐年增加

近年来,河南省公共管理、社会保障和社会组织事业逐步发展壮大。从民政部公布的各省社会服务统计数据来看,河南省社会组织数量呈逐年上升趋势。截止到2013年第四季度,河南省有社会组织22983个,包括社会团体10817个、民办非企业单位12068个,基金会98个。其中,民办非企业单位比重最大,占社会组织总数的52.5%;其次是社会团体,占社会组织总数的47.1%;基金会数量相对很小,仅占社会组织总数的0.4%(见表18)。

表18 河南省2008～2013年社会组织数量

单位：个

时间	社会组织			合计
	社会团体	民办非企业单位	基金会	
2008年第一季度	8917	7340	31	16288
2008年第二季度	9256	7777	31	17064
2008年第三季度	9370	7776	36	17182
2008年第四季度	9854	7548	37	17439
2009年第一季度	9830	7574	37	17441
2009年第二季度	9823	7587	37	17447
2009年第三季度	9481	7271	37	16789
2009年第四季度	10239	8038	41	18318
2010年第一季度	10282	7999	41	18322
2010年第二季度	10309	8095	50	18454
2010年第三季度	10321	8142	50	18513
2010年第四季度	10505	8374	55	18934
2011年第一季度	10583	8617	59	19259
2011年第二季度	10609	8717	60	19386
2011年第三季度	10624	8780	62	19466
2011年第四季度	10459	8997	64	19520
2012年第一季度	10793	9239	67	20099
2012年第二季度	10814	9266	69	20149
2012年第三季度	10818	9360	74	20252
2012年第四季度	10915	9978	77	20970
2013年第一季度	11056	10074	84	21214
2013年第二季度	10832	10151	86	21069
2013年第三季度	10698	10520	95	21313
2013年第四季度	10817	12068	98	22983

从增长速度来看，基金会数量增长速度最快，2008～2013年的年均增长率为21.51%；其次为民办非企业单位，年均增长率为9.84%；社会团体数量增幅较小，年均增长率为1.88%。整体来看，社会组织的年均增长量为5.68%（见图6）。

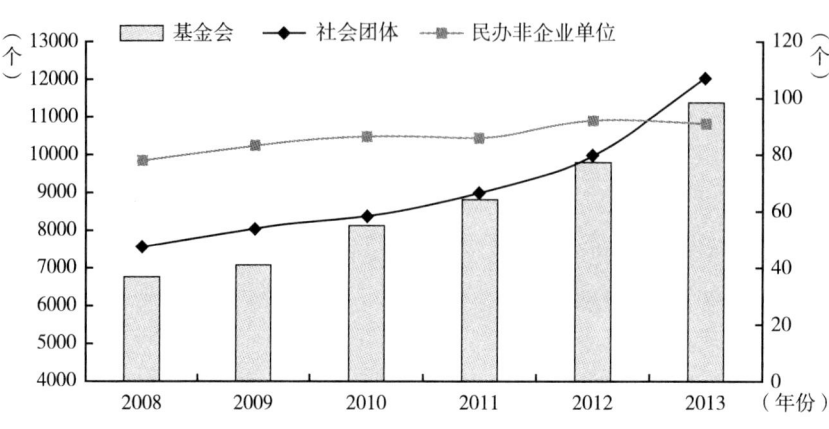

图6 河南省2008~2013年社会组织发展情况

(二)社会组织发展空间较大

选取2012年为横断面,对中部六省数据进行对比,可以看出,在社会组织机构总数上,河南省具有绝对优势。根据中部六省统计年鉴数据,2012年,河南省社会组织个数达到了2.1万个,在中部六省中处于第二位;而社会组织职工人数略少,为18.4万人,在中部六省中位居第四(见表19)。

表19 中部六省及全国2012年社会组织基本情况

类别		河南省	山西省	湖北省	安徽省	湖南省	江西省	全国
社会组织单位数(个)	总数	21088	11429	24873	18727	19318	12274	499268
	社会团体	11022	6613	11127	11023	11194	7420	271131
	基金会	77	48	64	52	153	34	3029
	民办非企业单位	9989	4768	13682	7652	7971	4820	225108
社会组织职工人数(人)	总数	183780	162378	225586	276357	216283	182872	6133000
	社会团体	77448	99004	102027	184060	122185	101207	3469000
	基金会	387	127	524	147	1176	184	19000
	民办非企业单位	105945	63247	123035	92150	92922	81481	2645000

从社会组织职工人数的人均拥有量来看,河南省处于相对劣势。为了更好地区分各个地域的社会服务机构发展情况,使用常住人口作为基数,采用万人

社会组织职工数来衡量。经计算发现,2012年,河南省万人社会组织职工人数为20人/万人,在中部六省中居于末位。而安徽省、山西省、江西省、湖北省和湖南省的万人社会组织职工人数分别达到了46人/万人、45人/万人、41人/万人、39人/万人、33人/万人。由此看来,河南省社会组织还有较大发展空间(见图7)。

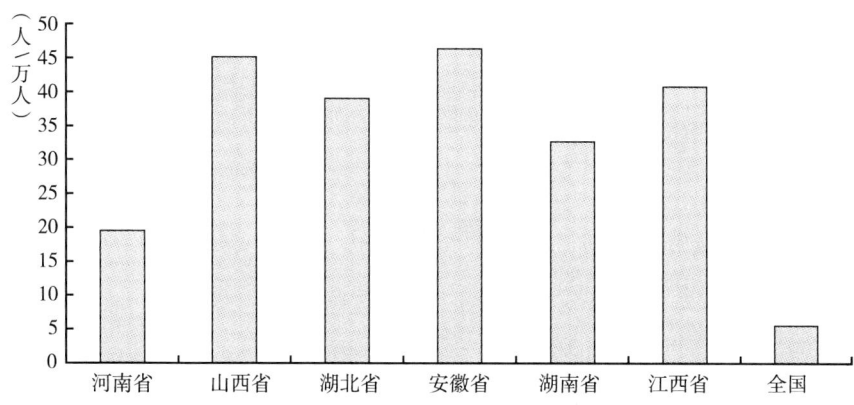

图7 万人社会组织职工人数

(三)社会组织发展不断注入新活力

社会组织的多元化与专业人才队伍建设,为社会发展注入新活力。从近五年统计数据来看,河南省社会组织法人单位和从业人员,总体呈现上升趋势。第一,社会组织直接登记数量与范围不断扩大。2013年共审批新成立登记社会组织130个(社会团体37个,民办非企业单位84个,基金会9个),完成各类社会组织变更登记116个(社会团体71个,民办非企业单位42个,基金会3个),登记成立分支机构30个。第二,创新社会组织年检方式方法,采取电话通知、网络通知等多种方式下发年检通知,并在河南省民间组织信息网站上刊登了有关年检报告材料的注意事项,对参加年检的社会组织做到无明显问题的现场予以年检以提高办事效率。第三,推进行业协会、商会的改革。登记管理机关加强与有关部门沟通协调,研究制定推动本地区行业协会改革与发展的意见;明确规定在审批新成立的行业协会、商会登记中,严把审批关,发现有兼职的人员,一律不予登记成立,坚决杜绝现职领导干部兼职问题。第四,开展社会组织评估工作。利用网络、报纸等媒体,加强对社会组织评估工作的宣传;省政府拨发专项评估经费,成立了专家学者、政府机构等多方参与的评审机构,社会组织登记机关成立了相应的评估机构。第五,开展社会组织能力建设培训。河南省安排专项资金约15万元,对全省40个登记管理机关工作人员50余人和70多个社会组织的负责人130余人进行业务培训。

四 基本公共服务状况显著改善

建立健全基本公共服务体系,促进基本公共服务均等化,对推进以保障和改善民生为重点的社会建设,对切实保障人民群众最关心、最直接、最现实的利益具有十分重要的意义。河南省政府办公厅出台《河南省基本公共服务体系"十二五"规划重点工作分工方案》、《2013年河南省十项重点民生工程工作方案》、《城乡居民社会养老保险与城镇企业职工基本养老保险制度衔接办法》,不断提高我省社保待遇标准及集中、分散供养五保户的标准。

社会治理状况的好坏与公共服务的数量、质量和公平分配有着密切的关系。下面从基本公共服务支出占财政总支出比重、人均基本公共服务支出、各类保险参保率、民众满意度四个方面来分析河南省基本公共服务状况。

(一)基本公共服务预算支出逐年上涨

从河南省近五年公共财政预算支出来看,基本公共服务预算总支出呈现逐年上涨趋势,2012年达到了5006.4亿元,年均增幅为29.9%。从绝对量上来看,社会保障和就业、科学技术、教育、医疗卫生的公共预算都有了大幅度提升;从相对量上来看,社会保障和就业支出占比有所下降,由2008年的14.5%下降到2012年的12.6%;科学技术支出占比较为平稳,维持在1.3%;医疗卫生投入比重呈现逐年增加趋势,5年间由6.4%增加到8.5%;教育投入占比出现先减后增现象,与2008年相比,2012年教育投入占比增加了13.6%(见表20、图8)。

表20　河南省近5年公共财政预算支出及主要项目占比

年份	公共财政预算总支出(亿元)	社会保障和就业占比(%)	科学技术占比(%)	教育占比(%)	医疗卫生占比(%)
2008	2281.6	14.5	1.3	19.5	6.4
2009	2905.8	13.9	1.2	18.1	7.7
2010	3416.1	13.5	1.3	17.8	7.9
2011	4248.8	12.9	1.3	20.2	8.5
2012	5006.4	12.6	1.4	22.1	8.5

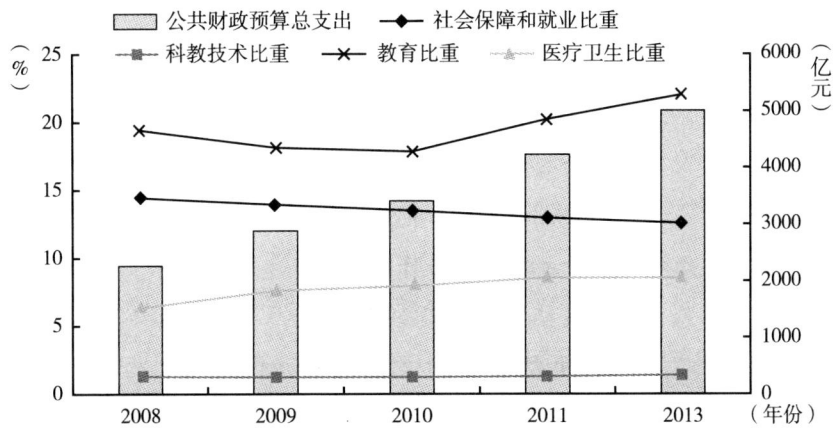

图8　河南省近5年公共财政预算支出及主要项目支出占比趋势

（二）人均基本公共服务支出地域差异显著

公共服务与人民群众生活息息相关，是提升社会治理水平的基础条件。近年来，河南省公共财政预算支出逐年上涨，实现了公共财政预算支出5年翻一番。但从统计数据来看，河南省各地市基本公共服务水平地域差异明显。郑州市作为河南省省会，在基本公共服务十二个分项中，有八项的人均财政预算支出水平都居于河南省的前两位。此外，济源市作为新晋的省辖市，在各方面表现突出，除科学技术和住房保障外，在其余十个分项的人均财政预算支出水平排名中，都居于河南省的前三位。综合来看，人均财政预算总支出排名前三位的分别是：郑州市（7760元/人）、济源市（6812元/人）、三门峡市（6149元/人）。

具体来说，根据河南省各地市 2012 年人均公共服务财政预算支出统计结果，从全省平均水平来看，教育支出 1176 元/人是所有支出中数额最高项，其次为一般公共服务支出 705 元/人，之后为社会保障和就业支出 672 元/人。从各地市分项水平来看，在一般公共服务方面，三门峡市（1039 元/人）、郑州市（917 元/人）、济源市（908 元/人）人均财政预算支出位列前三位；在公共安全方面，郑州市（397 元/人）、济源市（328 元/人）、焦作市（322 元/人）位列前三位；在教育方面，郑州市（1373 元/人）、济源市（1372 元/人）、三门峡市（1312 元/人）位于前列；在科学技术方面，郑州市（160 元/人）、洛阳市（105 元/人）、三门峡市（100 元/人）优势明显；在文化体育与传媒方面，洛阳市（140 元/人）、郑州市（120 元/人）、济源市（100 元/人）人均支出较多；在社会保障和就业方面，济源市（640 元/人）、郑州市（617 元/人）、濮阳市（588 元/人）人均财政预算支出较高（见表 21）。

表 21　河南省各地市 2012 年人均公共服务财政预算支出（一）

单位：元/人

地域	一般公共服务	公共安全	教育	科学技术	文化体育与传媒	社会保障和就业
全　　省	705	260	1176	74	74	672
郑 州 市	917	397	1373	169	120	617
开 封 市	773	191	721	40	45	507
洛 阳 市	608	275	1202	105	140	482
平顶山市	628	238	925	50	61	511
安 阳 市	511	245	908	71	66	363
鹤 壁 市	528	299	1047	44	91	572
新 乡 市	600	262	934	52	62	398
焦 作 市	654	322	941	93	68	497
濮 阳 市	383	222	982	51	57	588
许 昌 市	677	221	975	49	60	404
漯 河 市	597	237	882	23	55	470
三门峡市	1039	292	1312	100	87	544
南 阳 市	521	169	802	51	42	443
商 丘 市	468	161	1010	25	31	509
信 阳 市	726	163	1173	29	45	438
周 口 市	462	140	968	30	51	499
驻马店市	590	153	883	40	40	525
济 源 市	908	328	1372	63	100	640

在医疗卫生方面,济源市(566元/人)、郑州市(510元/人)、周口市(464元/人)人均财政预算支出位于前三名;在节能环保方面,济源市(566元/人)、三门峡市(434元/人)、鹤壁市(412元/人)位居前三名;在城乡社区事务方面,郑州市(1053元/人)、济源市(471元/人)、洛阳市(394元/人)优势明显;在农林水事务方面,济源市(893元/人)、三门峡市(741元/人)、信阳市(650元/人)支出较多;在交通运输方面,济源市(370元/人)、三门峡市(358元/人)、濮阳市(319元/人)排名靠前;在住房保障方面,鹤壁市(528元/人)、商丘市(258元/人)、漯河市(236元/人)人均财政预算支出较高。综合来看,人均财政预算总支出排名前三位的分别是,郑州市(7760元/人)、济源市(6812元/人)、三门峡市(6149元/人);人均财政预算总支出较低的是周口市(3673元/人)、开封市(3693元/人)、南阳市(3808元/人)(见表22)。

表22 河南省各地市2012年人均公共服务财政预算支出(二)

单位:元/人

地域	医疗卫生	节能保护	城乡社区事务	农林水事务	交通运输	住房保障
全　　省	453	116	253	587	319	197
郑 州 市	510	156	1053	576	296	193
开 封 市	408	62	85	463	142	119
洛 阳 市	395	133	394	547	255	180
平顶山市	396	159	163	517	167	153
安 阳 市	437	123	165	516	250	172
鹤 壁 市	412	209	243	540	280	528
新 乡 市	384	121	180	530	213	223
焦 作 市	429	162	263	482	253	170
濮 阳 市	405	81	180	640	311	131
许 昌 市	371	125	231	478	227	97
漯 河 市	429	76	233	474	277	236
三门峡市	434	257	241	741	358	171
南 阳 市	384	131	93	563	297	139
商 丘 市	406	60	89	515	227	258
信 阳 市	379	102	100	650	214	187
周 口 市	464	57	102	469	177	118
驻马店市	440	56	93	567	177	202
济 源 市	566	344	471	893	370	228

从中部六省 2012 年人均公共服务财政预算支出来看,从高到低依次为山西省、江西省、安徽省、湖北省、湖南省、河南省。除了在科学技术方面排名第四外,一般公共服务、公共安全、医疗卫生排名第五,其他方面均排在六省的末位。这主要是因为河南省人口较多,人均财政支出相对较少,但仍高于全国平均水平(见表 23)。

表 23 中部六省及全国 2012 年人均公共服务财政预算支出

单位:元/人

地 域	河南省	山西省	湖北省	安徽省	湖南省	江西省	全国
总支出	5323	7642	6506	6615	6204	6715	1120
一般公共服务	705	760	807	711	829	685	113
公共安全	260	398	354	249	316	315	63
教育	1176	1545	1267	1199	1216	1384	189
科学技术	74	92	94	160	73	61	40
文化体育与传媒	74	167	108	119	82	100	20
社会保障和就业	672	982	867	767	792	719	112
医疗卫生	453	499	464	533	443	487	64
节能保护	116	244	165	160	165	149	26
城乡社区事务	253	444	349	581	455	393	81
农林水事务	587	857	725	719	674	856	106
交通运输	319	540	368	396	412	429	73
住房保障	197	237	243	415	280	299	40

(三)社会保障工作稳步推进

根据河南省统计年鉴数据,河南省近 5 年各类社会保险参保人数呈逐年上升趋势。其中,医疗保险 2008~2009 年有明显涨幅,这是由于 2009 年将原来城镇职工基本医疗保险的人数加入了城镇居民医疗保险人数,扩大了统计范围。总体来看,河南省 2008~2012 年参加各类保险总人数涨幅较为平稳,年均增长率约为 13.53%(见表 24、图 9)。

表24 河南省近5年参加各类保险情况

单位：万人

年份	养老保险	失业保险	医疗保险	工伤保险	生育保险
2008	948	689	841	501	314
2009	1019	695	1970	521	380
2010	1079	696	2044	552	413
2011	1168	701	2122	656	461
2012	1271	736	2222	721	521

注：2009年起将原来城镇职工基本医疗保险人数加入城镇居民医疗保险人数。

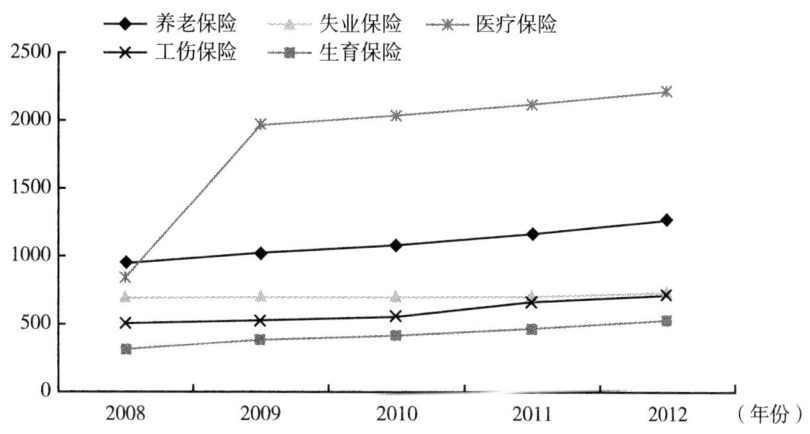

图9 河南省近5年参加各类保险人数发展趋势

河南省近5年新型农村合作医疗工作逐步深化，参保人数与参合率均逐年增加，年均增长率分别为2.3%和1.6%；人均筹资率显著提高，由2008年的人均90元提高到2012年的人均290元，年均增长率为34.0%；补偿收益人次明显提高，由2008年的3738万人次提高到2012年的13706万人次，年均增长率为38.4%（见表25）。

根据"中国统计年鉴"数据，从中部六省参加各类保险人数情况来看，河南省在人数总量上具有绝对优势，但加入人口因素后，河南省处于相对劣势（见表26、图10）。

表25 河南省近5年新型农村合作医疗情况

年份	参加新农合人数(万人)	参合率(%)	人均筹资(元)	补偿受益人次(万人次)
2008	7280	91.82	90	3738
2009	7477	94.08	100	4800
2010	7651	96.51	150	11507
2011	7804	96.97	230	9897
2012	7965	97.65	290	13706
年均增长率(%)	2.3	1.6	34.0	38.4

表26 2012年中部六省及全国参加各类保险人数情况

单位：万人

指标	河南省	山西省	湖北省	安徽省	湖南省	江西省	全国
养老保险	1271	649	1171	784	1048	707	30427
失业保险	736	391	509	402	450	272	15225
医疗保险	2222	1056	1960	1660	921	1439	53641
工伤保险	721	530	523	458	694	411	19010
生育保险	521	408	453	430	546	204	15429

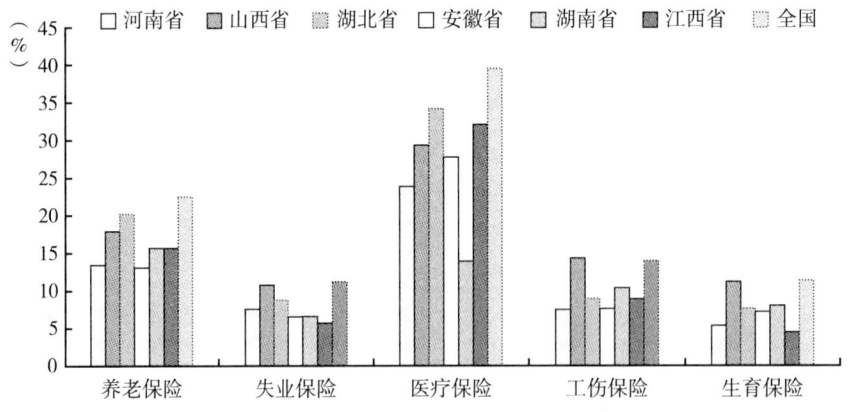

图10 中部六省参加各类保险人数占总人口比重

从河南省2012年各类保险参保人数来看，全省参加新农合人数最多，达到了7965.1万人；其次是医疗保险，参保人数达到2222.2万人；再次为养老保险，参保人数为1270.6万人。失业保险与工伤保险参保人数较为接近。由于参保对象的局限，生育保险参保人数相对较少（见表27）。

河南省社会治理形势分析与展望

表27 河南省各地市2012年各类保险参保人数

单位：万人

地 域	养老保险	失业保险	医疗保险	工伤保险	生育保险	参加新农合人数
全　　省	1270.6	735.5	2222.2	720.6	520.8	7965.1
郑 州 市	251.8	131.2	296.5	135.0	75.8	424.9
开 封 市	62.1	34.2	99.2	33.0	23.6	399.3
洛 阳 市	100.3	60.8	202.2	60.0	52.5	470.9
平顶山市	47.6	47.4	128.2	32.1	31.5	374.6
安 阳 市	67.6	40.5	122.2	42.8	26.4	427.4
鹤 壁 市	17.3	15.8	39.2	11.0	10.6	104.2
新 乡 市	76.1	45.2	142.2	51.3	28.7	449.2
焦 作 市	52.7	35.5	94.0	30.1	27.0	250.7
濮 阳 市	28.7	31.0	80.5	22.2	22.8	311.1
许 昌 市	42.5	27.5	90.8	22.2	19.6	360.8
漯 河 市	27.7	17.6	78.1	19.6	12.4	205.3
三门峡市	28.8	23.2	64.9	20.1	14.0	158.1
南 阳 市	83.9	65.0	160.5	49.2	34.2	946.8
商 丘 市	50.6	35.3	142.2	30.4	17.1	712.9
信 阳 市	58.5	39.7	134.0	32.9	26.1	650.0
周 口 市	55.5	39.5	137.8	36.8	30.3	970.3
驻马店市	37.2	38.9	121.4	27.2	23.6	695.4
济 源 市	14.2	7.1	20.9	7.8	5.4	53.4

根据参保人数和总人口，计算出参加保险人数占总人口比重，从相对量上对各地市参保情况进行对比。计算发现，在养老保险、失业保险、医疗保险、工伤保险和生育保险方面，郑州市的参保占比均居首位，其次是济源市、洛阳市和三门峡市；而参保占比相对较低的为周口市、驻马店市和商丘市（见图11）。

（四）民众对公共服务满意度较高

2013年十县区综合调查结果显示，民众对公共服务满意度较高。本次调查设计了教育、医疗、养老、低保、特困人群救助、文体设施、社会治安等问题。居民对大部分公共服务的满意度都超过了半数。其中，满意度较高的为子女教育和医疗保险服务，有23.2%的人对子女教育非常满意，有23.6%的人对医疗保

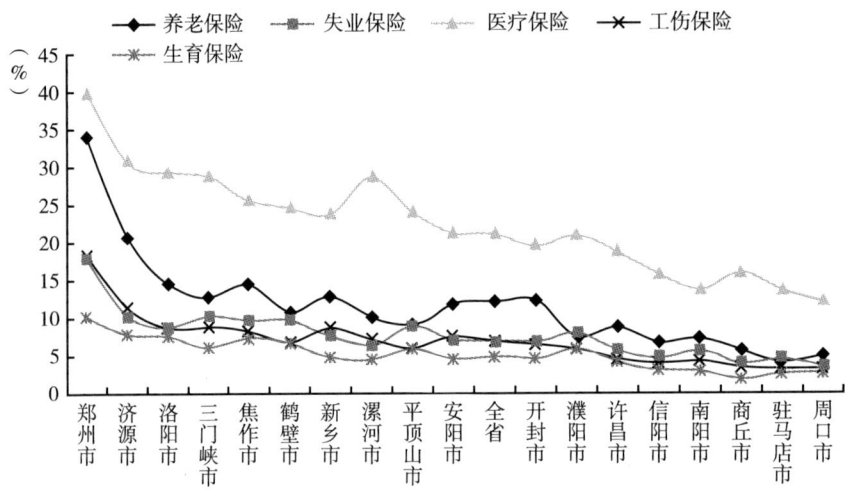

图 11　河南省各地市 2012 年养老、使用、医疗、工伤、生育保险参保占比

险非常满意。但民众对就业培训的满意度未超过半数，有 21.7% 的人不清楚什么是就业培训。这说明，就业培训服务工作还有待普及与提升（见表 28）。

表 28　居民基本公共服务满意度

单位：%

公共服务	非常满意	比较满意	一般	不太满意	非常不满意	不清楚
子女教育	23.2	46.1	19.9	5.2	1.3	4.3
医疗保险	23.6	46.2	19.5	6.2	1.2	3.2
医疗服务	20.2	44.9	23.1	6.0	2.3	3.5
养老保险	21.5	42.3	18.4	5.7	1.5	10.7
养老服务	18.3	38.9	21.7	6.5	1.4	13.1
低保问题	19.9	35.1	18.9	5.8	2.2	18.2
特困人群救助	18.1	35.7	20.6	5.9	0.9	18.7
就业培训	15.1	30.0	23.1	8.0	1.3	21.7
环境卫生	20.1	40.7	25.2	9.7	3.3	1.0
治安问题	21.7	49.0	21.1	5.4	1.7	1.2
文体设施	19.1	42.9	23.1	9.9	1.9	3.1
社区文化	20.6	43.2	23.2	7.8	1.7	3.4

在关注度调查中，关于基本公共服务，公众关注排名前两位的是子女教育、养老服务，关注率分别是 67.7% 和 60.8%（见图 12）。

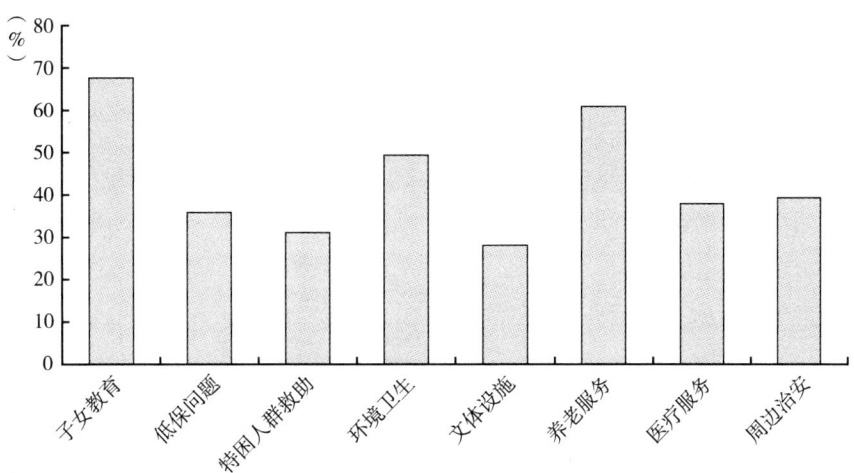

图12 居民基本公共服务关注

关于公共服务总体满意度，18.1%的人对公共服务总体非常满意；48.8%的人对公共服务总体比较满意；26.8%的人对公共服务总体评价一般；4.9%的人对公共服务总体不太满意；只有1.4%的人对公众服务总体非常不满意。可以说，公众对公共服务的整体满意度较高。

五 社会公平状况有待改善

社会公平是一种价值判断，建立在权益平等的基础之上。衡量社会公平的指标主要有权利公平、规则公平、效率公平、分配公平和社会保障公平。下面主要从权利公平、分配公平和社会保障公平三个指标对河南省社会公平形势进行分析。

（一）权利公平有待推进

调查问及"您是否参加过人大代表的选举"问题时，有70.27%的被调查者明确表示没有参加过人大代表选举。人民代表大会制度是我国的一项根本政治制度，而调查中超过70%的被调查者没有参加过人大代表的选举。

调查问及"您认为村民投票对村委会选举结果的影响程度"问题时，认为"非常大"和"比较大"的占23.72%和25.96%,认为"一般"的占22.50%,认为"比较小"和"没有"的占22.13%和5.70%。农村基层民主选举是我国村民自治制度的一项重要内容,而调查结果显示超过一半的被调查者认为村民投票对村委会选举结果影响并不大,因此,目前的权利公平状况有待进一步推进(见图13)。

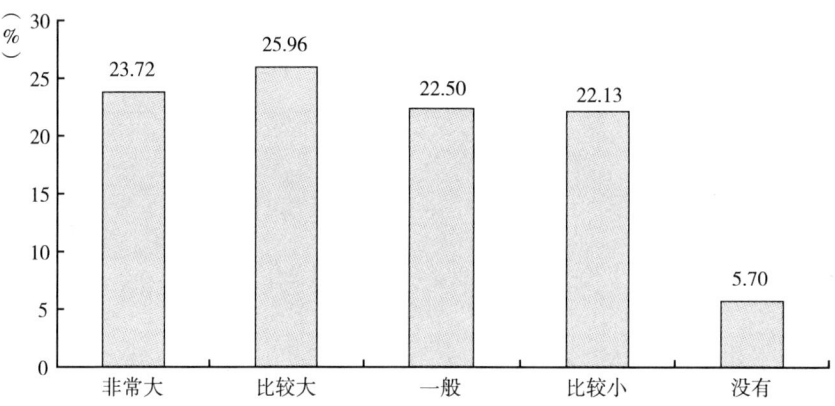

图13 村民投票对村委会选举结果影响

(二)分配公平有待加强

1. 城乡居民人均收入差距依然显著

图14显示了河南省5年来城乡居民家庭人均可支配收入对比情况。一方

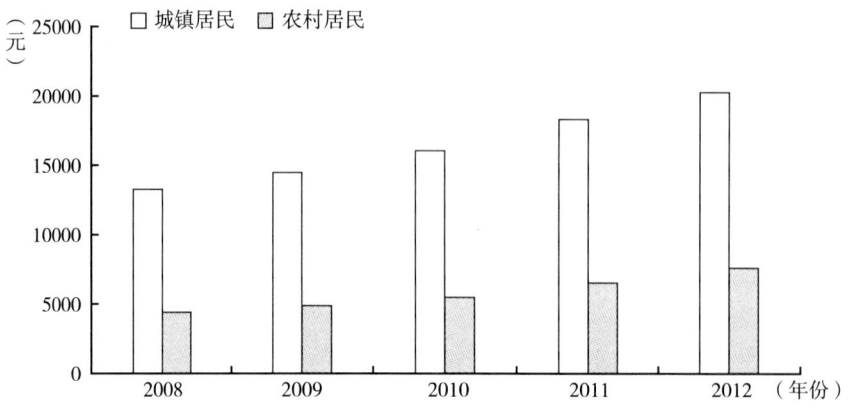

图14 河南省历年城镇、农村居民家庭人均可支配收入对比

面,无论是城镇居民还是农村居民,家庭人均可支配收入均有增幅;另一方面,城乡居民的家庭人均可支配收入差距依然显著,城镇居民的人均可支配收入是农村居民的近三倍。

恩格尔系数是食品支出总额占个人消费支出总额的比重。家庭生活越贫困,恩格尔系数就越大;反之,生活越富裕,恩格尔系数就越小。从城乡居民恩格尔系数的差距来看,城镇居民和农村居民的恩格尔系数差距有所减小,河南省城乡恩格尔系数差从2008年的3.5个百分点缩小到2012年的0.2个百分点。反映了河南省城乡居民生活水平的差距在缩小(见图15)。

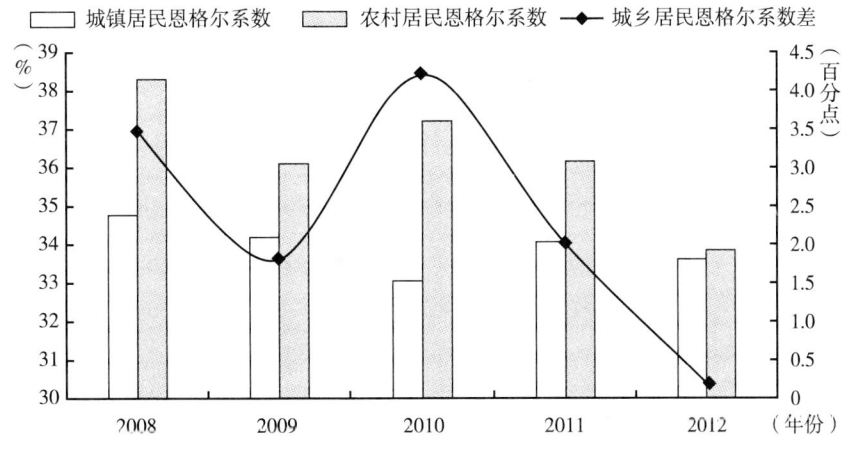

图15 河南省历年城镇、农村居民家庭恩格尔系数对比

2. 城镇居民收入支出状况差异较大

表29显示了2012年按收入等级分城镇居民家庭生活情况①。平均每一就业者负担人数为1.90人,平均每人全年总收入为21894元,平均每人全年可支配收入20443元,消费支出13733元。最低收入户与最高收入户无论是在平均每人全年总收入、平均每人全年可支配收入还是在消费支出方面均差距悬殊。

---

① 2012年,河南省统计局共调查城镇居民2298户,分为7档,其中最低收入户231户,占比10%;低收入户230户,占比10%;较低收入户459户,占比20%;中间收入户460户,占比20%;较高收入户460户,占比20%;高收入户230户,占比10%;最高收入户229户,占比10%。

表29　2012年按收入等级分城镇居民家庭生活情况

单位：人，元

	平均每一就业者负担人数	平均每人全年总收入	平均每人全年可支配收入	消费支出
总平均	1.90	21894	20443	13733
最低收入户	2.62	8844	8142	6547
低收入户	1.99	12637	11656	8759
较低收入户	1.92	16202	15098	11627
中间收入户	1.78	21025	19507	12718
较高收入户	1.78	26996	25168	16528
高收入户	1.81	33742	31649	19115
最高收入户	1.69	52476	49735	29862

表30是2012年河南省各市按收入等级分城镇居民家庭人均全年可支配收入情况。郑州市以24246元的总平均收入位列河南省城镇居民家庭人均收入的第一位，其中最低收入户年均9341元，最高收入户年均50979，差距悬殊。第二名是洛阳市，总平均收入22636元，最低收入户年收入8967元，最高收入户年收入48858元。最后一名是周口市，总平均收入16503元，最低收入户年收入9035元，最高收入户年收入32384元。

表30　2012年各市按收入等级分城镇居民家庭人均全年可支配收入情况

单位：元

	总平均	最低收入户	低收入户	较低收入户	中间收入户	较高收入户	高收入户	最高收入户
郑州市	24246	9341	13499	16715	21190	26582	32759	50979
开封市	17545	7731	10837	12647	15391	19108	23457	30950
洛阳市	22636	8967	12646	15693	19438	24008	30306	48858
平顶山市	20610	7465	10500	13550	17017	21548	27041	42083
安阳市	21042	8470	11118	14517	18527	23164	29188	44076
鹤壁市	19284	8065	10425	13643	17523	21929	26453	42538
新乡市	20159	8192	10670	13253	16225	20056	25777	49933
焦作市	20136	7478	11786	14520	18062	22510	29209	44601
濮阳市	19511	7384	10683	12607	15318	18349	21926	43306

续表

	总平均	最低收入户	低收入户	较低收入户	中间收入户	较高收入户	高收入户	最高收入户
许昌市	19686	9361	12120	15244	18337	22818	27182	37108
漯河市	19136	10470	13403	15703	17695	21180	24690	20573
三门峡市	19184	7552	11728	14921	18281	22594	28759	39040
南阳市	19544	9148	12392	14563	17729	21962	26345	36209
商丘市	18312	8148	11451	13813	16409	19960	25126	35254
信阳市	17256	8647	11777	14170	16847	20153	23431	32006
周口市	16503	9035	11539	13438	15744	18322	21514	32384
驻马店市	17671	6996	10191	12620	15533	19057	23946	42153
济源市	21240	5461	10010	14952	19331	24028	31843	59409

3. 农村居民收入支出状况差异较大

表31显示的是2012年按收入等级分农村居民家庭生活情况①，总平均收入8775元，其中生活消费支出5138元，恩格尔系数33.8%。其中高收入户的收入是低收入户收入的6倍多。

表31 2012年按收入等级分农村居民家庭生活情况

单位：元，%

	总平均	低收入户	中低入户	中等入户	中高入户	高收入户
收入	8775	2833	5503	7463	9917	18157
生活消费支出	5138	3840	4180	4407	5943	7320
恩格尔系数	33.8	36.4	36.2	37.0	31.9	29.9

表32是2012年各市按收入等级分农村居民家庭人均全年纯收入情况。郑州市农村居民家庭人均全年纯收入低收入户年收入5426元，中低等收入户8892元，中等收入户11521元，中高等收入户14656元，高收入户28097元，位列河南省第一。

---

① 2012年，河南省统计局共调查农村居民4200户，分为5档，其中低收入户839户，占比20%；中低收入户841户，占比20%；中等收入户840户，占比20%；中高收入户840户，占比20%；高收入户840户，占比20%。

表32　2012年各市按收入等级分农村居民家庭人均全年纯收入

单位：元

	低收入户	中低收入户	中等收入户	中高收入户	高收入户
郑州市	5426	8892	11521	14656	28097
开封市	2872	5124	7020	9140	15371
洛阳市	2029	4873	6769	9193	18331
平顶山市	2623	5029	7044	9678	19137
安阳市	3431	6030	8306	10873	18841
鹤壁市	3608	5844	7899	10340	20423
新乡市	2519	5824	7891	10579	20651
焦作市	3288	6704	8923	11894	21306
濮阳市	2267	4675	6372	8428	13793
许昌市	3620	5290	6548	8117	13396
漯河市	1803	5212	7540	10800	23421
三门峡市	2489	4684	6496	9127	18791
南阳市	2933	5339	6991	9415	16182
商丘市	1713	4239	5852	7889	13948
信阳市	3579	5450	7048	8985	13441
周口市	2333	4412	5882	7681	12756
驻马店市	2677	4631	6275	8182	13087
济源市	1789	6801	9957	13535	25850

4. 河南省城乡居民收入比在中部六省中位居第三

图16显示了2012年中部各省城镇居民家庭人均可支配收入与农村居民家庭人均纯收入对比情况。2012年，河南省城镇居民家庭人均可支配收入比值为2.72，低于全国水平（3.1），在中部六省中仅略高于江西和湖北。2012年全国城镇居民家庭人均可支配收入24565元，农村居民家庭人均纯收入7917元，城镇是农村的3.1倍。其中河南省城镇居民家庭人均可支配收入20443元，农村居民家庭人均纯收入7525元，城镇是农村的2.7倍，河南省的城乡居民人均纯收入差距低于全国平均水平。城镇居民家庭人均可支配收入湖南省以21319元位列中部第一，农村居民家庭人均纯收入江西省以7828元位列中部第一，河南省处于中间状态。

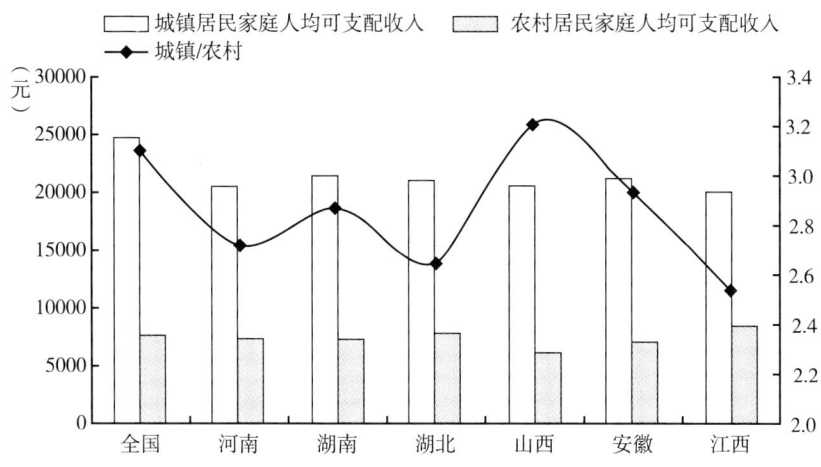

图 16　2012 年中部各省城镇、农村居民家庭人均可支配收入对比

（三）社会保障公平有待完善

调查问及"您认为当地低保认定、发放过程中的公平程度"问题时，结果显示，认为"非常公平"和"比较公平"的占 19.26% 和 41.69%，认为"一般"的占 26.5%，而认为"不太公平"和"非常不公平"的占 9.52% 和 2.96%。因此，大多数的被调查者认为低保的认定、发放过程公平，社会保障公平状况良好，但仍有小部分被调查者认为不公平，社会保障的公平状况有待改善（见图 17）。

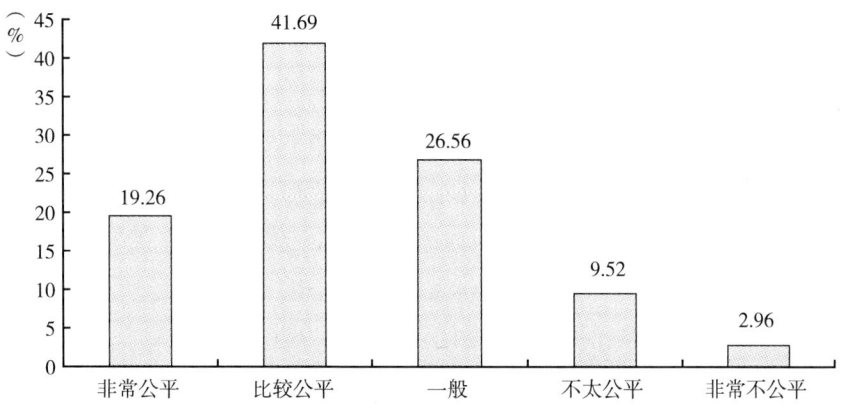

图 17　低保认定、发放公平程度

六　河南省社会治理发展展望

2013年河南省在社会治理领域开展了一系列的探索和创新,社会治理形势总体向好,公共安全总体向好,社会矛盾化解机制不断健全,社会组织逐步发展壮大,基本公共服务体系逐渐完善。2014年是全面深化改革的关键一年,河南省应从五个层面入手转变社会治理方式,提升社会治理能力。

(一)完善基本公共服务体系,强化源头治理

促进基本公共服务均等化,既是河南省构建基本公共服务体系的理念,也是强化源头治理、促进社会治理体制创新的根本途径和手段。面对人民群众对基本公共服务需求快速增长和日益多样化的现实局面,下一步应着重从以下几个方面着手健全基本公共服务体系,推进基本公共服务均等化。首先,转变治理理念,着力推进政府购买公共服务工作,不断创新和完善公共服务提供方式,构建政府购买公共服务的常态化规范化运行机制。其次,加大公共资源向农村、贫困落后地区和社会弱势群体倾斜力度,促进公共服务向农村、贫困落后地区和社会弱势群体的延伸和拓展,推进城乡基本公共服务一体化进程。最后,依然把保障和改善民生作为根本出发点和落脚点,解决人民群众最关心、最直接、最现实的利益问题,扩大基本公共服务的覆盖范围和保障标准。

(二)创新社会矛盾化解方式,加强社会治理法治化建设

社会矛盾和冲突的有效化解离不开法治的保障。维护社会和谐稳定需要形成化解社会矛盾冲突的新思维,使法治成为化解社会矛盾和冲突的制度化手段。首先,将社会治理的各项活动纳入到法治的轨道上来,以法治方式推进社会治理方式的创新。其次,拓宽利益表达渠道,完善利益表达的制度设置,使人民群众能够通过制度化手段表达诉求,最终实现社会矛盾化解的制度化运行机制。最后,将构建信访法制化机制作为化解社会矛盾和冲突的重点,增强容纳信访过程中矛盾和冲突的能力,提高运用法治化、制度化方式解决信访问题的能力。

（三）促进社会组织发育，激发社会发展活力

社会治理在本质上更加强调多元主体通过协商协作方式实现对社会事务的合作管理。社会组织作为社会治理的一个重要参与主体，能够充分发挥动员和组织社会资源、有效激发社会活力的优势。未来若干年，河南省社会组织的数量和规模将日益增长和扩大，社会组织的结构将发生显著的变化，政府与社会组织的关系格局将逐渐改变。首先，要理顺政府与社会组织的关系，凡是社会组织能够办理和提供的社会事务和社会服务，尽可能以适当方式由各种社会组织、中介组织、社区基层组织等承担，打破政府对公共事务大包大揽的格局，降低社会治理成本。其次，进一步加强对社会组织的培育和管理，将对社会组织管理的重点放在为社会组织自身管理和发展提供合理有效法律规范的层面，形成社会组织依法自治的现代社会组织体制，从而最大限度地增强社会自我调节的能力和活力。

（四）健全公共安全体系，维护社会和谐稳定

公共安全直接关系到人民群众的生命财产安全，关系到经济社会的协调发展，关系到社会大局的和谐稳定。未来一段时期内，人民群众对于食品安全、环境污染的关注度将持续升高；对于公共文化产品和服务的需求将日益迫切；网络作为思想文化的集散地和社会舆论的放大器，将在政治、经济、文化等各个社会领域发挥日益凸显的影响力。因此，下一步应在以下几个方面加强公共安全体系的构建：第一，加强河南省食品药品安全法规体系建设，健全食品药品监管机制，建立完善的快速反应机制、信息披露制度和监管信息平台，建立食品药品安全保障体系。第二，继续严格执行《河南省减少污染物排放条例》、《河南省蓝天工程行动计划》等政策，持续加强对水污染、大气污染的防治工作，积极有效防范环境风险。第三，充分重视和发挥文化对于正确引导舆论的重要作用，加快文化产业发展，构建现代公共文化的市场体系和服务体系。第四，河南省应尽快出台针对网络社会治理的有效法规政策，提高信息公开透明度，重视网络社情民意，建立完善网络舆情预警机制。

（五）贯彻群众工作方法，创新社会治理理念

群众工作是社会治理的基础性、经常性、根本性工作。加强和创新社会治理，就要同做好群众工作紧密结合起来，积极探索加强和改进群众工作的新途径、新办法，把群众工作贯穿到社会治理各个方面、各个环节，不断提高新形势下群众工作能力和水平，切实解决好涉及群众切身利益的突出问题。第一，加强党的基层组织建设和基层干部培训，努力做到将情况掌握在基层、问题解决在基层、矛盾化解在基层、工作推动在基层、感情融洽在基层。第二，借鉴省内和省外群众工作的先进经验和措施，持续开展群众工作的探索和实践，不断创新群众工作的方式方法。第三，切实发挥群众的主体作用，充分尊重群众的主体地位，把服务群众同教育引导群众结合起来，积极运用电视、报纸等传统媒体和网络、手机等现代传播手段，在教育引导群众方面突破创新。第四，持续推进作风建设，以优良作风带动群众，以优良作风凝聚力量，努力形成由群众做出最终评价的工作导向和政绩导向。

第二部分 专题篇

Special Reports

河南省城乡一体化实践探索与形势分析*

张瑞琴**

摘　要： 基于"河南省统计年鉴"的历年统计数据和社会管理河南省协同创新中心的问卷调查统计数据分析发现，河南省城乡一体化呈现出以下态势：城乡居民收入绝对差距拉大、相对差距缩小；城乡生活基础设施建设差距显著、城乡人均住房面积农村略优于城镇；城乡社会保障在差距中逐步缩小、城乡公共服务满意度主观评价相近。河南省推进城乡一体化进程中存在的问题包括：城乡居民收入仍存在较大差距、城乡基础设施建设不配套、城乡社会事业发展不同步等。基于此，应从以下几个方面进一步推进河南省城乡一体化发展：挖掘农民增收潜力，切实增加农民收入，加强农村基础设施建设、实现城乡服务功能一体化，统筹城乡社会事业、实现城乡社会事业发展一体化。

---

* 河南省哲学社会科学重大项目"促进人口有序转移，实现人口集中，推动新型城镇化健康发展研究"（2013A002）阶段性成果。

** 张瑞琴，博士，郑州大学公共管理学院讲师，社会管理河南省协同创新中心研究员。

关键词：

  城乡二元结构 城乡一体化 居民收入 基础设施 社会事业

  城乡一体化就是把工业与农业、城市与乡村、城镇居民与农村居民作为一个整体，统筹谋划、综合研究，通过体制改革和政策调整，促进城乡在产业发展、规划建设、政策措施、社会事业发展方面的一体化，改变长期形成的城乡二元经济结构，实现城乡在政策上的平等、产业发展上的互补、国民待遇上的一致，推进农村生产、生活方式转变，使农民和城镇居民共享现代文明，从而使整个城乡经济社会全面、协调、可持续发展的过程。河南省作为传统农业大省，城乡二元结构特征显著。党的十八大报告指出："加大统筹城乡发展力度，增强农村发展活力，逐步缩小城乡差距，促进城乡共同繁荣。加快完善城乡发展一体化体制机制，着力在城乡规划、基础设施、公共服务等方面推进一体化，促进城乡要素平等交换和公共资源均衡配置，形成以工促农、以城带乡、工农互惠、城乡一体的新型工农、城乡关系"。因此，要大力推进河南省城乡一体化发展，促进河南省顺利跨越二元结构转型，实现经济社会长远可持续发展。

一 河南省城乡一体化发展现状

  根据"河南省统计年鉴"的历年统计数据、社会管理河南省协同创新中心的调查数据，我们首先对河南省城乡居民收入情况（包括绝对收入、相对收入、收入结构、恩格尔系数对比、各地市城乡收入差距）、城乡基础设施建设、城乡人均住房面积、城乡社会保障、城乡公共服务满意度等城乡一体化等方面进行了客观分析。

（一）城乡居民收入绝对差距拉大，相对差距缩小

  近年来，随着河南省经济持续稳定发展，城乡居民收入均在不断增加，生活消费水平持续提高。2012年城镇居民人均可支配收入、农民人均纯收入分别达到20442.62元和7524.94元，扣除价格因素分别增长9.5%和11.3%。

总体而言，城乡居民收入呈现出绝对差距拉大，相对差距缩小的趋势。

1. 城乡居民收入绝对差距对比

2000~2012年，河南省城镇居民历年人均可支配收入及其收入指数、农村居民历年人均纯收入及其收入指数情况（见表1）。

表1 2000~2012年城乡居民人均收入绝对值与相对值对比

单位：元

年份	城镇居民		农村居民	
	可支配收入	可支配收入指数	纯收入	纯收入指数
2000	4766.26	106.1	1985.82	103.9
2001	5267.42	108.8	2097.86	104.9
2002	6245.40	114.2	2215.74	105.1
2003	6926.12	109.0	2235.68	99.6
2004	7704.90	105.5	2553.15	108.1
2005	8667.97	110.2	2870.58	107.5
2006	9810.26	111.9	3261.03	112.1
2007	11477.05	111.0	3851.60	112.1
2008	13231.11	108.3	4454.24	107.2
2009	14371.56	109.9	4806.95	107.5
2010	15930.26	107.2	5523.73	111.0
2011	18194.80	108.4	6604.03	112.7
2012	20442.62	109.5	7524.94	111.3

数据来源：河南省统计局：《河南省统计年鉴（2000~2012）》。

就城乡居民人均收入绝对数值来看，农村居民一直远低于城镇居民，并且呈现出扩大趋势。从图1中可以更加直观地看到，2002年，城乡居民收入绝对差距超过了4000元；2006年，这一差距为6000多元；2008年的差距显著，为8000多元；2010年，城乡收入差距绝对值达10000元以上，并于2011年进一步扩大，2012年扩大到13000元（见图1）。

2. 城乡居民收入相对差距对比

就城乡居民人均收入相对数值来看，2000~2004年，农村居民的人均收入增长率全部低于城镇居民，城乡收入比不断扩大，并于2003年达到最高峰，峰值超过3.0。也就是说，2003年城镇居民的收入是农村居民的3倍多。2004~2009年，城乡收入比与2003年相比有所下降，但也基本稳定维持在

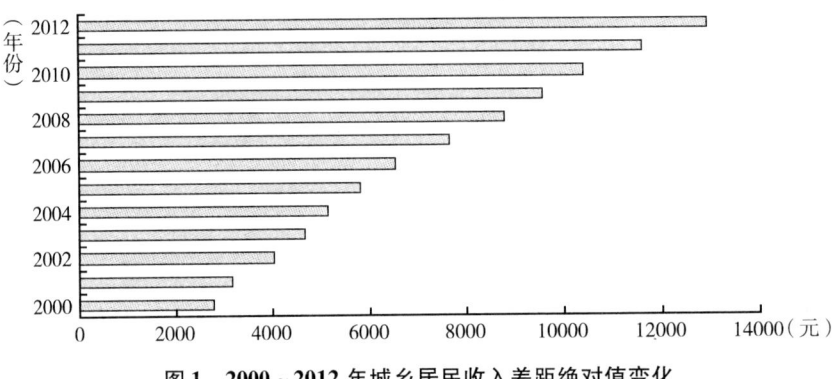

图1 2000~2012年城乡居民收入差距绝对值变化

3.0的水平,城乡收入相对差距仍十分显著。进入2010年,城乡收入比开始明显下降到3.0以下,随后,在2011年、2012年进一步下降,城乡收入相对差距呈现缩小的趋势(见图2)。

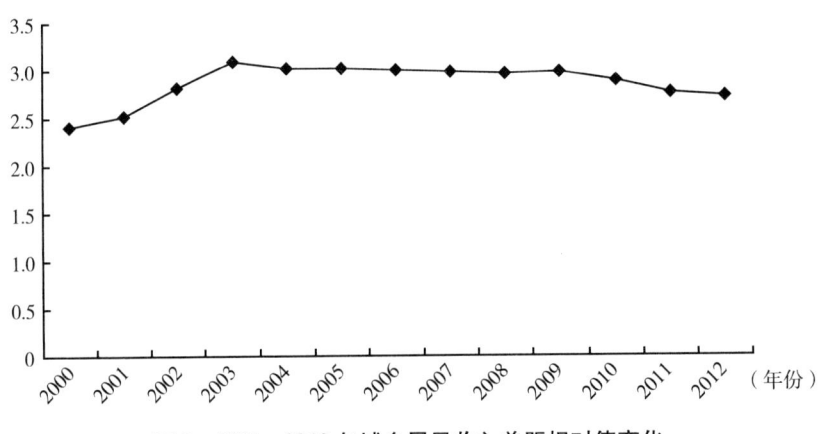

图2 2000~2012年城乡居民收入差距相对值变化

3. 城乡居民人均收入结构对比

城乡居民收入总体都分为工资性收入、家庭经营性收入、财产性收入、转移性收入四大部分。我们以2012年为例,对城乡居民人均收入结构进行分析。

从图3中可以看出,城乡居民的收入构成差别非常明显。从农村人均收入构成情况看,经营性收入在四项收入中占据绝对优势,占到人均总收入的64%,数额为6197元,其次工资性收入为2989元,所占比例为30%,转移性收入508元,位列第三,占比为5%,最后是财产性收入135元,仅占1%。

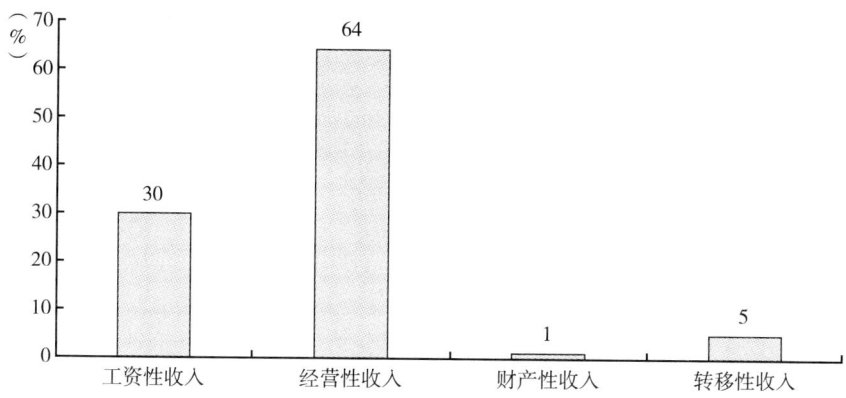

图3 2012年农村人均收入构成

数据来源：河南省统计局：《河南省统计年鉴（2012）》。

而从城镇的情况来看，工资性收入则占到其人均收入的绝大部分，占比为62%，数额为13666元，而转移性收入成为城镇居民收入的第二大来源，数额高达5352元，是农村居民该项收入的10倍多，占比也达到24%，这与农村居民的收入构成情况差异较大；经营性收入在城镇居民收入来源中排名第三，该项收入绝对数额为2545元，所占比例为12%；最后，财产性收入是城镇居民收入的最后一个来源，占比仅为2%，绝对数额为334元（见图4）。由此可见，无论是农村居民还是城镇居民，财产性收入目前在其总收入中所占比重都非常小。公民财产性收入占国民可支配收入的比例，是衡量一个国家公民富裕程度的重要尺度。以美国居民为例，其财产性收入占到40%[1]。因此，我国居民的该项收入在其总收入中还远未达到应有的比重。

4. 城乡恩格尔系数对比

恩格尔系数是食品支出总额占个人消费支出总额的比重。一个家庭收入越少，家庭收入中用来购买食物的支出所占的比例就越大。随着家庭收入的增加，家庭收入中用来购买食物的支出比例则会下降。也就是说，一个家庭越贫穷，恩格尔系数越高，随着家庭的不断富裕，恩格尔系数呈下降趋势。从表中的数据可以看到，城镇居民和农村居民的恩格尔系数都在不断下降，说明河南

[1] 李静怡：《财产性收入在居民收入中所占比例的实证研究》，《时代金融》2009年第8期。

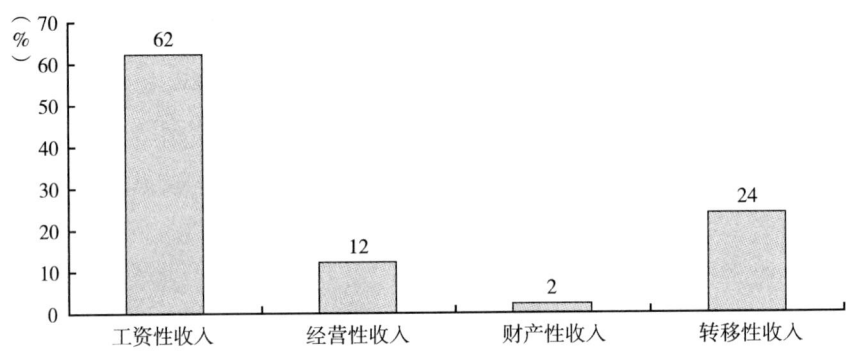

图 4　2012 年城镇人均收入构成

数据来源：河南省统计局：《河南省统计年鉴（2012）》。

省人民收入水平整体都有较为明显的提高。

从城乡居民恩格尔系数的差距来看，1999 年河南省城镇家庭的恩格尔系数为 40.8%，而农村家庭的恩格尔系数为 53.0%。进入 2000 年以后，河南省城镇家庭的恩格尔系数首次下降到 40% 以下，为 36.2%，农村家庭的恩格尔系数则首次下降到 50% 以下，为 49.7%，但直到 2007 年才下降到 40% 以下，为 38.0%，说明在此期间，城乡居民收入水平差距较大。自 2007 年后，农村家庭的恩格尔系数与城镇家庭的差距逐步缩小，并于 2012 年下降为 33.8%，与城镇居民恩格尔系数基本持平，差距仅为 0.2 个百分点。这说明，随着经济社会的发展，河南省城乡居民的生活水平差距在逐渐缩小（见表 2）。

表 2　1999~2012 年河南省城乡恩格尔系数对比

单位：%

年份	城镇家庭	农村家庭
	恩格尔系数	恩格尔系数
1999	40.8	53.0
2000	36.2	49.7
2001	34.7	48.6
2002	33.7	48.0
2003	33.6	48.2
2004	35.0	48.6
2005	34.2	45.4

续表

年份	城镇家庭 恩格尔系数	农村家庭 恩格尔系数
2006	33.1	40.9
2007	34.6	38.0
2008	34.8	38.3
2009	34.2	36.0
2010	33.0	37.2
2011	34.1	36.1
2012	33.6	33.8

数据来源：河南省统计局：《河南省统计年鉴（1999～2012）》。

5. 各地市城乡收入差距对比

从图5可以看出全省各个地市城乡居民的收入情况。18个地市中，城乡收入比系数最高的地市为洛阳市，其系数为2.910634，接近3.0，说明洛阳市的城乡收入差别最大，城镇居民收入几乎是农村居民的3倍；商丘市和濮阳市的城乡收入差距也比较大，分列第二位和第三位。

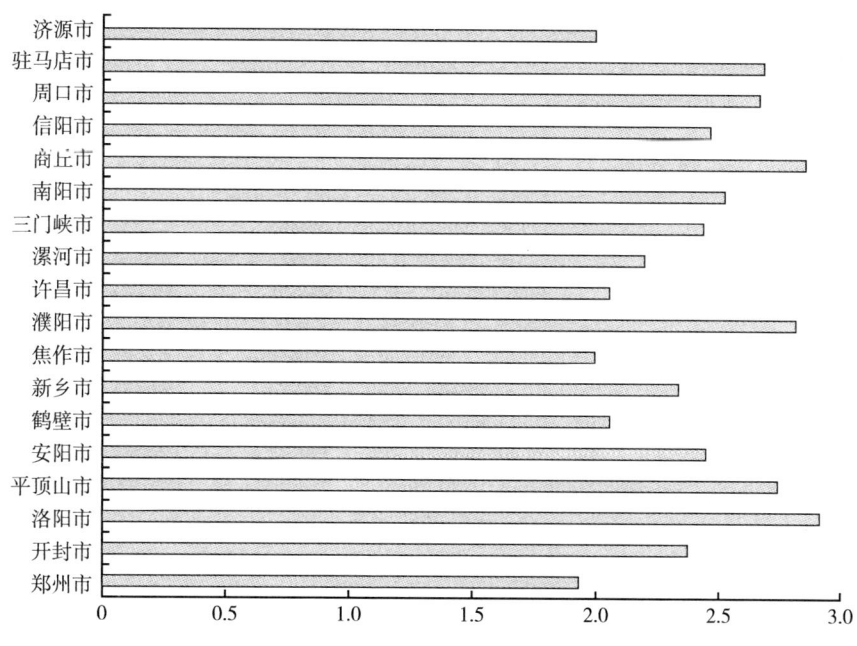

图5　2012年河南省18个地市城乡收入比

数据来源：河南省统计局：《河南省统计年鉴（2012）》。

18个地市中，城乡收入比系数小于2.0的地市只有三个，分别是郑州市、焦作市和济源市。差距最小的地市为郑州市，该系数为1.93，也就是说郑州市城镇居民的收入是郑州农村居民的1.93倍，焦作市和济源市城镇居民收入也不到农村居民收入的2倍。除此之外的15个地市城乡收入比系数都超出了2.0，显示出城乡居民收入差距较大。

（二）城乡生活基础设施建设差距显著

就生活性基础设施的建设和普及情况来看，根据河南省2012年的统计数据，在安全饮水方面，城镇居民（包括城市和县城两个层次）的情况远远好于农村，其中城市安全饮水的比例为99.2%，县城为98.5%，而农村该比例仅为74.6%，与城镇水平差距明显。在家庭卫生设备方面，城市该项比例为99.0%，县城为93.7%，农村比例为96.8%（见表3）。从表面数据来看，市、县、村三个层次在这方面的差距并不算大。但是该结果是仅就是否有厕所该项卫生设备而言的，如果考虑到是否有洗浴设备，农村要落后城镇水平很多。

表3 2012年城乡（市、县、村）基础设施情况对比

单位：户，%

项目	城市		县城		农村	
	调查户数	比重	调查户数	比重	调查户数	比重
总计	1798	100.0	500	100.0	4200	100.0
使用安全饮水住户	1784	99.2	492	98.5	3132	74.6
有卫生设备的住户	1781	99.0	468	93.7	4066	96.8
取暖设备	1798	100.0	500	100.0	4200	100.0
有取暖设备的住户	—	—	—	—	524	12.5
空调设备	437	24.3	156	31.2	未统计	—
暖气	662	36.8	33	6.6	未统计	—
其他	699	38.9	311	62.2	未统计	—
炊用燃料使用情况	1798	100.0	500	100.0	4200	100.0
煤	62	3.4	139	27.7	776	18.5
液化石油气	388	21.6	244	48.7	1325	31.5
管道煤气	189	10.5	30	6.0	未统计	—
管道天然气	1050	58.4	30	5.9	未统计	—
其他	110	6.1	58	11.6	未统计	—

数据来源：河南省统计局：《河南省统计年鉴（2012）》。

就取暖设备情况来看，统计年鉴的数据显示，农村家庭调查样本中仅有12.5%的住户有取暖设备，而且该项统计并未细分为空调和暖气，无论是何种取暖设备，农村该项指标数值都相当低。而就城市和县城而言，城市中36.8%的住户以暖气为供暖渠道，24.3%的住户用空调供暖。县城则主要以空调供暖为主，占比为31.2%，暖气供暖仅占6.6%。由此可见，在暖气供暖设施方面，县城也远落后于城市，农村在这一方面更是无法与城市相提并论。在炊用燃料使用方面，城市中以管道天然气为主，占比为58.4%，液化石油气为辅，占比为21.6%；而县城中以液化石油气为主，占比为48.7%，以用煤为辅，使用比例为27.7%，管道天然气使用占比仅为5.9%。在这一指标上，农村则仅统计了使用煤和液化石油气的情况，其中，使用液化石油气占比为31.5%，使用煤炭的住户统计比例为18.5%。由此可见，在管道天然气的使用方面，县城的普及率相对城市低得多，而农村直接未统计管道天然气的事实说明，由于多种因素的影响，这一基础设施在河南省农村几乎还没有建设。

（三）城乡人均住房面积农村略优于城镇

从该项指标来看，2005年，城镇居民平均每人的住房面积比农村居民人均高出3.6平方米，而到了2010年，农村居民人均住房面积反而超出了城镇居民，人均高出1.4平方米（见图6）。

此后，2011年、2012年，农村居民的人均住房面积均高于城镇居民，并有扩大之趋势，说明随着城市人口的不断增多，住房成本的不断升高，农村居民在人均住房面积方面反而比城镇居民具有了一定的优势。

（四）城乡社会保障在差距中逐步缩小

1. 城乡最低生活保障

近年来，政府更加注重民生问题，在人民社会保障等方面的投入增多。以最低生活保障为例，近年来河南省连续提高城乡低保对象人均月补助水平，从2012年1月起，全省城市低保对象人均月补助金额由2011年的160元提高到不低于180元，农村低保对象人均月补助金额由2011年的72元提高到不低于87元。截至2012年年底，全省共有城市低保对象133.44万人，累计支出

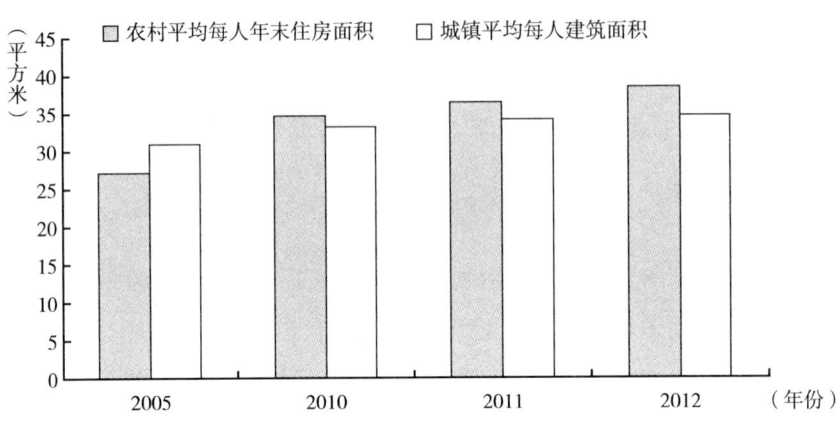

图6 城乡人均住房面积对比

数据来源：河南省统计局：《河南省统计年鉴》。

31.02亿元，月人均保障标准270.1元，月人均补助金额为193.1元。全省共有农村低保对象373.3万人，累计发放农村低保资金45.29亿元，全省月人均补助水平为88.7元。[①]

2013年，国家继续提高城乡低保补助标准，河南省城乡低保月人均补助金额在2012年的基础上分别提高15元和12元。根据《河南省民政厅河南省财政厅关于做好2013年城乡居民最低生活保障和农村五保供养工作的通知》，各地还要根据当地经济社会发展、物价水平和居民消费性支出等因素适时调整城乡居民最低生活保障标准，由同级政府批准后，以政府名义出台。城市低保月标准原则上不低于300元，农村低保年标准原则上不低于1800元，折算成月标准为每月不低于150元。

由此可见，当前政府对城乡最低生活保障投入都有增加，总体而言，对城市的投入仍然远高于农村。

2. 城乡医疗救助

截至2012年年底，河南全省共筹集城市医疗救助资金3.94亿元，共对11.28万人次城市困难群众实施了住院和门诊医疗救助，资助78.76万人参加居民医保，共支出救助金1.75亿元。全省共筹集农村医疗救助资金8.23亿

---

① 河南省人民政府网站，http://www.henan.gov.cn/zwgk/system/2013/02/06/010365254.shtml。

元，共对56.87万人次农村困难群众实施了住院和门诊医疗救助，资助324.1万人参加新农合，共支出救助金6.38亿元。此外，进一步扩大了大病医疗救助试点，在信阳、驻马店、南阳和巩义等10个省直管县开展了农村困难群众重特大疾病医疗救助试点工作。①

（五）城乡公共服务满意度主观评价相近

为全面了解河南省社会治理创新的实践状况，更好地反映河南省社会建设与管理的发展水平，社会管理河南省协同创新中心组成调查组，对河南省各地城镇化进程中的公共服务、社会参与、社会信任等方面以及河南省的社会管理状况进行了分析。其中，关于"公共服务"的调查涉及了教育、医疗、养老、低保、特困人群救助、文体设施、社会治安等问题。

1. 城乡公共服务总体满意度情况

根据社会管理河南省协同创新中心提供的调查问卷统计数据显示，就公共服务总体满意度来看，农业户口中有17%的被调查人员对当地政府提供的公共服务评价为"非常满意"，超过半数（52.30%）的人员评价为"比较满意"，评价为"一般"的人员比例为24.40%，仅有不到7%的人评价为不满意（"不满意5.5%" + "非常不满意0.8%"）（见图7）。

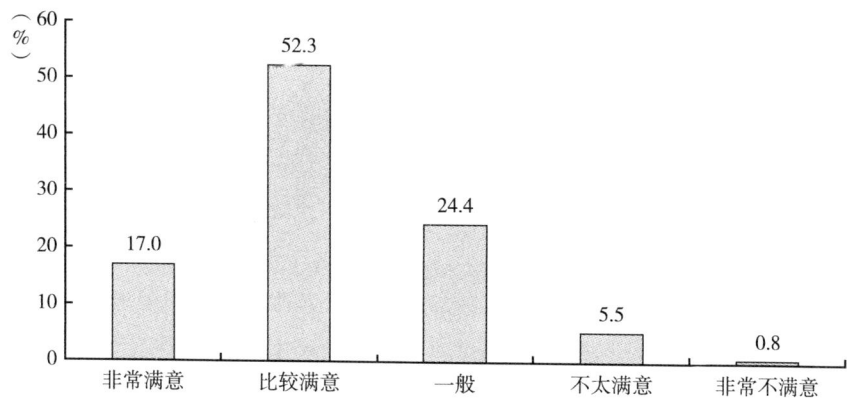

图7 农业户口公共服务总体满意度

---

① 河南省民政厅网站，http://www.henanmz.gov.cn/system/2013/02/06/010365226.shtml。

调查中非农业户口对当地政府提供的公共服务评价情况与农业户口人员总体评价比较接近,"非常满意"的比例为19.10%,略高于农业户口该评价比例,"比较满意"的比例为45.40%,略低于农业户口该评价的比例,评价"一般"的比例为29.1%,高于农业户口该评价比例约5个百分点。同样,仅有不到7%的非农业户口人员对公共服务的评价为不满意("不满意4.4%"+"非常不满意2%")(见图8)。

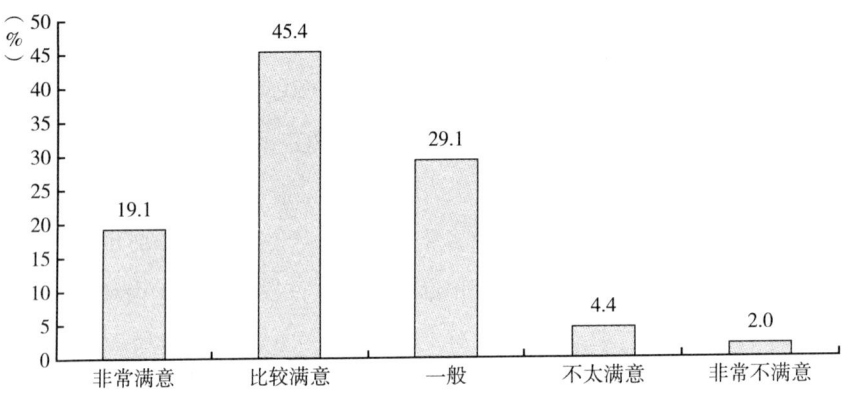

图8 非农业户口公共服务总体满意度

2. 城乡各项基本公共服务满意度

就各项基本公共服务的满意度调查情况来看,农业户口对各项公共服务中满意度("非常满意"+"比较满意")最高的为"周边治安",满意比例约为76%;其次是"医疗保险",满意比例约为74%;再次为"子女教育",满意比例为70%;满意度最低的公共服务为"就业指导培训",该项公共服务满意度仅为43.4%。

就被调查的非农业户口人员而言,在各项公共服务中,其满意度("非常满意"+"比较满意")最高的公共服务项目为"子女教育",满意比例为67.5%;其次为"医疗保险",满意比例为66.2%;再次是"周边治安",满意比例为65.8%;与农业户口一样,非农业户口满意度最低的公共服务也是"就业指导培训",该项公共服务满意度为47.5%。

总体来看,被调查的农业户口人员与非农业户口人员满意度排名前三位的公共服务项目是相同的。不同的是,农业户口人员对于这几项公共服务的满意度均高于70%,而非农业户口对这几项公共服务的满意度最高的"子女教育"项目,比例仅为67.5%,并未达到70%。这反映了河南省近年来在推进基本公共服务均等化方面有了一定的成效,农业户口人员的主观满意感受较强。

二 河南省推进城乡一体化发展的实践探索

近年来,各地市围绕城乡一体化发展进行了大量的探索,为全省加快推进城乡一体化发展提供了有益的经验和借鉴。

(一)推进新型农村社区建设,探索城乡一体化的切入点

河南作为农业大省,农业人口比重大,"三农"问题比较突出,成为制约河南省经济社会可持续发展的现实问题。根据自身发展实际,河南省坚持因地制宜,分类指导,在实践中把新型农村社区建设作为统筹城乡发展的切入点,探索推进城乡一体化的突破口。一方面,新型农村社区建设是空间结构、要素资源的大整合,有利于开展集约经营,推进新型农业现代化。同时,节约出来的大量土地可以复垦为耕地或调整为建设用地,有利于调整优化产业结构,发展农村第二、三产业,提高全省的工业化程度,破解二元经济结构。另一方面,通过解决相关基础设施建设、居民就业、社会保障、医疗服务和教育资源等现实问题,可以为人民群众谋取更多福利,不断满足农村居民的这些要求,逐步打破城乡二元结构,让他们共享经济发展、社会进步所带来的物质和精神文明成果,逐步实现城乡公共服务均等化,促进农民生产和生活方式实现真正意义上的城乡一体化。

目前,河南省各地市按照"政策引领、规划先行、突出主体、保障权益、规范有序、拓展创新、互动联动、一体推进"的原则,有序推进新型农村社区建设。截至2012年7月底,河南省启动新型农村社区试点2300个,初步建成350个,累计完成投资631.5亿元。[①] 通过新型农村社区建设,一定程度上

---

① 谭勇:《我省启动新型农村社区试点2300个》,《河南日报》2012年8月31日。

改善了农民生活环境,节约了耕地资源,推动了产业发展和规模化经营,推进了城乡一体化发展。

(二)促进基本公共服务均等化,缩小城乡公共服务水平差距

公共服务一体化,就是要实现城乡基本公共服务的均等化。河南省济源市坚持均衡配置、均等服务,在这方面进行了有益的探索和尝试,取得了可喜的成绩。针对城乡公共资源配置不均衡的突出现象,济源市大力实施基本公共服务均等化工程,加快构建城乡一体、全面覆盖、标准领先的基本公共服务供给体系,强力推进教育公平、全民健康、文体普及、社会保障等基本公共服务均等化。一是均衡城乡教育事业发展。优化学校布局,推动高中和职业教育向市区集中,初中向小城镇集中,小学和幼儿园向镇区和新型农村社区集中,推动了城乡优质教育资源全民共享。二是均衡城乡社会保障。率先在全省打破城乡居民身份限制,实现了医保、养老保障全覆盖。医保实现了"六统一":统一参保范围、缴费标准、财政补助、医保待遇、用药目录、社会保障卡,率先在全省将镇级住院补助比例提高至95%;率先在全省发放了集养老、医疗、失业等五种保险于一体并搭载银行金融功能的社会保障卡,医保待遇水平全省最高;低保标准提高,做到了应保尽保。三是均衡城乡基本医疗服务。建立市级医院与镇卫生院、社区卫生服务中心紧密联系的医疗体系,实施全民健康档案工程,推进城市医疗卫生资源向基层延伸。加大健康城项目建设力度,加快医疗中心、康复中心、残疾人服务中心、健身养生中心建设进度,着力提供集医疗、保健、养老为一体的新型医疗服务。基本公共服务均等化的深入实施,让城乡居民较为平等地享受到了一体化的公共服务。[①]

(三)加快土地流转,创造统筹城乡经济发展的条件

随着全国城镇化、工业化的发展进程不断加快,农村土地流转已成为推动新型城镇化和统筹城乡发展的重要一环。河南省近两年在推进农村土地流转方面坚持改善分散、单一、粗放、落后的土地经营模式,以实行专业化、精准

---

① 济源市人民政府内部资料:《济源市城乡一体化发展情况介绍》。

化、适度规模化经营,加快河南新型农业现代化、城乡一体化进程的发展,实现传统农业向现代农业的过渡。截至 2013 年 10 月底,河南省农村土地流转面积 2824 万亩,占家庭承包耕地面积的 29%,超过全国平均水平 3 个百分点(截至 2013 年 11 月底,全国农民承包土地的经营权流转面积约为 26%[①]),涉及农户 487 万户,占全省农户总数的 24.4%[②]。同时,土地流转服务日趋规范,全省有 136 个县(市、区)、1570 个乡镇建立了土地流转服务组织,103 个县(市)、833 个乡镇建立了土地流转服务大厅,有 148 个县(市、区)已经成立土地流转仲裁委员会。此外,流转主体更加多元,流转形式不断创新,除转包、转让、互换、出租等形式外,股份合作、合作经营、土地托管、委托经营等形式不断涌现,流转效益逐步提高。[③]

信阳光山县自 2009 年成立"江湾农村土地信用合作社"(或称"土地银行")后,村民把承包的土地"存"进去,按年收取"利息"(粮食),而愿意耕作的人遵照规定与程序,从土地银行"贷出"(租出)土地进行经营,从而使本村土地由"零"变"整"、有序流转,带动了全县的农地流转。又如,信阳新县通过吸引种养大户和外出创业成功人士返乡,建立了浒湾乡"四方绿色"农场、吴陈河镇"孔家菜园"、八里畈镇"大地茶叶"等特色产业近 100 个。舞钢市通过"联合经营"模式,由党委、政府积极引导,调动社会组织、民间力量的积极性,形成合力,推动农村土地流转,探索出了"专业合作社型"、"专业经济协会带动型"、"高效农业园区型"等土地联合模式。

(四)科学规划产业集聚区,构筑城乡一体化发展的载体

河南省新乡市坚持以工业为主导,依托城市、县城、集镇和原有产业基础,按照集约发展、注重生态、效益优先、突出特色的原则,早在 2010 年就在全市科学规划建设了 28 个产业集聚区,着力构筑以城带乡、产业转移的发展载体,引导城市工商业向集聚区集中、城市资本向农村流动、农民就近转移就业。28 个产业集聚区辐射了全市半数以上的乡镇、1/3 的行政村和 100 多万

---

① 林远:《全国农地流转面积已达四分之一》,《经济参考报》2014 年 1 月 14 日。
② 河南省农业厅内部资料:《2013 年河南省农业厅工作总结》。
③ 人民网,http://henan.people.com.cn/news/2012/05/26/619623.html。

农村人口,工业产值占全市的60%,已吸纳42万劳动力就业,成为承接城市、沿海地区生产要素向农村流动、承载农民创业就业的主要载体。以产业集聚区为载体,构建基础设施完善、企业发展内生动力强劲、政府管理体制开放的县域经济发展框架,初步形成起重、制冷、电池、汽车及零部件、医疗器械、机械振动、纺织七大县域产业集群,县域经济总量占全市73%的比重,有效推进了各类生产要素向农村配置,发展壮大了县域经济,激发了农村经济发展的内生动力,为统筹城乡经济发展、促进城乡一体化提供了强有力的产业支撑。①

三 河南省推进城乡一体化进程中存在的问题及其原因

城乡一体化是一项重大而深刻的社会变革,推进城乡一体发展是一项系统工程。基于河南省是农业大省、人多地少、城镇化程度低等省情实际,城乡发展一体化的任务仍十分艰巨,诸多问题仍亟待解决。

(一)城乡居民收入仍存在较大差距

城乡一体化发展的基本目标之一就是缩小城乡居民收入差距。根据此前的分析,尽管近年来河南省城乡居民的相对收入差距有所下降,但是绝对收入差距仍在扩大:2012年,河南省城乡居民收入比为2.72倍(国际上最高在2倍),绝对收入差距则扩大到13000元。可见,河南省城乡收入差距仍属过大。城乡收入差距较大不是河南省特有的现象,而是具有一定的普遍性。造成该问题的原因很多,主要包括以下方面。

首先,农业生产收入利润微薄。由于农业生产对自然因素的依赖程度较高,且近年来多种生产资料价格不断上涨,农业生产各种费用随之增加,而农产品的价格上涨幅度远不及生产成本的上涨,使整体利润水平本就较低的农业生产利润被进一步摊薄,几乎无利可图。因此,农民靠农业生产提高家庭经营性收入的作用极为有限。其次,农民工资收入较低,且仍难以保障。一方面,

---

① 参见新乡市内部资料:《河南新乡市统筹城乡发展建设新农村调研报告》。

农民本身素质决定了其主要从事收入较低的行业，工资水平受行业限制较大。另一方面，近年来国家虽然出台了一些政策，但是拖欠农民工资的现象仍屡见不鲜，其工资保障是一大难题。最后，农民家庭财产性收入过低，转移性收入也远低于城镇居民。与发达国家相比，我国农民家庭财产性收入过低，河南省也不例外，2012年仅为1%。据此可知，政府未能激发农村经济内生活力，农民增收的渠道有限。

（二）城乡基础设施建设不配套

根据此前对河南省城乡居民基础设施现状的分析，我们发现，河南省基础设施建设的城乡二元特征十分明显。农村居民在安全饮水、能源使用、生活取暖等方面都与城市居民存在较大的差距，特别是在能源使用和生活取暖方面。实际上，除了文中对有统计资料的城乡基础设施进行的对比分析之外，农村在道路、交通、通信、水利、电网、广播电视网络等生产性和生活性基础设施建设方面都不完善，与城市差距悬殊。农村基础设施落后是城乡发展不平衡的一个重要表现，其原因是多方面的，既有历史的原因，也有现实的原因；既有经济的原因，也有政策的原因。

首先，农村基础设施建设缺乏科学规划引导。长期以来，相关部门对农村的基础设施规划相对滞后，导致农村建设布局散小，建设无序。而且，制定、实施农村基础设施规划时，缺乏对农村经济社会发展的统一规划和长远考虑。其次，农村基础设施底子薄弱，资金投入不足。在农村地区，大多没有村级集体经济积累，部分村庄甚至还有历史债务，难以为农村基础设施建设提供配套的资金保证。同时，农村群众人均年收入低，生活水平整体不高，基础设施建设所需资金绝大部分来自财政，而各级财政投入的资金也十分有限。最后，管理维护制度不健全。农村基础设施"重建设轻管理"现象尤为突出，道路交通、农田水利、人畜饮水等基础设施只修不护，管养不到位，造成相关基础设施质量下降，服务水平降低，无法达到应有的技术状况和使用功能，不能正常发挥其作用，造成建设资金的浪费，即使多次投资建设仍不能彻底解决问题，其主要原因就在于农村基础设施管理维护制度不健全。

(三)城乡社会事业发展不同步

与全国大部分地区一样,河南省城乡之间不仅存在经济上的差距,农村社会事业发展严重滞后。如果说城乡基础设施建设之间的差距显示了城乡之间的"硬件"差距,那么城乡社会事业之间的差距则表现出城乡之间"软件"水平的差异。农村教育、卫生、文化等社会事业发展滞后,基本公共服务严重不足,成为农村社会健康发展面临的难题。根据河南省统计年鉴的数据,2012年河南省农村居民家庭每百个就业劳动力(人)文化程度不识字或识字很少的比重仍有5.1%,而高中及以上所占的百分比仅为17.4%。教育、医疗等社会事业对农村发展具有重要作用,如果不加快社会事业的发展,城乡差距将进一步加大。农村社会事业长期落后于城市的原因主要包括如下方面。

首先,对农村社会事业发展重视程度不够。中华人民共和国成立以来,我国主要实施工业化和城市优先发展的战略,各级政府强调经济增长,追求GDP增长速度,重视物质财富的积累,而忽视经济发展成果的及时转化,特别是城市对农村的反哺,导致农村包括社会事业在内的多项工作没有得到应有的重视。近年来,尽管国家越来越重视"三农"问题,但由于许多地方政府在执政中还受传统观念的影响,并未把农村社会事业真正摆上重要议事日程。其次,农村社会事业管理体制不完善。农村社会事业行业管理条块分割,缺乏统一领导,统一规划。各部门各自为政,缺乏统筹兼顾的科学规划和工作指导,农村社会事业整体布局和建设投资分散,使农村社会事业的发展和管理难以形成资源的有效整合,管理运营水平不高,服务农村、服务农民的社会功能没有得到充分发挥。最后,财政投入渠道不健全,投入严重不足。由于农村税费改革[①]取消了乡统筹[②]等税

[①] 自2001开始,我国以"减轻、规范、稳定"为目标的农村税费改革逐步在部分省市进行试点、推广。其主要内容可以概括为:"三取消、两调整、一改革":"三取消",是指取消乡统筹和农村教育集资等专门向农民征收的行政事业性收费和政府性基金、集资;取消屠宰税;取消统一规定的劳动积累工和义务工。"两调整",是指调整现行农业税政策和调整农业特产税政策。"一改革",是指改革现行村提留征收使用办法。这次改革的影响以及后续改革项目一直延续至今。

[②] 乡统筹(费),是指乡(镇)合作经济组织依法向所属单位(包括乡镇、村办企业、联户企业)和农户收取的,用于本乡(镇)范围内的村两级办学(即农村教育事业费附加)、计划生育、优抚、民兵训练、修建乡村道路等民办公助事业的款项。

费内容,而在国家补助地方的转移支付资金中,除确保乡镇机构和村级组织正常运转、确保农村义务教育经费正常需要外,对其他社会事业的投入只是笼统性地规定纳入"新增教育、卫生、文化、计划生育等事业经费主要用于农村,而在用于县以下的比例不低于70%"中,没有做出硬性的专门规定,实际工作中存在部分社会事业经费供需矛盾加剧的难题。随着税费体制改革逐步深入,乡镇机构调整、人员经费短缺、政府责任缺位等,都将对农村社会事业产生了一系列连带影响。[1]

四 进一步推进河南省城乡一体化发展的对策建议

根据党的十八大关于统筹城乡发展的战略部署,应从以下几方面推进河南省城乡一体化发展。

(一)挖掘农民增收潜力,切实增加农民收入

2013年中央农村工作会议指出,中国要富,农民必须富。要推进城乡一体化发展,缩小城乡居民收入差距,必须切实增加农民的收入。

首先,增加农民家庭的经营性收益。应通过推广先进地市土地流转经验,实施集约化、规模化经营,发展现代农业和优势特色产业,支持优质安全农产品生产,发展农产品加工业和休闲农业,积极推进农村向第二、三产业转型升级和农民创业,培育新型经营主体和农民收入新的增长点,切实增加农民家庭的经营性收益。其次,增加和保障农民的工资性收入。城乡人力资本投资的差距是城乡居民收入不断扩大的主要原因之一。因此,要通过教育投入和技能培训等方式,加大农村人力资本投资,提高农民知识、技能水平,为其获得较高的工资水平奠定自身素质基础。同时,还要为农民增收创造良好的外部环境,让转移出来的农民工同工同酬,收入随着工业利润的增加实现同步增长,并出台有效措施保障农民工工资不被拖欠,保障农民工权益。再次,尽可能增加农民的财产性收入。要通过深化改革,激发农村经济内生发展活力,增加农民财

---

[1] 皖发:《如何使农村社会事业体制不再"短腿"》,《小康》2006年第3期。

产性收入。党的十八届三中全会明确提出，允许农民对承包土地的经营权抵押、担保，就赋予了土地承包经营权新的权能，也在一定程度上能缓解农民融资的难题。可慎重稳妥推进农民住房财产权抵押、担保、转让的试点，探索农民增加财产性收入的渠道。最后，增加农民的转移性收入。根据国家财政收入的增长水平，一方面要增加对农民转移支付的总量，提高农民特别是低收入农民的直接补贴、低收入保障等；另一方面则要优化补贴的结构和方式，增强农业补贴的针对性、指向性和有效性，充分调动农民发展农业的积极性，提高转移支付资金的效益。

（二）加强农村基础设施建设，实现城乡服务功能一体化

农村基础设施建设担负着农村建设中的"硬件"发展任务，建设量大面广，是促进形成城乡一体化新格局的重要环节。

首先，科学制定农村基础设施建设规划。充分发挥规划在农村基础设施建设中的引导作用，坚持统筹城乡发展，把城乡基础设施建设作为一个整体看待，实现城乡基础设施建设规划对接。加快供排水、供暖、供气等公用设施建设，缩小城乡基础设施建设的差距。其次，加大政府对农村基础设施建设的投入力度。应逐步调整财政的投向和结构，更多地关注和支持农村，将财政性建设资金向农村倾斜，强化农村基础设施建设。再次，形成农村基础设施建设的多元投入机制。可放宽民间投资的准入领域，在政策上鼓励、支持和引导社会资本进入农村基础设施建设的投资领域，把财政资金作为引导资金或出台相关的优惠政策，通过调整收费、税收以及允许投资方对设施命名等方式引导、鼓励社会资金，特别是民企、龙头企业支持参与新农村建设，探索农村基础设施建设投资多元化新路子。最后，建立和完善符合农村特点的基础设施养护机制。出台一系列管护办法和实施细则，使农村基础设施养护和管理工作真正落到实处。

（三）统筹城乡社会事业，实现城乡社会事业发展一体化

农村社会事业对促进农村经济社会发展乃至城乡经济社会协调发展具有极为重要的作用和意义。针对当前河南省农村社会事业发展出现的主要问题，应采取如下政策措施。

首先，要转变观念，认识到社会事业在促进农村发展方面的重要作用，切实将发展农村社会事业工作放在突出位置，保障农民享有社会基本公共服务的权利，遏止城乡社会事业发展差距扩大的趋势，充分体现社会公平。其次，统筹规划城乡社会事业的发展。将农村社会事业建设纳入城乡社会事业建设总体规划，要按照城乡统筹和区域覆盖的原则，制定基本公共服务设施配置标准，规范设备配置和服务功能；整合优化配置各类资源，包括基础设施、技术人才、资金土地等资源，形成发展合力，进行集中建设，发挥农村社会事业整体效用。最后，建立健全以政府投入为主的多元化经费保障机制。要进一步明确各级政府承担社会事业发展的支出责任，规范财政转移支付制度，建立稳定的农村社会事业投入机制。同时，制定财政税收、投资融资等优惠政策，鼓励和引导民间资本，如乡镇企业、富裕农民和其他社会力量共同参与建设农村社会事业，建立多元化的农村社会事业投入机制。

河南省社会组织现状、困境与展望

许 冰*

摘 要:
近年来,河南省三类社会组织登记数量呈稳步增长态势,其中基金会的增长速度较之其他两类尤为突出。河南省在重点领域的社会组织孵化、社团组织管理体制改革、政府购买社会组织服务等方面进行了探索和制度创新。但还面临着社会组织自身发展不足,缺乏特色与竞争力等问题,同时社会组织在数量上的突增也给现有的社会组织管理体系带来了新的挑战。应进一步加强河南省社会组织的信息化建设,建立政府与社会组织的对话平台,建立和完善社会组织的评估体系,同时积极鼓励发展农村社会组织。

关键词:
社会组织 社会团体 民办非企业单位 基金会

在社会科学的界定中,社会组织是一个内涵和外延都十分丰富的概念。广义的社会组织是指人们从事共同活动的所有群体形式,包括氏族、家庭、秘密团体、政府、军队和学校等;狭义的社会组织是指为了实现特定的目标而有意识地组合起来的社会群体,如企业、政府、学校、医院、社会团体和新型的社会组织形式——个人媒体群,等等。而在我国的行政话语体系中,社会组织是指由各级民政部门作为登记管理机关并纳入登记管理范围的社会团体、民办非

---

* 许冰,博士,郑州大学公共管理学院社会工作系讲师,社会管理河南省协同创新中心研究员,研究方向为社会工作、社会组织与社会救助。

企业单位和基金会三类组织。本文的社会组织即为狭义的社会组织，特指已经在民政部门登记备案的三类组织。党的十八届三中全会提出了创新社会治理体制，社会组织被赋予了更多的期待与责任。近年来，从我国社会组织的整体发展情况来看，各类社会组织的数量和从业人数都在逐年增长。在不同的领域内，社会组织开始承接自身适合的公共服务，在及时反映和协调人民群众各方面、各层次利益需求方面发挥着积极的作用。特别是社会团体中的行业协会，民办非企业单位中的社会工作组织以及各类基金会在参与社会治理、提供公共服务方面的功能日渐突出。

一 河南省社会组织发展现状

从统计数据来看，近些年来，河南省三类社会组织登记数量呈稳步增长态势，截至 2013 年年底，河南省共有社会组织 22983 个，其中基金会的增长速度较之其他两类尤为突出。回顾近十年来的发展，社会团体的登记数量由 2004 年的 6413 个增加到 2013 年的 10817 个，增幅为 68.7%；民办非企业单位的登记数量由 2004 年的 6152 个增加到 2013 年的 12068 个，增幅为 96.2%；基金会的登记数量由 2005 年的 16 个增加到 2013 年的 98 个，增幅为 512.5%[①]。

（一）社会团体发展体系日臻完善，重点领域社团组织快速发展

根据社会团体的性质和任务，社会团体可以分为学术性、行业性、专业性和联合性四类。其中，学术性社会团体，可分为自然科学类、社会科学类及自然科学与社会科学的交叉科学类三种，一般以学会、研究会命名；行业性社会团体，主要是经济性团体，又可分为农业类、工业类和商业类等，一般以协会命名；专业性社会团体，一般是非经济类的，主要由专业人员组成或以专业技术、专门资金，为从事某项事业而成立的团体，多以协会命名；联合性社会团

---

① 《2013 年 4 季度各省社会服务统计数据》，中华人民共和国民政部网，http://files2.mca.gov.cn/cws/201401/20140125141558546.htm。

体,主要是人群的联合体或学术性、行业性、专业性团体的联合体,一般以联合会、联谊会、促进会命名。

截至2013年年底,河南省登记注册的社会团体有10817个,社会组织的发展体系日臻完善。从数量和增长率上来看,在2011年之前,河南省社团的增长率与全国社团的增长率相差不多,在2007年之前一直都是高于全国社团增长水平的。但在2011年之后,河南省的社团增长率开始低于全国水平,在近两年表现得尤为明显。具体数字以及增长率对比折线图见表1和图1。

表1 河南省&全国社会团体登记数量以及增长率

单位:个,%

年份	河南省社团登记数量	全国社团登记数量	河南省社团增长率	全国社团增长率
2003	5899	141167	—	—
2004	6413	153359	8.7	8.6
2005	7331	171150	14.3	11.6
2006	8282	191946	13	12.2
2007	9253	211661	11.7	10.3
2008	9844	229681	6.4	8.6
2009	10290	238747	4.5	3.8
2010	10572	245256	2.7	2.7
2011	10806	254969	2.2	4
2012	11022	271131	2	6.3
2013	10817	286435	-1.9	5.6

数据来源:2003~2012年数据来源于《中国统计年鉴》;2013年数据来源于中华人民共和国民政部网站:《2013年4季度各省社会服务统计数据》,http://files2.mca.gov.cn/cws/201401/20140125141558546.htm。

党的十八大报告要求,重点培育和优先发展行业协会商会类、科技类、公益慈善类、城乡社区服务类社会组织,可以在成立时直接依法申请登记。在河南省已注册的社团组织中,行业协会有3000多家,占社团组织的28%,它们在规划指导行业发展、反映行业诉求以及提供行业服务方面发挥着越来越重要的作用。各类行业协会多次举办和召开各种论坛、技术交流、座谈会等,开展咨询项目并有相当一部分纳入了政府决策项目。一些行业协会通过授权、委托等形式,协助政府部门开展行业管理工作,如省商业行业协会受政府部门委托

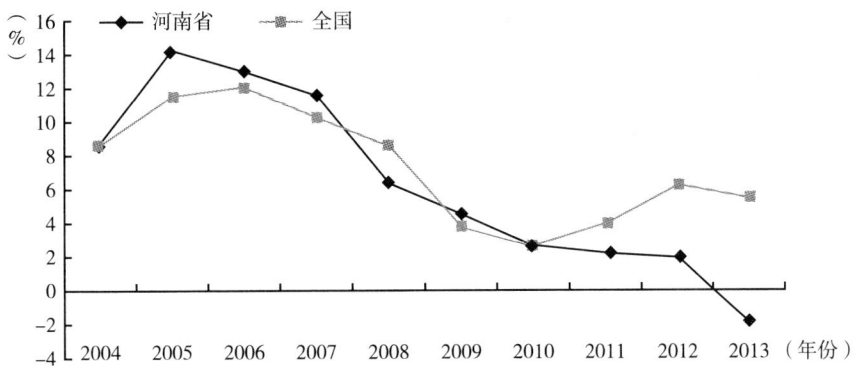

图1 河南省社团与全国社团登记增长率对比

开展商业企业技术比赛活动;省电力行业协会对电力行业进行管理;省注册会计师协会对注册会计师进行注册、后续教育管理等;全省各级消费者协会积极协助政府有关部门,及时受理各类消费投诉案件;家电维修行业协会、洗涤业协会、餐饮业协会等行业组织,制定相关行业服务标准,倡导同行业共同遵守,为避免同行间的恶性竞争、维护行业整体利益发挥了特殊作用。

此外,基层服务性社会组织快速发展,这些社团开始利用自身优势,提供一些社会化服务,较好地适应了河南省城镇化发展以及城市工作下移、基层服务需求不断增长的现实要求。

(二)民办非企业单位显著增长,社区服务类发展迅速

民办非企业单位,是指企业事业单位、社会团体和其他社会力量以及公民个人利用非国有资产举办的,从事非营利性社会服务活动的社会组织。根据其依法承担民事责任的不同方式分为民办非企业单位(法人)、民办非企业单位(合伙)、民办非企业单位(个体)三种。按照行业可分为教育事业、卫生事业、文化事业、科技事业、体育事业、劳动事业、民政事业、社会中介服务业、法律服务业以及其他共十种。

截至2013年年底,河南省登记注册过的民办非企业单位有12068个,涉及教育、卫生、劳动、体育等多个领域。从数量和增长比率上来看,在2012年之前的一段时期,河南省民办非企业单位的增幅基本都高于全国增长水平,

特别是2012年,增长率约为全国增长率的八倍,具体数字以及增长率对比折线图见表2和图2。

表2 河南省与全国民办非企业单位登记数量以及增长比率

单位:个,%

年份	河南省民非登记数量	全国民非登记数量	河南省民非增长率	全国民非增长率
2003	5166	124491	—	—
2004	6152	135181	19.1	8.6
2005	6415	147637	4.3	9.2
2006	7034	161303	9.6	9.3
2007	7690	173915	9.3	7.8
2008	7588	182382	-1.3	4.9
2009	8065	190479	6.3	4.4
2010	8515	198175	5.6	4
2011	9221	204388	8.3	3.1
2012	9989	225108	8.3	1
2013	12068	251304	20.8	11.6

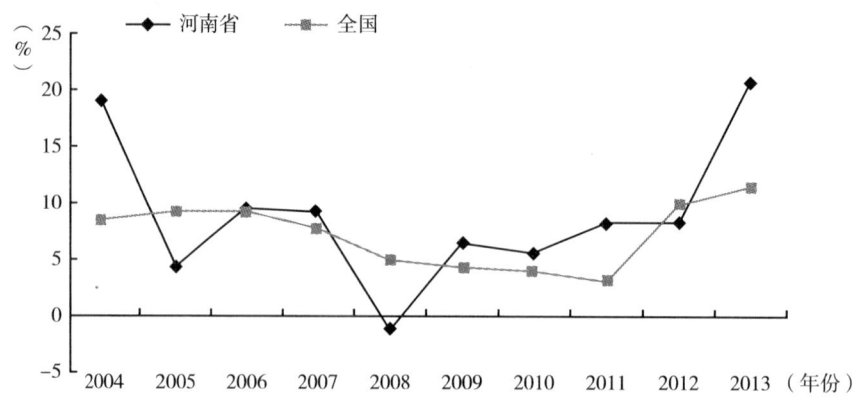

图2 河南省民非登记与全国民非登记增长率对比

在以往的统计中,并未将社区服务类的民办非企业单位单独列为一类,但随着我国政府职能转变以及治理方式的改革,各地都在探索政府购买社会组织服务的路径与模式,这些社会组织大多都属于民办非企业单位。在河南省,除养老机构等传统的民政类民办非企业单位以外,一些社区服务类的民办非企业单位,例如社工服务机构近几年开始出现,并呈现出明显的增长趋势。

以郑州市金水区为例,目前该区已有民间社工机构15家,有专业社会工作师200余人。2011年,金水区被国家民政部授予"全国社会工作人才队伍建设试点示范区"。2013年5月7日,原民政部副部长戴均良到金水区视察了社会工作的开展情况,并给予了高度评价。这些社工服务机构发挥各自的优势,已初步承担起针对老年人、少年儿童、低保群体和残障人士的社工服务工作。

(三)基金会平稳增长,非公募基金会发展迅速

基金会是利用个人或组织捐赠的资产从事公益活动的民间非营利组织。2004年《基金会管理条例》发布,第一次将基金会与其他社会组织区分开来,并区分了公募基金会与私募基金会。自1981年以来,我国基金会从最初的8家发展到了2011年的2591家。随着私募基金会的身份被政府承认,2005年之后非公募基金会的年增长率都在30%以上,同期公募基金会的年增长率则在10%左右①。

较之其他两类社会组织,河南省基金会的增幅最大。而据相关部门工作人员介绍,这些增加的基金会中,非公募基金会居多。从数量和增长比率上来看,虽然河南省基金会的数量增幅最大,但是如果和全国基金会的增长水平进行对比,河南省的基金会发展速度则只能称之为平稳增长。具体数字以及增长率对比折线图见表3和图3。

表3 河南省与全国基金会登记数量以及增长比率

单位:个,%

年 份	河南省基金会数量	全国基金会数量	河南省基金会增长率	全国民基金会增长率
2005	16	975	—	—
2006	25	1144	56.20	17.30
2007	22	1340	-12	17.10
2008	37	1597	22.70	19.10
2009	41	1843	11.80	15.40

① 基金会中心网编《中国基金会发展独立研究报告(2012)》,社会科学文献出版社,2012。

续表

年 份	河南省基金会数量	全国基金会数量	河南省基金会增长率	全国民基金会增长率
2010	53	2200	19.50	19.40
2011	64	2616	20.80	18.90
2012	77	2029	20.30	22.40
2013	98	3496	27.27	72.30

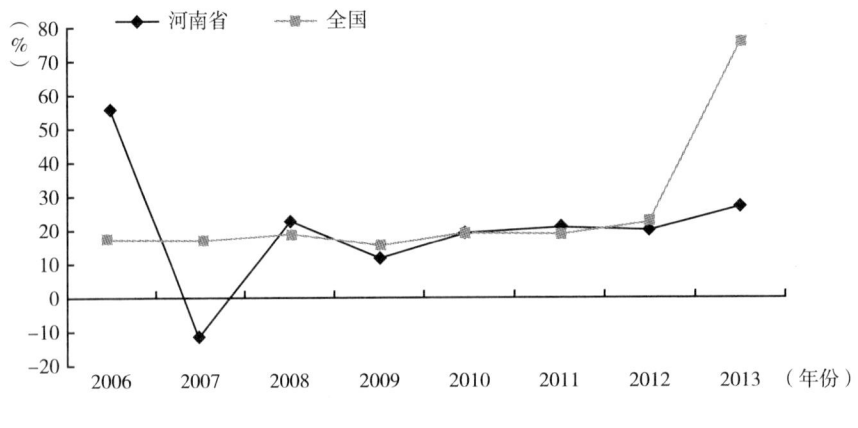

图3 河南省基金会与全国基金会增长率对比

二 河南省社会组织管理与培育的实践探索

河南省社会组织的稳步发展离不开政府相关部门的管理以及在实践领域的不断探索。近些年来，河南省在重点领域的社会组织孵化、社团组织管理体制改革、政府购买社会组织服务等方面进行了探索和制度创新。

（一）重点领域社会组织的孵化和培育

在社团管理方面，针对河南经济社会的发展需求，相关管理部门调整了社团布局，制定了社团发展规划。通过登记手段对社团的结构和总量进行调控，确保社团组织与经济和社会协调发展。近年来，河南省重点发展社会发展急需的，有利于政府机构改革和职能转变的公益性、行业性社团，如省互联网协会、省证券业协会、省电子商务协会等；大力支持那些有利于促进科技、文化、体育、卫生等事业发展的社团,如省民营科技促进会、省科技创新协会等;对那些以企业管理为主要职能的社团,进行调整和重新组合,如将省电力建设企业管理协会、省电力劳协、省电力质协、省电力规统协会合并为省电力行业协会;对新兴行业和高科技行业的协会优先培育发展,如省软件产业协会。

此外,全省各级民政部门通过降低门槛、简化手续,采取登记和备案方式,积极培育扶持农村专业经济协会和社区社会组织。其中,新乡市政府出台了《关于加强社区民间组织培育发展与管理的意见》,将社区社会组织培育发展规划纳入了全市社区发展的整体规划中。济源市政府将农村专业经济协会建设列入乡镇年度目标考核,并实行奖励制度。三门峡、周口、焦作、濮阳等市,先后制定并下发了关于加强农村专业经济协会和社区服务类民间组织登记管理工作的指导意见。郑州市金水区在近两年内不断进行突破和创新,通过实施"孵化"政策,大力培育专业社工机构。自 2010 年以来,区政府先后投入 400 万元,用于扶持直接提供社会工作服务的民间专业社工机构、公益性社工机构。一是孵化引进先进地区的社工机构,2011 年,通过提供办公场所、扶持资金等优惠措施,吸引深圳市龙岗区社工机构成立了郑州市金水区彩虹社会工作服务中心,依托这一平台,引进深圳社工机构的先进管理运作经验,实现资源共享,通过整合各方资源优势,对区内社工发展给以引导和支持。2013 年又引进了深圳市专业督导机构,并在区内成立了金水区福德社会工作服务中心,培养了河南省首批社会工作督导人才,并给予了社工岗位和社工项目专业上的支持。二是孵化培育本土民间社工机构,积极扶持相关专业化机构转型或拓展业务,先后成立了民间专业社会工作服务机构 13 家,充分调动社会力量兴办社会工作服务机构的积极性。

(二)社会组织管理体制的突破与改革

2011 年 2 月 19 日起,在中央党校举行的为期三天的培训班上,胡锦涛等有关中共中央领导同志分别做了以"社会管理创新"为题的专题讲座,明确表达了对社会管理创新理论的高度重视。此后,各地开始了对社团管理体制改革的各种探索。2011 年 11 月颁布的《关于广东省进一步培育发展和规范管理社会组织的方案》规定:"从 2012 年 7 月 1 日起,除特别规定、特殊领域外,将社会组织的业务主管单位改为业务指导单位,社会组织直接向民政部门申请,无须业务部门单位前置审批后再向登记机关申请登记。"党的十八届三中全会又提出:"重点培育和有限发展行业协会商会类、科技类、公益慈善类、城乡社区服务类社会组织,成立时直接依法申请登记"。在这种时代改革的背景下,河南省在社会组织管理体制创新与突破方面也进行了一些尝试和探索。

第一,登记管理制度的改革与创新。2013 年,河南省创新了登记制度,开展社会组织直接登记试点工作,直接登记社会组织 90 余家。其中,郑州市在全省率先实行直接登记社会组织,2013 年已达 81 家。此外,2014 年河南省还将着手下放异地商会和非公募基金会登记管理权限,将异地商会和非公募基金会登记成立审批权从省级民政部门下延到县级民政部门。①

第二,行业协会改革发展取得新突破。早在 2008 年年底,河南省人民政府办公厅就发布了《关于行业协会商会改革与发展的实施意见》,郑州市和新乡市也出台了《关于促进行业协会发展的指导意见》和《行业协会管理办法》,按照"自愿发起、自选会长、自筹经费、自聘人员、自主会务"的原则,大力培育发展以民营经济为主体、与城市产业发展相适应的行业协会。在 2013 年的工作要点中,河南省民间组织管理局又将推进行业协会商会改革作为工作要点之一,在行业协会商会中开展行业自律和诚信建设活动。鼓励有条件的地方在培育扶持行业协会商会、规范行业协会商会建设、发挥行业协会商会作用等方面大胆探索、积极创新,稳步推进行业协会商会改革。2004 年河南省又启动了商会与行政机关脱钩试点,目前,郑州、新乡、平顶山、濮阳、安阳等五市的行业协会商会已试点"去行政化"。据河南省民政厅民间组织管理局有关负责人介绍,目前民政部已制定了《行业协会商会与行政机关脱钩总体方案》,2014 年将开始试点工作,将按照民政部的部署,启动脱钩试点,这将涉及该省各类行业协会商会 3000 个。

第三,社会组织内部治理制度的建立和完善。近两年来,从中央政府到地方各级政府都出台了一些政策,探索社会组织的孵化机制,并从管理登记制度方

---

① 《河南启动商会与行政机关脱钩试点》,http://www.people.com.cn/24hour/n/2014/0220/c25408-24409719.html。

面进行了较多的改革，充分激发社会组织的活力。在这种政策环境的影响下，全国各地的社会组织在数量上有了显著的增长，而数量的增长将直接带来社会组织之间的竞争，特别是公益类的社会组织，已经进入了行业的竞争时代。而在竞争时代，社会公信力将是各类社会组织存在和发展的基础，只有具备诚信和良好的社会声誉，才能得到政府、社会公众等的认可，获得资金支持和资源支撑。

为充分激发社会组织的活力，提升其生存和竞争能力，河南省积极推动和促进社会组织内部治理制度的建立和完善。目前，各类社会组织都基本建立了以章程为核心的法人治理结构和组织运行机制，人员的年龄和知识结构都得到了优化。此外，财务资产管理逐渐规范化，诚信自律意识也在不断提升，已经初步形成了自我发展、自我管理和自我约束的运行机制。

（三）政府购买社会组织服务的创新与发展

2013年9月，国务院办公厅发布了《关于政府向社会力量购买服务的指导意见》，党的十八届三中全会又提出了创新社会治理体制，提出适合由社会组织提供的公共服务和解决的事项，交由社会组织承担。在制度层面，2013年9月初，河南省民政厅和财政厅就联合印发了《河南省政府购买社会工作服务实施办法》，重点围绕城市流动人口、农村留守人员、困难群体、特殊人群和受灾群众的个性化、多样化社会服务需求，组织开展政府购买社会工作服务。

而在实践层面，河南省郑州市金水区早在2011年就开始了政府购买民间组织服务方面的探索。除了培育孵化社工机构、推进社工人才队伍建设之外，还通过"岗位"+"项目"的模式，逐年加大投入，积极推进政府购买服务。2011年，区级财政投入130万元，通过公开招标的方式，按照每个岗位每年5万元的标准，尝试在全区推行政府购买专业社工岗位，先后在社区服务、社会救助、养老服务、残障康复、学校教育等领域设立了首批政府购买社工服务岗位26个。2012年，区级财政投入250万元，岗位增加到了50个。2013年，区级财政预算提到了275万元，将购买标准提高到了每个岗位5.5万元，并开始尝试将社工服务由岗位转向项目，重点围绕养老服务、社区服务和低保群体开发了三个政府购买社工服务项目，以"项目购买"的方式直接将社会组织的服务与政府需求对接。2014年，该区的购买岗位工作已经进入到政府采购程序。

三 河南省社会组织发展和管理面临的困境

（一）社会组织资源获取能力有待提升、服务特色不明显

国家以及地方政府相关政策的出台，特别是社会组织登记管理制度的改革，为社会组织提供了优越的成长环境和发展空间，但就目前河南省社会组织发展的现状而言，一些社会组织，尤其是一些公益类社会组织，其生存和竞争能力还有待提升。

以社工机构为例，通过对郑州市金水区的十多家社工机构调查发现，有不少社工机构都面临着发展资金不足的问题，社工岗位整体薪资水平较低，督导社工与一线社工的薪资待遇差距较小，研究生与本科毕业生薪资待遇差别也较小。这直接导致了一些社工人员的流失以及督导人才的缺失，并且这种人员流失的现象并非只出现在某个机构，而是整个区域都存在。从长远来看，这不利于此类组织的稳定发展以及政府购买服务的顺利开展。

站在机构负责人的立场，大多是希望从政府层面获取更多的支持，但是从社会组织的未来发展趋势来看，这种完全依靠政府资金的想法是不可取的。在一些社会组织发展较为成熟的地区，不少领域都已经形成了社会组织的竞争环境，社会组织一方面要靠服务和良好的服务评估结果来争取政府资金，另一方面也要树立自身的服务品牌，积极争取社会资金。在我国的香港地区及国外，服务类社会组织的主要资金来源虽然是政府，但也从基金会及社会公众那里获得了不少的发展资源。

一个社会组织若想获得资金支持，其提供的服务就必须要得到政府、服务对象的充分认可及外界对其服务有效性的肯定。以社工机构为例，在调查中发现，有一些社工机构尚未形成自身的特色服务，其提供的服务距离专业化还有一定的距离。这一问题的直接原因是河南省社会工作机构发展起步较晚，政府购买政策在2013年才出台，所以不少机构的服务都是综合性的，缺乏特定的服务群体和服务特色。但即使是综合性的社工服务结构也无法解决一个社区里所有的问题，所以社工机构一方面要提供特色服务，另一方面也要起到资源链

接的作用,即将自己无法服务的案主转介给其他的社工机构。从长远来看,不同的社工服务机构首先要对未来发展有一个选择和定位,突出自身特色;不同社工服务机构之间也要加强合作和联系,避免资源和服务的重复投入。

(二)社会组织的监管亟须加强

社会组织登记管理改革之后,政府相关部门比较担心的问题之一就是社会组织的监管问题。直接登记制度破除了之前社团登记的制度性障碍,社会组织特别是一些民间草根组织迎来了发展的春天,在登记数量上会有一个较大的增长,而政府相关部门现有的人力是不足以应对未来几年社会组织的管理,特别是社会组织评估工作。

目前社会组织是由各级民政部门进行统一登记管理,社会组织管理的基本行政架构还是按照原来社会组织的分类进行设置的,即社会团体、基金会、民办非企业单位分开进行登记管理,相应的评估工作也是分开进行的。现有的这种分开管理、评估的方式割裂了不同组织之间的联系,例如,在统计数据上,每种社会组织都有其进一步的分类,但很少有统计数据显示不同领域内共有多少社会组织。此外,就目前的管理现状来看,各级政府在社会组织的登记管理方面的工作联系不多,如省社会组织登记管理部门只负责省管社会组织的管理工作,对在各地市登记管理的社会组织并不了解。这样目前在公共资金的来源上就基本限定了需要由地方政府或者是基层政府进行预算并出资,对于一些社会组织发展较为超前与成熟的地区政府来讲,就要承受相对沉重的支出负担。

(三)政府与社会组织的对话机制有待建立

在社会组织登记管理制度改革之前,政府与社会组织的关系大多是管理与被管理的关系,虽然社会组织也有业务主管单位,但业务主管单位的存在也是从管理的维度出发,大多数不存在业务指导关系。党的十八届三中全会提出了创新社会治理,改进社会治理方式,鼓励和支持社会各方面的参与,实现政府治理和社会自我调节、居民自治良性互动。而社会组织无疑为公民参与社会治理提供了一个组织平台,成为政府治理和居民自治之间衔接的桥梁,所以激发社会组织活力,就要正确处理政府和社会关系。

社会治理模式的转变有针对性地界定了政府与社会组织之间的关系,两者间不再是一个管理与被管理的角色关系,而是一种共同参与的合作关系。政府应有与社会组织对话协商的平台和窗口。此外,尽管目前各地都在探索政府购买的模式和操作化,但政府购买并不等同于政府承担所有的责任。这就需要政府有相关的评估机构,就每一项计划外包的项目进行运行前的评估,测量和厘清政府与社会组织之间的责任划分。政府的责任不仅仅体现在给社会组织发展最基本的资金保障和政策支持,还体现在权责明晰,在保证社会组织存活的基础上充分激发其活力,提升其社会资源的链接与动员能力,减少其对政府财政的依赖。

(四)农村社会组织有待发展

讨论改革社会治理方式,谈及政府购买服务,不得不对农村当前的社会组织发展状况进行思考。在2013年8月,社会管理河南省协同创新中心曾对郑州市、新郑、巩义、孟州、新乡、济源、义马、信阳、平顶山、濮阳等十个地区的城镇以及四十个社区的农村居民进行了问卷抽样调查,回收有效问卷979份。其中涉及了农村社会组织这一调查项目,统计结果显示,在河南省农村很少有正式登记的社会组织,目前农村存在的社会组织大多是未经登记的文体类团体以及居民自治组织,如村里的文艺队和红白理事会等。

统计数据显示,979个调查样本中,知道当地有健身团体的村民占到69.6%,但参与者只占到28.3%;知道当地有红白理事会等乡村公益组织的村民占到69.2%,但参与者只占到34.3%。在另一份针对社区的调查问卷中,也发现河南农村大多数缺乏能够提供福利服务的社会组织,例如,一些针对老年人的服务在很多地区都没有开展,当地政府以及村委会仍旧是为老年人提供各项福利(救助)的单一主体。

所以河南省农村社会组织的发展还需要政府以及社会力量的共同努力。但就目前的情况来看,在引进外来公益组织资金以及与一些公益组织合作等事宜还没有一个专门的行政窗口进行对接,致使一些好的公益项目无法在省内实施。可以说原有的社团登记部门只负责不同社会组织的登记和管理,在与社组织的合作方面，还没有一个独立的部门来负责，这样的状况不利于河南省农村社会组织的孵化和发展。

四 河南省社会组织发展的政策建议

（一）建立和完善社会组织的评估机制

随着社会组织数量的增多以及福利服务类别的增加，服务的效率就显得尤为重要。第一，面对多样化的社会需求，政府决定出资购买服务之前，应该有一个需求评估系统，制定出合理的福利政策以及购买预算，使有限的资源投入到最需要的领域当中；第二，政府购买服务并不等于政府承担所有的责任，需要通过评估预先测量出政府与社会组织在福利资源上的责任分配，以便政府进行预算，同时避免社会组织在资源上过度依赖政府，缺乏生存和竞争能力；第三，政府出资购买服务，一方面需要把服务外包给具有资质的民间组织，另一方面也要考虑到服务的效率以及社会组织的问责。

社会服务评估在项目管理、对内问责、对资助者交代以及未来策划上都将发挥重要的作用。加快建立和完善政府向社会力量购买服务的评估体系要从以下几方面着手：首先，要加快评估的制度化建设，在社会组织管理的行政架构上，设立评估的独立职位，与社会服务的"执行"、"补助"和"发展"相对应；其次，要鼓励发展第三方评估机构；再次，要建立社会服务提供方的问责制度，制定并与服务方签订"服务素质标准"，探索规范、清晰、可操作的绩效评估方案；最后，要在高校设立相关专业，培育专门的项目评估人才。

（二）加强信息化管理，应对社会团体的增长与监管

信息化也可以为政府购买社会组织服务提供充分的信息。政府采购公共服务的前提是，在这一服务领域有成熟的社会组织和竞争环境。如果在竞争不充分的情况下推行政府采购，很容易造成个别社会组织对政府资金的垄断，同时也会使社会组织逐渐失去独立性，过度依赖政府资源。此外，信息化也有利于行业协会的组织、规范。针对政策引导下社会组织数量的突增，河南省需要进

一步加强社会组织的信息化建设。这一方面便于政府采集信息,了解全省以及各个地区社会组织的分类、分布以及发展动态;另一方面,信息化管理所要求的社会组织信息透明公开化也有利于树立社会组织的公信力,提升社会组织的生存和竞争能力。

(三)建立政府与社会组织对话的平台和机制,激发社会组织活力

伴随着社会组织种类和数量的增多,其社会需求表达、服务满足以及推动社会政策发展的功能将越来越突出。无论是作为利益群体的代言人还是出于组织自身的生存利益,发现并满足社会需求都将是今后各类社会组织发展和竞争的资本。而各类社会组织对社会需求的发现以及之后的公益行动,也势必会在一定程度上影响到国家层面的政策制定和实践层面的资源配置。因此,在政府层面上,需要从根本上改变对社会组织重管理、轻对话的管理现状,重新认识社会组织在我省社会治理结构中的角色和功能,建立制度化的对话与合作机制,在行政构架上设立专门的对话与发展窗口,从行政治理结构方面改变与社会组织的关系。

(四)鼓励发展农村社会组织

河南省是农业大省,且在过去几年内,各地市都进行了新型农村建设以及村改居等改革探索。随着新型农村社区的建立,基于地缘的生活形态、文化系统,人际交往系统在很大程度上被打破,急需新的文化和社会交往活动替代以往的村庄文化。居住方式的改变使参与文化活动、社会交往以及从事公益服务的意愿大大增强,社会管理河南省协同创新中心综合调查的统计数据显示,有84.7%的新社区居民愿意成为志愿者。但新社区公益组织和社团发展滞后,社区组织的参与率仅为22.3%。由于缺乏各类社区组织,居民参与社区公共事务的平台单一,难以满足其参与公共事务的需求。在未来几年,河南省需要建立相关政策,鼓励农村社会组织的发展。这一方面需要政府相关政策的制定,公共资金的投入和倾斜;另一方面也需要地方政府与公益基金组织积极合作,引入社会资源共同投入到农村社会组织的建设中去。

河南省社会治理中的法律实施状况分析

李建新　高留志*

摘　要：

法律实施是社会治理的重要手段。在法治国家或者法治社会，法律实施更是社会治理的主要手段。观察法律实施的主要途径是纠纷的解决，并从纠纷的诉讼解决、调解和仲裁入手。河南省法律实施调查表明，法律规定越来越成为人们广为接受的标准，人们的守法意识增强，法制建设有了长足发展。具体有如下特征：一是民商事纠纷中诉讼的立案率以及一、二审的结案率呈上升趋势，而调解的纠纷呈下降趋势；二是在调解和仲裁等非正式的纠纷解决机制中，越来越倾向于运用法律作为标准和尺度，特别是在仲裁中反映尤为明显；三是从涉诉上访以及非涉诉上访的情况来看，一方面反映出在权利的保护方面，诉讼渠道还没有全面覆盖，另一方面也反映出，法律的权威有待于进一步加强。

关键词：

法律实施　社会治理　纠纷解决

党的十八届三中全会提出，建设法制中国，创新社会治理。这实际上揭示出法制之于社会治理的关系。即法律制度是社会治理的前提和手段，社会治理的创新体现在法律制度的建设和使用上。不难看出，上述提法无疑是贯彻依法

---

* 李建新，博士，郑州大学法学院副教授，社会管理河南省协同创新中心研究员；高留志，博士，郑州大学法学院副教授，社会管理河南省协同创新中心研究员。

治国基本方略、建设社会主义法治国家的进一步举措。也可以理解为，社会治理的创新要在建设法治的大背景下实现。这意味着，社会治理在某种意义上就是实施法律，即法律得到实施和实现。而法律实施和实现的目的，就是要使国家创制的法律规范通过一系列的制度和机制在社会生活中得以实现。具体表现为权利被享用、义务被履行、禁令被遵守，法律预期调整的目标得以实现。

那么如何观察法律的实施？这就需要从法律对社会发生作用的直接方式中寻找思路。法律对社会的作用的最为直接而且常见的方式就是解决纠纷化解矛盾。在此过程中反映了法律与社会治理的关系，并且是对立法、法律制度和司法制度以及社会纠纷解决机制的一种检验。因此，研究纠纷的解决，实际上关注的是动态的法律实施和社会治理的过程。是将法律与社会连接起来考察的方法。反过来讲，也可以反映一省一地法律运作的过程以及社会效果，折射一省一地人们的法律意识和法制建设水平。

下一个问题是如何从量化的角度考量纠纷的解决。一般而言，各国的评价标准和评价体系各不相同。其中较有影响的是2008~2009年由美国律师协会联合国际律师协会在世界正义论坛提出的"法治指数"量化标准。其中包括4组指数体系及16个一级指数、68个二级指数。不过这些指数设计由于存在着标准主观、西方中心色彩浓厚等问题并不太适合我国的国情。实际上，我国目前也通过法治指数对地方的法治情况、法律实施情况进行评估。其中较有代表性的尝试是由浙江大学、中国人民大学、中央党校、司法部等多个部门和单位研究者参与的"余杭法治指数"研究项目。而本报告即采用中国人民大学朱景文教授等学者在研究法律实施项目中所采用的数据体系，分别从纠纷的诉讼解决、调解、仲裁三个主要的方面进行调查和总结，从而在一定程度上反映我省总体的社会治理和法律实施的情况。

一　纠纷的诉讼解决

（一）审判

1. 机构设置

近年来，在改革开放进一步深化、社会主义市场经济体制建立的新形势下,河南省各级人民法院的审判体制得到进一步充实和完善。目前,全省共有各级法院185个,其中高级人民法院1个,中级人民法院17个,基层人民法院160个,铁路运输中级人民法院1个,铁路运输法院6个。除河南省高级人民法院的管辖地域为河南省全省外,17个中级人民法院按地级市设置,另设一个专业法院——郑州铁路运输中级人民法院。从机构的设置情况看,覆盖了河南全省的所有行政区划。

在内部机构设置方面,各级人民法院的内设机构大体包括办公室、立案庭、刑事审判庭、民事审判庭、行政审判庭、审判监督庭、执行部门、研究室、司法鉴定技术部门、监察室、法警队、政治部。河南省高级人民法院和各地市中级人民法院还设有赔偿委员会办公室。基层人民法院和各地市中级人民法院一般还单独设有未成年人案件综合审判庭。

在外部关系上,根据第五届全国人民代表大会通过的《中华人民共和国宪法》规定,河南省各级人民法院对本级人民代表大会负责和报告工作,并在上级人民法院监督下开展审判活动。

2. 职能活动

根据我国宪法,人民法院是审判机关,负责审理案件,解决基本民事、行政、刑事案件纠纷的国家机构。随着社会经济的不断发展,人们的法律意识逐渐增强,越来越多的人选择通过法律途径解决纠纷,人民法院审理一审案件的收案总量呈逐年上升趋势。2010年全省法院受理一审案件331606起,2011年全省法院受理一审案件339098起,2012年全省法院受理一审案件425034起。其中民事案件比重居高不下,2010年266454起,2011年264737起,2012年343823起(见图1),分别占当年受理一审案件总数的80%、78%和82%。[①]

人民法院受理的刑事犯罪总量自2008年以来呈下降趋势,青少年罪犯比例也在逐年下降。近三年来,人民法院审理的刑事罪犯总数虽然没有减少,但青少年罪犯已不断减少,特别是未成年罪犯的数量连年下降,2010年为4355

[①] 参见《河南统计年鉴》(2011)、《河南统计年鉴》(2012)、《河南统计年鉴》(2013),人民法院审理一审案件情况,http://www.ha.stats.gov.cn/hntj/lib/tjnj。

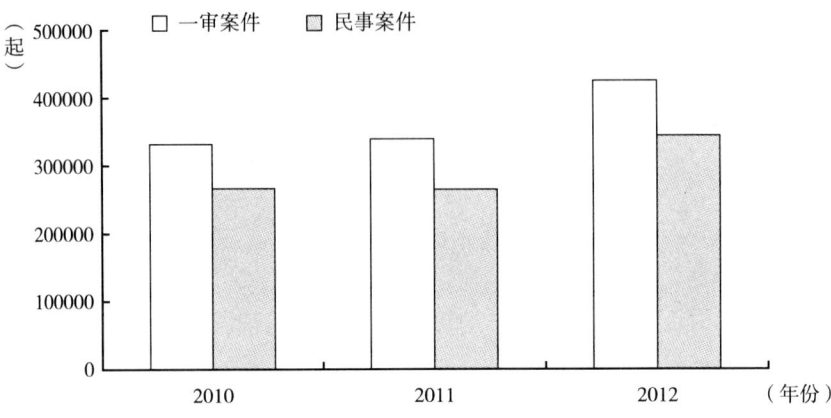

图1 2010~2012年一审及民事案件数量

人,2011年为3515人,2012年为3099人。这说明社会各界在青少年犯罪预防工作方面不断取得进展。①

从人民法院一审收结的刑事案件看,2010年全年人民法院收案48518起,2011年全年人民法院收案50984起,2012年全年人民法院收案60901起。而这三年人民法院刑事收案中,2010年对个人人身和财产的犯罪案件共31253起,2011年对个人人身和财产的犯罪案件共30960起,2012年对个人人身和财产的犯罪案件共34810起(见图2),分别占当年人民法院刑事收案的64%、61%和57%。②

随着2009年12月26日《中华人民共和国侵权责任法》的颁行,民事一审案件中的侵权纠纷大量增加。其中,2010年2029起,2011年6808起,2012年11548起。③ 这说明随着《中华人民共和国侵权责任法》的颁行,许多原来性质不确定的侵权行为获得法律认定并进入法律诉讼程序,人们的权利保障意识迅速增强。

近3年人民法院受理的一审民事案件中,两种类型案件的变化值得注意:一是权属纠纷案件不断减少。2010年物权纠纷案件16725起,股权纠纷案件

---

① 参见《河南统计年鉴》(2011)、《河南统计年鉴》(2012)、《河南统计年鉴》(2013),人民法院审理刑事案件罪犯情况,http://www.ha.stats.gov.cn/hntj/lib/tjnj。
② 参见《河南统计年鉴》(2011)、《河南统计年鉴》(2012)、《河南统计年鉴》(2013),人民法院刑事一审案件收结案件情况,http://www.ha.stats.gov.cn/hntj/lib/tjnj。
③ 参见《河南统计年鉴》(2011)、《河南统计年鉴》(2012)、《河南统计年鉴》(2013),人民法院民商一审案件收结案情况(一),http://www.ha.stats.gov.cn/hntj/lib/tjnj。

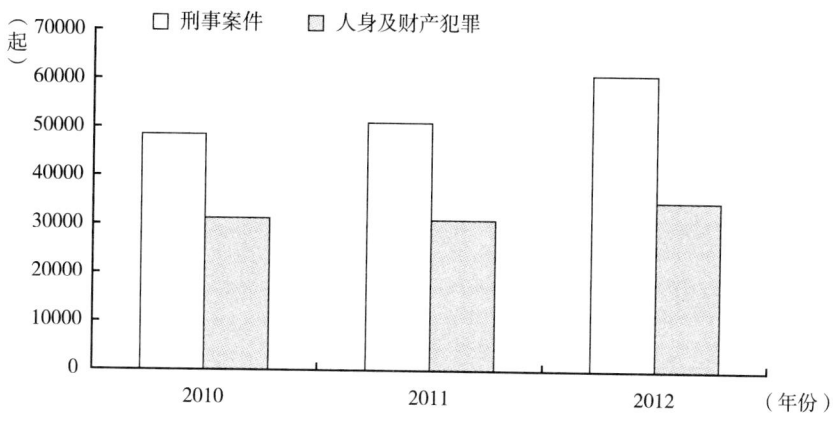

图2　2010~2012年刑事案件统计数量

289起；2011年物权纠纷案件12161起，股权纠纷案件266起；2012年物权纠纷案件11914起，股权纠纷案件128起。二是婚姻家庭案件大幅增加。2010年婚姻家庭案件71033起，2011年婚姻家庭案件67983起，2012年婚姻家庭案件84702起（见图3）。这说明随着近年来物权法和公司法的修订完善，财产权逐步明晰化，而随着人们婚恋价值观的变化，个人主义在婚姻家庭领域抬头，婚姻家庭的稳定性堪忧。

近3年人民法院受理的一审合同纠纷中，借款合同纠纷所占比重始终较大，2010年借款合同纠纷51687起，占当年合同纠纷总数的40%；2011年借款合同纠纷48426起，占当年合同纠纷总数的43%；2012年借款合同纠纷55321起，占当年合同纠纷总数的37%（见图3）。① 借款合同这种非常简单的合同酿成诉讼，说明人们在经济交往中的契约意识和诚信意识有待提升。

一审行政案件的受理呈现以下趋势：一是收案数量稳中有升。二是涉案行政领域越来越广。从过去传统的公安、土地、山林等行政管理领域，拓展到现在的工商、税务、城建、房地产、卫生、交通、民政、教育、烟草、劳动和社会保障等30多个行政管理部门，占行政机关总数的80%以上。② 三是涉诉具

---

① 参见《河南统计年鉴》（2011）、《河南统计年鉴》（2012）、《河南统计年鉴》（2013），人民法院民商一审案件收结案情况（二），http://www.ha.stats.gov.cn/hntj/lib/tjnj。
② 参见《河南统计年鉴》（2011）、《河南统计年鉴》（2012）、《河南统计年鉴》（2013），人民法院行政一审案件收结案情况，http://www.ha.stats.gov.cn/hntj/lib/tjnj。

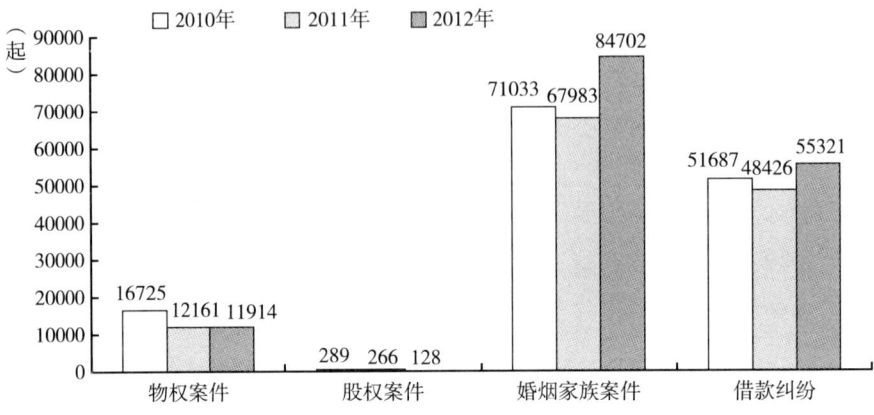

图 3 2010~2012 年主要民事案件统计数量

体行政行为种类越来越多。行政诉讼法实施之初，行政相对人仅对行政处罚、行政强制措施等行政行为不服提起诉讼，而目前被诉行政行为范围广泛，种类众多。过去比较少见的行政许可、行政补偿、行政不作为引发的行政赔偿等案件近年来陆续出现。不过，从近3年人民法院受理的一审行政案件总数看，土地行政纠纷和城建行政纠纷是数量最大的行政诉讼案件。

为了提高判决执行效率，将执行信息、申请执行人、被执行人和执行现状予以公布。另外，河南法院建立执行指挥中心，实现法院系统上下联动，对执行过程实现远程指挥、全程监控，出现突发情况，上级法院能第一时间指导下级法院妥善应对。目前，全省19个中级人民法院和74个基层法院已开展建设执行指挥中心，其中，15个中级人民法院和30个基层法院已经建成。

（二）检察

1. 检察机关的机构设置

根据我国宪法规定，人民检察院依照法律规定独立行使检察权，不受行政机关、社会团体和个人的干涉。河南省现有省级人民检察院，县、市、自治县和市辖区人民检察院，中国人民解放军济南军区河南军事检察院，河南省人民检察院郑州铁路运输分院。河南省设立省检察院第一分院，管辖巩义市、汝州市、邓州市、永城市、固始县、鹿邑县、新蔡县。省检察院济源分院将更名为省检察院第二分院，管辖济源市、兰考县、滑县、长垣县。

河南省人民检察院是省级国家法律监督机关，依法履行法律监督职责，对省人民代表大会及其常务委员会负责并报告工作，接受省人民代表大会及其常务委员会的监督，接受最高人民检察院的领导并对其负责，领导全省各级人民检察院开展各项检察业务工作和思想政治工作。人民检察院的内设机构一般包括办公室、政治处、侦监处、公诉处、反贪局、反渎局、监所处、民行处、控申处、预防处、技术处、研究室、宣传处、教育处、计财处、监察处、法警总队等职能机构。

2. 检察机关的职能

人民检察院按照法律规定和业务分工设置内部机构，分别承办侦查、审查逮捕、审查起诉等业务。

立案侦查部门承办对公安机关、国家安全机关和人民检察院侦查部门提请批准逮捕的案件审查决定是否逮捕，对公安机关、国家安全机关和人民检察院侦查部门提请延长侦查羁押期限的案件审查决定是否延长，对公安机关应当立案侦查而不立案的及侦查活动是否合法实行监督等工作。近三年，河南省检察机关直接立案侦查案件每年均在3000起以上，其中2/3均为具有主观故意的贪污案件和贿赂案件。

批捕公诉部门承办对公安机关、国家安全机关和人民检察院侦查部门移送起诉或不起诉的案件进行审查，决定是否提起公诉或不起诉，出席法庭支持公诉，对人民法院的审判活动实行监督，对确有错误的刑事判决、裁定提出抗诉等工作。2012年河南省检察机关批捕、决定批捕案件38830起，其中经由公安、监狱机关提请案件37743起，侵犯财产权案件15277起；决定起诉案件61869起，其中由公安、安全、监狱机关提请起诉案件59022起，侵犯财产权案件19820起。检察机关出庭公诉案件35752起，其中刑事案件为33143起，占整个出庭公诉案件的90%以上。[1]

举报控申部门承办受理、接待报案、控告和举报，接受犯罪人的自首；受

---

[1] 参见《河南统计年鉴》(2013)，人民检察院出庭公诉情况，http://www.ha.stats.gov.cn/hntj/lib/tjnj。

理不服人民检察院不批准逮捕、不起诉、撤诉案件及其他处理决定的申诉；受理不服人民法院已经发生法律效力的刑事判决、裁定的申诉；受理人民检察院负有赔偿义务的刑事赔偿案件；进行案件初查；开展预防职务犯罪工作等。2012年河南省检察院受理申诉案件2147起，其中不服检察机关处理决定1486起，占整个受理案件范围的69%。人民检察院受理举报、控告和申诉案件14433起，共处理14362起案件，小部分案件分送检察机关和转送其他机关处理。①

刑事抗诉部门承办受理群众和社会各界对检察人员利用职权进行违法办案、越权办案、刑讯逼供、吃请受贿等违法违纪行为的举报和控告，并进行查处等工作。2012年河南省检察机关办理刑事抗诉案件481起，二审小计421起，其中刑事二审抗诉383起、贪污贿赂案件33起、渎职侵权案件5起；再审小计60起，其中刑事再审抗诉50起、贪污贿赂案件9起、渎职侵权1起。②

纠正违法部门承办受理群众和社会各界对检察人员利用职权进行违法办案、越权办案、刑讯逼供、吃请受贿等违法违纪行为的举报和控告，并进行查处等工作。2011年人民检察院纠正违法案件3551起，2012年人民检察院纠正违法案件2780起，较2011年下降了22%。③

（三）公安

1. 机构设置

河南省公安厅是全省公安工作的职能部门。受公安部和省政府领导。各市（地）设公安局（处）；市辖区设公安分局，接受上级公安机关的直接领导；各县（县级市）设公安局，分别接受同级人民政府和上级公安机关领导。县（市、区）公安局下设公安派出所，由县（市、区）公安机关直接领导和管

---

① 参见《河南统计年鉴》（2013），人民检察院受理举报、控告和申诉案件情况，http://www.ha.stats.gov.cn/hntj/lib/tjnj。
② 参见《河南统计年鉴》（2013），人民检察院办理刑事抗诉案件情况，http://www.ha.stats.gov.cn/hntj/lib/tjnj。
③ 参见《河南统计年鉴》（2012）、《河南统计年鉴》（2013），人民检察院纠正违法情况，http://www.ha.stats.gov.cn/hntj/lib/tjnj。

理。

河南省公安厅设有办公室（警令部、警务合作处）、政治部、纪律检查委员会、审计处、警务督察总队、经济犯罪侦查总队、治安管理总队、监所管理总队、刑事侦查总队、刑事科学技术研究所、禁毒总队、交通警察总队（交通管理局）、高速公路交通警察总队、信访处、行政财务处、法制处、公共信息网络安全监察总队、信息通信处、科技处、出入境管理局等处级机构，分别承担有关业务工作。其中警令部受理信息公开事务。①

2. 工作职责

河南省公安厅的工作职责依照相关法律共有17项，主要包括：贯彻落实国家公安工作法律、法规和方针、政策，制定全省公安工作的有关规定，部署、指导、监督、检查全省公安工作；掌握影响社会稳定、危害国家安全和社会治安的情况，分析形势，制定对策；组织指导全省公安机关侦查工作，协调、办理重大刑事案件、省内危害国家安全的犯罪案件、重大经济犯罪案件及上级批转的重大案件及专项工作等。从其工作职责可以看出，公安机关在法律实施中的职能可以概括为刑事司法活动和行政执法活动两部分内容。

3. 刑事司法活动

公安机关依法行使侦查权。按照相关法律规定，在办理案件时，公安机关应与人民法院、人民检察院分工负责、互相配合、互相制约，以保证准确有效地执行法律。

作为安全机关的省安全厅也具有公安机关的性质，主要是依法行使特殊侦查权，依法办理危害国家安全的重大刑事案件。

本部分主要为公安机关的刑事司法职能。

（1）立案数

《刑事诉讼法》第83、84条之规定，刑事诉讼中的立案，是指公安机关、人民检察院发现犯罪事实或者犯罪嫌疑人，或者公安机关、人民检察院、人民法院对于报案、控告、举报和自首的材料，以及自诉人起诉的材料，按照各自

---

① 河南省公安厅网：http://www.henanga.gov.cn/，2013年12月30日。

的管辖范围进行审查后,决定作为刑事案件进行侦查或者审判的一种诉讼活动。本部分仅讨论公安机关的立案情况。

根据河南统计年鉴的数据,2011年河南全省刑事案件的立案数为233553件,2012年立案数为236752件。① 截至2013年10月,据河南省公安厅的年终总结,刑事案件总数为187000件。如果以月均发案率来看,2013年较2011年和2012年立案数目有所下降。但是命案数量有所增长,据公安厅统计,截至10月底,全省共发现行命案706起,高于2012年的655起,也高于2011年的677起(见表1)。

表1 2011～2012年河南省刑事案件数量

单位:起,%

案件类别	立案		构成	
	2011	2012	2011	2012
总计	233553	236752	100.0	100.0
杀人	677	655	0.3	0.3
伤害	11010	10622	4.7	4.5
抢劫	6337	5225	2.7	2.2
强奸	2286	2178	2.7	2.2
拐卖妇女、儿童	1164	887	0.5	0.4
盗窃	161244	143752	69.0	60.7
诈骗	14359	15854	6.1	6.7
走私	2	6	0.0	0.0
伪造贩运假货币	19	18	0.0	0.0
其他	36455	57555	15.6	24.3

资料来源:河南省统计局:《河南统计年鉴(2013)》。

表1选取的9种具体的刑事犯罪统计的项目一方面说明这9种刑事案件为多发案件,主要集中在对公民生命、人身和财产的侵犯上,社会危害性较大。

(2)发案率

所谓发案率,是指每10万人口发生的刑事案件数,计算方法是将一年的立案数除以人口获得。因为发案率是个相对值,这就摆脱了用立案数这个绝对

---

① 河南省统计局:《河南统计年鉴(2013)》。

值进行比较时的种种局限。据"河南省统计年鉴"2013年的数据，2010年河南省的人口数为10437万人，2011年为10489万人，2012年为10543万人。根据立案的情况，可以得出2010～2012年的发案率（见图4）。

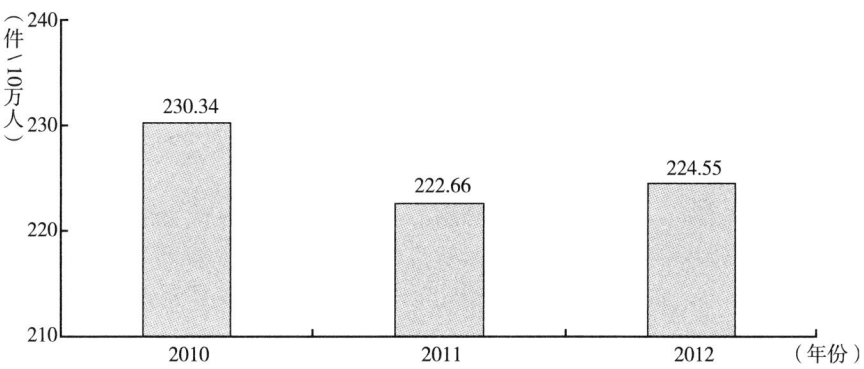

图4 2010～2012年河南省刑事案件发案率

从图4可以看出，三年发案率大致相当，2010年发案率为230.34件/10万人，2011年为222.66件/10万人，2012年为224.55件/10万人。另外需要说明的是，据河南省公安厅提供的材料显示，截至2013年10月底，河南全省共发现行命案706起，破690起，现行命案破案率97.73%，同比提升0.89个百分点。

（3）刑事案件的构成

刑事案件的构成不同于刑法学中犯罪构成的概念。犯罪构成指的是决定某一具体行为是否构成犯罪所必需的主观和客观要件。而刑事案件的构成则是指立案数中所包含的具体案件的类型，以及各种类型所占的比例。

1997年刑法修订后，最高人民检察院发布《关于适用刑法分则规定的犯罪的罪名意见》，确定了414个罪名。此后全国人大常务委员会先后颁布实施了8个《刑法修正案》，最高人民法院和最高人民检察院据此对罪名进行了增减、修改，先后共发布了5个《关于执行〈中华人民共和国刑法〉确定罪名的补充规定》。其中2002年新增6个罪名、减少2个罪名，2003年新增4个罪名，2007年新增14个罪名，2009年新增9个罪名，2011年新增10个罪名，截至2013年刑法分则共有罪名455个。

《河南统计年鉴2013》所提供的刑事案件分类统计中，将案件划分为9种具体罪名和1个其他类别,共10种,包括杀人、伤害、抢劫、强奸、拐卖妇女儿童、盗窃、诈骗、走私、伪造贩运假币、其他。这与《中国法律年鉴》采用的方法完全一致。这不是偶然的,是有一定道理的。主要理由是,一是与其他类型的案件相比社会危害性大;二是从1981年以来,一直有这9种案件的司法统计,便于对比考察;三是这几种案件多属自然犯罪,古已有之,一般民众较为熟悉易于理解。下面是根据《河南统计年鉴2013》提供的2011与2012年数据所绘的刑事案件构成图(见图5、图6、图7)。

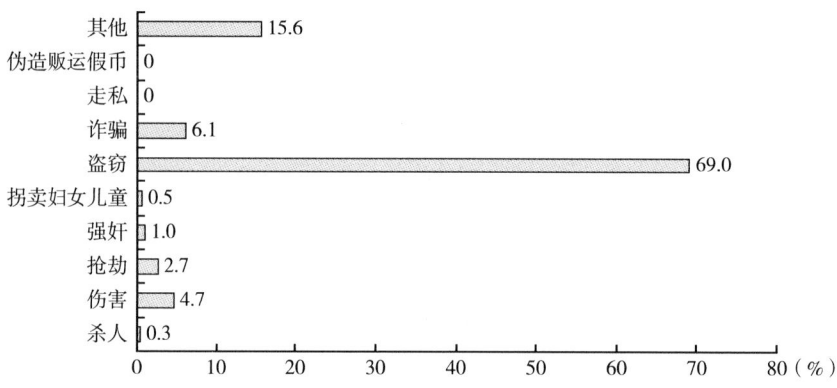

图5 2011年河南省刑事案件构成

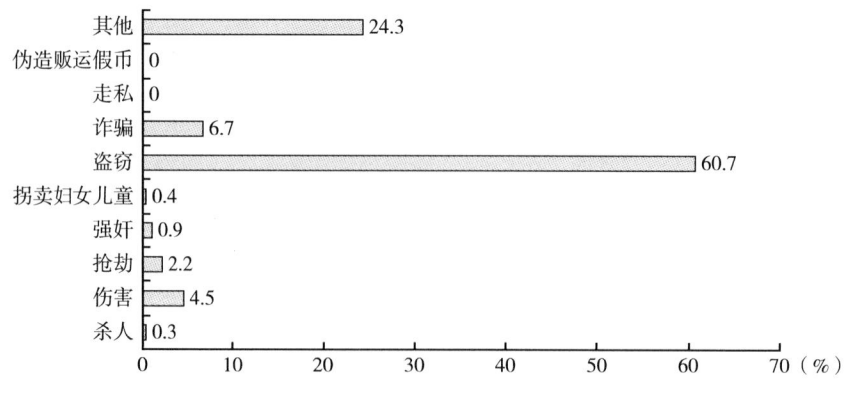

图6 2012年河南省刑事案件构成

从图5、图6、图7的比较可以看出,第一,杀人、伤害、抢劫、强奸、盗窃、诈骗6种案件与其他类型案件相比,所占总立案数比例非常大,和其他

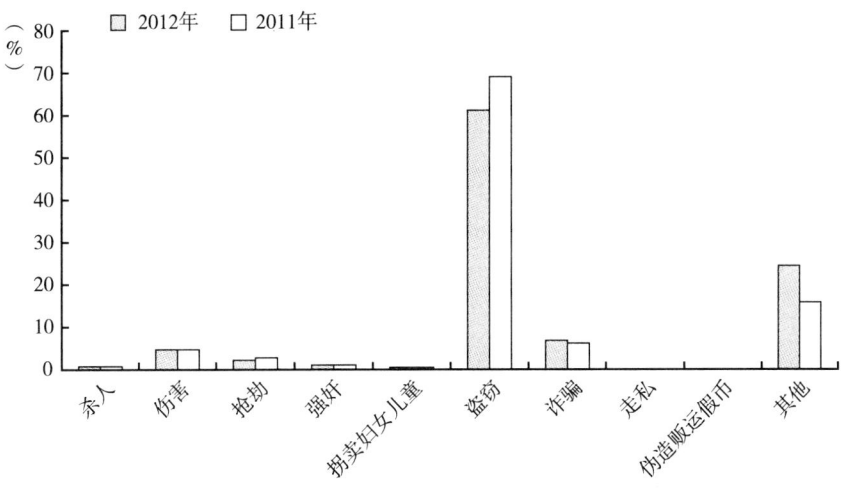

图7 2011年、2012年河南省刑事案件对比

案件相比社会危害性较大。其中尤以盗窃案件最为突出，两年的发案率均超过60%。第二，6种案件的变化趋势与立案总数变化趋势十分接近。第三，暴力性质、侵害人身安全的恶性案件得到遏制。

4. 行政执法活动

公安部门的行政执法活动与本报告主题相关的主要是社会治安综合治理和治安行政案件的查处两大部分工作。

（1）社会治安综合治理

1991年2月，中共中央、国务院发布《关于加强社会治安综合治理的决定》，其提出社会治安综合治理的基本任务是：在各级党委和政府的统一领导下，各部门协调一致，齐抓共管，依靠广大人民群众，运用政治的、经济的、行政的、法律的、文化的、教育的等多种手段，整治社会治安，打击犯罪和预防犯罪，保障社会稳定，为社会主义现代化建设创造良好的社会环境。社会治安的综合治理目标是：社会稳定，重大恶性案件和多发性案件得到控制并逐步下降，社会丑恶现象大大减少，治安混乱的地区和单位面貌彻底改观，治安秩序良好，群众有安全感。社会治安治理的工作范围主要有六个方面：分别是"打击、防范、教育、管理、建设、改造"。公安机关的治安行政职能包括两方面内容：一是对治安状况进行综合治理，重点是"治"和"防"；二是对治安违法行为进行查处。

社会治安的综合治理由多个机构、部门联合协调实施。在这些机构和部门中，又以公安机关为主要部门。在公安机关中，具体由市、县公安局与派出所等基层组织负责实施。

根据河南省公安厅2013年工作总结，全省公安机关深入开展矛盾纠纷排查调处。建立完善矛盾纠纷滚动排查机制，及时化解不稳定因素，共排查矛盾纠纷1546起，化解1509起，化解率达97.6%；积极做好特殊群体的稳控，配合有关部门先后成功化解涉军、原民师、民族宗教、"非法集资"受害者、"双开"人员等各类群体赴省进京"非访"活动263起3200余人次；积极预防、妥善处置突发性群体事件。进一步健全完善突发性事件处置预案，加强以公安特警队为主体的处置力量建设，组织开展实战演练，切实提高处置能力和水平；坚持既慎用警力又善用警力和依法处置的原则，依法妥善处置各类群体性事件476起，没有发生在全省、全国造成重大影响的群体性事件；全力做好公安信访工作。认真落实领导开门接访、预约接访、带案下访制度，依法妥善化解群众反映的问题。截至目前，王小洪等厅领导共接待信访群众18次42人，涉及信访事项42起；省市公安机关领导接待信访群众608次1479人，涉及信访事项1178件。狠抓信访积案化解工作，解决群众实际困难。截至目前，中政委交办的信访事项137起，已经化解135起，化解率为98.5%；省委政法委交办的信访事项676起，已经化解656起，化解率为97%。①

（2）治安行政案件查处

河南统计年鉴选取了13种治安案件作为统计类别，分别是扰乱公共秩序、寻衅滋事、妨碍国家工作人员执行公务、非法携带枪支弹药管制刀具、违反危险物质管理规定、殴打他人、盗窃、骗取、抢夺、敲诈勒索财物、哄抢公私财物、伪造变造倒卖有价票证凭证、卖淫、嫖娼、赌博或为赌博提供条件和其他治安案件。据河南省统计数据，居于前三位的治安案件依次是殴打他人、盗窃和扰乱公共秩序。与"中国法律年鉴"统计的2011年全国的治安案件前三位

---

① 参见河南省公安厅内部资料《河南省公安厅工作总结》。

的治安案件基本相同。从查处率看，河南省治安案件的查处率为97.72%，高于上一年同期全国平均水平的95.42%。详细对比见表2、表3。

表2 2012年公安机关受理的违反《治安管理处罚法》案件情况

单位：起

案件类别	受理	查处
总计	1070835	1046978
扰乱公共秩序	29620	29253
寻衅滋事	5204	5021
妨碍国家工作人员执行公务	2437	2435
非法携带枪支弹药管制刀具	1761	1765
违反危险物质管理规定	2768	2761
殴打他人	476354	471256
盗窃	68150	58291
骗取、抢夺、敲诈勒索财物	6939	5593
哄抢公私财物	81	80
伪造变造倒卖有价票证、凭证	304	313
卖淫、嫖娼	1612	1608
赌博或为赌博提供条件	7811	7778
其他	472998	465845

表3 2011年全国公安机关治安案件分类统计

类别	发现受理		查处（起）
	（起）	每万人案件（起/万）	
合计	13165583	97.9	12563823
扰乱单位秩序	151437	1.1	149787
扰乱公共场所秩序	478102	3.6	477873
寻衅滋事	123708	0.9	117617
阻碍执行公务	31521	0.2	30785
非法携带枪支、弹药、管制工具	73422	0.5	72657
违反危险物质管理规定	24605	0.2	24200
殴打他人	4416863	32.8	4264526
故意伤害	278482	2.1	261037
盗窃	2081986	15.5	1814719

续表

类别	发现受理		查处(起)
	（起）	每万人案件(起/万)	
敲诈勒索	22734	0.2	20231
抢夺	46685	0.3	38236
盗窃、损毁公共设施	17828	0.1	15993
伪造、变造、倒卖有价票证、凭证	18441	0.1	18411
违反旅馆业规定	151077	1.1	149933
违反房屋出租管理	226765	1.7	225829
诈骗	204572	1.5	171513
卖淫、嫖娼	96162	0.7	95294
赌博或为赌博提供条件	367442	2.7	363999
毒品违法活动	365252	2.7	363522
其他	3988499	31.5	3887661

资料来源：中国法律年鉴社：《中国法律年鉴2012》。

另外从表2、表3的对比中可以看出，河南省治安案件查处的数量与全部案件查处总数的变化趋势与全国基本相同。"殴打他人"和"盗窃"案件发案率居高可能与这两类案件查处率低有关。当然这透射出我国法律对于"殴打他人"和"盗窃"规定的处罚较低、不易处罚有关。另外"殴打他人"发案率高也与公民的文明程度和法律意识有关，说明不少人习惯于用拳头而不是其他更为文明的方式解决纠纷。

（3）严格规范执法

据河南省公安厅材料，2013年河南省公安执法规范化建设取得新跃升。以开展取保候审专项督察为突破口，深入推进执法规范化建设。一是提高执法素质。深入开展执法资格等级考试，组织了全省公安机关人民警察基本级、中级执法资格等级考试，共有14965名民警参加考试，以考促学，进一步提高了民警执法素质和能力。二是完善执法制度。组织修改《公安机关执法质量考核评议规定》，制定出台了《河南省公安机关办理刑事案件讯（询）问同步录音录像工作规定（试行）》、《河南省公安机关执法责任及执法责任终身制规定》等9项制度，规范民警的执法行为，提高执法公信力。三是强化执法监督。全面推行网络执法办案与监督信息系统，建立执法过程全程操作工作模式，实现对执法行为的全程、实时监督。充分利用执法办案场所视频监控和录音录像设备，强力推进执法记录仪的配备和使用，强化现场执法监督，人民群众对公安机关执法满意度有效提升。四是扎实开展取保候审突出问题专项督察。全省公安机关按照公安部统一部署，超前谋划、高位启动、全警动员、全力以赴，坚持把依法处理结案作为专项督察总目标，把"问题查纠整改率"和"依法处理结案率"作为衡量专项督察成效的重要指标，先后组织三次全省性的集中督察，有效推进了专项督察的深入开展和执法规范化建设。

二 纠纷的调解解决

调解制度源于我国古代民间调解"排难解纷"、"止讼息争"的传统，因其契合中华民族"以和为贵"的道德观念和处事方式，为历代社会所推崇。作为一项有着悠久历史和传统的解决方式，调解在法律实施和纠纷解决中发挥着重要作用。随着社会经济生活的变迁，调解也呈现出一些新的变化，反映和揭示了河南省乃至我国法治建设的发展和社会变迁。目前，人们通常从调解机构或主体角度将调解分为人民调解、诉讼调解、仲裁调解和行政调解。考虑到仲裁调解与仲裁活动联系紧密，将其留待第四部分加以说明。另外受资料限制，本部分主要考察人民调解、诉讼调解、行政调解和消费者协会调解。

1. 人民调解

人民调解是指在群众性的自治组织人民调解委员会的主持下，借助人民调解员的劝解、说服和教育，纠纷当事人自愿协商，达成协议，解决争议的一种非诉讼性质的活动。人民调解委员会可以由农村村民委员会、城市（社区）居民委员会、乡镇、街道、企事业单位设立。此外还可以根据需要设立区域性、行业性的人民调解委员会。根据《人民调解法》规定，司法行政部门负责指导人民调解工作，基层人民法院对人民调解委员会调解民间纠纷进行业务指导。

（1）机构设置

我国的人民调解组织即人民调解委员会，其性质为基层人民政府和基层人民法院指导下的调解民间纠纷的群众性组织。在实践中，各地人民调解委员会根据各地情况形成不同的具体形态。归纳起来，这些形态可以归纳为 5 种类型。即：村民调解委员会、居民调解委员会、企事业单位调解委员会、乡镇街道调解委员会、其他形式的调解委员会。其中村民调解委员会和居民调解委员会是最基本的形式。从数量上看，村民调解委员会所占比例最大。

人民调解委员会由3~9人组成。村民委员会、居民委员会和企事业单位的人民调解委员会可根据需要，以自然村、小区（楼院）、车间为单位，设立调解小组，聘任调解员。乡镇、街道人民调解委员会的组成人员包括辖区内设立的村民委员会、居民委员会、企事业单位的人民调解委员会主任，本乡镇、街道的司法所工作人员，司法助理员以及本乡镇、街道辖区懂法律、有专长、热心人民调解工作的志愿人员。

人民调解委员会设主任1人，委员较多或主任兼职过多时，可以设立副主任。主任和副主任一般应当在委员中选举产生。乡镇、街道人民调解委员会主任一般由司法所长、司法助理员担任；区域性、行业性人民调解委员会主任一般由设立人民调解委员会的组织任命。人民调解委员会及其组成人员，应当向所在地乡镇、街道司法所（科）备案；乡镇、街道人民调解委员会应当向所在地区的司法行政机关备案。

（2）职能活动

《人民调解委员会组织条例》规定了人民调解的三项任务：调解民间纠纷；通过调解工作宣传国家法律、法规、规章和政策，教育公民遵纪守法，尊重社会公德；向村民委员会、居民委员会、所在单位和基层人民政府反映民间的纠纷和调解工作。几十年来，广大人民调解组织在工作实践中，逐步探索民间纠纷调解、预防和激化的关系，广泛开展了预防民间纠纷和防止纠纷激化的有关工作，取得了显著成效。就河南省而言，据河南省司法厅的材料，行业性、专业性人民调解组织不断增加，全省已达688个。建立首席人民调解员制度，制定下发《首席人民调解员管理暂行规定》，全省已确立首席人民调解员1038名。人民调解进万家主题活动扎实有效开展，人民调解员化解矛盾纠纷能力显著增强。2013年以来，全省已累计调解各类纠纷40.3万起，调成率达97%，防止群体性上访4681起，防止群体性械斗1014起。详细的统计见表4①。

---

① 河南省统计局：《河南统计年鉴（2013）》。

表4 调解民间纠纷分类

单位：件，%

项目	调解纠纷		各类纠纷所占比重	
	2011	2012	2011	2012
总 计	553922	521231	100.0	100.0
婚姻家庭纠纷	131488	137465	23.7	26.4
邻里纠纷	137759	129554	24.9	24.9
房屋宅基地纠纷	67297	63746	12.1	12.2
合同纠纷	30957	28845	5.6	5.5
生产经营纠纷	16131	17772	2.9	3.4
损害赔偿纠纷	26637	29718	4.8	5.7
劳动争议纠纷	15161	11596	2.7	2.2
村务管理纠纷	6878	8351	1.2	1.6
山林土地纠纷	16281	16836	2.9	3.2
征地拆迁纠纷	17983	16474	3.2	3.2
计划生育纠纷	4056	3188	0.7	0.6
环境保护纠纷	7780	2409	1.4	0.5
道路交通事故纠纷	14300	16197	2.6	3.1
物业纠纷	8368	2890	1.5	0.6
医疗纠纷	7162	4228	1.3	0.8
其他	45684	31962	8.2	6.1

从表4的统计数据可以看出，在调解促成的纠纷解决中，婚姻家庭纠纷、邻里纠纷、房屋宅基地3种纠纷处于15种列入统计的调解纠纷的前三位。这同时也说明，调解的方式对于处理婚姻家庭、邻里纠纷所起的重要作用。

但是，如果结合民事诉讼统计的比较以及纵向的比较，也可以明显地看出，人民调解职能活动存在下降的趋势。这不仅表现在人民调解在纠纷解决中比例下降，而相应的民事诉讼案件增加，同时调解在化解纠纷的效果方面也存在下降的趋势。这表明，在纠纷总体呈上升的态势下，越来越多的人选择诉讼作为纠纷解决的方式。之所以如此，也说明了改革开放后，社会的基本秩序发生了变化。社会流动性增加，人与人之间关系更加简单和陌生。在纠纷的解决过程中，当事人既不信任对方，也不顾及双方关系的长久维持，追究的是单一维度的利益最大化，因此调解和议的达成越来越困难。当然，这还与新型纠纷越来越多，调解人员知识难以胜任以及诉讼渠道更加畅通不无关系。

(3) 经费保障

《人民调解法》第四条规定，人民调解委员会调解民间纠纷，不收取任何费用。这对于纠纷的当事人而言，无疑是一种低成本甚或无成本的纠纷解决方式。对在人民调解中产生的实际支出，包括人员的必要的费用，《人民调解法》第六条规定，国家鼓励和支持人民调解工作。县级以上地方人民政府对人民调解工作所需经费应当给予必要的支持和保障，对有突出贡献的人民调解委员会和人民调解员按照国家规定给予表彰奖励。实际上，长期以来，国家财政对人民调解工作没有专门的投入，实践中主要靠基层组织的自有经费解决。比如由村民委员会、居民委员会和企事业单位补贴经费。司法行政机关通过争取同级人民政府的支持，解决人民调解的指导和表彰经费，通过协同和督促村民委员会、居民委员会和企事业单位落实工作经费和人民调解员的补贴费用。但实践中上述的相关规定较难落实，使得调解人员的积极性受到一定的影响。

2. 诉讼调解

民事诉讼调解在我国有着深厚的传统。据现有资料，至少在陕甘根据地时期，诉讼调解已经成为法院审理民事案件和解决民事纠纷的一种主要方式。[①] 中华人民共和国成立后，调解更进一步制度化、常态化。进入 21 世纪后，由原来的"着重调解"、"自愿合法调解"调整为现行的"调判结合、调解优先"。2010 年 6 月 7 日，最高人民法院印发了《关于进一步贯彻"调解优先、调判结合"工作原则的若干意见》对人民法院的调解工作做出了系统的规定。我省法院在这方面的工作做出了自己的特色。比如 2009 年 4 月，河南省高院在新乡、郑州、许昌三市进行"社会法庭"试点工作，将社会上一些德高望重的离退休干部、人大代表、政协委员、村党支部书记、村委会主任、老党员等组织成一个常设的纠纷解决机构，接受法院的委托并在法院的指导下依据乡土人情、伦理道德、公序良俗等民间社会规范来调解纠纷。截至 2009 年 11 月底，河南全省已建立"社会法庭"1897 个，选任"社会法官"16120 名，调

---

① 参见范瑜《简论马锡五审判——一种民事诉讼模式的形成及其历史命运》，《清华法律评论》第 2 辑，清华大学出版社，1999。

处各类纠纷15426件。① 根据《河南统计年鉴2013》，河南省一审民事案件中有33.66%属于调解结案，详见表5。

表5 2012年人民法院审理权属、侵权纠纷及其他民事一审案件收结案情况

单位：件

项目	收案	结案	调解	判决	驳回	撤诉	其他
合 计	60160	54461	18334	17708	402	16527	1490
物权	11914	10023	2622	3153	165	3977	106
特别程序	4183	3943	22	1811	44	1247	819
人格权纠纷	11092	9181	2984	3568	28	2438	163
侵权责任纠纷	11548	9032	3261	2975	8	2603	185
特殊侵权纠纷	13114	11477	4299	4704	59	2238	177
不当得利	649	573	150	199	8	212	4
票据、证券权益纠纷	198	168	31	77	4	41	15
其他	7462	10064	4965	1221	86	3771	21

从表5看到诉讼调解发挥的重要作用的同时，理论界对调解工作中存在的一些问题也不无忧虑，比如诉讼调解与审判的关系的处理上，一些地方存在"以调压判"的现象，有违当事人的意愿。还有就是强制调解和滥用调解的问题。有些地方法院将调解率作为评价和考核法官的指标，尽管有一定的功效，但也有强制、诱导调解等弊端。

三 纠纷的仲裁解决

仲裁作为一种非诉讼纠纷的解决方式，在大多数国家具有悠久的历史，并且是非诉讼纠纷解决的重要方式。我国现代仲裁制度的正式确立是以1994年《中华人民共和国仲裁法》的颁布为标志。在此之前，我国实行国内仲裁与国际仲裁的双轨制。国内仲裁是由不同部门根据不同时期制定的各种法律法规所确定，包含经济合同仲裁、著作权纠纷仲裁、消费纠纷以及劳动纠纷仲

---

① 参见陈海发、冀天福《河南交流"社会法庭"工作经验》，《人民法院报》2010年1月6日。

裁等等。彼时的仲裁机构由行政机构创设并隶属于行政机关,经费也由行政机关拨付。人员大部分是行政机关公务员。在管辖上也不以当事人选择为主,主要是强制管辖。而1994年《仲裁法》颁行之后,国内仲裁制度由原来的行政性仲裁向统一的民间性仲裁过渡,实行"自愿原则,或裁或审,一裁终局"的制度。因此,1994年的《仲裁法》被认为是我国国内仲裁制度的一个里程碑。

1. 民商事仲裁

河南省的第一家仲裁委员会成立于1997年,到2012年已发展到16家。据河南省政府法制办公室网站数据,2012年,河南省11个仲裁委员会共受理案件3478件,比2011年减少89件,案件标的总额为290155.08万元,比2011年减少22011.92万元。全年受理案件数比2011年增加的是郑州仲裁委员会、三门峡仲裁委员会、濮阳仲裁委员会;案件标的额增加的是郑州仲裁委员会、焦作仲裁委员会、信阳仲裁委员会、漯河仲裁委员会、濮阳仲裁委员会、新乡仲裁委员会、南阳仲裁委员会。受理案件数和案件标的额均上升的是郑州仲裁委员会、濮阳仲裁委员会;受理案件数和案件标的额均下降的是安阳仲裁委员会、平顶山仲裁委员会、洛阳仲裁委员会。近3年以来,是河南省仲裁工作发展最为迅速的时期。以郑州市为例,仲裁委员会成立于1999年12月,近3年来共受理案件2488件,占到了成立以来受理总数的8成多。另外,洛阳市3年来共受理各类经济纠纷案件652件,涉案标的总额为20.7亿元,受案数量达到了洛阳仲裁委员会成立以来总数的一半,标的额占到了总标的额的80%(见表6)。

2012年,全省仲裁委员会以调解和解方式结案的案件数是2260件,占案件总数的65%,被撤销的案件是4件,占案件总数的0.1%;不予执行案件是3件,占案件总数的0.09%(见表6)。2012年,全国各仲裁委员会平均受案数是440件,河南省只有郑州仲裁委员会受理案件数远远超过全国平均数,位居全国第7,其余各仲裁委员会受理案件数低于全国平均数,其中,超过100件不足400件的有5个,占45%;超过50件不足100件的有3个,占27%;案件不足50件的有2个,占18%。

表6 2012年全省各仲裁委员会受理案件情况

单位：件，万元

序号	仲裁委名称	受理案件数	标的额	调解和解数	被撤销案件数	不予执行案件数
1	郑州仲裁委员会	2090	135000	1680	1	2
2	安阳仲裁委员会	339	39408.5	40	0	0
3	平顶山仲裁委员会	250	28000	59	1	0
4	三门峡仲裁委员会	226	13018.58	198	0	0
5	洛阳仲裁委员会	218	25100	112	0	0
6	焦作仲裁委员会	101	12000	47	0	0
7	信阳仲裁委员会	91	6976	72	1	1
8	漯河仲裁委员会	58	5127	5	0	0
9	濮阳仲裁委员会	57	9000	27	0	0
10	新乡仲裁委员会	32	9000	14	1	0
11	南阳仲裁委员会	16	7525	6	0	0
	合计	3478	290155.08	2260	4	3

注：本表根据受理案件总数排序。

表7 河南省与周边份数据对比

省份	设区市数量（个）	有权受理涉外案件设区市中院数量（个）	仲裁机构数量（个）	2012年外贸总额（亿美元）	2012年实际利用外资（亿美元）	2012年GDP排名
河南	17	4	16	517.5	121	5
江西	11	11	7	334.1	68.24	18
湖北	12	6	8	319.6	56.66	9
湖南	13	11	12	219.4	72.8	10
陕西	10	4	7	147.99	29.36	16

资料来源：鄢焱：《论河南省有关仲裁案件的管辖和优化》，《长春工业大学学报》2013年第4期。

从表7可以进一步看出，国民生产总值（GDP）对仲裁的影响，即经济总量与仲裁的案件受理呈正相关关系。

2. 劳动仲裁

现行的劳动仲裁制度重建的法律基础可以追溯到1987年国务院颁布的《国营企业劳动争议处理暂行规定》。1993年国务院又颁布了《中华人民共和国企业劳动争议处理条例》，该条例的司法解释标志着我国劳动争议仲裁制度发展到"有法可依"阶段。2007年6月，全国人大通过了《中华人民共和国劳动合同法》；同年 12 月，又通过了《中华人民共和国劳动争议调解仲裁法》。这些法律法规对劳动争议仲裁的实体和程序规制进行规定的同时，对劳动争议委员会的组成、人员构成、经费来源做出了原则化要求。这使得劳动争议仲裁进入到了一个新的阶段。表 8 是《河南统计年鉴 2013》统计的河南省劳动仲裁的近况。

从相关的统计数据看，民营企业是劳动争议纠纷案件多发区。这一方面说明河南省民营企业有了长足的发展，用工数量大为增加；另一方面也说明民营企业在劳动用工方面存在着较为突出的不规范现象。

据河南省人力资源和社会保障厅网站资料所示：2012 年，全省各级调解仲裁机构认真贯彻《关于加强劳动人事争议处理效能建设的意见》和《企业劳动争议协商调解规定》，仲裁机构实体化建设进一步加快，预防调解工作取得新进展，仲裁制度更加健全完善，队伍建设和调解仲裁基础工作不断加强。全年共处理争议案件 3.07 万件，涉及劳动者 4.09 万人，涉案金额 6.631 亿元，仲裁结案率达到 93% 以上，调解仲裁质量和效率稳步提高。

表 8　河南省 2013 年劳动仲裁情况

单位：件

	国有企业	集体企业	港澳台及外资企业	民营企业	其他	机关	事业单位
上期未结案件	132	68	6	236	11	—	11
当期立案	3824	2673	164	11668	446	33	293
立案受理总数	3485	29	—	179	5		
集体争议案件	55	2628	164	10790	366	25	260
劳动者申诉	5372	3476	169	15365	581	34	339
立案受理涉及劳动者人数	1782	393	—	2402	62		
集体劳动争议	925	638	33	3312	91	15	20
劳动报酬	1429	1034	40	4277	174	15	174
社会保险及福利	306	179	7	1414	74	—	5
工伤保险	460	356	31	1334	64	2	21
确认劳动人事关系	—	—	—		7	1	32
履行劳动聘用合同	—	—	—				70
解除劳动聘用合同	704	466	53	1331	37	—	31
其他	3593	2650	158	11360	434	32	277

续表

	国有企业	集体企业	港澳台及外资企业	民营企业	其他	机关	事业单位
当期审结案件数	9455	6186	482	33577	279	76	702
涉案金额	1803	1211	60	6003	229	19	140
仲裁解决	1703	1384	98	4770	187	8	114
一裁终局	123	144	—	371	2	2	2
其他	87	55	—	587	18	5	23
用人单位胜诉	548	458	30	1508	57	—	23
劳动者胜诉	1568	1105	56	5378	164	7	157
双方部分胜诉	1477	1087	72	4474	213	25	97
期末未结案数	117	91	12	544	23	1	27

资料来源：河南省统计局：《河南省统计年鉴2013》。

就现有的资料来看，河南省劳动仲裁同全国其他省市一样，基本实现了机构、人员和经费的相对独立，奠定了良好的发展基础。不过需要指出的是，我省同其他省市类似，存在着行政依赖性和行政单方性。显示河南省整体上仍处于国家统合社会的"一体化"时期。

总　结

本报告从诉讼、调解和仲裁三个方面总结了河南省近年来的纠纷解决情况，在一定程度上反映出河南省社会治理中法律实施的总体面貌。值得一提的是，本报告不仅关注公检法这些传统的法律实施机制和正式制度，也尝试将各种民间机制纳入考察和分析。尽管有许多不足，但是可以在一定程度上揭示法律实施的多元性和复杂性。不仅对河南省社会治理的法治化提供参考，同时在探索法律实施的规律上也具有一定的理论意义。

从报告所分析的各种数据结合相关法律理论可以看出，法律实施在特定的社会环境下运行，依赖于各种制度条件和社会条件，比如制度体制、法律规范、民众利益、整体的法律意识、经济发展适应程度等。这其中也体现了一些规律性的东西：第一，法律实施是有成本的，并且其成本与规则的正当性和人们的法律意识、社会认同成反比。符合绝大多数人的利益的制度和规则容易执行,成本低;反之,缺少认同以及制度缺少合理性的规则程序,实施成本高难度大。第二,任何制度规则的实施,所能利用资源和执法成本越多,就越容易实施。这里"良法"容易有效实施,实施成本低。第三,法律实施的有效程度与社会主体的道德和守法意识呈正相关。符合传统和公共道德,符合大多数人利益和价值观的法律易于被社会主体遵守,社会效果较好。第四,传统习惯和公共道德在法律实施和社会治理中具有重要作用。脱离传统和地方实际的法律实施度低,即便实施成本也高。第五,法律实施不仅需要完善的执法和司法机制,还需要依靠社会力量和非正式的机制,比如调解、仲裁。非正式机制对节约法律实施成本,增加公众参与,改善法律实施效果具有重要意义。但同时,非正式机制的大量存在也可能与正式机制的低效或者无效有关系。

这说明上述各种要素都构成了一种变量,如果其中某个条件不足或缺乏,就需要增加其他要素的作用。如社会主体守法意识差,必然增加执法成本。如果公共资源投入不足,就需要非正式的制度进行补充。所以,从整体上而言,各种变量在不同环境的组合,形成不同的法律实施的效果。

就河南省的情况而言,至2013年,从纵向的比较看,第一,民商事纠纷中诉讼的立案率以及一、二审的结案率呈上升趋势,而调解的纠纷呈下降趋势,这在一定程度上表明,人们在发生民商事纠纷中,越来越倾向于选择正式的诉讼方式,这同时也说明河南省各级法院,特别是基层法院的建设也日渐完善。第二,在调解和仲裁等非正式的纠纷解决机制中,越来越倾向于运用法律作为标准和尺度,特别是在仲裁中反映尤为明显。传统的调解习惯于从"情理"出发,而现在的调解,大多从法律规定出发。这一方面反映出法制建设的进步,另一方面也反映出,人们的法律意识和守法意识在增强。第三,从涉诉上访以及非涉诉上访的情况来看,一方面反映出在权利的保护方面,诉讼渠道还没有全面覆盖,比如拆迁、土地争议等立案困难。另一方面也反映出,法律的权威有待于进一步加强。这就需要加强法制宣传,增强人们的守法意识;同时要加强公正司法,提供法律的权威。以上这些在相当程度上表明,在河南省的社会治理中,法律的作用日益重要并成为主要的纠纷解决方式,法制化建设有了长足的发展。

河南省弱势群体权益维护推进举措与对策建议

谢海军*

摘　要： 弱势群体权益维护问题是河南省"三化"协调发展中的难题，2013年河南省出台了一些维护弱势群体权益的新措施，包括省内信访平信免费邮寄、网上信访，逐步降低弱势群体维权成本；实施拖欠农民工工资、环境污染入刑政策；提升弱势群体救助标准、完善公共政策的扶持力度等，从不同程度保障了弱势群体的正当权益。同时，河南省损害弱势群体权益的案件时有发生，一些热点领域案件依然高发。河南省的弱势群体权益维护，有待于从根本上建立弱势群体权益保障的制度和机制。

关键词： 弱势群体　权益维护　权益保障机制

"三化"协调发展战略使河南省经济社会发展进入新的战略机遇期，同时，又处于矛盾凸显期。社会矛盾凸显期中弱势群体合法权益更容易受到侵害。弱势群体是一个虚拟群体，是社会中一些生活困难、能力不足或被边缘化、受到社会排斥的散落的人的概称。弱势群体所包含的人群非常广泛，依据不同的方法可划分为不同的类别。一般把弱势群体分为两类：生理性弱势群体和社会性弱势群体，根据人的社会地位、生存状况、生理特征和体能状态来界

---

* 谢海军，博士，郑州大学公共管理学院副教授，社会管理河南省协同创新中心研究员，研究方向为社会冲突与社会治理。

定。河南省弱势群体既包括生理上的残疾群体，也包括社会性弱势群体，但主要是社会性弱势群体。目前，河南省弱势群体主要包括：城市下岗职工、农民工、城市贫困群体、农村贫困群体、残疾人、留守儿童等。近几年，河南省弱势群体合法权益受到侵害的事件总体上得到遏制，政府在完善弱势群体社会保障、降低弱势群体维权成本，对弱势群体司法救助等方面取得了新的成就，为保持河南经济社会发展大局稳定做出了贡献。但由于弱势群体生理弱势和拥有社会资源的弱势没有得到根本改变，侵害弱势群体权益案件仍处于高位运行状态，部分弱势群体合法权益受到侵害的案件时有发生，弱势群体利益维护权利的渠道还不是很畅通，维权的结果还不能使弱势群体感到满意，需要进一步探索和完善弱势群体权益保障机制。

一 河南省弱势群体权益维护的基本态势

（一）弱势群体权益被侵害的领域呈现出相对集中特征

弱势群体是一个相对的群体，当一个群体利益受到侵害且不能通过正当渠道进行维权的群体就是弱势利益群体。从河南省群众利益诉求的内容来看，弱势群体权益被侵害的领域呈现出非均衡状态，根据社会管理河南省协同创新中心十县市的调研数据显示，"土地征用不合理、拆迁补偿不合理"主要是失地农民、城镇被拆迁户等弱势群体的利益诉求表现最为突出的领域，所占比例达到35%。位居第二位的是涉法涉诉信访问题，主要是司法权利被侵害的弱势群体，其分布较为广泛，约占群体利益诉求总量的25%。国有企业改制方面主要是下岗职工的利益诉求，占利益诉求总量的15%左右；反映劳动社保问题（主要是拖欠农民工工资、低保发放不公平）主要是农民工和城镇低保户与农村低保户等弱势群体，占利益诉求总量的15%左右；涉及干部作风的信访案件有所下降，包括民事纠纷在内约占信访总量的10%，这一部分利益被侵害的弱势群体分布在不同阶层[1]（见图1）。

---

[1] 社会管理河南省协同创新中心十县市调研数据。

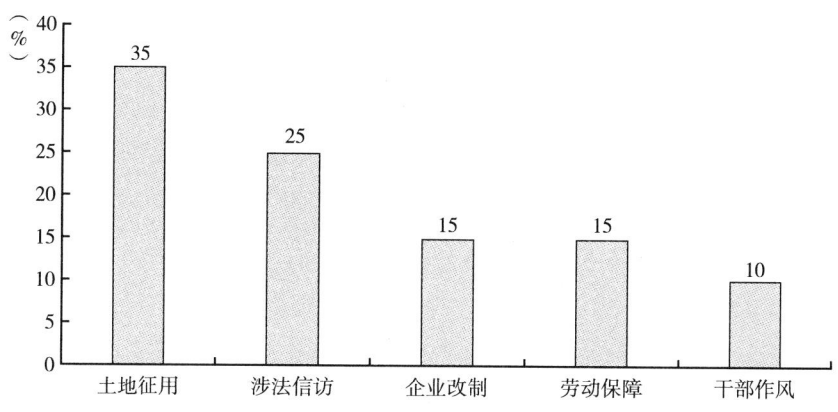

图1 十县区 2012 年信访情况

土地征用近几年一直占据弱势群体利益诉求首位且居高不下，这与河南省"三化"协调发展战略中城镇化主导发展模式有关系，也与非法征地和非法拆迁工作方式有一定关联度。涉法涉诉也是弱势群体利益诉求的热点问题，这是由执法不公、执法不严、案件久拖不决、案件裁定后不能执行等司法顽疾造成的。国有企业改制中国有资产流失、补偿不到位等弱势群体利益诉求内容有所下降，这与国有企业改制进入尾声分不开。

（二）弱势群体倾向于通过体制内合法手段维护合法权益

当弱势群体遇到合法权益受到侵害时，更多倾向于通过体制内合法手段进行利益诉求的表达，根据社会管理河南省协同创新中心问卷调查数据显示，近三年来，通过抗议或者请愿、集体上访、暴力手段等体制外方式进行利益诉求表达的人数分别占到被调查者的 2.4% 和 2.3%；通过居委会协调、向法院起诉、寻求社会组织帮忙、向新闻媒体投诉、寻求工会等人民团体帮助、找关系疏通等体制内合法手段的比例分别为 68.4%、35.1%、16.4%、13.4%、14.2%、12%[①]。说明在现实中自身利益受到侵犯时，更多群众通过体制内方式反映利益诉求，采取较为激烈方式反映问题的只占少数。

---

① 社会管理河南省协同创新中心十县市调研数据。

一方面，在群体利益诉求表达渠道中，找居委会协商解决问题的人数超过总量的2/3，说明目前弱势群体遇到利益受损后，通过与自己熟悉的基层组织来反映问题，基层组织是维护群众合法权益的第一道防线。向法院起诉来解决利益诉求人数达到35.1%，仅次于找基层组织解决问题渠道，说明弱势群体依法维权的意识在提高，同时也与司法救助、农民工讨薪绿色通道开辟等便民服务措施，导致打官司成本下降有一定的联系。另一方面，在寻求合法利益诉求表达渠道的同时，尚有27.3%群体不愿意进行合法或者非法的利益诉求表达，而是通过中国传统"忍了算了"方式息事宁人，这一与我国传统文化"息讼"有关系，也与现实中利益表达渠道不通畅，成本较高、利益诉求表达效果较差有一定的关系。除此之外，还有12%人通过合法与非法边缘的"找关系疏通"方式进行利益诉求，这与我国人情社会的传统有直接的关系。

（三）河南省弱势群体基本生活救助标准逐步提高

2013年，河南省提高低保人群的救助标准。2013年，河南省完成"十项民生工程"中的提高城乡低保、农村五保供养标准工作。截至2013年年底，全省共有城市低保对象131.67万人，累计支出26.81亿元，平均月保障标准305元；有农村低保对象385.78万人，累计发放低保金40.55亿元，人均月补助100.8元。全省现有农村五保对象47.48万人，其中集中供养19.83万人，分散供养27.65万人，全年累计发放五保供养资金10.31亿元。农村集中供养五保对象和分散供养五保对象年保障标准分别提至3200元和2220元。资助城乡低保对象参保参合的有202.6万人（资助城市参加城镇居民医疗保险和农村新型合作医疗），支出医疗救助资金6.18亿元[①]。

（四）政府对特殊弱势群体救助能力得到提升

一是河南省少数贫困县社会散居孤儿每人每月600元最低养育标准和福利机构养育孤儿每人每月1000元最低养育标准得到落实。二是河南省受艾滋病影响儿童及艾滋病患者救助水平进一步提高，目前艾滋病患者生活救助标准由

---

① 河南省民政厅内部资料：《河南省民政厅2013年工作情况及2014年工作初步打算》。

每人每月20元提高到每人每月200元，感染儿童按照孤儿标准发放生活费。2013年已先后下拨中央和省级艾滋病群体生活救助专项资金1.1亿元，有效保障了该群体的生活权益。三是积极组织了全省适龄孤儿和贫困家庭儿童助学、助业项目，对河南省220多名适龄孤儿实施了为期2~3年的职业技能培训，组织开展全省贫困家庭学生"授渔计划"公益项目，通过"盛承慧"专项基金，对330多名事实无人抚养儿童高中生进行了学费资助。四是社会养老服务体系建设加快推进。截至2013年9月底，全省新增社会养老服务机构80家，新增床位6200张，正在建设中的有19家、1600张床位；新增城市社区日间照料中心（托老站）208个，新增床位2180张；农村新增幸福院（互助家园）1525个，正在建设中的有600多个；新增12349信息化服务平台5个；列入河南省十大民生工程的8个养老项目全部开工，有4个工程主体部分已完工。

二 河南省维护弱势群体权益的新举措

（一）拓宽维护弱势群体权益诉求新的表达渠道

针对弱势群体利益表达能力较弱的特点，利益诉求渠道狭窄的现象，2013年开通网上信访通道。河南省信访局全面放开门户网站网上投诉，信访人可以通过省信访局网站（http：//www.hnxf.gov.cn）进入"河南省信访网"，注册用户名，登录填写信访诉求，并可查看办理进程和结果，此举有助于降低群众维护权益的成本，实现维护权益的快捷性和匿名性。

开通电话接访。2013年河南省信访局开通专线服务电话0371-65905012、65905013，全天候听取群众诉求并将投诉事项录入全国信访信息系统，同时将依据相关规定，向有关单位和部门交办、转送、督办信访事项；直接或责成办理单位向投诉人告知、回复电话信访事项的办理情况。

（二）信访"零成本"降低弱势群体维护权益的代价

河南省省内信访平信免费邮寄。2013年10月1日起，凡是在河南省行政区域内公民、法人或其他组织，向省市县（市、区）党委政府、业务主管部门、信访部门及其负责人反映情况,提出意见建议的来信,发信人只需在符合标准的信封右上角写上"人民来信"字样,邮政部门将对发寄信件免费邮寄,所需费用由财政统一支付。全省各邮政网点在收到标注"人民来信"字样的邮件时,加盖"人民来信绿色通道"专用戳记后,做好分拣、封发和投递工作,确保信件保密、安全、准确、及时地邮寄到收件人。

(三)维护弱势群体正当权益的法制手段凸显

2013年,河南省高院制定了《关于河南省拒不支付劳动报酬犯罪数额认定标准的规定》,公布河南省执行拒不支付劳动报酬罪"数额较大"的具体标准。(1)拒不支付劳动报酬罪在河南省的定罪标准:①拒不支付1名劳动者3个月以上劳动报酬且数额在8000元以上;②拒不支付10名以上劳动者的劳动报酬且数额累计4万元以上。(2)逃避支付的情形及"数额较大"的上下幅度标准:①拒不支付1名劳动者3个月以上的劳动报酬且数额在5000元至2万元以上;②拒不支付10名以上劳动者的劳动报酬且数额累计在3万元至10万元以上。2014年对欠薪"老赖",河南省各级人社部门强化与法院、公安机关的协调配合。去年共依法向公安机关移送拒不支付劳动报酬案件18起,其中13起被法院依法宣判,16名欠薪逃匿者被追究刑事责任,追回农民工工资620多万元[①]。

环境污染案件首次入刑。2013年11月,驻马店市西平县人民法院依法对一起环境污染案件进行公开宣判,电镀厂小老板孙某、张某、王某因污染环境罪分别被判处有期徒刑6～7个月不等,并各处罚金。这是"两高"发布《关于办理环境污染刑事案件适用法律若干问题的解释》实施以来,河南省首次对环境污染者"入刑"。环境污染案件入刑改变过去行政处罚手段,提升环境污染成本与代价,有利于震慑和减少此类犯罪行为。

(四)开展基层弱势群体权益维护专项治理

针对农村基层群众权益被基层村干部侵害问题,河南省纪委开展专项治理

---

① 郭海方:《我省曝光4起欠薪典型案例》,《河南日报》2014年1月7日。

工作。此次专项治理重点查处和解决与民生息息相关的6个方面的问题：贪污、侵占、挪用、截留、套取各种惠农专项资金以及优抚、安置、救灾、低保资金的问题；在土地征用、出租、房屋拆迁、水利工程及其他工程建设中贪占群众补偿款的问题；贪占、违规处置集体资产的问题；在计划生育、殡葬改革、证件办理、宅基地审批、技能培训等事项中搭车乱收费的问题；农村财务管理不规范、不公开或公开不到位的问题以及其他涉财信访举报问题。河南共排查出待查案件1138件，现已查结1010起，查实909起，查实率90%；共有845名村干部和党员受到党政纪处分，103人被移送司法机关；涉案金额7017.2万元，其中收归国库或集体1733.1万元，退赔群众1028.9万元，解决群众反映的实际问题2705件[1]。

2013年，河南省继开展农村涉财信访举报突出问题专项治理后又一次开展集中专项治理工作，治理内容为近年来各级纪检监察机关受理但尚未调查处理，或者已经调查处理但问题解决尚不到位、群众仍不满意以及在专项治理过程中新发生、新发现的基层侵害群众利益信访举报突出问题。治理对象主要是侵害群众利益的乡镇（街道）领导班子成员，基层站所、城市社区、农村村（组）干部，以及乡镇卫生院、中小学校的党员干部。重点解决基层贪污、挪用、截留、骗取各种强农惠农资金，违法违规征地拆迁，乱收费、乱罚款、乱摊派，作风粗暴、欺压群众等10个方面突出问题。

开展全省低保专项检查工作。河南省民政厅转发了《民政部关于印发最低生活保障审核审批办法（试行）的通知》（豫民文〔2013〕21号），明确规定了低保对象认定的资格条件和财产条件，规定了申请受理、民主评议、审核审批的具体程序和时限。8月，省民政厅、监察厅、财政厅、审计厅联合下发《关于印发全省最低生活保障专项检查工作方案的通知》，在全省开展了为期两个半月的低保专项检查工作，与年初相比，城市低保动态调整新增38953人、退出47353人，"关系保"、"人情保"清退991人；农村低保动态调整新增134576人、退出47389人，"关系保"、"人情保"清退1937人[2]。

---

[1] 曹树林：《河南专项行动惩"村官"腐败查处845名干部党员》，《人民日报》2011年10月13日。

[2] 参见河南省民政厅内部资料《河南省民政厅2013年工作情况及2014年工作初步打算》。

(五)加大弱势群体公共政策的扶持力度

2013年,河南省从公共政策方面加大对弱势群体政策扶持力度。《养老服务机构服务质量标准》和《养老服务机构星级评定标准》上升为省级地方标准,下发了省民政厅《关于加强城市"三无"老人生活保障工作的通知》、《关于开展农村互助养老服务工作的指导意见》、《关于学习宣传贯彻〈中华人民共和国老年人权益保障法〉的通知》,会同省财政厅出台了《河南省彩票公益金支持农村幸福院项目实施办法》、《河南省政府购买社会工作服务实施办法》;省民政厅、财政厅、卫生厅下发了《关于扩大农村困难群众重特大疾病医疗救助试点工作的通知》,明确救助范围包括低收入家庭老年人。以省政府名义出台的《关于加快发展养老服务业的实施意见》、与省直有关部门联合出台的《关于规范养老服务收费项目和标准的通知》、《关于养老服务类企业注册登记有关问题的通知》等文件已草拟完毕。各地也加快政策出台力度,已有17个省辖市、5个试点县(市)出台了《关于加快推进社会养老服务体系建设的意见》。

三 河南省弱势群体权益维护存在的问题

(一)弱势群体自身能力不足导致弱势群体利益时常被侵害

弱势群体由于其自身文化水平普遍较低、自身素质不高、居住分散、社会关联度差、信息来源与交流不多、对法律知识了解很少,这些因素都大大限制了他们的眼界,使他们对自己权益的表达缺乏自觉性和主动性,缺乏民主意识、参与意识和利益表达意识。在同其他利益群体的博弈过程中,其能力不足导致自身权益受到侵害。河南省进入新型城镇化、工业化快速发展期,城镇化快速发展中的拆迁征地、环境污染、劳资纠纷、土地征用,导致不同利益主体以及不同利益主体与政府之间在利益协商中地位悬殊,在"资"强"劳"弱、强政府弱社会背景下,补偿标准较低、补偿方式不透明、强制拆迁等导致弱势群体利益容易受到侵害。在我国目前利益协商机制制度化不健全的情况下,弱势群体在利益协商中处于劣势，河南省"三化"协调发展中拆迁征地、劳资纠纷、拖欠农民工工资、劳动保障等热点问题，导致部分弱势群体利益受到损害数量居高不下，从源头上产生了大量的社会矛盾。

（二）利益诉求机制不畅通导致弱势群体利益得不到有效补偿

2009年以来，河南省信访量虽然有所下降，但仍处在高位运行，特别是河南信访呈现出"倒金字塔"结构，说明县级和市级信访部门化解社会矛盾的功能在弱化。同时，涉法涉诉信访量占全省全部信访量的16.8%，作为保障民众诉求公正最后一道屏障——司法制度的信任度在下降，化解社会矛盾的作用在减弱。大量本来通过信访、司法等制度内诉求渠道解决的社会矛盾没有得到有效化解，社会减压阀作用减弱，弱势群体通过制度内解决利益受损的渠道并不畅通，大量本来可以通过利益诉求解决的问题积累下来。

（三）公共政策维护弱势群体利益的能力不足

缺乏有关弱势群体的社会保障法律体系。现有保护弱势群体的法律主要体现在对生理性弱势群体的保护上，对社会性弱势群体的保护仅限于法规和政策层面。虽然在2004年3月14日十届全国人大二次会议通过的宪法修正案增加了建立社会保障制度的规定，但尚无一部人大制定的社会保障法律，缺乏对弱势群体保障的法律体系。

河南省老龄化步伐加快使老年人的养老、医疗、社会服务等问题更加突出。农村弱势群体往往因没有工资收入也就难以享受到现有只针对城市的救助保障。中国养老保险长期实行现收现付制，没有留出积累资金。老龄化提前到来，意味着"未富先老"，中国社会保障制度面临着养老负担重、筹集资金难和医疗费用高等诸多挑战。

河南人口大省使扩大社会保障覆盖面问题更为凸显。不管是救灾、社会救济还是扶贫助残，面对的不是全体弱势群体而是其中的一部分人，救济面小。在当前情况下，如何把这些人纳入社会保障的覆盖范围，是必须研究解决的问题。

城镇化进程加速给社会保障制度带来新问题。目前河南省失地农民数量每年仍呈现上升趋势，保守估计每年约有20万人，且每年还有1000多万农民进城务工，他们已成为产业大军中的主要力量。而中国的就业和社会保障制度主要是针对城镇人口设计实施的，农村弱势群体人数多，救助水准偏低，农民工没有被纳入城市社会保障体系。如何适应河南省城镇化过程中农村转移劳动力的需求，是一个重大挑战。

（四）司法救助弱势群体的制度不健全

法律援助制度虽已初具雏形，但还存在许多不尽如人意、需要完善的地方。在对弱势群体提供司法保护方面，存在一个突出的问题：诉讼成本过高的问题。当弱势群体权益被侵犯时，因没有能力支付昂贵的诉讼成本而无法寻求司法的保护。如此，司法对弱者的保护只是一种可能性，却无法及时转化为现实性。所以加强对社会弱势群体的司法保护就应该在简化程序、便利诉讼和减少诉讼成本方面探索出路，使弱势群体能够消费得起法律这一"生活必需品"。

四 完善维护弱势群体权益机制的对策

（一）公共政策上要向弱势群体的生存和发展权利进行政策倾斜

河南省要进一步完善弱势群体的社会保障政策，特别是要健全基本民生保障安全网，避免制度碎片化，完善养老保险、基本医疗、社会救助等制度，构建相互衔接、运行有效、保障特困群众的兜底制度，防止冲击社会心理底线的事件频繁发生，使改革发展成果惠及全体人民。河南省是人口大省，弱势群体所占人口比例较大，按照国务院的要求，尽快实现河南省城乡居民社会保障体系一体化，妥善解决少数下岗职工养老保险的遗留问题；进一步拓宽河南省农村居民和城市下岗、贫困职工大病救治、大病医疗保险报销的范围，解决弱势群体因病返贫的问题；针对河南省步入老龄化社会的现实，加快社会资金进入养老院、老年康复等项目的建设，解决政府养老资金不足的问题；河南省留守儿童据全国前列，占据全国留守儿童的10.73%，完善留守儿童的心理关爱活动，使留守儿童能够享受社会大家庭的关爱。

(二）提升弱势群体制度内利益表达的能力

一是在顶层设计上要从国家权力结构中增加弱势群体的组成人员，增强他们在国家权力中的表达能力。改革选举制度，实行代议制度，在各级人大、政协中增加能够代表农民工等弱势群体利益的代表的比例。这样做的目的是增加弱势群体的政治参与的机会，更多的弱势群体的政治参与有利于把不同利益群体纳入现有政治体制内。

二是增强河南省社会组织代表弱势群体利益表达功能。与沿海相比较，河南省弱势群体社会组织数量仍处于较低水平。大力有序发展河南省民间社团组织，发挥社团组织、基金会以及民办非企业组织的作用，利用工会组织、行业协会、农民专业合作社，发挥弱势群体利益表达功能。我们需要从建设弱势群体社会组织本身入手：（1）在保证社会政治稳定的前提下，河南省政府应当加大对弱势群体社会组织的政策扶持力度，特别是针对河南省弱势群体中农民工建立流动工会组织、针对农民种植户建立专业合作社、针对残疾人群建立爱心组织等，增强他们弱势群体自我表达能力。（2）政府应加大对弱势群体社会组织的经济支持力度。弱势群体因其经济收入较低，在建立自身组织上存在着资金、专业知识、社会沟通等方面的障碍，政府应设立专项资金，对农民工流动工会、农民专业合作社等给予专项资金支持，方便他们在资金、教育培训、社会沟通等方面能力的提升。（3）河南省政府应鼓励和引导社会组织进行自身的发展和创新。政府应加强对弱势群体社会组织发展的引导和监管，避免弱势群体组织向家族化、宗教化、小团体化等不良方向发展。

（三）完善弱势群体利益矛盾调处机制

一是针对河南省弱势群体利益被侵害的热点领域，进行社会矛盾风险评估。对当前弱势群体利益受到侵害的热点领域，比如土地征用、房屋拆迁、社会保障等重点领域，要建立社会矛盾风险评估机制。针对弱势群体的热点问题，出台的重大措施，涉及弱势群体的切身利益，必须进行风险等级的评估，对可能引发侵害弱势群体利益的措施，必须暂缓出台。

二是建立从源头上解决弱势群体矛盾的工作机制。河南省信访部门要重点监管农民工、城乡贫困人口、社会残疾人群、留守儿童等弱势群体,涉及他们切身利益的信访突出问题和信访问题比较突出的重点地区,开展重点排查、事前监控,及时发现、预判可能出现的矛盾纠纷和信访问题。定期进行汇总分析,归纳总结出带有普遍性的问题。各地各部门要采取有针对性的措施,从源头上解决问题。

三是河南省健全各司其职、广泛参与的纠纷调解工作体系。建立健全由党委、政府统一领导,综治委综合协调,政府主管部门、人民法院分别牵头,有关部门各司其职,社会群众广泛参与,以人民调解为基础、行政调解为疏导、司法调解为保障,人民调解、行政调解、司法调解既充分发挥作用,又紧密衔接的工作体系。

(四)完善弱势群体的权利救济功能

一是可以尝试在全国人大设立针对完善弱势群体利益表达机制的专门立法机构,逐步健全和完善有利于弱势群体进行利益表达的相关法律法规,实现实质上的社会公平正义,河南省人大常委会可以通过弱势群体权益保护的相关细则。通过对现行《残疾人保障法》、《未成年人保护法》、《妇女权益保障法》等基本法的修改和补充,加强和优化对三大弱势群体的法制保障。在现有《残疾人保障法》的基础上,针对医疗康复、文化教育、劳动就业和法律责任中存在的现实问题,增设若干条款与内容,使残疾人在接受优惠或免费的医疗、教育等方面,得到更多的救助。如残疾人再劳动就业的困难太多,国家和社会等主体举办的残疾人福利企业及其他经济组织很难取得良好的经营效益。为此,立法上不能满足于宽泛和原则性的规定,而应当在设置劳动岗位、就业选择等实体内容上规定更加切实的保障机制和措施。既按照市场经济的规律,又在政府扶持的某些企业调增有利于残疾人上岗就业的强制性内容。在《未成年人保护法》方面,要更多地突出对儿童、孤儿的特别保护,除了界定主管部门的法定职责以外,注重与司法救济相配套,在人民法院设立对应的保护法庭。对有严重过错的父母、监护人,实施较为严厉的民事制裁。在《妇女权益保障法》方面,以劳动就业和消除性别歧视为突破口,着力于提高妇女的经济地位和经济自主能力,使妇女依法享有的特殊权益得到落实。

二是扩大司法救助的范围，使现有司法制度能真正成为弱势群体利益表达的司法途径。上述范围基本上涵盖了需要司法救助的案件范围，但是随着实践的发展，一些刑事自诉案件的受害人由于在调查取证方面能力欠缺，使得一些自诉案件无法立案，受害人的合法权利得不到保护。当这些受害人涉及弱势群体时，就有必要由人民法院对其进行司法救助了。包括：（1）虐待妇女、儿童和老人的犯罪案件；（2）以暴力干涉婚姻自由的犯罪案件；（3）遗弃老人、儿童、残疾人和精神病人的犯罪案件；（4）其他侵犯未成年人、妇女、儿童和老人人身权利、民主权利及财产权利的犯罪案件。

三是加强对相关法律执行和贯彻情况的监督与反馈机制，使利益表达行为有法可依，使地方各级政府在处理弱势群体利益表达问题过程中有章可循。

河南省县（市、区）信访形势与法制化建设考察*

樊红敏　岳　磊　赵　阳**

摘　要：

河南省信访形势呈现出一些新的特征和趋势：居民法治理念相对薄弱，人们对法治的认知、情感和信念处于较低水平；城镇化建设加速推进，土地征用矛盾日益突出；多措并举建立大信访格局，但缺乏切实有效的治理手段；陷入"信访不信法"的法制困局，信访秩序扭曲；面对信访难题，各县市区在实践层面的探索呈现出促进信访逐步走向法制化的特点和趋向。提升信访工作的法制化水平应从以下四个方面着手：一是建立以法律规定为标准的分类治理体系；二是改革信访考核机制，引导信访理念的转变；三是探索体制机制创新，建立信访的法制化机制；四是培育第三方仲裁组织，形成化解社会矛盾和冲突的社会化机制等措施。

关键词：

信访　信访法制化　法制化机制

当前，河南省经济社会转型不断深入，新型城镇化建设加速推进，社会利

---

* 国家社会科学基金项目："县域维稳运行逻辑与制度化研究"（2013BZZ030），省社科规划一般项目"县域政府维稳制度化及动态稳定机制构建研究"（2013BZZ006）阶段性成果。

** 樊红敏，博士，教授，社会管理河南省协同创新中心研究员，研究方向为基层社会治理与社会发展；岳磊，博士，社会管理河南省协同创新中心研究员，研究方向为廉政建设与社会治理；赵阳，郑州大学公共管理学院2012级行政管理专业研究生。

益冲突和矛盾逐渐凸显,各县(市、区)信访工作面临的压力越来越大。中共十八届三中全会要求加强法治保障,运用法治思维和法治方式化解社会矛盾。在这一背景下,提升信访工作规范化、法制化水平成为当前转型期社会治理的重要任务。所谓信访法制化是指在信访工作中运用法治的理念、思维和方式化解矛盾纠纷,不断畅通群众诉求表达渠道、解决群众合理诉求机制、健全解决突出问题工作机制,通过社会矛盾和冲突的化解实现社会治理能力提升和社会治理方式创新。主要包含三个维度,一个维度是公共部门及公职人员运用法治思维和方式依法处理信访事项;一个维度是民众依法表达诉求、通过法律渠道解决信访问题;一个维度是信访的制度化、法制化建设,包括信访与诉讼相分离,信访依法终结机制等。本报告以社会管理河南省协同创新中心十县区综合调查(包括数据资料和案例资料)为依托,在总结各县区信访工作经验的基础上,提出信访法制化的建议和思考。

一 当前河南省县(市、区)信访形势

(一)县(市、区)行动主体法治理念有待进一步提升

法治理念是行动主体(包括组织和个人)对法律的功能、作用和法律的实施所持有的思想、信念和观念的总和。法治理念主要包括四个方面:一是对法治的认知,主要是指人们所具有的法律知识水平;二是对法治的情感,主要是指人们对法律现象所持的态度,是肯定还是否定的评价;三是践行法治的意志,主要是指人们遵守法律、依法办事的意愿和行为习惯;四是对法治的信念和理想,主要是指人们对法律、法律现象以及法治发展的信念、追求和理想是否明确和坚定。十县区综合问卷调查表明,行动主体对法治认知、法治情感、践行法治意志和法治信念的情况都处于相对较低水平。

1. 居民法治认知相对薄弱,缺乏对申请法律援助、诉讼等事项的了解

通过对居民"基本法律知识,如何申请法律援助,如何诉讼、打官司"三个方面认知情况的调查发现,在"完全了解、比较了解、一般、不太了解和完全不了解"五个选项中,居民选择"完全了解"、"比较了解"的比例都

不到40%。其中选择对基本法律知识"完全了解"和"比较了解"的人数所占比例最高,但也仅仅为36.2%,选择了解"如何申请法律援助"的占24.9%;选择了解"如何诉讼、打官司"的比例最低,仅占23.6%(见图1)。这说明,居民的法律知识比较匮乏,对于法律知识的了解程度较低。

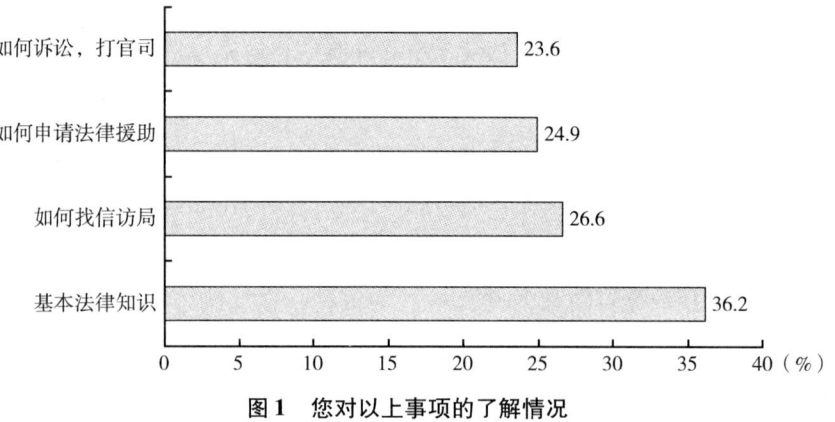

图1 您对以上事项的了解情况

具体而言,法律援助作为法律制度的重要组成部分,为弱势群体提供法律帮助,使他们能够平等地站在法律面前享受平等的法律保护。调查发现,居民法律知识相对匮乏,多数居民并不知道"如何申请法律援助":在"完全了解、比较了解、一般、不太了解和完全不了解"五个选项中,选择"不太了解"和"完全不了解"的人数占总数的50.7%;选择"比较了解"和"完全了解"的人数仅占总数的24.9%(见图2)。

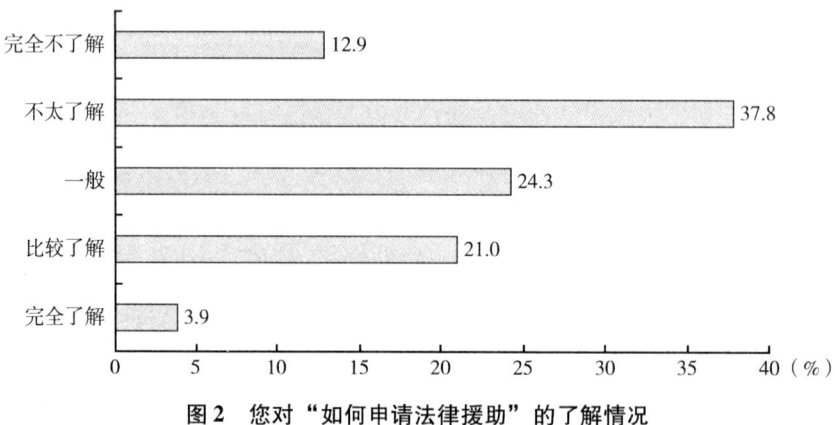

图2 您对"如何申请法律援助"的了解情况

在"您对如何诉讼,打官司的了解情况"调查中,53.6%的人选择了"不太了解"和"完全不了解",其中"完全不了解"和"不太了解"分别占17.7%和35.9%。而选择"比较了解"和"完全了解"的人数只占总数的23.6%(见图3)。由此可以看出,河南省居民对如何通过法律手段维护自己权益的认知还很薄弱。

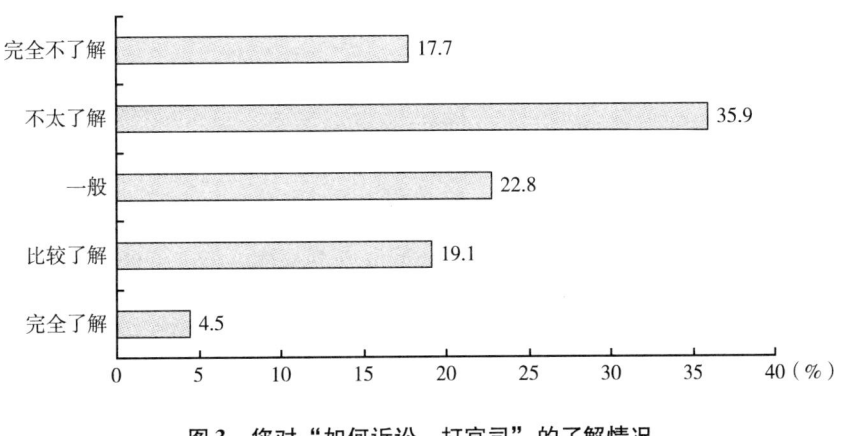

图3 您对"如何诉讼,打官司"的了解情况

2. 政府部门依法执行公务情况有待改善

政府部门是践行法治理念的重要行动主体,政府部门依法履职的情况对法治化水平有重要影响。调查表明,居民对"政府部门执行公务时严格遵守法律情况"的评价相对不高,在"政府执法部门(工商、税务、城管)在执行公务时,严格遵守法律规定的情况"这一问题中有42.10%的被调查者选择了"一般",所占比例最高;有9.6%的被调查者选择了"不太好"和"非常差"(见图4)。

3. 对司法系统的信任度较高,但是用法律手段解决矛盾冲突的意愿低

通常情况下,居民只有在对法律及司法系统的高度信任情况下,才会选择通过法律途径解决自身利益受损的事实。调查表明,居民对司法系统的信任度较高,有76.4%的居民选择了"完全可信"和"比较可信",选择"介于可信与不可信之间"有16.6%;选择"完全不可信"和"比较不可信"只有7%(见图5)。

这意味着,居民对司法机构有较强的信任度。但是,虽然大多数居民信任

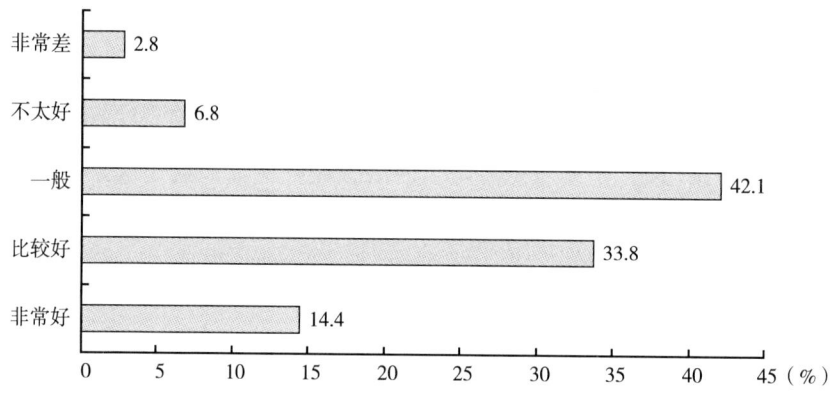

图4 政府执法部门（工商、税务、城管）在执行公务时，严格遵守法律规定的情况

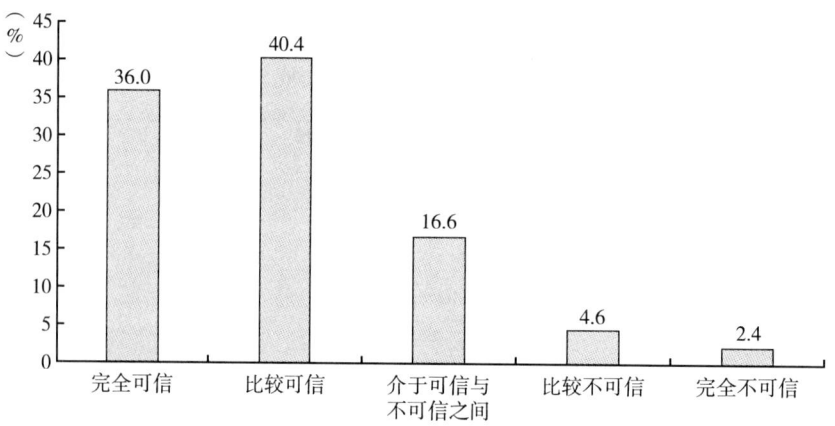

图5 您对司法系统的信任度

司法机构，但在个人利益受损的情况下，居民大多没有选择通过法律途径解决问题。在"当您或家人受到不公正待遇或权益受到侵害时，您会采取哪种方式解决"，只有35.10%的人选择"向法院起诉"；而"找村委会协调"或者"上访"成为人们的主要选择，分别为68.4%和35.3%。这表明居民用法律手段解决矛盾冲突的意愿低，还未形成依靠法律解决问题的行为模式。

（二）城镇化建设加速推进，土地征用矛盾突出

在新型城镇化推进过程中，县（市、区）信访工作面临新的挑战和问题，

各县（市、区）信访量依然维持在高位运行，土地征用引发的社会矛盾和冲突不断增多。十县（市、区）综合问卷调查发现，"土地征用不合理"和"征地拆迁移民补偿不合理"已成为引发社会矛盾和社会冲突的最主要的两个方面，分别占总数的62.8%和67.2%（见图6）。

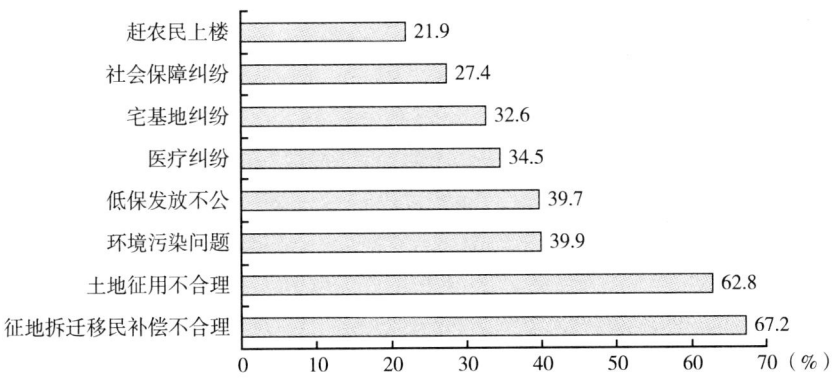

图6 最可能引起冲突的情况

从十县（市、区）信访案件统计数据分析，土地征用引发的社会矛盾上升为群众信访的首要问题，土地征用信访案件约占信访总量的35%，位居第一位。位居第二位的是涉法涉诉信访问题，约占信访总量的25%。反映有关企业改制方面问题各地差异较大，从15%到20%不等，平均为15%；反映劳动社保问题（主要是拖欠农民工工资、低保发放不公平），约占信访总量的15%；涉及干部作风的信访案件有所下降，包括民事纠纷在内约占信访总量的10%。

（三）多措并举建立大信访格局，但缺乏切实有效的治理手段

在信访矛盾日益突出的形势下，各县（市、区）党委、政府将信访工作纳入县区公共责任目标，统一检查、评比、考核。在群众工作实践中普遍采取了诸如"领导干部定期接访、领导干部走访入户、领导干部基层调研、领导干部包村包案、开展信访秩序整顿活动"等畅通信访渠道、化解信访矛盾的相关措施。具体来说：

（1）构建信访工作大格局。各县（市、区）党委、政府高度重视，不断强化信访联席会议、信访稳定工作领导小组在化解社会矛盾过程中的作用。县

(市、区)党委、政府主要领导、人大、政协、各委局一把手都被纳入信访工作格局之中。如孟州市成立了群众工作领导小组,市委书记魏超杰亲自担任组长,市长刘文年担任第一副组长,其他领导"一岗双责",一级抓一级落实信访工作。(2)实行主要领导干部定期接访、干部下访、领导包案包村制度。濮阳市华龙区通过领导干部定期接访,不断推进信访问题的解决。濮阳市华龙区书记、区长每周一轮换公开接访,现场协调解决群众反映的热点难点问题;其他县级党政干部依次轮流接访,并通过电子公示屏、报纸、电视台等形式将县级接访干部姓名、接访时间、接访地点等向社会公布,相关乡办、区直部门联合接众接访。义马市通过干部下访,加强信访问题的源头治理。义马市全面推行了"交友帮扶"、"群众工作日"等制度,变群众上访为干部下访,从坐等群众上门到主动上门服务群众。义马市明确规定,所有县级干部每人定期走访所联系的社区,了解群众在想什么、需要什么、有什么困难,和群众直面谈心。把每月30日定为"群众工作日",所有机关干部全部到群众家中,走门串户、拉家常、讲政策、办实事,从而使群众的要求和呼声在第一时间就被党委和政府掌握,群众足不出户就能反映出自己的想法和意见,就能解决遇到的问题和困难[①]。新郑市通过领导包案包村制度,不断落实信访责任制。新郑市建立了每月15日领导干部下访制度,同时将干部下访与下派村(社区)党支部第一书记工作及网格化管理相结合,包括市四大班子领导在内的全市正科级以上党员干部带各村(社区)担任第一书记,信访稳定工作重点村的党支部第一书记全部由县处级领导干部担任。这些措施目的在于把群众的合理诉求与问题了解在基层、解决在基层。[②](3)畅通群众诉求表达渠道,建立矛盾排查网络。各县(市、区)在畅通群众诉求表达方面都采取了一系列措施。孟州市建立了市、乡、村三级领导信箱,并在市委、市政府的门户网站开通"书记市长信箱",引导群众通过写信或发电子邮件等形式反映问题。新郑市完善群众信访网络,建立书记市长信箱网络,在市区内和各乡镇办安装书记市长信箱20个,免费受理群众来信;在政府门户网站设立网上信访和市长信箱暨政民互动专栏。濮阳市华龙

[①] 引自义马市内部资料《义马市群众工作汇报》。
[②] 引自濮阳市华龙区区委书记张宏义在2012年全省信访工作经验交流会上的发言材料《强化接访责任,推动科学发展》。

区健全了区群工部、乡办工作站、村居工作室、村民小组（居民楼院）工作点四级网络，并建立了一支由老党员、老干部、老教师及社会积极分子组成的130多人矛盾纠纷调处志愿服务队。各县（市、区）坚持矛盾纠纷排查化解，建立了矛盾排查三级或四级网络。（4）设立专项配套资金，推动信访问题解决。各县区都设立了信访维稳基金，在人员、资金等方面不断增大投入，促进问题解决。信阳市平桥区几年内筹措配套专项资金350多万元，用以化解重大疑难信访问题120多起。新郑市每年由市财政全额拨款，建立了辖区总人口人均5元、总额为300万元的疑难信访问题救助专项基金，对于"无主案"、"骨头案"使用救助基金。孟州将信访局编制由原来的10人增加到30人，将信访工作经费按人均1元列入财政预算，足额拨付到位；新郑市群工部信访局人员编制从2006年的15名增加到了46名，各乡镇办专职信访的干部不少于3人。①

通过以上四个方面的措施，各县（市、区）能够通过快速行政动员，着力解决发展过程中面临的突出问题，在短期内解决了一定数量的信访问题，在一定程度上化解了不少社会矛盾，初步实现了稳控的目的。但在这一过程中仍存在不少的问题，具体表现在以下两个方面：一是历史遗留问题解决难度不断加大，各县（市、区）都存在信访突出问题和部分信访积案仍停留在教育稳控和帮扶救助层面，难以得到有效解决。二是信访总量仍在高位徘徊。各县区不同程度上出现了因征地补偿、拆迁安置引发的群体性上访有所增加现象。因此，我们可以有这样一个大致的判断，即虽然各县（市、区）政府在应对群众信访活动过程中采取一系列措施和方法，但依然缺乏有效的治理手段。

（四）陷入"信访不信法"的法制困局，信访秩序扭曲

一是"信上不信下"，"爱哭的孩子有奶吃"。问卷调查显示，从中央政府到地方政府，县（市、区）居民的信任度是逐渐下降的，对中央政府选择"完全可信"的达到了61.8%，而对乡镇政府的完全信任度只有42.5%，相差19.3个百分点，对村委会的完全信任度只有39.8%，相差22个百分点（见图

---

① 引自新郑市群众工作部、信访局内部资料《近年来我市信访工作情况报告》，2013年9月4日。

7)。这一调查结果与访民的信访行为相吻合,访民希望通过赴京省越级访向县(市、区)政府施加压力解决问题。

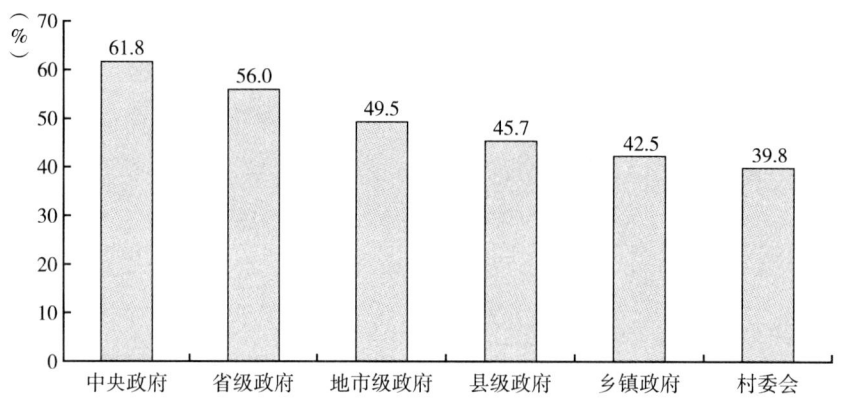

图7　各级政府信任度

二是"信访不信法",涉法信访问题不断攀升。从信访案件情况来看,目前涉法信访问题占到了县(市、区)信访的第二位,解决的难度也越来越大,对法律制度、司法权威形成挑战。当前县(市、区)政府化解矛盾最有效的办法是花钱买稳定式权宜性治理,其后果是"按下葫芦浮起瓢",群众工作长效机制没有形成,越来越背离法治化,扭曲了信访秩序。

三是信访利益链条形成,信访成本不断攀升。其一,随着信访稳定压力的不断加大,县(市、区)投入的人力物力财力不断增加,信访机构编制大幅增加,人员编制是2008年之前的2~3倍,有的县(市、区)聘用的村组一线的信访信息员多达4000名。各地的信访救助基金也在持续增长,有的县(市、区)年度信访救助基金已为辖区人口人均5元以上。2009年起,新郑市在全省首家设立了300多万元的特殊疑难信访问题救助专项基金,在依法依政策开展工作的基础上,对那些诉求合理但无政策依据、涉案金额较小、确有实际困难的"无主案"、"钉子案"、"骨头案",通过一次性救助、适度救助、个案救助等方式予以解决处理。① 其二,信访利益链形成。少数访民利用基层

---

① 引自新郑市内部资料《创新社会管理,畅通幸福之路》。

政府怕上访、花钱买稳定的心理，将信访作为牟利的工具；信访中介通过收留上访户从中牟利；各级信访局推波助澜，除向基层政府摊派各种费用外，还明码标价收取协调费，形成了"信访人－信访中介－信访局"的灰色产业和利益链。调查表明，保安公司已经成为拦截上访者的职业化信访中介。他们为县区接访人员提供分流、看护、劝返等服务。在访谈中，一乡镇主抓信访的副镇长谈到，基本上到北京接一个人要交2万元。①

二 县（市、区）信访工作法制化的探索与经验

（一）义马市改信访局为群工部，充分发挥"社会安全阀"的积极功能

大多数县（市、区）政府都将信访局改为群众工作部，力图将群工部变为"群众之家"——"累了你就歇歇脚，渴了你就喝杯水，气了你就消消气，这里就是你的家"，发挥了化解群众不满情绪的潜在功能，有效地缓解已经积累的不满情绪，避免由不满情绪而引发的社会冲突和社会矛盾。并非所有的群众信访活动都会加剧社会矛盾或引发社会冲突，相反，群众信访活动能使县区政府深入了解社情民意。

义马市随着其工业化和城镇化的快速发展，受到其自身人口、空间等因素的限制，人与环境、资源的矛盾越来越突出，并通过信访渠道反映出来。为了解决信访难题，维护社会稳定，2005年初，义马市在全国第一家挂牌成立了"群众工作局"，设立了群众之家，实行人性化的服务，初步拓展了原有信访工作的内涵和外延；2006~2008年，义马市根据"拓宽领域、增加职能、完善服务"的工作要求，将群众工作局进一步提升为市委群众工作部，将群众工作部门由政府主管变为了市委直属；2009年以后，义马市又进一步规范了群众工作部的内部设置，设立了综合协调、诉求办理、宣传督查、民意调查、听证评估和群众接待等6个职能科室，人员也由原来的8人增加到了25人。

---

① 引自一乡镇副镇长访谈资料。

同时，义马市在市直单位、办事处层面，设立了64个群众工作站；在社区居委会、企业层面建立了72个群众工作室；在居民小组（生活小区）层面，选聘了83名信息员，被义马市称为"以群众工作部为龙头、以群众工作站为纽带、以群众工作室为基础、以群众工作信息员为前哨，横向到边、纵向到底"的四级群众工作网络①。义马市还建立并不断完善了群众工作的四个机制：民意沟通机制、矛盾化解机制、听证评估机制和奖惩监督机制。各县（市、区）变信访局为群众工作部发挥了信访"社会安全阀"的积极功能，从情感上拉近了党委、政府和群众的距离。

（二）巩义市设立"信访法庭"，探索建立信访的法律终结机制

当前重复信访、闹访、缠访等非正常信访活动频发的原因在于，信访部门缺乏有效的终结机制以解决群众反映的问题。巩义市和义马市在信访局直接设立"巡回法庭"，坚持以调为主、调判结合，把调解贯穿于接访、立案、庭前、庭审、庭后和执行的全过程。

2010年3月底，巩义法院将信访关口前移，在巩义市信访局设立了信访巡回法庭。信访法庭为股级单位，设庭长1名，由审务涉诉管理中心主任兼任；设副庭长1名，负责信访法庭的日常工作；配置书记员1名，负责法庭的内勤工作。信访巡回法庭的受案范围以信访案件为主，案件来源主要是信访人到信访法庭的初访案件和市领导及其他部门建议法院受理的案件，还有土地使用权、宅基地使用权纠纷等涉及行政职能部门而不适宜在法院院内立案庭直接受理的案件。同时兼具为来访群众提供法律咨询，引导当事人通过非诉讼渠道解决问题，协助市委群工部处理疑难信访案件等11项工作职责。信访巡回法庭的工作流程是：（1）对信访人申请立案或市级领导建议立案的，按照法律规定予以审查，符合立案条件的及时立案，不符合条件的，提供法律政策依据，引导信访群众依法解决所反映的问题。（2）审查后可以立案的，由信访法庭组织诉前调解。调解成功的，可以直接出具调解书，并报立案庭登记管理。未能调解成功的，报立案庭统一编号管理。（3）信访法庭审查决定有调

---

① 引自义马市委、市政府内部资料《义马市群众工作汇报》。

解基础的可以转批至信访法庭受理。双方争议较大或较为复杂的案件，原则上按照法院案件分流规定执行。（4）信访法庭调解案件的执行由执行局统一实施。

信访法庭在解决信访问题、化解社会矛盾中凸显出独特的优势，如成本低廉、效果更好、效率更高等。巩义市信访巡回法庭自成立以来，通过诉讼外调解案件40余件，参与并成功调解各类有较大影响的信访案件13件[①]。巡回法庭既能够为信访群众提供法律咨询，引导群众通过调解渠道解决问题；也能够直接受理信访案件，从而简化立案程序、组成合议庭就地审理，尽快通过法律渠道解决信访事项。信访巡回法庭将信访受理同诉讼审判、诉讼调解、诉讼裁决相结合，积极参与社会管理，是化解社会矛盾的一项新机制。

（三）济源市将法律工作者引入信访工作，破解群众"信访不信法"的困境

济源市实行律师参与信访矛盾化解机制，组建"律师信访服务团"，将属于法律程序解决的信访问题引入法律程序，对符合法定条件的上访人，及时提供法律援助，帮助上访群众维护合法权益。

法律工作者参与涉法信访的机制主要有：（1）组织机制。设立律师等法律服务人员参与涉法信访工作联席会议，由党委、政府分管领导，政法委、司法局、信访局、公安局、妇联等部门负责人及律师组成。在街道（镇）相应建立涉法信访工作小组，主要负责分析辖区涉法信访工作情况和信访形式、信访动态、研究处理涉法信访案件。（2）接访机制。律师担任法律顾问陪同党委、政府领导公开接访，为突发事件或疑难信访案件提供法律意见；信访部门在接待厅（室）设立法律咨询窗口和法律顾问接待室。援助中心指派律师定期参与信访局窗口接访工作，解答上访群众提出的法律问题，引导上访人通过法律程序解决涉法信访案件。需要寻求法律援助的，由法律援助中心统一进行受理审查，符合条件的提供法律援助。需要代理诉讼的，由律师所提供法律服务。（3）联动调解机制。以调解中心、综治办、信访办联合办公为主体，吸

---

① 引自巩义市人民法院内部资料《关于巩义市人民法院信访巡回法庭工作情况的调研报告》

收工会、妇联、残联、计生、团委、老龄委和土管等部门的人员参加,共同联合调处涉法信访案件,联合开展民间纠纷大排查,把影响社会稳定的苗头消灭在萌芽状态。(4)考核监督机制。将律师参与涉法信访、办理法律援助案件的工作量和工作效果与每年的考核注册挂钩,每年考核考评其义务量的完成情况,督促律师尽职尽责参与涉法信访工作。(5)保障机制。司法行政部门要与信访部门建立正常的信息通报制度,对律师、公证员、基层法律服务工作者介入信访工作中所遇到的相关问题,进行协商和处理。建立经费保障制度,积极争取信访与法律服务结合的工作经费纳入财政预算。经费尚没有纳入政府财政预算的地方,司法行政机关、信访部门要积极向党政领导汇报,主动与财政部门沟通,力争将信访与法律服务结合工作经费列入各级财政预算,建立起政府对信访与法律服务结合的最低经费保障。同时,要保证信访与法律服务结合工作经费的专款专用。经费应当设立专门的银行账户,接受财政和审计部门的监督,保障经费。

通过信访与法律服务的结合,律师便能够最大限度地发挥专业优势,既向信访群众宣传国家有关法律、法规,又把信访群众的呼声和要求反馈给政府,在分流信访、减轻信访部门工作压力的同时,增强群众的法律和规则意识。济源市充分挖掘社会资源,引入社会法律人员力量参与到矛盾纠纷的协调、化解和信访事项的处理中,特别是在处理疑难信访问题、化解信访积案和老户问题上发挥了重要作用。

(四)新密市设立立案信访局,探索推行破解闹访、缠访、谋利上访等非正常信访体制

新密市法院2013年5月设立了立案信访局,立案信访局成立诉讼服务中心,集诉讼服务、纠纷合流、矛盾化解三大职能于一体,提供除开庭以外的所有诉讼服务,具备一站式服务、一体化运行、一揽子解决纠纷的"门诊式"综合诉讼服务功能。立案信访局下设立案一厅、立案二厅和诉讼服务中心三个部门。诉讼服务中心由诉讼服务大厅、立案接待大厅、执行接待大厅和信访接待大厅组成,下设法律咨询、立案预审、诉前调解、司法救助等8个窗口,其主要功能是诉讼引导、立案审查、查询咨询、矛盾化解、司法救助、信访

接待等。

立案信访局通过信访接待大厅，实行诉访分流。在信访接待大厅，对所有信访案件进行立案审查，如果发现存在瑕疵但不符合再审条件的案件，便可利用法院的专业力量和法律权威向当事人做出合法合理的解释，在做好息诉服判工作后依法终结信访程序；对重大、敏感信访案件，积极利用听证会议平台，将案件涉及问题向社会公布，并积极邀请社会各界人士参与案件的旁听与评议，使信访群众在这一过程中实现消除误解，减少对立；对诉讼程序完成后仍持续上访的，法院可组织专门专业人员进行信访重新评估；对原判确有问题的，报经院长依法提起审判监督程序予以纠正，对于原判没有问题的，将案件列入非正常信访案件库。通过信访接待大厅的立案审查功能实现访诉分流，对信访案件先行过滤，将缠访、闹访等非正常信访案件剥离出司法环节。一方面能够集中有效资源解决正常信访案件，另一方面也能够利用法院的专业力量对非正常信访人员进行法制宣传教育，逐步引导群众依法反映诉求。

三 县（市、区）信访法制化发展展望

（一）建立以法律规定为标准的分类治理体系

将群众信访以是否符合法律规定作为划分信访的标准，将群众信访划分为三个类别：有理型信访、无理型信访、协商型信访，并根据信访的不同类别施以不同的治理手段和措施。针对有理型信访，即群众的合法权益受到损害，又无法通过有效途径维护自己的合法权益而发生的信访活动，县（市、区）政府要以坚决维护他们的合法权益，及时解决信访者的困难和问题，避免有理型信访转向重复、越级信访；针对无理型信访，即群众诉求明显不合法、不合理的信访活动，在省级层面建立无理信访终结库，严格依照法律将无理信访人员和无理信访事项列入无理信访终结库，各县（市、区）信访部门对列入无理信访库的信访事项一律不予受理。同时，可酌情考虑将多次进行无理信访的人员及其信访事项向社会公开，并依法依理地宣传无理信访对信访工作和社会和谐所造成的不良影响，即利用社会道德和社会舆论的力量对无理信访加以治理

并教育群众,一方面能够减轻无理信访的社会影响力,另一方面能够营造依法信访的氛围;针对协商型信访,即政治参与型信访,当事人的合法权益没有受到损害,但认为某种社会政策或制度设计不合理而向政府相关部门提出批评或建议,要建立信息吸纳和反馈机制,相关部门要拿出针对性的意见和措施,以便将矛盾化解在萌芽状态。

(二)改革信访考核机制,引导信访理念的转变

信访作为诸多问题集中反映的渠道,是一种常态化的活动和常规社会现象,要改变将信访和不稳定画等号的观念,营造民众权利表达的有序环境,给予县(市)区政府弹性的信访空间。零上访、一票否决制恰恰促使信访问题向领导集中、向中央集中,并造成信访的失序或者无序状态。要立足于将其视为经济社会快速发展过程中各种社会问题反映的渠道和途径,创新信访考核机制。首先是淡化对信访数量的考核,将信访问题解决情况作为考核依据,从而建立新型信访考核机制,使县(市、区)政府从关注信访数量变为关注信访问题的解决。其次,建立针对协商型信访的考核指标体系,促使县(市、区)政府重视并充分吸纳群众的意见,使矛盾化解由事后解决转变为事前预防和源头治理。

(三)探索体制机制创新,建立信访的法制化机制

其一,要充分总结和借鉴义马市"信访巡回法庭"的经验,推动信访法制化机制的不断健全。选取经济发展程度较高、民众法治意识较强的县(市、区)试点信访巡回法庭制度,改变当前行政救济替代司法救济的现象。通过树立司法权威,探索建立真正有效的信访终结机制,使法治成为解决社会矛盾和社会冲突的长效的制度化手段。其二,可以总结借鉴新密市立案信访局的成功经验,在法院设立信访服务大厅。将诉讼服务、纠纷合流、矛盾化解三大职能集于一体,提供一站式服务、一体化运行、一揽子解决纠纷的"门诊式"综合诉讼服务功能。通过立案信访局的诉讼服务中心,突出矛盾化解的重点,对信访案件繁简分流、先行调解、诉调对接、司法确认等,充分发挥立案信访窗口对案件纠纷的先行过滤和快速化解作用。

(四)培育第三方仲裁组织,形成化解社会矛盾和冲突的社会化机制

积极培育第三方调解仲裁类组织,通过人大代表、政协委员、律师、法律工作者、相关专家、社会精英等多方组成的第三方组织,形成化解社会矛盾和冲突的社会化机制,改变目前县(市、区)政府直接面对各种激烈冲突的局面,使县(市、区)政府回归到作为规则和程序制定者以及矛盾调节和仲裁者的角色。通过鼓励和扶持各类社会中介组织逐渐介入信访代表领域,使之承担社会领域中的社会责任,以培养与现代法治社会相适应的制度体系。建议在村、居委会组织层面上,探索培育第三方纠纷解决机制、组织。问卷调查表明,村民更倾向于通过选择村委会化解纠纷和冲突,有68.4%的被调查者在受到不公正对待或权益受到侵害时,希望通过村委会协调的方式加以解决,因此,在村、居委会层面探索培育第三方纠纷解决组织和机制,将法律工作者、相关专家、民间精英等引入到信访法治化工作机制中,对协调解决矛盾纠纷、缓和社会冲突,有效维护社会稳定来说,是一项有效措施。

河南省流动人口服务管理现状审视与政策建议

蒋美华 马 琳*

摘　要：

河南省流动人口呈现出流动人口数量庞大、以青壮年为主、受教育程度偏低的基本特点。近年来，河南省在流动人口公共服务、社会保障体系建设、户籍制度改革等方面进行了大胆探索，取得了较大的成效。但是，还存在流动人口的合法权益得不到保障、社会保障欠缺、公共服务供给较少、社会融入不足等问题。应从以下四个方面着手改进流动人口服务管理：一是循序渐进，消除户籍制度限制；二是缩减落差，完善公共服务体系；三是多元共治，改进社区管理体制；四是创新服务，加快流动人口市民化进程。

关键词：

流动人口　服务管理　流动人口市民化

流动人口是指居住地与户口登记地所在的乡镇街道不一致且离开户口登记地半年以上的人口，可以分为流入人口和流出人口。流入人口是指来到该地区的非户籍人口，流出人口是指离开该地区到其他地方居住的户籍人口。本文分析的流动人口主要是指流入地是河南省、流出地是河南省或者省外的流动人

---

* 蒋美华：博士，郑州大学公共管理学院教授，社会管理河南省协同创新中心研究员，研究方向为社会工作与社会治理；马琳：博士，郑州大学公共管理学院讲师，社会管理河南省协同创新中心研究员，研究方向为新型城镇化与社会发展。

口，也就是包括省内流动人口和省外流入人口两部分。

流动人口是我国经济社会转型过程中出现的一支新生劳动力群体，为我国城市建设和经济社会发展做出了巨大贡献。2003年10月召开的中共十六届三中全会提出以人为本的理念，标志着我国流动人口服务管理理念的重大转变。在此前后，中央政府不断完善流动人口的就业、就医、子女就学、社会保障等公共服务，逐步实现流动人口和户籍人口公平对待，不断促进流动人口的社会融合。党的十八大报告将流动人口问题放到了一个新的政治高度，明确指出："加快改革户籍制度，有序推进农业转移人口市民化，努力实现城镇基本公共服务常住人口全覆盖"即"流动人口市民化"的发展目标。党的十八届三中全会审议通过的《中共中央关于全面深化改革若干重大问题的决定》明确指出"推进农业转移人口市民化，逐步把符合条件的农业转移人口转为城镇居民。"2013年12月12~13日，中央城镇化工作会议明确提出"推进农业转移人口市民化"是城镇化建设的首要任务，而农业转移人口市民化的关键是让农业转移人口享受到与城市居民相同的基本公共服务。由此可见，提升流动人口的服务管理水平，推进流动人口的市民化进程，不但关乎着流动人口的生活质量和社会福祉，而且关乎着我国经济社会的协调发展和城镇化的向前发展。为此，我们需要对流动人口的服务管理加以深入研究。

一 河南省流动人口的总体形势

作为人口大省，河南省流动人口的变化引起了社会的关注，呈现出了以下总体态势。

（一）流动人口数量庞大

截至2013年年底，河南省城镇常住人口达到4643万人，城镇化率达到43.8%。[1] 国家第六次人口普查数据显示，河南省流动人口为1966万，在全

---

[1] 《河南省统计公报2013》。

国流动人口中的比例为7.5%。①

河南省流动人口的来源地遍布全国各省、市、自治区,但就数量上来说,省内流动仍为主要形式,占总流动人口的93.94%。随着中原经济区建设的推进和河南经济社会发展水平的提高,越来越多的流出人口回省就业,省内流动人口预计会呈明显上升趋势。

(二)流动人口以青壮年为主

"六普"数据显示,河南省流动人口年龄中位数为26.3岁,15~49岁青壮年劳动适龄人口占流动人口总数的74.39%,其中,20~24岁年龄段所占比例最高,达17.85%。主要原因是适龄农村剩余劳动力向城镇转移,经济落后地区的适龄劳动力向经济发达地区转移,由此产生的问题是,流出地因劳动力缺乏而影响自身经济发展,流入地因为短时间内流入大量适龄劳动力,而不得不努力满足与之相应的住房、子女教育、医疗等公共服务需求。

(三)流动人口受教育程度偏低

在河南省内流动人口中,高中文化程度者占32.18%,初中占30.61%,小学占11.90%,平均受教育年限为11.16年。省外流入人口受教育程度低于省内流动人口,高中文化程度者占20.88%,初中占43.12%,小学占13.51%,平均受教育年限为10.50年。较低的文化水平,致使流动人口就业多局限于劳动密集型等产业,收入水平较低,工作生活环境较差,影响了对城市社会的融入度。

二 河南省流动人口服务管理的探索

(一)出台政策,建立健全社会保障体系

河南省积极探索建立健全社会保障体系。2010年1月全省首批"新农保"

---

① 国务院人口普查办公室、国家统计局人口和就业统计司:《中国2010年人口普查资料》,中国统计出版社,http://www.stats.gov.cn/tjsj/pcsj/rkpc/6rp/indexch.htm。

试点工作启动，2011年覆盖城乡的基本养老制度基本建立，全省集体企业65.5万应保未保人员实现老有所养，"新农保"试点县（市、区）扩大至101个，城镇居民社会养老保险试点县（市、区）达到98个，全省城镇基本社保和"新农合"参保率分别达到93.8%和97%。[①] 截至2012年7月31日，全省159个县（市、区）已全部纳入国家试点范围，城乡居民社会养老保险参保人数达到4680万，参保率达到了90%。[②] 2013年，新农合人均财政补助标准提高到280元，全省参合农民8119.46万人，参合率达到98.34%。[③] 为了积极推进社会保障体系建设，河南省在财政政策上予以大力支持。2013年底，河南省财政厅《关于今年工作情况和明年工作思路的汇报》中指出，2013年，河南省财政厅继续以十项民生工程为重点，积极筹措资金、加强督促落实，积极支持保障和改善民生。1~10月份，全省财政民生支出2967.3亿元，占全省公共财政预算支出比重达到70.7%。其中，投入十项重点民生工程资金868亿元，到位率102%。支持就业和社会保障，支持教育发展，支持医疗卫生改革，支持保障性住房建设等。河南省在社会保障体系建设方面所做的努力，使流动人口从中也分享到了就业、社保、教育、医疗、住房等领域的发展成果。

（二）积极探索户籍制度改革

河南省在户籍制度改革中积极进行尝试。2003年河南省委、省政府出台的《关于加快城镇化进程的决定》中规定，凡是在城市、城镇具有合法固定住所，长期从事非农职业，或有生活来源并实际居住生活的18周岁以上的成年人，均可根据本人意愿在实际居住地登记为城镇居民户口，享受当地城镇居民同等待遇。2005年12月29日，河南省委省政府出台了《关于进一步促进城镇化快速健康发展的若干意见》，标志着河南的38座城市开始向所有居民开放。2006年6月，河南省政府正式发布了《河南省人民政府关于加快推进

[①] 《河南省政府工作报告》，中国经济网，http://news.xinhuanet.com/lacal/2012-02/23/c_122744153.htm。

[②] 黄亮，刘成：《河南省城乡居民社会养老保险参保率达90%，1060万人领取待遇》，大河网，http://www.henan.gov.cn/jrhn/systerm/2012/08/27/010328898.shtml，2012-08-27/2012-12-11。

[③] 引自河南省内部资料《河南省卫生厅关于报送2013年工作总结2014年工作思路的报告》。

城乡一体化试点工作的指导意见》，决定在鹤壁、济源、巩义、义马、舞钢、偃师、新郑7个市开展城乡一体化试点工作，为全面建设社会主义新农村提供经验和示范。2011年1月17日，河南省政府发布了《关于促进农民进城落户的指导意见》，推动了河南省的户籍制度改革进程。目前河南省在实施城镇户籍制度改革中批准五类农村户口人员不受农转非限制。实施这一改革的范围是全省县级市（行署所在市除外）、县城的城区建成区和建制镇的建成区。可在小城镇办理常住户口的5类农村户口人员，其中就包括从农村到小城镇务工或者兴办第二产业、第三产业的人员以及共同居住的直系家属；在小城镇范围内居住、在农村的承包土地已被征用、人均土地不足0.3亩的农民以及过去办理自理口粮户口的人员等。河南省在户籍制度改革中的尝试，有序推进了农村转移人口的市民化，也将流动人口在城镇化进程中的作用发挥了出来。

（三）各部门协调，强化流动人口公共服务

河南省通过扩大就业、完善社会保障、健全公共服务体系等方式，多部门积极介入流动人口的服务管理中，着力保障和改善民生，最大限度地彰显社会的公平和谐。

河南省人力资源和社会保障厅《关于2013年工作总结和2014年打算的报告》就指出，2013年，省人力资源和社会保障厅就积极推进欠薪治理工作，代省政府起草了《关于全面加强拖欠农民工工资问题源头治理的实施意见（征求意见稿）》，提出了解决农民工工资拖欠问题的基本原则、目标任务和政策措施。

2013年底，河南省公安厅《关于今年以来全省公安工作主要情况的报告》指出，2013年河南省公安厅坚持以信息化为引领，加强实有人口、实有房屋标准地址信息采集工作，全面加强出租房屋和流动人口治安管理。2013年以来，全省共新录入暂住人口信息90.8万余人、出租房屋信息3.69万户，大力开展户口登记管理专项清理整顿活动。

2013年，河南省教育厅《办好人民满意的教育服务中原经济区建设——2013年全省教育改革发展情况总结及2014年工作谋划》中指出，2014年的教育工作的任务之一就是努力促进教育公平公正，保障接受公平教育。一是继续

坚持以输入地政府为主、以全日制公办中小学为主的原则，解决好进城务工人员随迁子女接受义务教育问题。二是落实好进城务工人员随迁子女接受义务教育后在当地参加升学考试的政策。上述各部门相关政策措施的出台或即将推行以及大量财政资金的投入都彰显了政府在其中的所作所为，提高了包括河南省流动人口在内的民众的整体服务水平与质量。

三 郑州市流动人口服务管理的探索

作为河南省会城市，郑州市是河南省的流入人口的主要承接地，在流动人口服务管理中更具有典型代表性。郑州市在2004年以后陆续出台了一系列的政策促进流动人口能够均等地享受郑州市基本公共服务，改善了流动人口生存和发展环境，推动了流动人口在省会城市地融入程度，增进了流动人口的福祉。

（一）创新户籍管理制度

2004年1~8月，郑州实行按固定住所入户，放开亲属投靠的直系限制。2001年11月到2005年4月，郑州市转户迁入人口38万多人，其中18岁以下的青少年及学龄前儿童达10万多人。人口的剧增带来了城市教育、医疗、交通和财政等公共服务和资源的紧张，2004年秋季入学，仅郑州中小学生就增加了2/3。2004年8月停止这一户籍政策，收紧了投靠亲友落户的条件，从落户程序上重新明确了直系亲属的要求。2007年8月，出台《郑州市市区暂住人口登记办法》，对没有市区常住户口、在市区范围内（不含上街区）暂时居住的流动人口进行登记管理。流动人口在进行暂住登记后，领取统一格式的居住证。2011年10月，郑州市出台《关于加强和创新流动人口服务管理工作的意见》，探索"以证管人、以房管人、以业管人"的流动人口服务管理新模式。在《郑州市市区暂住人口登记办法》（市政府第160号令）的基础上，建立健全居住证制度，以居住证为依托，统筹流动人口现住地的登记管理、社会保障和公共服务，实行居住证"一证通"，推行融居住登记和就业、社保、租房、教育、计生等多种服务管理功能于一体的居住证制度，把暂住登记和办理居住证作为流动人口享受政府提供公共服务的前提,把办理居住证与就业创业、社会保障、子女就学、计划生育、证照办理等公民权益结合起来,扩大流动人口享受政府提供的公共服务项目,充分发挥居住证的行政管理和公共服务两个功能。

(二)完善基本公共教育政策

郑州市于2004年和2005年分别出台了《关于进一步做好进城务工就业农民子女义务教育工作实施意见》、《郑州市教育局关于继续做好2005年全市进城务工就业农民子女义务教育工作的通知》。2007年市委办公厅、市政府办公厅出台了《关于明确郑州市承担2007年省十件实事责任单位和督促落实的通知》,将保障进城务工人员随迁子女接受义务教育列为政府"十件实事"之一。2012年,市教育局联合市物价局、市审计局下发了《郑州市治理义务教育阶段择校乱收费实施方案》,严禁向流动人口随迁子女收借读费。2013年郑州市政府同意了由郑州市教育局、郑州市发改委、郑州市公安局、郑州市人社局制定的《关于做好进城务工人员随迁子女接受义务教育后在郑州参加中招升学考试工作的实施意见》。2013年起,非郑州市户籍外来务工人员随迁子女,在郑州参加中招升学考试符合条件的,可与当地户籍考生享受同等待遇。

(三)推进社会保险服务

结合地方实际,郑州市完善政策措施,扩大流动人口的参保范围。2004年,郑州市政府出台《关于农村劳动力转移就业后参加郑州市社会养老保险工作的实施意见》,探索郑州市流动人口参加社会养老保险,将农民工纳入养老保险范围。2007年,郑州市出台《郑州市城区农民工基本医疗保险办法(征求意见稿)》,化解农民工进城务工期间的基本医疗保障问题。2008年,出台了《郑州市城乡居民养老保险试行办法》,将本市转移就业前的农村劳动力纳入了郑州市养老保险范围内。同年,在全国率先以政府令形式出台执行《郑州市高工伤风险企业农民工工伤保险办法》,保障因工作遭受事故伤害或者患职业病的农民工获得医疗救治和经济补偿,农民工个人不缴纳工伤保险费。2010年以来,按照《城镇企业职工基本养老保险关系转移接续暂行办法》的规定，实现了包括农民工在内的跨省市转移就业人员养老保险接续工作。

（四）提升医疗卫生服务

郑州市加强流动人口的医疗卫生服务，积极促进流动人口均等地享受郑州市基本医疗卫生服务。郑州市2008年6月印发《郑州市社区"片医"负责制试点工作实施方案》，8月扩大"片医负责制"试点范围，实现医疗服务"小病在社区、大病进医院、康复回社区"的新型就医模式，开始在郑州市探索以涵盖流动人口的社区常住人口为单位的医疗服务体系。2010年6月，郑州市政府印发《郑州市建立居民健康档案工作方案》，依托社区卫生中心，为辖区内常住居民，包括居住半年以上的非户籍居民建立个人健康档案，内容包括个人基本信息、健康体检、重点人群健康管理记录和其他医疗卫生服务记录。2011年3月，印发《郑州市县（市）社区"片医负责制"工作实施方案》的通知，在郑州市区和县全面推广"片医负责制"。

（五）改进人口与计划生育公共服务

2004年以来，郑州市先后出台了《郑州市流动人口计划生育管理服务工作实施方案》、《郑州市关于建立人口和计划生育工作部门联动机制的实施意见》、《关于进一步做好流动人口计划生育工作的通知》等系列文件，提出了"属地化管理、亲情化服务、市民化待遇"的工作理念，进一步明确了相关部门在流动人口服务管理工作中的职责、任务、经费保障措施和考核评估办法。2010年郑州市被国家人口计生委列入流动人口均等化服务试点城市，相继出台了《郑州市流动人口计划生育"一盘棋"工作实施方案》、《郑州市优生促进工程实施方案》、《关于建立完善计划生育药具工作新机制的实施意见》等文件，完善了流动人口宣传教育、优生优育、免费技术服务、奖励扶助等政策措施。

（六）改革住房保障政策

随着国家城镇住房保障政策的出台，郑州市也陆续出台了城镇住房保障文件，住房保障服务对象从城市户籍人口逐步放开到了外来务工的流动人口群体。2010年9月郑州市出台《郑州市公共租赁住房暂行管理办法》，首次向来郑务工的流动人口群体提供住房保障。符合基础性条件的流动人口群体可以申请公共租赁住房，包括连续缴纳社会保险1年以上或累计缴纳社会保险3年以上；已与用人单位签订2年以上的劳动合同；月工资低于城镇居民最低生活保障标准的5倍；在市区范围内无自有住房和非本市的户籍证明。2013年6月，印发《关于进一步完善住房保障制度的通知》，全面推行廉租住房、公共租赁住房、经济适用住房"三房合一"的公共租赁住房管理新机制，进一步放宽了包括来郑务工人员等住房保障服务对象的申请条件，扩大住房保障覆盖面。自实施"三房合一"以来，郑州全市在产业集聚区建设并交付使用的3.5万套公共租赁住房，在缓解来郑务工人员住房困难的同时，有力助推了新型城镇化发展和现代产业体系建设。①

郑州市的积极探索带动了河南省其他地市的流动人口的服务管理的改革创新，为河南省乃至全国进一步创新和完善流动人口服务管理提供了一些可供借鉴的经验，有利于更好地推进流动人口在城市社会的发展。

四 河南省流动人口服务管理存在的主要问题

近年来，尽管河南省在流动人口服务管理方面进行了积极努力的探索，但由于经济社会发展的诸多方面因素的制约，河南省并未能推进流动人口平等公平地融入城市社会，在流动人口服务管理方面仍存在以下一些主要问题。

（一）流动人口的合法权益得不到保障

劳动就业权益受到侵害。我们的调查显示②，由于文化素质偏低、社会地

---

① 王杰：《郑州率先试点取消经适房》，《每日经济新闻》2013年11月5日。
② 为了更好地解读河南省内农村外出务工流动人口面临的主要问题，笔者在2012年期间对流出地是河南农村、流入地是河南城市的河南省内农村外出务工人员进行了问卷调查。本次调查回收有效问卷321份，其中，女性样本为233人，占72.6%；男性样本为88人，占27.4%。调查数据从整体上反映了河南省内农村外出务工流动人口在服务管理方面所面临的主要问题。

位不高等原因的影响,进城务工的流动人口第一份工作多为保姆或家政服务人员、旅游或饭店服务人员和私营企业工人。本次调查显示,52.0%的务工流动人口没有签订劳动合同。在低水平就业过程中,签订劳动合同是务工流动人口维护自己最基本权利的凭借。缺乏劳动合同的保障,务工流动人口的劳动就业权益就会受到一定的侵害。此外,外出务工流动人口经常面临拖欠工资的权益受侵问题。本次调查显示,遇到拖欠工资的情况时,13.7%的务工流动人口自认倒霉,不再追要。

生命健康权益得不到相应的重视。务工流动人口的工作强度大,环境也较差,工作单位也多未能给予相关的职业病防护,这极大地危害了务工流动人口的生命健康权益。本次调查显示,28.6%的外出务工流动人口患有相关的职业病。

(二)流动人口享有的社会保险欠缺

养老、医疗、失业等保险权益保障不力。农村外出务工流动人口对养老保险所带来的保障有很大的期待,认同度很高,有87.5%的受访者赞同养老保险制度。但是在实际中,仅9.7%的务工流动人口享受到了养老保险待遇,90.3%的务工流动人口尚未享受到养老保险。外出务工流动人口的工作环境差,危险指数高,他们对医疗保险的认同度极高,高达93.1%;但在实际中,有71.0%的务工流动人口尚未享受到医疗保险带来的保障。务工流动人口对于劳动合同意识淡薄,加之本身流动性较大,因此对失业保险期望很高,在调查中,86.9%的受访者希望自己可以享受失业保险;但在实际中,仅有5.6%的务工者可以享受,94.4%的务工者享受不到失业保险。

生育保险、工伤保险权益保障不力。《劳动法》规定,女性在生育期间不能被辞退,外出务工流动人口对于生育保险的认同率达到80.1%,对工伤保险的认同率高达92.8%。但在调查中,只有3.1%的企业为务工流动人口缴纳了生育保险,20.6%的企业为务工流动人口缴纳了工伤保险。

(三)流动人口能够享受的公共服务供给较少

住房优惠政策不够,居住条件相对较差。当前国内房价不断上涨,流动人口要购房十分困难。城市中的经济适用房、廉租房、公共租赁住房等多不对农民工开放。我们的调查显示，务工流动人口中仅有10.3%可以享受单位的住房补贴，47.5%的外来务工流动人口需要自己租房。政府给予的廉租房、经济适用房和公租房政策不能解决外来务工流动人口的需求，76.3%的务工流动人口没有能够享受该政策。流动人口只能集中居住在城市边缘地区，社区环境整体较差。

单位福利提供较少，增加了流动人口的生活成本。目前河南省针对外出务工流动人口的社会福利提供的较少，社会福利体系尚未完全形成。调查显示，外出务工流动人口没有享受到单位的相关福利占27.1%，享受单位带薪休假的比例仅占19.9%，享受住房补贴的仅占10.3%，享受交通费补贴的仅占14.3%。社会福利的供给不足增加了务工流动人口的生活成本，加重了他们的生活压力。

社会服务体系不健全。外出务工流动人口在工作期间可以享受的社会公共服务较少，享受到的服务仅仅是最基本的服务，在涉及精神、娱乐及家庭服务等方面享受到的比例很小。调查发现，仅28.0%的务工流动人口有继续学习或技术培训的机会。66.0%和47.2%的务工流动人口可以享受得到食堂和浴室的基本服务，但是有81.6%、64.6%和92.7%的人员分别享受不到图书馆、体育运动和托儿的服务，认为自己在工作地点享受不到便利的基本服务的占83.2%。此外，政府举办的社会福利院、敬老院、疗养院、儿童福利院等都对户口有着严格的限制，流动人口在城市往往不能平等地享用。

（四）流动人口社会融入不足

流动人口融入当地社会愿望强烈，但实际融入受到了种种因素的影响。我们的调查显示，农村外出务工流动人口一直徘徊在城市的边缘，融入城市生活的能力比较差，也没有得到相应的尊重。在调查中，受访的务工流动人口在工作的城市没有见到相应的尊重务工群体的宣传的占55.3%，同时还面临着城市人口对于外来务工流动人口的冷漠，甚至歧视。调查显示，受访的务工流动人员认为城市人对外来务工流动人员持友好态度的占22.5%，态度平淡的占46.0%，冷漠占10.0%，歧视占4.2%。此外，受经济收入较低、文化水平较低等的限制，流动人口的业余文化生活相当缺乏。而且流动人口生活居住圈狭窄，不同的语言、生活习惯、人际交往方式、文化程度和工作特点等各种原因妨碍了流动人口与城市居民的人际交往和接触。虽然流动人口居住在城市，生活在城市，但是处于城市边缘的他们融入城市生活的能力和整体环境比较差，很难深入体验城市的生活方式，对当地社会的融入程度严重不足。

五 改进河南省流动人口服务管理的对策建议

当前，应在积极稳妥推进以人为核心的新型城镇化的进程中，有序推进流动人口的市民化进程，切实提高流动人口的服务管理水平和社会生活福祉，以服务促管理，实现对河南省流动人口的公共服务全覆盖和有效管理。

（一）循序渐进，消除户籍制度限制

流动人口面临的一切问题，追根溯源，都与当前的"城乡二元"户籍制度有重要的联系。消除现行户籍制度的种种限制，是促进大多数流动人口平等享有公民身份、实现安居乐业的重要途径。李克强总理在第十二届全国人民代表大会第二次会议上做的政府工作报告就明确指出2014年要"有序推进农业转移人口市民化。推动户籍制度改革，实行不同规模城市差别化落户政策。把有能力、有意愿并长期在城镇务工经商的农民工及其家属逐步转为城镇居民。对未落户的农业转移人口，建立居住证制度。使更多进城务工人员随迁子女纳入城镇教育、实现异地升学，实施农民工职业技能提升计划。稳步推进城镇基本公共服务常住人口全覆盖，使农业转移人口和城镇居民共建共享城市现代文明。"[①] 因此，要从根本上解决户籍制度带来的种种问题，需要逐渐减少与户籍制度挂钩的社会政策的制定，增加依地理区划制定的社会政策。

（二）缩减落差，完善公共服务体系

公共服务作为社会资源的重要代表，其供给体系的完善程度直接关系到社

---

① 《政府工作报告》，中国网，http://news.163.com/14/0305/11/9MINMJTA0001124J.html。

会成员的生存状态。流动人口无法享受公共服务的市民待遇,无法舍弃农村土地等生产要素的养老、居住等保障功能,妨碍流动人口稳定。因此,需要进一步完善流动人口的社会保障体系,如提高流动人口社会保险参保率,建立政府、用人单位、流动人口共担的社会保险筹资方式;建立健全针对特殊困难流动人口的紧急社会救助制度,使社会救助惠及城市特殊困难流动人口;进一步加大城市公共服务设施向流动人口开放的力度,让流动人口和城市市民一样平等地享受公共服务。在具体服务管理层面,鼓励民间参与社会福利服务,支持兴办社会工作机构,以便为流动人口提供更切合他们需求的服务。

(三)多元共治,改进社区管理体制

随着我国市场经济发展和社会结构变迁,推进社会管理的社区化是大势所趋。加强社区管理就是要以地域特别是居住地为单位进行社会管理。就流动人口服务管理而言,社区化管理有明显的优势。一方面,以社区为单位,通过划片管理模式和网格化管理模式的推行,可以有效解决传统"单位制"管理模式退化所带来的覆盖空缺,有利于全面掌握流动人口信息,搭建规范的流动人口管理平台。另一方面,树立流动人口的社区意识,强化社会认同感,促进外来人员融入当地生活。社区组织活动可以基于"属地化管理、市民化服务"的原则,使流动人口参与社区活动由被动式接受向主动型参与转变,积极倡导"参与式社区服务项目",发动作为社区成员的流动人口积极进行参与,进一步增强流动人口的社区归属感。

(四)创新服务,加快流动人口市民化进程

河南省流动人口多为省内农村人口,省内大中城市是吸纳农村人口为城镇人口的主力军。调查结果表明,大多数流入人口以获得更多收入、过上城镇生活为主要流动目的。但是,农村与城镇之间在居民生活方式和规则上存在较大差异,许多农村流入人口一时难以适应城市生活,一方面引发流入人口社会交往中的巨大心理落差;另一方面加剧城镇居民与流入人口的对立与敌视。因此,在尊重流动人口生存权的同时,也有必要通过政府引导、社会参与的创新措施,帮助流动人口学会遵守城市规则、利用城市资源、强化市民观念,尽快

适应城市生活。同时，政府应加大力度购买社工服务，推动支持民办社会工作机构的成立与发展。通过社工开展活动，为流动人口提供社会支持网络，还可以利用社区工作中的地区发展模式、社会策划模式以及社区照顾模式开展活动，提高流动人口的归宿感，进而推进流动人口的市民化进程，实现流动人口的社会融入。

河南省农村土地流转现实考察[*]

梁思源[**]

摘　要： 近年来，河南省农村土地流转进展迅速，成效显著。通过土地流转，促进了土地的规模化经营和劳动力转移，使得农民的收益大幅增加，调动了农民的流转积极性。但农村土地流转也存在着求快心切、信息不畅和利益保障机制不健全等问题。下一步河南省应从以下几方面着手：一是稳步推进农村土地流转；二是健全土地流转利益保障机制；三是稳定政策并建立长效机制；四是推动农村土地产权制度改革，确保农民的土地利益。

关键词： 农村土地流转　发展报告　河南省

农村土地流转，主要是指农村土地承包经营权的流转。农村土地流转关乎农民的生存与发展，是一个与农民生活、生产密切攸关的问题，影响和反映着基层社会治理的状况。河南省是农业大省、人口大省，拥有5000多万农业人口。对"土生土长"的农民来说，土地承担着重要的保障功能，包括生存、就业、养老、救济和失业保障。随着社会经济的发展，为了增加收入，大批农民进城务工，从而形成了输出性的"人口流"与内部性的"土地流"。城乡二

---

[*] 河南省教育厅科学技术研究重点项目"河南省土地流转与农业现代化实证研究"（14A630008）阶段性成果。

[**] 梁思源：博士，郑州大学公共管理学院讲师，社会管理河南省协同创新中心研究员，研究方向为土地资源管理。

元结构条件下,即使进城务工,土地仍是农民的根基。土地流转可以平衡城乡要素流动,促进新型城镇化与农业现代化同步发展。做好农村土地流转工作,是解决好土地问题,保障农民利益不受损失的重要措施,是完善农村社会治理、实现社会稳定的关键因素。2014年中央一号文件《关于全面深化农村改革加快推进农业现代化的若干意见》,进一步明确了做好农村土地流转工作的意义、原则和工作重点。如何在尊重农民意愿的基础上,以土地流转为载体,推动新型城镇化健康发展,是河南省的重大发展战略。

一 河南省农村土地流转形势分析

(一)河南省农村土地流转进展迅速

近年来,河南省积极探索土地流转模式,采取出租、转让、入股等多种形式,推动土地适度规模经营。在通许县、永城市、民权县和信阳市平桥区开展了农村土地承包经营权登记试点工作;在中牟县等14个县(市、区)开展了农村土地承包经营权流转规范化管理和服务试点工作,引导我省农村土地承包经营权规范有序流转。全省有136个县(市、区)、1570个乡镇建立了土地流转服务组织,103个县(市)、833个乡镇建立了土地流转服务大厅,有148个县(市、区)已经成立土地流转仲裁委员会。

截至2013年10月底,河南省农村土地流转面积2824万亩,占家庭承包耕地面积的29%,超过全国平均水平(截至2013年11月底,全国农民承包土地的经营权流转面积达到26%左右[①]);涉及农户487万户,占全省农户总数的24.4%[②]。从图1中可以看出,近年来,河南省土地流转量呈逐年上升趋势,且增幅较大。2009~2013年,5年间全省土地流转面积增加了2.3倍,年均增加492万亩;土地流转率也大幅提升,增加了20%。

根据2013年8月社会管理河南省协同创新中心与河南省政府研究室对十

---

① 林远:《全国农地流转面积已达四分之一》,《经济参考报》2014年1月14日。
② 河南省农业厅:《2013年河南省农业厅工作总结》。

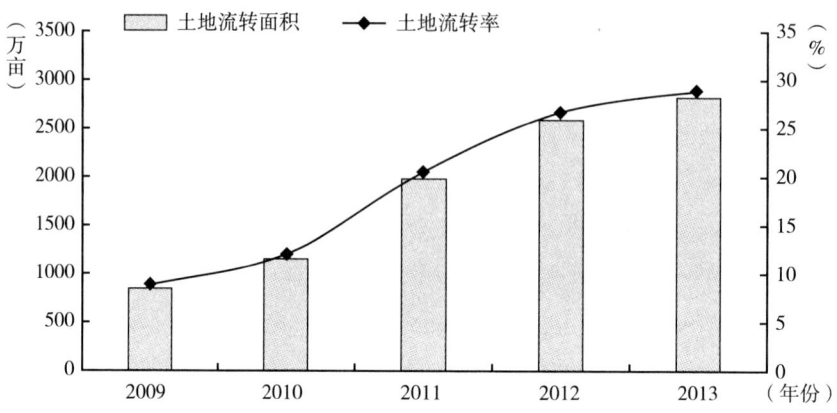

图1 2009~2013年河南省农村土地流转量

个县（市、区）的调查数据，大多数地区农村土地流转率超过了全国平均水平，一些县区土地流转率超过40%。义马市以合作社经营、家庭农场经营和大户经营等模式流转土地面积9653亩，其中耕地流转5792亩，占总承包耕地面积的28%。而土地流转工作开展较好的是信阳市平桥区和舞钢市，其土地流转比例远高于全省平均水平。调查收集数据显示，目前信阳市平桥区土地流转面积92万亩，其中耕地流转40万亩，占耕地面积的46%。舞钢全市土地流转面积为14万亩，占耕地总面积的43%（见图2）。土地流转促进了土地规模化经营，形成了各具特色的农业产业基地。

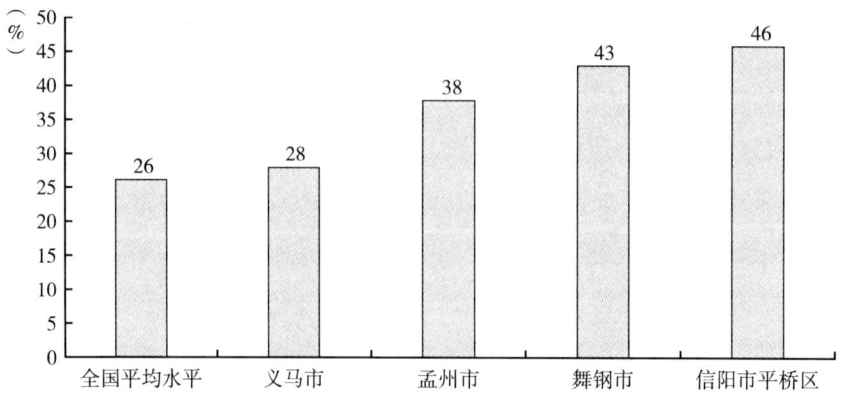

图2 部分地市土地流转率对比

农村土地流转和规模化经营，提高了农业产业集群化和专业化生产的水平，实现了土地、资金、技术、劳动力等生产要素的合理流动和资源的优化配置，推动了现代农业的发展。由于全省各个地区经济发展水平参差不齐，土地流转的数量、模式等都有差别。相比较而言，经济困难户比经济条件好的家庭土地流转量小；经济较落后的地方比经济发展快的地方土地流转量小；山区及边远乡村比平原、城郊及乡镇所在地土地流转量小[①]。各地方结合自己的特色，土地流转的模式和农业现代化推进方式也日趋多元化。如信阳市的"土地信贷"、"资本下乡"、"外包带动"；舞钢市的"专业合作社"、"高效农业园区"、"专业经济协会带动"等模式[②]。

（二）土地流转促进土地规模化经营和劳动力转移

农村土地流转，促进了土地规模化经营，提高了农业产业集群化和专业化生产的水平，加速了农村劳动力向城镇转移。流转土地集中在种植大户手里，不仅有利于推广良种良法，提高农业新技术的推广应用，而且土地的规模经营也为提高机械化水平提供了便利条件，大大增加了农业生产的产出效益，促进了农业效益的持续快速稳定增长。如信阳市平桥区通过土地流转建成了陆庙村万亩茶叶种植基地和60多个粮食、瓜果、蔬菜、花生、红薯、花卉、生态养殖等优势产业发展基地。土地流转增强了农业生产组织化程度。土地的合理流转，为各类专业合作组织和经营大户集中了土地、技术、市场等大量资源。平桥合作社通过利益联结机制将社员组织起来，实行"生产、收购、加工、品牌、包装、销售"统一服务，切实增强了农产品市场竞争能力和抵御自然灾害和市场风险能力，促进了社员增收。义马市常绿蔬菜专业合作社，采用"专业合作社+基地+农户"的运转模式，为农户免费提供全程技术指导服务，并与农户签订最大保护价回收协议，解除了成员的后顾之忧。目前已建立

---

① 吴现立：《土地流转与河南农业适度规模经营》，《洛阳理工学院学报（社科版）》2012年第27期。

② 汪孝宗：《河南信阳土地流转调查》，《中国经济周刊》2009年第16期；于永华：《河南省案例选编：河南农村土地流转模式探析》，中共河南省委党校内部资料，2013；雨露：《河南武功：特色农业帮民致富》，《乡村科技》2013年第2期。

蔬菜生产基地1000余亩，拥有成员285人，年均创收2000万元。通过产业大户引导和企业带动，土地流转产生了典型示范效应，推进了特色产业发展。如平桥区按照全区主导产业布局，集中连片规模化种植蔬菜、花生、红薯、瓜果及生态养殖，全区形成多个特色产业带，呈现出以特色兴产业、以产业带创业、以创业推动规模产业发展的良好势头。依托土地流转，肖王乡黄堂村成为现代牧业产业集聚区、核心区。洋河镇、五里店办事处、高粱店乡等通过土地流转，建成了规模大、档次高的生态茶园；长台关乡、王岗乡等通过土地流转，使花生种植面积达6万亩，由"种"到"加"，实现了历史性飞跃；平昌关镇、甘岸办事处等通过土地流转，使蔬菜产业得到稳步发展；彭家湾乡通过土地流转，使小红薯做成了大文章；五里镇大堰村通过土地流转，使该村成为远近闻名的西瓜种植专业村。

农村土地流转，促进了农村劳动力资源向城镇转移，使一大批农村劳动力从土地上解放出来。舞钢市通过土地流转，有4万多农村劳动力从土地上解放出来。他们或打工，或经商，年收入平均是原来的3~5倍。平桥区通过实施"技能再造工程"和"阳光工程"，新增农村劳动力转移就业1.5万人，全年累计劳务输出18.8万人，实现劳务收入21.9亿元。

（三）土地流转促进土地收益提高

土地流转促进了农业规模化经营和农业结构调整，提高了农业整体效益。舞钢市涌现了一批农民专业合作组织、现代农庄、现代农业产业园，形成了林果、棉花、烟叶、中药材、水稻五大特色产业基地以及集林果采摘、生态旅游、休闲娱乐为一体的观光农业基地，提高了农业劳动生产率、土地产出率和资源利用率，土地亩均收益比流转前提高了2~3倍。平桥区土地流转后每亩增地7%左右，节省人工30%以上；从土地产出效益看，土地流转后种植瓜果、蔬菜、花卉、红薯、花生等特色产业，每亩收益是土地流转前的4~6倍。

从农民个体来看，平桥区五里镇农民何群富在土地流转前家庭承包土地12亩，分散在4处，为解决土地分散种植问题，他流转土地200亩，集中连片种植西瓜，亩获利3000余元，比过去分散种植的收入翻了几番。农村土地流转为农民带来了双收益。转出土地的农民不仅获得了流转收益，有的还被返聘到龙头企业、专业合作社等就近打工，成为"农业工人"。更多的农民通过经商、外出务工或创办私营企业，获得工资性、经营性收入。平桥区陆庙村仅通过土地流转，全村农民每年获得30多万元收入，同时"离土不离乡"，通过给公司打工，人均年收入在5000~8000元；五里镇农民吕国山把自己的9.6亩家庭承包地转出后获得流转费4760元，流转后他购置收割机、拖拉机从事机收、机耕服务，两项合计比流转前增加收入8万元。

舞钢市土地流转前除去成本每亩地农民最多收入200多元，土地流转后每年每亩地农民最低可收入700~800元，农民从土地上解放出来还可以选择外出就业或到就近的企业打工，农民收入因此大幅增加。舞钢市祥瑞社区依托祥瑞农牧股份有限公司发展畜牧业、高效种植业，通过土地租赁，农民把土地全部流转给祥瑞农牧公司，之后在祥瑞农牧公司打工，就地转化为农业工人，每人每月收入2000元，加上土地流转每亩每年700元，超过了城镇居民收入水平。在六合苑中心社区依托产业集聚区发展工业企业，农民通过土地入股有一个长期稳定的收入，每亩土地年入股收益不低于2200元，劳动力就地转化为企业工人，人均月收入1800元，也超过了城镇居民收入水平。

（四）农户土地流转意愿较高

调查显示，愿意进行土地流转的比例高于流转现实，还有很多农户期待土地流转。在2013年暑期调查中，社会管理河南省协同创新中心对十个县（市、区）农业部门及其40个社区居民进行了访问。共发放问卷1100份，收回有效问卷997份，其中，涉及土地流转的问卷共计433份。十个县（市、区）综合调查结果显示，在受访对象中，愿意进行土地流转的比例为60%，其中，愿意且事实上进行过土地流转的比例为39%，愿意但事实上未进行过（期待）土地流转的比例为21%；不愿意进行土地流转的比例为40%，其中有37%的人不愿意且未进行过土地流转，还有约3%的人不愿意但进行过土地流转（见图3）。

为了更好地了解影响土地流转的因素，根据调查问卷统计数据，对主要影响因素进行分析，并按其重要性从高到低依次排列。调查发现，在愿意且进行过土地流转的人群中，转入土地的主要原因依次是：①增加收入，②带村民致富，③给亲戚朋友帮忙，④满足自家粮食需求，⑤有多余劳动力；转出土地的

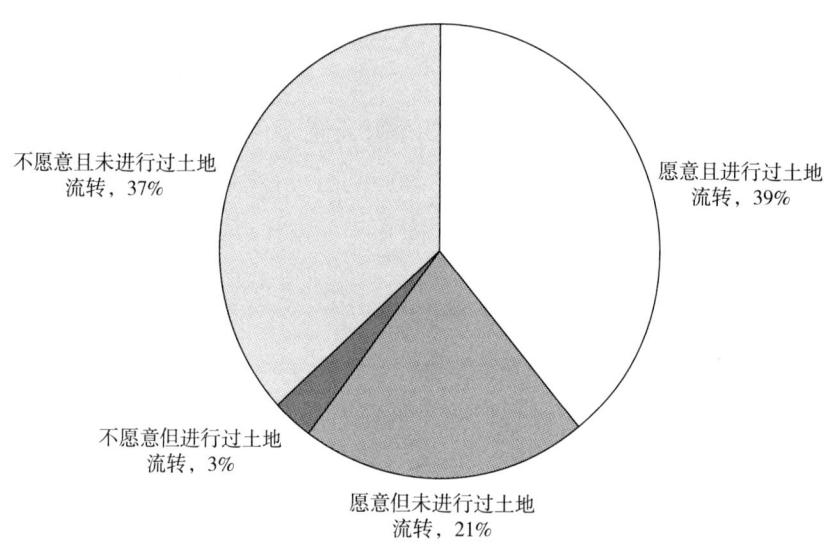

图3　土地流转意愿与流转事实比例情况

主要原因依次是：①种地不划算，②在集体的干预下不得不流转，③自己劳动力不足（没有外出打工者），④劳动力外出打工。在有愿意但未进行土地流转的人群中，希望转入土地但没有转入的主要原因依次是：①不知道有谁愿意转出土地，②没有好的生产项目，③没有人愿意转出土地，④转入价格太高，⑤与别的农户谈判太麻烦；希望转出土地但没有转出的主要原因依次是：①没有人愿意转入土地，②等待集体统一调整，③转出价格太低，④不知道有谁愿意转入土地，⑤担心转出后收益得不到保障，⑥担心转出后难以收回，⑦与别的农户谈判太麻烦。在不愿意但进行过土地流转的人群中，不希望转入土地但转入的主要原因依次是：①政府强制转入，②碍于情面，受托于人，③村干部做工作；不希望转出土地但转出的主要原因是：政府强制转出。在不愿意且未进行过土地流转的人群中，不愿意进行土地流转的主要原因依次是：①对现状比较满意，②对土地流转不了解，③担心流转收益得不到保障，④与别的农户谈判太麻烦。

总的来说，农户是否进行土地流转的主要考虑因素是土地收入和农业劳动力问题。此外，集体的干预也是重要因素，并有少部分人是在政府强制下而不得不进行土地流转。导致土地流转率低于农户意愿的因素主要有，土地流转的相关信息不对称、等待集体统一调整土地以及担心土地流转收益得不到保障等（见表1）。

表1 进行土地流转与否的主要原因和排名

单位：%

排名	进行土地流转的主要原因（占比）		未进行土地流转的主要原因（占比）
	转入	转出	
1	增加收入（18.49）	劳动力不足（27.73）	对现状比较满意（35.02）
2	带村民致富（3.36）	种地不划算（19.75）	无流转消息或不了解（28.16）
3	给亲戚朋友帮忙（2.94）	在集体的干预下不得不流转（18.91）	担心收益（15.56）

调查的人群中，转入土地平均亩数为8.9亩，最多转入50亩，最少转入1亩；转入的平均年限为6年，最高长达30年，最少的为1年，还有一些没有具体年限约定；转入平均价格为每年447元/亩，最高为每年3000元/亩，最低为零年租，即无偿转入，还有一些采用的是实物地租形式，每年每亩地200~500斤粮食不等。进行转出的平均亩数为4亩，最多转出8亩，最少转出2亩；转出的平均年限为7.6年，最高长达30年，最少的为1年，还有一些没有具体年限约定；转出平均价格为每年566元/亩，最高为每年1200元/亩，最低为零年租，即免费转出，还有一些采用的是实物地租形式，每年每亩地200~800斤粮食不等（见表2）。

表2 土地转入转出情况对比

土地流转	平均亩数（亩）	平均年限（年）	均价（元/亩）
转入	8.9	6	447
转出	4	7.6	566

从表2中可以看出，转入的平均亩数要大于转出平均亩数，这是由于转入土地可以来自若干个不同农户，而农户自己拥有土地有限，可转出的土地相对较少。转出土地的平均年限略高于转入平均年限，但总体来说，土地流转年限期限较短。从土地流转价格来看，转出的平均价格高于转入的平均价格，不管转入还是转出，农户都希望自身利益最大化。

土地流转形式多样，收益来源多样化。具体来说，流转方式以转包、出租为主，还有一部分的代耕、转让和反租倒包，并有少部分的股份制。从图4中可以看出,近一半的人以转包方式进行土地流转;约1/5的人采取出租方式进行土地流转。而采取股份制方式进行土地流转的农户较少,仅为百分之一。

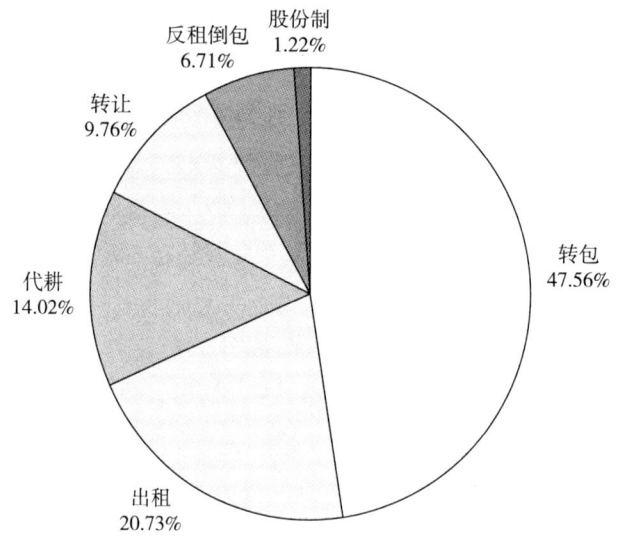

图4 不同土地流转方式占比

表3 土地流转相关认知调查

单位:%

观点	非常同意	比较同意	一般	比较反对	非常反对
(1)政府规定的土地承包期限较短,阻碍了土地的流转	6	26	44	18	5
(2)农业税减免与粮食直接补贴有利于促进土地转出	15	36	39	8	2
(3)农业税减免与粮食直接补贴有利于促进土地转入	13	36	38	10	3
(4)土地调整较频繁	4	13	44	30	9
(5)土地流转应由政府加以适当的引导	23	49	23	4	1
(6)农村土地流转应该以自愿为原则进行流转	32	47	15	4	1
(7)土地能取得较好的经济收益,满足致富需要	14	22	32	19	13
(8)土地经济效益较低,仅能保证温饱问题	24	34	30	8	3

通过农户对土地流转相关政策调查发现，大部分人认为30年的土地承包期较为稳定；但土地经济效益较低，仅能保证温饱问题；农业税的减免和粮食直接补贴有利于促进土地流转；农村土地流转应以自愿为原则进行；流转过程应由政府加以适当引导。

二 河南省土地流转的具体做法及不足

（一）河南省土地流转的具体做法

从土地流转的成因上来说，可以分为农民自发型和政府推动型。农民自发型多是在农户之间进行，一般流转规模较小，很难形成规模效益。政府推动型的土地流转，政府多从政策引导和完善服务体系方面来推动土地流转的进行。由政府推动的土地流转，一般规模较大，容易产生较好的规模效益。可以说，政府在土地流转过程中，起到了较为重要的推动作用。

首先，各地方政府制定相关政策，鼓励、引导土地流转。《中华人民共和国农村土地承包法》于2002年颁布，为我国土地流转的发展奠定了法律基础。随后，历年的中央一号文件都明确了对土地流转工作的鼓励与支持。河南省积极响应中央号召，不断推动土地流转工作，制定了《河南省农村土地承包经营权流转规则》及《河南省农村土地承包经营权流转合同示范文本》，为土地流转的实施提供了法律保障。各地市也根据自身特点制定了鼓励土地流转的优惠政策，加大土地流转奖励扶持力度。如信阳市平桥区制定了《平桥区农村土地承包经营权流转实施细则》，区财政对新建入股耕地300亩以上的土地股份合作社给予2万元的一次性补助，对年度新增土地流转面积500亩以上的奖励3万元，明港镇等乡镇还对向合作社流转的耕地每亩每年补助200元[①]。舞钢市对达到流转规模的各类种植大户，市财政按照每亩5年共1000元的标准给予奖补。舞钢市为了积极鼓励新型农村社区居民参与土地流转，规定对土地全部流转且已入住新型农村社区的居民，流转期间，市财政为符合参保条件的

---

① 信阳市平桥区政府：《2012年信阳市平桥区土地流转工作报告》。

家庭成员每人每年代缴100元的养老金①。义马市规定，土地出让户，可享受城镇居民最低生活保障和就业政策、可按照义马市居民养老保险办法和基本医疗保险办法参加养老和医疗保险、市财政给予每亩150元的一次性补助；土地受让户，享受每年5‰的贷款贴息、补助农业基础设施投资总额的40%、每亩100~200元不等的奖补资金以及人才奖励政策、金融信贷支持政策等②。在金融信贷支持方面，平桥区通过土地的"五权"抵押担保累计向合作社、经营大户等提供贷款3.6亿元①，有效地解决了流转大户融资难的问题，推动了全区土地流转规模经营。

其次，各地方政府不断完善服务体系，为土地流转顺利开展提供平台。各地市纷纷建立农场土地流转信息服务平台、设立土地流转服务中心，负责土地流转服务及监督管理工作。如义马市在涉农社区设立土地流转服务站，进行信息收集与矛盾调解工作。舞钢市成立了土地流转服务中心，在各乡镇设立了土地流转服务站，为农村土地流转提供信息服务咨询、流转价格评估、合同签订指导、利益关系协调等服务。平桥区充分利用已建立的土地流转有形市场——"河南润土地权交易股份有限公司"，从事和办理农村土地流转中介服务，开展土地流转政策法律咨询和利益关系协调，建立健全乡村调解、区级仲裁的农村土地承包经营纠纷调解仲裁体系。

再次，结合当地特色，使土地流转与地方建设结合发展。一是与推进产业发展相结合。通过培育亮点，示范带动全区土地流转，使土地流转和产业发展互促互动。如舞钢市形成了林果、棉花、烟叶、中药材、水稻五大特色产业基地。平桥区通过土地流转建成了核心区陆庙村万亩茶叶种植基地和60多个粮食、瓜果、蔬菜、花生、红薯、花卉、生态养殖等优势产业发展基地。二是与农民专业合作组织相结合。土地的合理流转，为各类经营大户集中了土地、技术、市场等大量资源，促进了家庭经营同社会化大市场的有效对接。三是与培育龙头企业相结合。培育龙头企业，创建品牌，增强产品市场占有率和竞争力。同时，依托龙头企业，延伸产业链条，吸引外来企业投资，带动土地流

---

① 舞钢市政府：《2012年舞钢市土地流转工作报告》。
② 义马市政府：《2012年义马市土地流转工作报告》。

转。省级龙头企业——信阳佛灵山生态茶叶有限公司采取"公司+合作社+基地+农户"的经营模式，流转土地10000亩，建立了生态茶叶生产基地。2011年，公司产值达6700万元，创造利润1280万元，带动基地农户户均增收上万元。四是与人才创业相结合。鼓励社会资本、各类企业、科研机构、城镇居民、大中专毕业生到农村承包经营土地，兴办或与农民联办农业企业。如平桥区五里镇成功人士杨玉强返乡创业，在该镇大塝村流转土地400亩，建立大棚800个，综合运用大棚地膜加滴灌等设施农业技术，种植精品西瓜，亩纯收入达7000元以上。五是与建立健全农村社会保障体系相结合。目前，平桥区已全面建立了农村养老保险、合作医疗、五保供养、就业引导和最低生活保障等制度。同时，通过实施"技能再造工程"和"阳光工程"，加强了农民再就业培训。为农村劳动力向二、三产业转移提供条件，让一部分农村劳动力能够出得去，挣到钱，留得住，使大量的农村人口离开土地，离开农村，向城市转移，为农村土地流转创造有利的发展空间。六是与农民增收相结合。农村土地流转为农民带来了双收益。转出土地的农民不仅获得了流转收益，有的还被返聘到龙头企业、专业合作社等就近打工，成为"农业工人"，更多的农民通过经商、外出务工或创办私营企业，获得工资性、经营性收入。七是与新型农村社区建设相结合。积极统筹新型农村社区建设与现代农业发展规划，合理调整农民居住和特色产业布局，围绕产业发展集中建设社区，促进农民向社区集中、产业向园区集中、土地向适度规模经营集中。平桥区肖王乡许岗村上湾社区以旧宅基地换新宅基地的方式建设，腾出土地200余亩，全部流转用于玫瑰产业发展。五里镇大塝村通过新型农村社区建设，将4个村民组150多户农民集中安置，整理复耕土地600多亩。

最后，各地不断探索土地流转的多种模式。"土地信贷"模式，也称为"土地银行"。村民可以把承包的土地"存"进去，按年收取"利息"（粮食），愿意耕作的人可以遵照规定与程序，从土地银行"贷出"（租出）土地进行经营。如信阳光山县自2009年成立"江湾农村土地信用合作社"或"土地银行"后使本村土地由"零"变"整"、有序流转，也带动了全县的农地流转。"资本下乡"模式，是指有一定经济实力的投资主体，按照市场机制购买一定期限的土地承包经营权，建设现代农业园区、发展适度规模经营。如全国种粮大户吴文华等一批农业龙头企业、种粮大户、乡村种养专业户通过"资本下乡"应运而生。"外包带动"模式,通过招商引资和"回归工程",吸引本土种养大户、离乡成功人士及其他人士,进山入村、承包土地、投资兴业。如信阳新县,通过吸引种养大户和外出创业成功人士返乡,建立了浒湾乡"四方绿色"农场、吴陈河镇"孔家菜园"、八里畈镇"大地茶叶"等特色产业近100个。舞钢市"联合经营"模式,党委、政府积极引导,调动社会组织、民间力量的积极性,形成合力,推动农村土地流转。此外还包括"专业合作社型"、"专业经济协会带动型"、"高效农业园区型"的土地联合模式等。

(二)土地流转存在的问题

1. 土地流转违背农民意愿的情况仍然存在

调查数据显示,约3%的人不愿意但进行过土地流转,这说明违背农民意愿的强制性流转仍然存在。近年来,我省农地流转的规模、范围等急剧扩大,土地流转工作步入了快车道,并有不断加速的趋势。例如,有的地市已经将两年后工作目标设置为完成80%的农村土地流转。值得注意的是,80%的土地流转率大大超过了农户流转意愿比率(60%)。急速土地流转后失地农民的就业安置、权益保障等突出问题可能引发农村社会矛盾和不稳定。

在土地流转工作迅速开展的同时,不免存在土地流转速度与农业及农民发展不匹配之忧,违背农民意愿的情况。农户主导的土地流转可以分为四个阶段:以农业收入为主的零流转阶段;农业收入与非农业收入并重的局部流转阶段;以非农业收入为主的流转阶段;以"非农业"纯收入为主的整体流转阶段①。我省人多地少,大量农村劳动力还没有转移出去,就目前来看,我省土地流转是处于第二与第三阶段之间。但当村委会和地方政府等成为土地流转的主体时,政府主导的土地流转存在"贪多求快"的倾向,农民的流转意愿会受到行政强制力的影响。

2. 信息不畅成为土地流转最大障碍

土地流转信息不畅成为农民愿意流转却又难以实现流转的最大障碍。问卷

---

① 于传岗:《农村集体土地流转演化趋势分析——基于政府主导型流转模式的视角》,《西北农林科技大学学报(社会科学版)》2013年第05期。

调查结果表明，在有土地流转意愿但未进行土地流转的农户中，有51%的农户是因为信息不畅造成的，如不知道谁要进行流转，也不知如何让别人知道自己的流转意愿及无法获得好的项目信息。在不愿意也没有进行过土地流转的人群中，有10%的人不了解什么是"土地流转"。

由于信息和地域限制，从土地流转来源和去向的地域范围上看，大多数土地是在村集体内部进行流转，只有少部分流转到本乡外村或是本县外乡农户手中。调查结果显示，土地转入来源较为集中，有77.78%的农户是从本组转入土地，有12.96%的农户是从本村外组转入土地，有5.56%的农户是从本乡外村转入土地，还有3.70%的农户从本村合作社转入土地。土地转出去向相对分散，有33.90%的农户将土地转给本组，27.12%的农户将土地转给本村外组，22.03%的农户将土地流转到本乡外村，11.02%的农户将土地流转到本县外乡，有4.24%的农户将土地流转到外县，还有1.69%的农户的土地被工厂征收（见图5）。

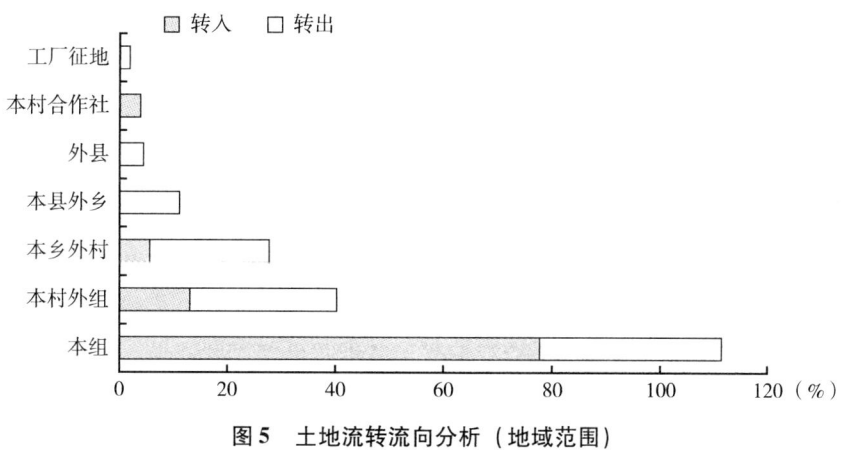

图5　土地流转流向分析（地域范围）

从土地流转来源和去向的人员关系上看，大部分转入的土地来自于亲戚朋友，或是合作社、村集体；而大部分转出的土地流入产业化经营大户手中。转入来源中，亲戚占46.34%，朋友占24.39%，产业化经营大户占9.76%，种田能手占19.51%。转出去向中，有66.02%的农户将土地转给产业化经营大户，18.45%的农户将土地转给朋友，10.68%的农户将土地转给亲戚，还有4.85%的农户将土地转给种田能手（见图6）。

这些都说明，土地流转的信息机制还不够健全，土地流转的信息服务机制

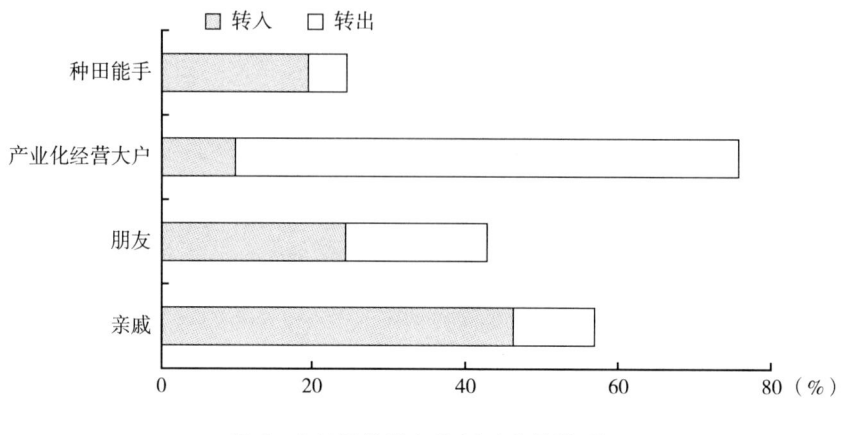

图6 土地流转流向分析（人员关系）

还有较大提升空间。

3. 土地流转的利益保障机制不健全

首先，收益风险应对措施不健全。土地流转后的收益是农民最关心的问题。在想流转但又未进行土地流转人群中，有20%的人担心土地流转后收益得不到保障。调查发现，个别地方土地流转给公司后，由于经营问题，公司中途跑路，土地抛荒，农民权益受损。如何应对这些风险，政府还没有完善的措施办法。其次，土地流转的法制性不强。调查发现，在被访对象中，进行土地流转的合同以书面协议为主，约占调查对象的63%；剩余37%为口头协议，且这种形式多见于农户之间的土地流转之中，往往埋下土地纠纷和争议的隐患。再次，土地流转权益受政府强制性影响，欠缺退出机制。在不愿意却进行了土地流转的人群中，有64%的人是在政府强制下进行的土地流转。此外，虽然在有流转意向却未进行流转的人群中，只有6%的人担心转出以后难以收回，且这种担忧也是需要解决的。在各种土地流转保障机制中，罕有提及土地流转的退出机制，土地流转后难以收回，农民利益难以保障。最后，土地流转政策欠缺长效机制。土地流转收益问题不仅农民担心，参与土地流转的"老板"们也面临收益风险，"没有合理利润，面临成本风险，怎么办"？另外还存在政策风险。政策性补助为土地流转提供了资金支持，以后没有了政策扶持怎么办？目前，各级政府都制定了一系列促进土地流转的政策，但土地流转到期后如何持续下去，没有明确的政策规定。

三　河南省农村土地流转的发展对策与展望

下一阶段，我省农业需要紧紧围绕"三化协调"和"四化同步"的总体要求，以发展现代农业为主题，以确保粮食安全、确保农民持续较快增收、确保农村人居环境得到改善为总体目标，稳步推进土地流转，积极发展各种形式的适度规模经营。具体来说，要从以下几个方面着手。

（一）进一步适度推进土地流转

土地流转的速度应与农业发展相适应，合理推进土地流转速度。政府主导的土地流转不可急功近利，在制定土地流转政策与发展规划时，要充分考虑农业发展的需求与农民的意愿。地方政府在土地流转中的作为进行赋权及角色界定，其职能应局限于服务；要鼓励、扶持农户主导型流转模式走向农产品市场化、服务社会化、经营规模化道路。严格限制并及时纠正一些地方政府的强制性行为。土地的合理分配，在很大程度上事关社会公平，土地流转要效率和公平兼顾，适度推进土地流转的进程。

土地流转工作绩效考量指标，不应以数量取胜，应以质量取胜。通过流转后的亩均收益，来衡量土地流转的成效。鉴于农业生产的周期性，可以将一到多年的每亩土地年均收益，作为土地流转工作绩效考核指标。

（二）不断健全保障机制

为了保障土地流转后的农民利益，政府应健全就业、养老及风险防范的保障机制。如制定针对无地农民的养老办法，成立农村土地流转风险基金，建立土地流转风险防范机制。同时，制定促进农村劳动力转移的优惠政策，鼓励农民进城务工经商，助推农村土地有序流转。加强农民再就业培训，为农村劳动力向二、三产业转移提供条件，让一部分农村劳动力能够出得去，挣到钱，留得住，使大量的农村人口离开土地，离开农村，向城市转移，为农村土地流转创造有利的发展空间。在制定促进土地流转政策的同时，也应该考虑并制定相应的土地流转退出机制，更大程度上保护农民的权益。

积极探索符合农村经济发展规律的农村土地流转方式,总结推广农村土地股份合作生产、土地托管、季节性流转等新的流转形式,健全完善农村土地流转服务体系,探索建立严格的工商企业租赁农户承包耕地准入和监管制度,既促进新型农业经营主体发展,又更好地维护农民合法的土地承包经营权收益。

(三)稳定政策并建立长效机制

制定长期稳定的土地流转政策,让参与土地流转的农户和公司放心,形成土地流转的长效机制。鼓励家庭农场等多种形式的土地适度规模经营。以资本为主导的雇工农业,带来了生产关系和社会关系的转变,由此带来的社会问题要进一步观察研究,雇工农业在我国是否有生命力也有待观察。土地流转的主体,应该是"种粮大户"和"农村合作社",对城市资本乃至外资下乡,要有严格的限制,防止肆意兼并土地。从而避免严重的贫富分化和大规模的城市盲流,从根本上避免基层官员的权力寻租和官民矛盾的激化,实现农业现代化、工业化和城镇化的可持续发展。

加强政策和财政支持农业力度。优化补贴方式,新增补贴资金重点向新型经营主体倾斜。把建设现代农业作为新增投资、拉动内需的主要领域和战略重点,省财政设立现代农业发展专项资金,设立农业地方标准制(修)订专项资金,设立高标准粮田"百千万"建设工程奖补专项资金,设立土地流转补贴资金,增加农民合作社和农业产业化专项扶持资金。

(四)推动农村土地产权改革,确保农民土地权益

农村土地流转需要有明晰的产权、合法的程序。产权不清,往往是造成土地流转乱象的根源。农村土地确权工作已经在河南省各地陆续开展。在土地确权的基础上,需要进行农村土地产权制度改革,物化农民土地权益,为土地流转提供法律保障,确保农民的土地权益。为了更好地开展土地流转工作,今后需要完成农村土地确权颁证、流转交易、抵押融资和农民集体资产股份制改造等任务,着力培育农村新型市场经营主体,持续创新农业生产经营体制,促进城乡生产要素的平等交换,加快构建以工促农、以城带乡、工农互惠、城乡一体的新型工农-城乡关系。

河南省18个省辖市政府门户网站评估报告

马闯[*]

摘　要：

本文从网站设计、网站安全、政府信息公开、在线办事、公众参与等五个维度，对18个省辖市政府门户网站运行情况进行评估，表明政府门户网站的功能定位基本能够得到良好体现，尤其在政务信息的全面性和网站信息数量上较为明显；在公众参与方面，政民互动方式多样，政务微博日渐普及；但是在网站设计方面，访问速度有待优化，国际化程度总体不高，网址与网站名称规范性较差；在网站安全方面，网站安全风险较大，运营维护成本较高；在政府信息公开方面，政府信息更新频率参差不齐，政府信息公开程度有待深化；在在线办事方面，公共服务事项基本覆盖，在线服务功能推进缓慢。总体而言，18个省辖市政府门户网站建设正处于建设发展阶段。下一步，要利用云技术和移动互联网共同打造"市民云服务"，整合政府门户网站的公共服务资源，提升政府公共服务能力；应积极发挥政府门户网站的第一平台作用，开展网络问政；着力加强网络管理员队伍建设，塑造政府门户网站的良好形象。

关键词：

政府信息化　政府门户网站　省辖市　网站运行评估

---

[*] 马闯，博士，郑州大学公共管理学院讲师，社会管理河南省协同创新中心研究员，研究方向为地方治理。

20世纪90年代以来，信息技术革命席卷全球，给政府管理和社会治理带来了巨大的压力和挑战。传统的政府管理模式已经越来越不能适应新形势的发展，社会越来越需要政府的咨询服务和政策指导，公众越来越渴望通过信息化的政府获取快捷、方便、自主的服务。顺应时代的发展，全球掀起了政府信息化运动的高潮，它不仅意味着政府信息的进一步透明和公开化，而且意味着政府要通过互联网来管理其管辖的社会公共事务。政府信息化已成为重要的竞争力要素。

2000年9月，美国政府率先开通了门户网站"第一政府网站"（www.usa.gov），极大地加速了美国政府信息化建设进程，以致各国政府竞相学习，都把建设强大的政府门户网站作为政府信息化建设中的优先发展目标。

我国自2001年以后全面推动政府上网工程，截至2010年，全国.gov.cn域名下的政府网站已经超过3万个，加上.org.cn域名等政府事业性单位网站接近5万个，[①]甚至一些乡镇级和村级政府都建有自己的门户网站。与此同时，我国网民规模不断扩大，至2013年底已达6.18亿。[②] 2008年5月1日，国务院颁布的《中华人民共和国政府信息公开条例》明确规定了政府门户网站是政府信息发布的第一平台，从法律层面确立了政府门户网站的地位和作用。2014年2月27日，国家主席习近平亲自担任新成立的中央网络安全和信息化领导小组组长，这标志着我国政府把保障网络安全和推动信息化发展上升到了国家发展战略的高度。

省辖市政府门户网站已发展成为政府类网站的第一平台，是地方政府信息化的标杆，是信息时代地方治理的前沿阵地，是地方政府形象展示的窗口。因此，开展省辖市政府门户网站建设研究，有利于打造"开放政府"。全球化、信息化浪潮冲击着每一个国家政府，各种新的机会和挑战接踵而来；政府面临着更多的动态性问题（Dynamic question）、复杂性问题（Complexity question）与多样性问题（Diversity question）。只有建设开放性政府才能更好地解决这些问题。所谓开放政府，即"政府信息透明性（Transparency）"、"公民参与

[①] 白龙、何扬：《如何唤醒"休眠"政府网站》，《人民日报》2010年12月8日。
[②] 中国互联网络信息中心：《第33次中国互联网络发展状况统计报告》，http://www.cnnic.net.cn/，2014-1-16。

（Participation）"、"政府间以及官民协作（Collaboration）"①。而良好的政府门户网站可以方便公众获取各类政府信息，实现政府信息公开；可以通过增强互动功能，实现公民参与的低成本、跨时空；可以突破传统行政界限，实现府际合作及多元合作。

开展省辖市政府门户网站建设研究，有利于推进社会治理。各类社会组织活跃、公民自由平等意识增强以及社会公共事务日趋繁多，政府对社会的管理模式发生了深刻的变化，由社会管控走向社会治理。所谓社会治理，就是政府、社会组织、企事业单位、社区以及个人等诸行为者，通过平等的合作型伙伴关系，依法对社会事务、社会组织和社会生活进行规范和管理，最终实现公共利益最大化的过程。② 良好的政府门户网站可以打破僵化的金字塔政府组织结构，直接面向基层公众，实现社会治理扁平化；可以通过大数据技术和云计算收集定位公众需求信息，实现社会治理精准化。

研究省辖市政府门户网站，必须对政府门户网站做简要的概念界定。一般来说，门户网站是指提供某类综合性互联网信息资源并提供有关信息服务的应用系统，如新浪、网易、人民网等。区别于企业类门户网站，政府门户网站有三点重要特征，即服务非营利性、真实权威性、政治导向性。所谓服务公益性是首要特征，指以全心全意、时时刻刻为网民服务为宗旨，服务便捷、应用丰富，不谋求任何经济利润；所谓真实权威性是指数据信息准确、全面、客观、可靠、有效、合法，内容易于理解并有较强逻辑性和说服力；所谓政治导向性，是指及时公开政府的各项路线、方针、政策以及法律法规，同时主动接受网民监督。

河南省共 18 个省辖市，每个省辖市政府都建有自己的门户网站。本文的研究限于 18 个省辖市政府门户网站，网络数据采集时间截至 2014 年 1 月 29 日。

本文研究主要采用调查研究法、比较分析法、网络采集数据法等方法，秉持理论与实际相结合、定性与定量相结合的原则，在综合研究了《河南省辖市政府门户网站绩效评估指标体系》、北京大学的《中国电子政务评估标准》

---

① Barack Obama（2009），*Transparency and Open Government*. http：//www.whitehouse.gov/.
② 陈家刚：《从社会管理走向社会治理》，《学习时报》2012 年 10 月 22 日。

和国家行政学院的《电子政务评估指标体系研究》的基础上，重新梳理省辖市政府门户网站评价指标体系，围绕网站设计、网站安全、政府信息公开、在线办事、公众参与等五大主线，系统考察河南18个省辖市政府门户网站的建设现状与存在问题，并加以比较分析，在此基础上，结合国外一些先进的政府门户网站建设经验，提出优化省辖市政府门户网站的对策建议，从而推动地方政府信息化发展。

一 河南省辖市门户网站评估分析

（一）网站设计

1. 访问速度有待优化

在数字化时代，网站的正常访问及访问速度直接关系到网站执行效率和用户体验。本次调查显示，18个省辖市政府门户网站全部能够正常浏览，没有出现无法访问的情况。但是，通过中文ALEXA（http：//alexa.chinaz.com/）对18个省辖市政府门户网站的访问速度进行评分，发现彼此间差距较大。其中，南阳市表现最好，三门峡市、鹤壁市、驻马店市、平顶山市、安阳市表现最差，评分不到30分（见图1）。

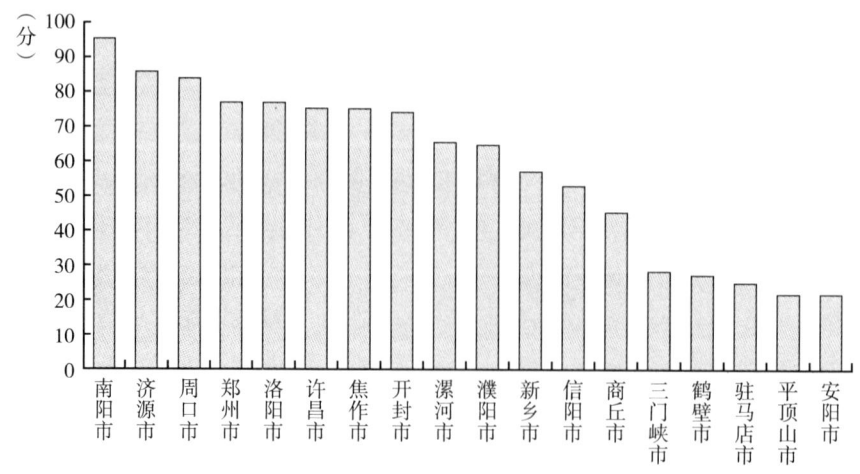

图1 ALEXA统计得分

2. 国际化程度总体不高

河南省对外开放不断深化，各级政府门户网站作为全球信息化浪潮的桥头堡，其重要地位日益凸显。通过调查发现，18个省辖市政府门户网站的国际化程度普遍滞后，83%的网站没有外文版，44%没有中文繁体。其中，信阳市、新乡市设置了简体、繁体和英文选项，但只能使用简体；许昌市设置了中文简体、繁体和英文，但英文不能使用；开封市设置了简体、繁体、英文、日本语、韩语，并且都可以使用，国际化程度最高。此外，郑州和开封都设置了无障碍阅读和手机版（鹤壁市2014年3月份增设了无障碍阅读功能）。总体来说，18个省辖市政府门户网站对外交流的功能渠道有待开发，国际化程度从高到低依次排序结果（见图2）。

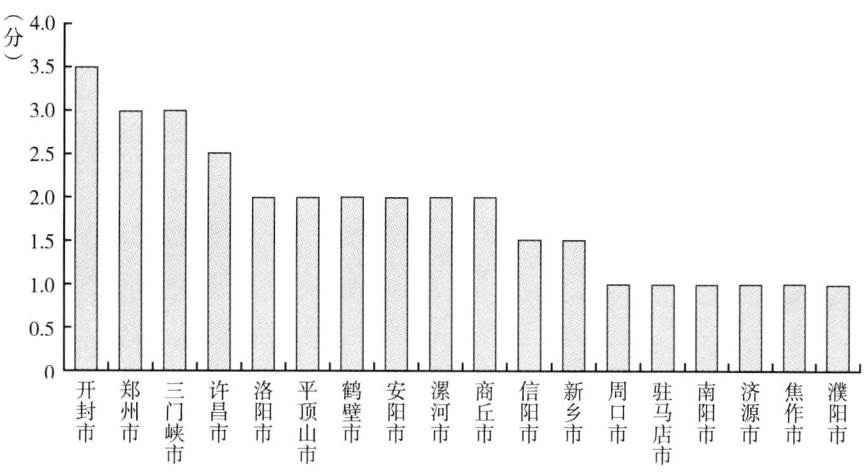

图2　国际化程度

注：网站设计上，有简体版、繁体版、外文版功能均得1分，有功能设置而无法实现的，得0.5分，外文语种设置超过两种以上的，多得0.5分。

3. 网址与网站名称规范性较差

网址与网站名称的规范直接关系用户检索的准确性和可访问性；网址或网站名称的不规范可能导致无法访问、登陆钓鱼网站、反复查询等问题，都会极大影响用户体验。作为政府门户网站，在网址与网站名称的规范上应该更加严谨；一般来说，网址应采用"www. 行政区简称汉语全拼 . gov. cn"，网站名称应确定为"×××人民政府门户网站"。

通过对18个省辖市政府门户网站的调查发现，只有33%的网站比较规范，67%的网站不够规范。其中，商丘市、三门峡市、平顶山市是网址不够规范，焦作市、濮阳市、济源市、驻马店市、开封市、新乡市、鹤壁市是网站名称不够规范（详见表1）。洛阳市和安阳市在规范性上表现最差。这些不规范使用给用户使用网站带来了很大的不便。

表1 18个省辖市政府门户网站名称与网址详单

规范性较好	1	信阳市人民政府门户网站	http://www.xinyang.gov.cn/
	2	漯河市人民政府门户网站	http://www.luohe.gov.cn/
	3	许昌市人民政府门户网站	http://www.xuchang.gov.cn/
	4	南阳市人民政府门户网站	http://www.nanyang.gov.cn/
	5	郑州市人民政府门户网站	http://www.zhengzhou.gov.cn/
	6	周口市人民政府门户网站	http://www.zhoukou.gov.cn/
网址不规范	1	商丘市人民政府门户网站	http://www.shangqiu.cn/viewpage?path=/index.html
	2	三门峡市人民政府门户网站	http://www.smx.gov.cn/
	3	中国平顶山市政府门户网站	http://www.pds.gov.cn/
网站名称不规范	1	焦作市人民政府	http://www.jiaozuo.gov.cn/
	2	濮阳市政府门户网站！	http://www.puyang.gov.cn/
	3	济源之窗——济源市政务门户网站	http://www.jiyuan.gov.cn/
	4	驻马店市人民政府网站	http://www.zhumadian.gov.cn/
	5	中国·开封公众信息网	http://www.kaifeng.gov.cn/
	6	新乡市人民政府	http://www.xinxiang.gov.cn/
	7	鹤壁政府门户网站	http://www.hebi.gov.cn/
规范性较差	1	洛阳市政府网站	http://www.ly.gov.cn/
	2	安阳市政府网站	http://www.anyang.gov.cn/index.jsp

在上述调查的基础上，按网址与网站名称的规范性程度高中低（3、2、1）依次对18个省辖市政府门户网站进行了排序（见图3）。

4. 页面展示各有特色

个性化设计可以有效增强网站辨识度和网络传播效果。地方政府门户网站拥有个性化LOGO，能够极大提升地方政府形象。通过调查发现，信阳市、济源市拥有个性化LOGO，开封市、商丘市、安阳市没有设计LOGO，其他13个省辖市政府门户网站则以国徽作为LOGO。如果地方政府门户网站以国徽为主LOGO，

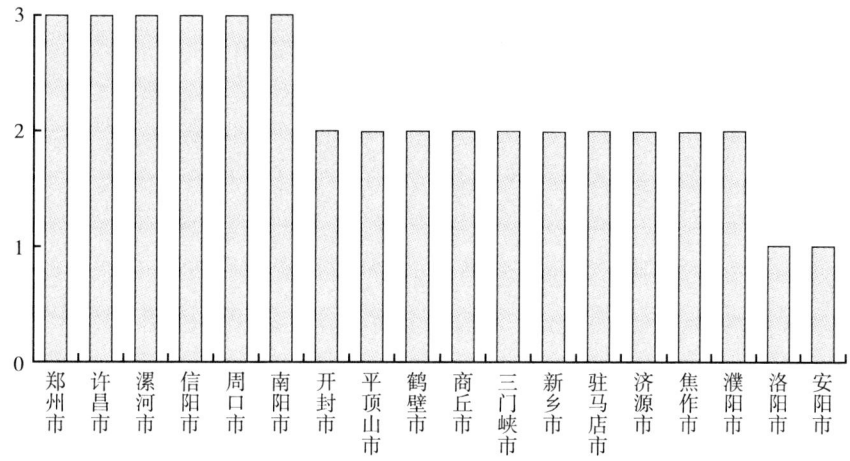

图3 网址名称规范程度

增加一个具有地方特色的副LOGO，既能保持了统一权威，又凸显了个性特色。

首页是网站给用户的"第一印象"，首页布局直接关系用户的体验感受。在首页布局（栏目导航、内容布局、字体色调、图文特效、友情链接、站内搜索等）上，虽然18个省辖市政府门户网站相对旧版本进行了较大更新与美化，但是政府类网站应该具备的简洁庄重的特质尚未较好表现出来，平均分为6.6（见图4）。其中，安阳市与驻马店市的站内搜索"徒有其表"，不能使用。

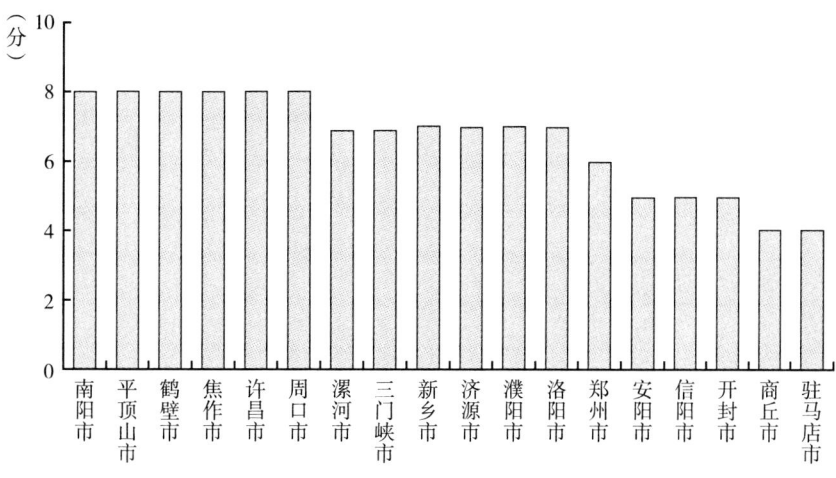

图4 网站主页第一印象

（二）网站安全

1. 网站安全风险较大

2014年2月27日，习近平总书记在中央网络安全和信息化领导小组第一次会议上强调，"网络安全和信息化是事关国家安全和国家发展、事关广大人民群众工作生活的重大战略问题"。政府信息化程度不断加深的同时，政府面临的网络环境安全风险也在不断增多。对关乎国家机密和民生服务的政府部门来讲，保障政府门户网站安全性变得越来越重要。通过对18个省辖市政府门户网站进行的360网站安全检测结果显示，44.4%的省辖市政府门户网站存在安全漏洞，其中濮阳市政府门户网站存在严重安全漏洞（见图5）。

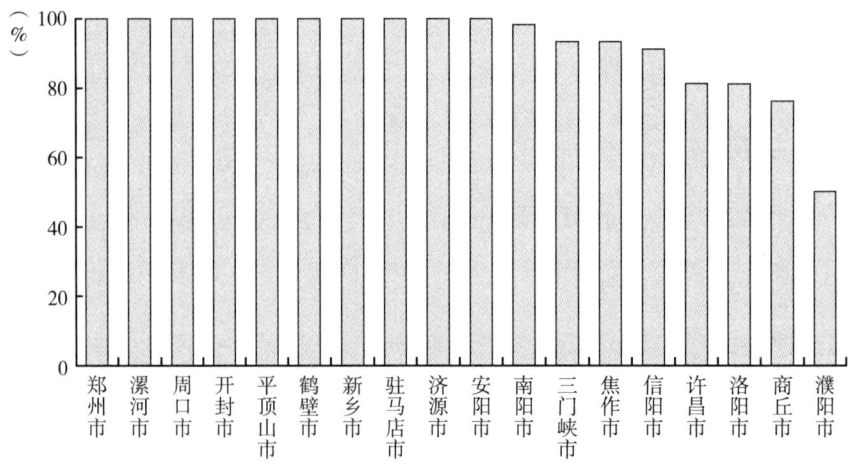

图5　网站安全程度

2. 运营维护成本较高

在日常管理方面，18个省辖市政府门户网站都由市政府下设的专门办公室负责；各地负责的机构名称不同，有的是网络信息中心，有的是电子政务办，有的是数字城市办公室，有的是市政府办公室。随着地方政府间横向合作的需求日益增强，省辖市政府门户网站的行政管理机构应该从统一名称做起，向打造无边界E政府迈进。此外，省辖市政府门户网站子网站也都依照传统行政组织架构各自设置一套相关软硬件设备以及负责机构和人员，造成分散投资、重复建设，成本高且易形成"信息孤岛"。

在技术支持方面，由于计算机网络管理员比较缺乏，一般公务人员难以胜任在安装维护计算机软硬件、监控局域网、排除故障、维护数据以及网络安全方面的专业工作，因而，18个省辖市政府门户网站以及下属公共部门网站全部采取外包的方式，各自指定互联网企业予以维护。随着云计算技术在电子政务领域的应用，政府门户网站应由分散运行向集中管理转变，如此可以显著降低政府网站信息安全成本，实现部门网站与门户网站信息同步更新，统一政府门户网站形象，减少政府网站工作人员。

（三）政府信息公开

1. 信息公开程度有待深化

政府信息公开是现代政府的内在必然要求，是推进依法行政、打造"阳光政府"、提升政府公信力的重要举措。18个省辖市政府门户网站都开设了"政务公开"或"政府信息公开"专栏，然而在政府部门信息公开上几乎空白。

根据《中华人民共和国政府信息公开条例》第十条、十一条和《当前政府信息公开重点工作安排》（国办发〔2013〕73号）两个文件，18个省辖市在机构信息、政务动态、法规公文、政府公报、规划计划、人事任免、财政预决算、政府采购、收费管理、行政许可、统计信息、重大建设项目、重点领域、监督检查等十四个项目上总体表现良好，前六项信息量公开较丰富，不足之处主要在于信息质量不高、规范性欠佳、内容欠缺、条目不清等；其中，驻马店市表现最差（见图6）。

2. 信息更新频度相对及时

更新程度是衡量一个网站质量的主要指标，一个高质量的网站会有一个固定的更新频率。为了清晰了解各省辖市政府门户网站的信息更新频度，以政府工作报告或年度公报的更新情况为线索，分别以连续三年更新、连续两年更新、仅一次更新用图示表现为总体上更新频率较高，仅驻马店市和周口市更新缓慢（见图7）。在统计调查中还发现，在"政务动态"或"政务新闻"栏目更新最快，且图文并茂。相比之下，其他栏目的信息更新就显得有些迟钝；有

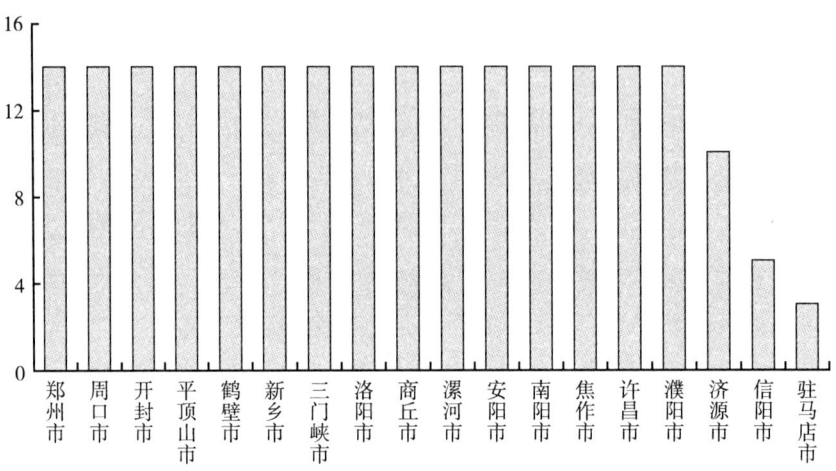

图 6 信息公开程度

的只是"加新"而不是"更新",一些废止、失效的"垃圾文件"应当及时删除,避免误导。

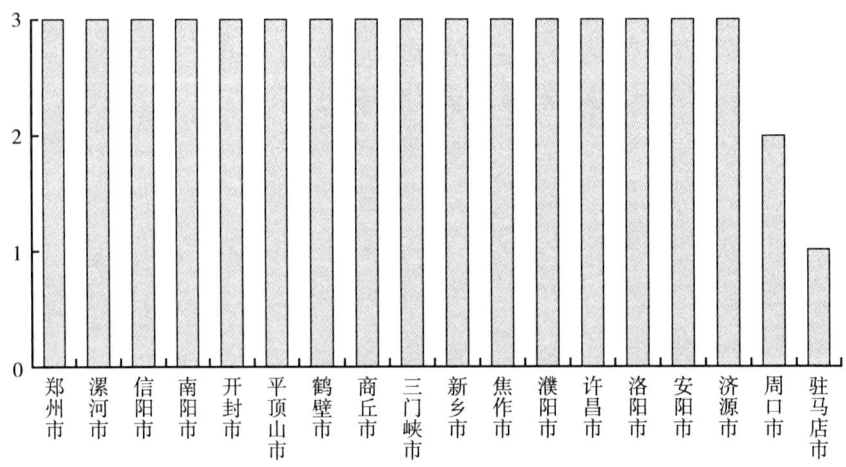

图 7 政府信息更新频度

(四)在线办事

1. 公共服务事项基本覆盖

随着服务型政府的建设,18个省辖市政府门户网站纷纷加强公共服务方面的功能,设置的栏目基本覆盖公共服务领域的方方面面,主要包括生育收养、文化教育、考试就业、住房、交通、户籍身份、婚姻家庭、医疗卫生、租房住房、城乡低保、社会保障、纳税服务、兵役服务、消费维权、出境入境、护照驾照、法律援助、离休退休、殡葬服务等事项,但大多数服务事项里仅有简介,服务事项也尚未细化。此外,还有其他一些特色服务,如地图服务、电话号码服务、天气服务、旅游服务、投资服务、(济源市)定制服务等。

2. 在线服务功能推进缓慢

服务是政府门户网站的生命线,面向企业和社会公众提供公共服务是政府网站的核心内容之一。但由于技术的实施难度、政府 EA 缺少规划、数据和业务流程整合的不够,在线办公在实现和操作上远比信息上网难得多。所有的政府门户网站都开设了在线办事栏目,并把在线办事与公共服务结合了起来,但此服务功能十分有限。政府门户网站都不能直接实现网上预约、网上申报、在线审批等功能,一些跳转到其他网站;一些则是"暂无信息"。网上办公通常只是在某一个阶段或某一功能上,而非全程式,流程化,还不能够完全实现"一站式服务",即只具有网上办公的个别环节(如下载表格或填报信息),不能全程进行网上办公处理。

(五)公众参与

1. 政民互动方式多样

伴随 Web 2.0 时代的到来,公众从未能如此与政府进行广泛而深入的互动,及时而便捷地参政议政,广泛地参与到社会的管理和监督当中来。政府门户网站正在成为政府与民众交流互动的桥梁和平台。通过调查发现,除驻马店市以外,其他政府门户网站都开设了互动交流板块,主要有"市长信箱"、"在线访谈"、"网上调查"、"政务论坛"、"建言献策"、"网上信访"、"网上举报"、"网上咨询"等栏目。在互动方式上多种多样,主要有电子邮箱、电子留言板、电子问卷调查、BBS、在线访谈、固定电话等(见图8)。但是,从互动效果上来讲,BBS 的活跃程度高,如洛阳市"连线政府"、焦作市的"政府在线"、鹤壁市的"政务论坛"、郑州市的"心通桥"、安阳市的"连线政府"、新乡市的"牧野论坛"、南阳市的"百姓心声"等人气较旺。在回应性上,以市长信箱为例,大多数省辖市政府门户网站都能在一定工作日内进行逐条反馈,仅驻马店市采用按季度进行集中通报。

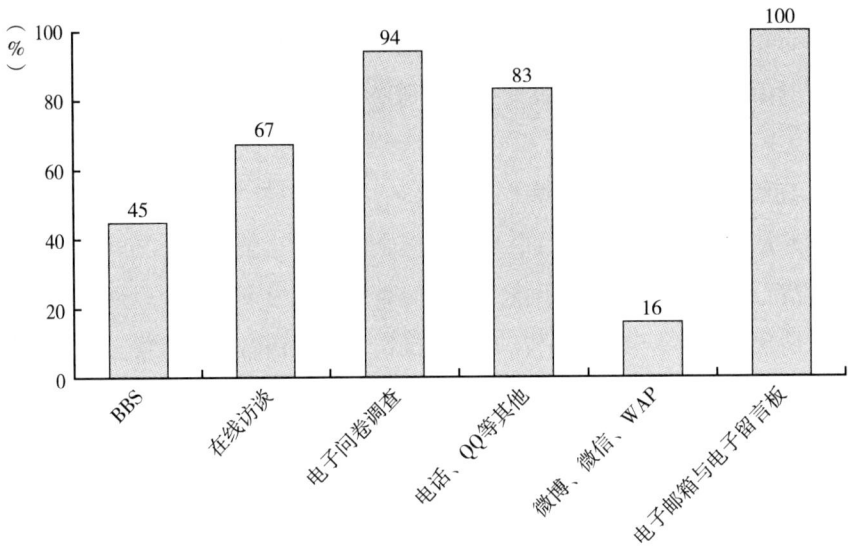

图8 互动方式分布情况

2. 政务微博日渐普及

截至2012年12月20日,新浪网、腾讯网、人民网、新华网四家微博客网站共有政务微博客账号176714个,较2011年新增了126153个,增长了249.51%。[1] 政务微博在社会治理、信息公开、舆论引导、政民互动等方面起到了积极的作用,日益成为政府门户网站建设中的重要参与互动渠道。济源市政府门户网站添加了政务微博板块,依托新浪微博整合建设了河南省济源市政务微博广场。根据新浪网的数据统计显示,截至2014年1月政务微博数量排名前三位的省辖市为郑州市、洛阳市、周口市(见图9)。但是,绝大多数政务微博与政府门户网站尚未形成对接和互补。

---

[1] 国家行政学院电子政务研究中心:《2012年中国政务微博客评估报告》,国家行政学院出版社,2013年。

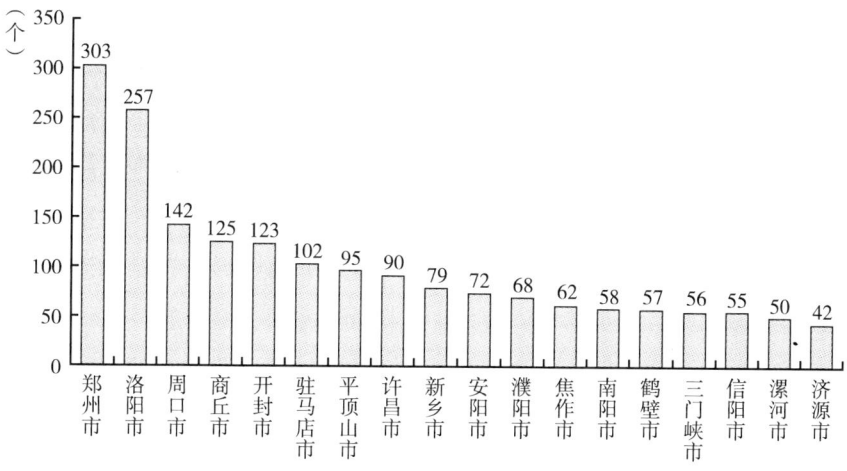

图9 地方政府（新浪）微博数量

二 对策建议

总体而言，18个省辖市政府门户网站建设还处于建设发展阶段。政府门户网站的功能定位基本能够得到良好体现，尤其在政务信息的全面性和网站信息数量上较为明显。但在内容准确性、资源关联性、服务实用性、页面易用性、网站安全性和用户交互性等方面存在不足，"看不懂、不好找、不准确、不实用、不亲民"等现象也比较普遍。

基于以上分析，对18个省辖市政府门户网站提出以下改进对策。

第一，利用云技术和移动互联网共同打造"市民云服务"，整合政府门户网站的公共服务资源，提升政府公共服务能力。"市民云"是以市民实名认证为基础，市民只要通过手机点开APP就能实现养老金、公积金、医疗保险金、水电气、交通违章、健康档案等个人信息订阅和推送，进行审批办证、医院挂号、预约办理等服务以及网络实名制参与调研、市民互动问答等。

第二，应积极发挥政府门户网站的第一平台作用，开展网络问政。随着互联网的普及和社会的发展，百姓通过网络直接问政正在成为我国政治生活中不可忽视的重要环节，越来越多的人倾向于通过网络来表达利益诉求；政府应该积极通过政府门户网站加强与人民群众互动沟通,建立常态化、制度化的社情民意收集机制,推进政府决策科学化。

第三,应着力加强网络管理员队伍建设,塑造政府门户网站的良好形象。以提高政府门户网站工作效率和服务质量为目的,增强网站管理员的网络技术水平和服务意识,不断利用网络新兴渠道和工具如论坛、微博等,拓展政府门户网站的互动性,在网上传播正能量,及时主动地发布政府决策和涉及经济民生的各类权威信息,对群体性、突发性、负面性事件予以快速反应,用开放姿态对应各种网络谣言,解决人民群众最关心、最直接、最现实的利益问题。

第三部分　调查篇

Investigation Reports

河南省社会治理状况问卷调查分析

孙远太　侯　帅*

摘　要：

河南省社会治理综合调查表明，居民公共服务满意度较高，教育和养老服务关注最高；居民通过居委会的社会参与较多，社会组织参与较低；居民的社会信任从中央到基层递减，对宗教组织信任最低；居民的权益受到关注，干部联系群众工作不容乐观。下一步加强和创新社会管理需要在改进政府提供公共服务方式、维护群众权益机制、提高综合治理能力和推进社会建设方面做出努力。

关键词：

社会治理　社会参与　社会信任　社会冲突

为了全面了解河南省新型城镇化和社会治理创新的实践状况，更好地反映河南省社会建设与治理的发展水平，社会管理河南省协同创新中心组成调查

---

* 孙远太，博士，郑州大学公共管理学院副教授，社会管理河南省协同创新中心研究员，研究方向为基层社会治理；侯帅，郑州大学公共管理学院 2013 级政治学理论研究生。

组,对河南省各地城镇化进程中社会治理创新的探索和实践进行调查。本次调查按照严格的科学抽样,在全省共抽取十个县(市、区),共发放问卷1000份,回收有效问卷979份,回收率97.9%。调查样本中男性为533人,女性为446人,男女比例为54.4∶45.6。其中教育程度在小学及以下的人数为168人,初中为362人,高中或中专为273人,大专及以上为175人。27.2%的人为中共党员,6.2%的人为共青团员,66.6%的人为群众。调查样本中居住在城市的比例为55.4%,农村的比例为44.6%。其中30岁以下人数所占的比例为13.6%,31~45岁人数所占的比例为35.8%,46~60岁人数所占的比例为34.5%,60岁以上人数所占比例为16.1%。关于工作状况,21.8%的人在家干农活,22.2%的人没有工作,20.4%的人靠打零工生活,27.3%有稳定的工作,剩下8.4%的人已退休(见表1)。

表1 调查样本描述分析

单位:人,%

变量	指标	人数	比例	变量	指标	人数	比例
性别	男	533	54.4	工作状况	在家干农活	211	21.8
	女	446	45.6		无工作	215	22.2
教育程度	小学及以下	168	17.2		打零工	197	20.4
	初中	362	37.0		有稳定工作	264	27.3
	高中或中专	273	27.9		已退休	81	8.4
	大专及以上	175	17.9	年龄	30岁以下	132	13.6
政治面貌	中共党员	242	27.2		31~45岁	347	35.8
	共青团员	56	6.2		46~60岁	334	34.5
	群众	597	66.6		60岁以上	156	16.1
居住地	城市	531	55.4		—	—	—
	农村	428	44.6		—	—	—

一 河南省社会治理状况的描述分析

社会治理与群众的利益息息相关,涉及的主题也很多。本次调查侧重于了解社会建设中的社会治理状况,因此主要从公共服务、社会参与、社会信任、社会环境几个方面进行分析。

（一）居民公共服务满意度较高，教育和养老关注最高

这里的公共服务是指基本公共服务。基本公共服务是建立在一定社会共识基础上，由政府主导提供的，与经济社会发展水平和阶段相适应，旨在保障全体公民生存和发展基本需求的公共服务。[①] 基本公共服务范围，一般包括保障基本民生需求的教育、就业、社会保障、医疗卫生、计划生育、住房保障、文化体育等领域的公共服务，广义上还包括与人民生活环境紧密关联的交通、通信、公用设施、环境保护等领域的公共服务，以及保障安全需要的公共安全、消费安全和国防安全等领域的公共服务。

本次调查设计了教育、医疗、养老、低保、特困人群救助、问题设施、社会治安等问题。我们首先分析被访者对不同基本公共服务的关注情况。关于基本公共服务，公众关注最多的前两位是子女教育、养老服务，关注率分别是67.7%和60.8%。公众关注最少的是文体设施，关注率为28%。关于低保问题，36%的人关注，64%的人不关注；特困人群救助，31.2%的人关注，68.8%的人不关注；医疗服务，38%的人关注，62%的人不关注；周边治安，39.4%的人关注，60.6%的人不关注；关于环境卫生，49.3%的人关注，而50.7%的人不关注（见表2）。

表2 居民基本公共服务关注情况

单位：%，人

公共服务	关注	不关注	公共服务	关注	不关注
子女教育	67.7 (657)	32.3 (314)	文体设施	28.0 (272)	72.0 (698)
低保问题	36.0 (350)	64.0 (621)	养老服务	60.8 (541)	39.2 (349)
特困人群救助	31.2 (303)	68.8 (669)	医疗服务	38.0 (337)	62.0 (550)
环境卫生	49.3 (479)	50.7 (492)	周边治安	39.4 (383)	60.6 (588)

注：百分比，括号内为样本数，下同。

---

① 国务院：《国家基本公共服务体系"十二五"规划》，2007。

关于基本公共服务满意情况的分析来看,居民对大部分公共服务的满意度都超过了半数(就业培训除外)。评价非常满意的公共服务有子女教育(23.2%)和医疗保险(23.6%);评价不清楚的公共服务是就业培训(21.7%)(见表3)。

表3 居民基本公共服务满意情况

单位:%,人

公共服务	非常满意	比较满意	一般	不太满意	非常不满意	不清楚
子女教育	23.2 (223)	46.1 (445)	19.9 (192)	5.2 (50)	1.3 (13)	4.3 (42)
医疗保险	23.6 (230)	46.2 (450)	19.5 (190)	6.2 (60)	1.2 (12)	3.2 (31)
医疗服务	20.2 (196)	44.9 (435)	23.1 (224)	6.0 (58)	2.3 (22)	3.5 (34)
养老保险	21.5 (207)	42.3 (408)	18.4 (178)	5.7 (55)	1.5 (14)	10.7 (103)
养老服务	18.3 (177)	38.9 (376)	21.7 (210)	6.5 (63)	1.4 (14)	13.1 (127)
低保问题	19.9 (192)	35.1 (339)	18.9 (183)	5.8 (56)	2.2 (21)	18.2 (176)
特困人群救助	18.1 (175)	35.7 (345)	20.6 (199)	5.9 (57)	0.9 (9)	18.7 (181)
就业培训	15.1 (146)	30.4 (294)	23.4 (226)	8.1 (78)	1.3 (13)	21.7 (210)
环境卫生	20.1 (195)	40.7 (394)	25.2 (244)	9.7 (94)	3.3 (32)	1.0 (10)
治安问题	21.7 (210)	49.0 (474)	21.1 (204)	5.4 (52)	1.7 (16)	1.2 (12)
文体设施	19.1 (185)	42.9 (415)	23.1 (224)	9.9 (96)	1.9 (18)	3.1 (30)
社区文化	20.6 (198)	43.2 (415)	23.2 (223)	7.8 (75)	1.7 (16)	3.4 (33)

关于公共服务总体满意度,18.1%的人对公共服务总体非常满意;48.8%的人对公共服务总体比较满意;26.8%的人对公共服务总体评价一般;4.9%的人对公共服务总体不太满意;只有1.4%的人对公众服务总体非常不满意。

(二)居民通过居委会的社会参与较多,社会组织参与较低

社会参与是以社会公众对自身利益的关心和对社会公共利益、公共事务的自觉认同为基础,通过对社会发展活动的积极参与实现发展的过程。社会参与能够使社会公众真正成为处理自己相关事务推动社会发展的主体,而不是只被看作工具或手段,从而强化公民的公共意识,提高人们在社会中的自主意识和自主空间。可以动员、组织、支持和推动人民采取行动解决自身相关的发展问题,形成以社区或其他行动场所为载体的自治机制,将社区性的或某一活动范围内的公共事务交由成员自己来治理。可以通过各种公益性民间组织的培育,执行过去由政府执行的某些公益性职能,形成对政府机制的制约和补充。

关于社会参与情况,我们首先关注的是社区管理参与情况。根据被访者的回答,77%的人参与村(居)委会选举,23%的人没有参与村(居)委会选举;35.8%的人参加村(居)委会管理,64.2%的人没有参加村(居)委会管理;45.6%的人向村(居)委会提建议,54.4%的人没有向村(居)委会提建议。社会参与还包括通过何种方式反映问题。根据被访者的回答,7.4%的人有过向新闻媒体反映问题,19.8%的人有过向政府部门反映问题;社会参与也包括社区的参与情况。根据被访者的回答,50.2%的人参加社区公益活动,41%的人参加社区庆典活动;社区参与也包括一些非正常的意见表达方式。根据被访者的回答,关于集体上访、写联名信和抗议或请愿,97%以上的人都没有参与过(见表4)。

表4 居民社会参与情况

单位:%,人

社会参与	有	没有	社会参与	有	没有
参加村(居)委会选举	77.0 (750)	23.0 (224)	参加社区公益活动	50.2 (490)	49.8 (487)
参加村(居)委会管理	35.8 (349)	64.2 (627)	参加社区庆典活动	41.0 (400)	59.0 (575)
向村(居)委会提建议	45.6 (444)	54.4 (530)	参加集体上访	2.8 (27)	97.2 (949)
向新闻媒体反映问题	7.4 (72)	92.6 (903)	参加写联名信	1.1 (11)	98.9 (965)
向政府部门反映问题	19.8 (193)	80.2 (783)	参加抗议或请愿	1.4 (14)	98.6 (965)

另外，社会参与可以通过社会组织的方式进行。城乡居民的社会组织参与情况很大程度上反映着他们的社会参与。

关于农民专业合作社，只有30.2%的人了解，14.5%的人参加过；69.8%的人不了解，85.4%的人没有参加过。关于宗教组织，30.3%的人了解，7.2%的人参加过；69.7%的人不了解，92.8%的人没有参加过。关于健身团体（广场舞），70.9%的人了解，29.5%的人参加过；29.1%的人不了解，70.5%的人没有参加过。关于文艺队（秧歌队、舞蹈队、军乐队），66.7%的人了解，22.2%的人参加过；33.3%的人不了解，77.8%的人没有参加过。关于公益组织（调解、环保、红白喜事理事会），70.8%的人了解，34.3%的人参加过；29.2%的人不了解，65.7%的人没有参加过。关于治安组织（巡逻队），71.2%的人了解，20.9%的人参加过；28.8%的人不了解，79.1%的人没有参加过（见表5）。

表5 居民社会组织参与情况

单位：%，人

组织名称	a. 有无情况		b. 参加情况	
	了解	不了解	参加	没参加
农民专业合作社	30.2 (287)	69.8 (662)	14.5 (127)	85.4 (749)
宗教组织	30.3 (289)	69.7 (665)	7.2 (62)	92.8 (817)
健身团体(广场舞)	70.9 (681)	29.1 (280)	29.5 (277)	70.5 (661)
文艺队(秧歌队、舞蹈队、军乐队)	66.7 (639)	33.3 (319)	22.2 (207)	77.8 (727)
公益组织(调解、环保、红白喜事理事会)	70.8 (677)	29.2 (279)	34.3 (321)	65.7 (616)
治安组织(巡逻队等)	71.2 (682)	28.8 (276)	20.9 (194)	79.1 (735)

关于社会治理中居民参与情况，被访者持肯定态度的居多。当问及"社会管理事关群众利益，群众应当积极参与"时，有91.5%的被访者同意；当问及"社会管理中成立组织参与才有力量"时，有82.1%的被访者同意；当

问及"群众参与社会管理只会添乱"时,仅有22.3%的被访者同意;当问及"邻里纠纷可以由老百姓自己解决"时,不同意的被访者较多,达到38.4%;当问及"社会服务要调动老百姓的积极性"时,同意者达到90.5%(见表6)。

表6 居民社会治理参与的意识

单位:%

	同意	无所谓	不同意
社会管理事关群众利益,群众应当积极参与	91.5	4.5	4.0
社会管理中成立组织参与才有力量	82.1	8.9	9.0
群众参与社会管理只会添乱	22.3	9.0	68.7
邻里纠纷可以由老百姓自己解决	52.7	8.9	38.4
社会服务要调动老百姓的积极性	90.5	6.5	3.0

关于是否愿意作为志愿者参与公益活动时,90%的人非常愿意作为志愿者参与到公益活动中,只有9.5%的人不愿意作为志愿者参与公益活动。关于参加志愿活动的类型,73.9%的人愿意参加邻里互助;54.1%的人愿意参加环境保护;50%的人愿意参加救济贫弱;47.7%的人愿意照顾孤寡残障人士;47.5%的人愿意参加社区文体活动;34%的人愿意参加社区民主管理;26.2%的人则愿意参加服务社区居民(见图1)。

(三)居民的社会信任从中央到基层递减,对宗教组织信任最低

社会信任是一个社会和谐运行与健康发展的基础。在2013年中国社会科学院发布的"社会心态蓝皮书"中指出,社会的总体信任进一步下降。人与人之间的不信任进一步扩大,只有不到一半的人认为社会上大多数人可信,只有二至三成信任陌生人。群体间的不信任加深和固化,表现为官民、警民、医患、民商等社会关系的不信任,也表现在不同阶层、群体之间的不信任。社会不信任导致社会冲突增加,又进一步强化了社会的不信任,陷入恶性循环的困境中。

在我们的调查中,设计了居民对不同机构或组织的信任情况,包括法院及司法系统、中央政府、省级政府、地市级政府、县级政府、乡镇政府和村委会,以及公安部门、中央媒体、地方媒体、慈善组织、全国人民代表大会、县

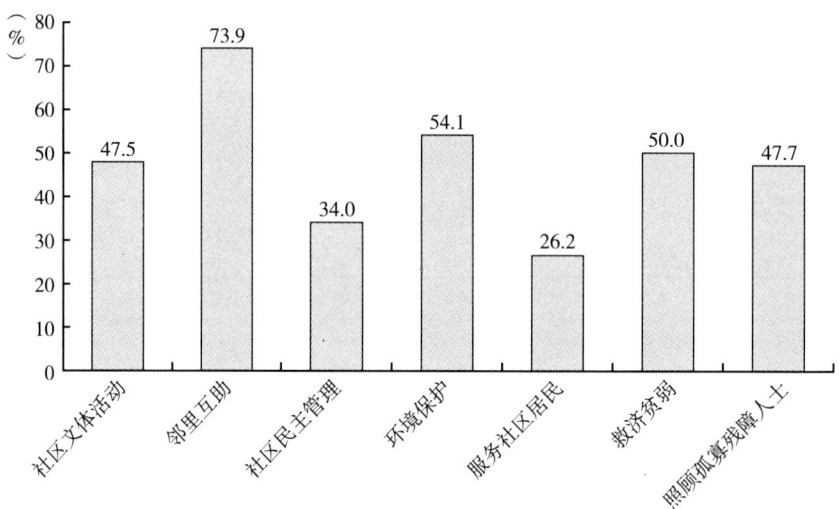

图 1　参加志愿活动的类型

人民代表大会、乡人民代表大会、宗教组织、学校等。信任情况包括五种类型：完全不可信、比较不可信、介于可信与不可信之间、比较可信、完全可信。居民对不同类型的组织信任情况有很大差异。其中，宗教组织的信任程度是最低的，仅有10.3%的居民认为宗教组织"完全可信"。居民对中央政府、省级政府、地市级政府、县级政府和乡镇政府的信任呈现出递减趋势，说明居民对基层政府信任度降低。关于人民代表大会的情况也出现类似的趋势（见表7）。

表 7　居民社会信任情况分析

单位：%，人

机构或组织	完全不可信	比较不可信	介于可信与不可信之间	比较可信	完全可信
法院及司法系统	2.4 (23)	4.6 (45)	16.6 (161)	40.4 (391)	36.0 (348)
中央政府	1.1 (10)	2.1 (21)	5.1 (50)	29.8 (291)	61.9 (605)
省级政府	1.1 (10)	2.6 (25)	6.4 (62)	33.9 (331)	56.0 (546)
地市级政府	2.0 (19)	3.8 (37)	9.7 (94)	35.1 (342)	49.5 (482)

续表

机构或组织	完全不可信	比较不可信	介于可信与不可信之间	比较可信	完全可信
县级政府	2.2 (21)	4.8 (47)	12.1 (118)	35.2 (340)	45.7 (444)
乡镇政府	2.8 (27)	5.7 (55)	12.2 (118)	36.8 (357)	42.5 (413)
村委会	2.5 (24)	5.9 (57)	12.6 (122)	39.3 (382)	39.8 (386)
公安部门	2.8 (27)	4.6 (45)	14.2 (138)	40.4 (393)	38.0 (370)
中央媒体	1.2 (12)	2.1 (20)	12.8 (125)	35.5 (346)	48.4 (471)
地方媒体	2.4 (23)	3.2 (31)	20.0 (195)	39.1 (380)	35.4 (344)
慈善组织	2.7 (26)	6.1 (59)	25.2 (244)	39.0 (378)	27.1 (263)
全国人民代表大会	1.3 (13)	2.1 (20)	9.3 (90)	33.9 (329)	53.4 (518)
县人民代表大会	1.8 (17)	3.3 (32)	12.2 (118)	37.4 (362)	45.4 (439)
乡人民代表大会	2.9 (28)	3.9 (38)	15.1 (146)	35.3 (341)	42.8 (414)
宗教组织	30.3 (292)	17.6 (170)	27.1 (261)	14.7 (142)	10.3 (99)
学校及教育系统	1.1 (11)	3.0 (29)	11.3 (110)	44.6 (435)	40.1 (391)

（四）干部关心群众权益，但联系群众不容乐观

社会治理主要是对人的服务和管理，说到底就是做群众工作。领导干部如何做好群众工作，关键在于维护群众权益。在调查中我们设计了关于群众权益维护的问题，下面进行具体分析。

调查表明地区干部关心群众权益的情况较好。在被访者中，仅有9.9%的群众认为干部不关心群众权益；有66.9%的群众认为干部关心群众权益。而在"当地干部联系群众现场调研的情况"的调查发现，干部通过现场调研联

系群众的情况较少。在被访者中，仅有13%的群众认为干部现场调研的情况非常多，有33%的群众认为干部现场调研的情况比较多，有20%的群众认为干部从没有进行现场调研联系群众。

在"当地干部定期接待群众的情况"调查发现，干部通过定期接待群众的方式联系群众的情况较少。在被访者中，仅有14%的群众认为干部定期接待群众的情况非常多，有33%的群众认为干部定期接待群众的情况比较多，有20%的群众认为干部从没有进行定期接待联系群众。

在"当地干部联系群众走访入户的情况"调查发现，干部通过走访入户联系群众的情况较少，但高于现场调研和定期接待。在被访者中，有15%的群众认为干部走访入户的情况非常多，有35%的群众认为干部走访入户的情况比较多，有17%的群众认为干部从没有进行走访入户联系群众。

在"当地干部帮扶的情况"调查发现，干部通过帮扶工作联系群众的情况较少，但高于现场调研、定期接待和走访入户。在被访者中，有13%的群众认为干部帮扶的情况非常多，有39%的群众认为干部帮扶工作的情况比较多，有16%的群众认为干部从没有进行帮扶工作联系群众。

（五）居民的社会冲突意识较低，维权方式相对平和

社会冲突是社会和谐状态的一种偏离。社会治理就是要减少社会冲突因素，增加社会和谐因素。社会冲突可以分为社会冲突意识和社会冲突行为两个层面。社会冲突意识一般从对冲突程度的认识中反映出来，而社会冲突行为则表现为所选取的冲突手段。

在本次调查中设计了让居民回答"穷人与富人、干部和群众、教徒和非教徒、宗族之间"几大群体之间的冲突情况，以此来判断他们的冲突意识。

关于穷人和富人之间的冲突，35.6%的人认为穷人和富人之间没有冲突；36.4%的人认为穷人和富人之间冲突不太严重；20.0%的人认为穷人和富人之间冲突比较严重或非常严重；8.1%的人对穷人和富人之间冲突不清楚。

关于干部和群众之间的冲突，43.4%的人认为干部和群众之间没有冲突；39.2%的人认为干部和群众之间冲突不太严重；12.4%的人认为干部和群众之间冲突比较严重或非常严重；5%的人对干部和群众之间冲突不清楚。

关于教徒和非教徒之间的冲突，47.1%的人认为教徒和非教徒之间没有冲突；18.1%的人认为教徒和非教徒之间冲突不太严重；6.5%的人认为教徒和非教徒之间冲突比较严重或非常严重；28.3%的人对教徒和非教徒之间冲突不清楚。

关于宗族之间的冲突，56%的人认为宗族之间没有冲突；16%的人认为宗族之间冲突不太严重；4.2%的人认为宗族之间冲突比较严重或非常严重；23.8%的人对宗族之间冲突不清楚（见图2）。

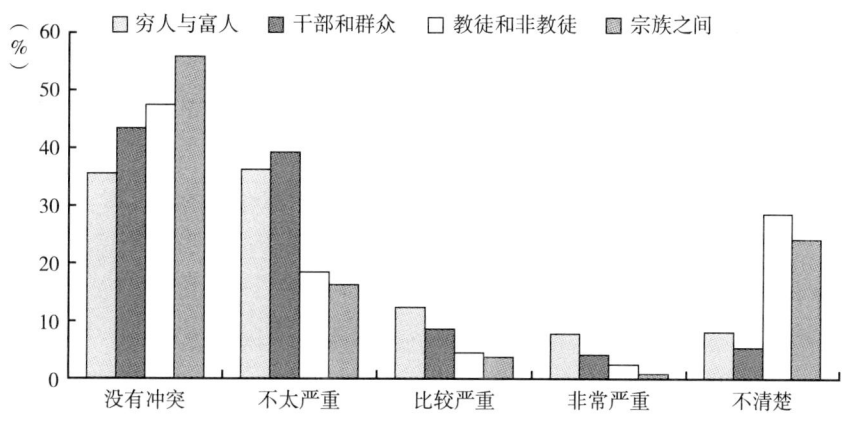

图2 居民对社会群众冲突情况的认识

当问及"您或者您的家人受到不公正对待或权益受到侵害时，您会采取哪种方式解决"，居民选择最多的方式是找村委会、法院和忍了算了。68.4%的人选择找村委会协调，35.1%的人选择向法院起诉来解决；27.3%的人会选择忍了算了；16.4%的人选择寻求社会组织的帮助解决，14.2%的人选择寻求人民团体的帮助解决；11.2%的人选择向新闻媒体投诉来解决；12%的人愿意选择找关系疏通；13.4%的人选择上访来解决问题；8.3%的人会通过直接在网络上曝光寻求帮助；只有2.4%的人会选择到政府门前静坐、请愿以及2.3%的人会选择与对方直接正面冲突。

二 河南省社会治理状况的比较分析

前面的描述从公共服务、社会参与、社会信任、社会冲突几个方面分析了河南省社会治理的基本情况,下面我们将从不同群体、不同地区的比较中分析河南省社会治理状况。

(一)居民公共服务满意度差异分析

根据居民的回答情况,下面我们从城乡居民、文化程度、工作状况、收入水平等方面对居民公共服务满意度情况进行比较分析。调查显示,基本公共服务的城乡差异已经缩小,城乡居民对公共服务满意度的评价趋于一致。但是,不同文化程度、不同工作状况以及不同收入水平的居民对公共服务的满意度有一定差异。

从居住地来看,城乡居民基本公共服务满意度差异较小。这表明近年来随着河南省推动城乡一体化发展,城乡基本公共服务都有了较大发展,城市居民和农村居民对公共服务满意度评价的差异不大(见表8)。

表8 城乡居民公共服务满意情况分析

单位:%

	非常满意	比较满意	一般	不太满意	非常不满意
城市	18.1	48.2	27.4	4.3	1.9
农村	18.4	49.2	26.6	4.9	0.9
总体	18.2	48.6	27.0	4.6	1.5

从居民的文化程度看,文化程度对居民公共服务满意度有一定影响。文化程度为高中的居民公共服务满意度最高,回答满意的比例为69.4%;文化程度为小学的居民公共服务满意度最低,回答满意的比例为61.5%(见表9)。

表9 不同文化程度居民的公共服务满意情况分析

单位:%

	非常满意	比较满意	一般	不太满意	非常不满意
小学及以下	17.5	44.0	29.5	6.6	2.4
初中	16.9	50.3	27.8	3.6	1.4
高中或中专	16.5	52.9	25.0	4.4	1.1
大专及以上	23.4	43.4	25.1	6.9	1.1
总 体	18.1	48.7	26.8	4.9	1.4

从工作状况来看，工作状况影响居民公共服务满意度。无工作的被访者回答不满意的最多，比例为11.1%，说明这部分群体对公共服务的评价有差异。有稳定工作的被访者回答满意的最多，比例为70.8%，说明这部分群体对公共服务的评价较高（见表10）。

表10 不同工作状况居民的公共服务满意情况分析

单位：%

	非常满意	比较满意	一般	不太满意	非常不满意
在家干农活	18.5	50.7	25.6	4.3	0.9
无工作	13.5	47.4	27.9	8.8	2.3
打零工	20.0	43.6	29.7	5.6	1.0
有稳定工作	19.8	51.0	25.5	2.7	1.1
已退休	17.5	52.5	25.0	2.5	2.5
总体	17.9	48.8	26.9	5.0	1.5

从收入情况来看，收入水平是影响公共服务的满意度的因素。收入为3（不含3万）万元~5万元的居民对公共服务满意的最多，比例为73.5%；收入在1万元以下的居民对公共服务满意的最少，比例为64.3%（见表11）。

表11 不同收入水平居民的公共服务满意情况分析

单位：%

	非常满意	比较满意	一般	不太满意	非常不满意
10000元以下	15.1	49.2	28.5	6.1	1.1
10001元~30000元	19.4	50.0	26.3	3.5	0.9
30001元~50000元	24.1	49.4	24.1	2.4	0.0
50001元以上	21.4	48.2	25.0	3.6	1.8
总体	18.3	49.5	26.9	4.4	1.0

（二）居民社会信任度差异分析

调查显示，社会信任度在不同群体、不同地区之间存在着差异。居民的文化程度、工作状况、收入水平以及城乡和地区都对居民的社会信任度有影响。对答案选项进行了赋值、加总和百分比转换。从居住地来看，城市（居委会/

社区）对社会信任度评价较高，得分为39.68；农村（村委会）对社会信任度评价较低，得分为38.21（见表12）。

表12　城乡居民社会信任度

单位：分

	平均值	样本数	标准差
城市（居委会/社区）	39.68	498	14.54
农村（村委会）	38.21	418	14.49
总　体	39.01	916	14.52

从教育程度来看，大专及以上水平的人对社会的信任程度最高，得分为40.79；而小学及以下教育水平的人对社会的信任程度最低，得分为36.03。从表13可以看出，教育程度的不同，对社会的信任程度也不同，教育程度越高，对社会信任度越大。

表13　不同教育程度居民的社会信任度

单位：分

	平均值	样本数	标准差
小学及以下	36.03	162	13.09
初中	39.10	348	14.24
高中或中专	39.60	260	15.01
大专及以上	40.79	165	14.91
总　体	39.01	935	14.44

从工作状况来看，在家干农活者的社会信任度最低，得分为36.30；而无工作者对社会信任度最高，得分为41.30。从表14看出，除在家干农活者的社会信任度较低以外，无工作者、打零工者、稳定工作者和已退休者对社会信任度较高。

在调查样本中，关于社会信任度，从收入状况来看，收入为10001元~30000元的人对社会信任度评价较高，得分为39.65；其余收入段的人普遍对社会信任度评价较低，其中，收入为30001元~50000元者对社会信任度评价最低，得分为36.57（见表15）。

表 14　不同工作状况居民的社会信任度

单位：分

	平均值	样本数	标准差
在家干农活	36.30	202	12.45
无工作	41.30	205	15.93
打零工	39.21	191	13.95
有稳定工作	39.08	256	14.08
已退休	38.98	71	15.55
总　体	38.99	925	14.34

表 15　不同收入水平居民的社会信任度

单位：分

	平均值	样本数	标准差
10000 元以下	38.30	342	14.23
10001 元～30000 元	39.65	419	14.91
30001 元～50000 元	36.57	77	12.63
50001 元以上	37.86	55	12.62
总体	38.76	893	14.34

在调查样本中，关于社会信任度，从抽取的 10 个县区来看，金水区的社会信任度最高，得分为 48.19，而新乡县的社会信任度最低，得分为 33.52。从调查的 10 个县区来看，金水区、新郑市、巩义市、平桥区的社会信任度相对较高，而孟州市、新乡县、济源市、义马市、舞钢市和华龙区的社会信任度相对较低（见表 16）。

表 16　不同县区居民的社会信任度

单位：分

	平均值	样本数	标准差
金水区	48.19	101	17.28
新郑市	41.13	103	10.01
巩义市	41.44	98	15.05
孟州市	37.63	94	13.59
新乡县	33.52	94	11.80
济源市	35.47	93	16.43

续表

	平均值	样本数	标准差
义马市	35.40	88	11.95
舞钢市	38.52	87	14.53
华龙区	35.60	102	12.73
平桥区	42.63	76	13.73
总体	38.99	936	14.45

（三）居民社会冲突意识差异分析

调查显示，城乡居民对于社会冲突的意识差异已经缩小。但是，不同文化程度、工作状况和收入水平的居民之间，以及不同区域居民之间的社会冲突意识仍然存在差异。居民社会冲突意识得分为34分，说明居民的冲突意识不太严重。在调查样本中，关于社会冲突意识，从居住地来看，城乡居民之间对于社会冲突认识差距不大（见表17）。

表17 城乡居民的社会冲突意识

单位：分

	平均值	样本数	标准差
城市（居委会/社区）	34.10	520	17.34
农村（村委会）	34.12	420	13.68
总体	34.11	940	15.80

在调查样本中，关于社会冲突意识，从教育程度来看，大专程度的人认为社会冲突较为严重，得分为35.96，而小学及以下程度的人认为社会冲突不太严重，得分为32.91。从表18可以看出，教育程度的不同，对社会冲突认识也不同，教育程度越高，认为社会冲突越严重。

在调查样本中，关于社会冲突意识，从工作状况来看，在家干农活者认为社会冲突不严重，得分为32.37；而无工作者、打零工者、有稳定工作者和已退休者都认为社会冲突较为严重。其中，已退休者认为社会冲突最为严重，得分为35.05（见表19）。

表18 不同教育程度别居民的社会冲突意识

单位：分

	平均值	样本数	标准差
小学及以下	32.91	166	13.45
初中	34.00	355	15.54
高中或中专	34.14	262	15.27
大专	35.96	175	18.55
总体	34.21	958	15.73

表19 不同工作状况居民的社会冲突意识

单位：分

	平均值	样本数	标准差
在家干农活	32.37	206	13.29
无工作	34.57	211	15.58
打零工	34.16	193	16.07
有稳定工作	34.82	259	17.43
已退休	35.05	79	14.86
总体	34.12	948	15.69

在调查样本中，关于社会冲突意识，从收入状况来看，收入为10001元~30000元居民的社会冲突意识相对较高，50001元以上的居民社会冲突意识相对较低（见表20）。

表20 不同收入水平居民的社会冲突意识

单位：分

	平均值	样本数	标准差
10000元以下	33.25	347	14.88
10001元~30000元	34.70	433	15.89
30001元~50000元	33.99	82	15.12
50001元以上	32.84	55	18.91
总体	33.98	917	15.64

从抽取的10个调查地点来看，不同地区的社会冲突意识有差异。金水区、孟州市和平桥区居民的社会冲突意识相对较高，新乡县、舞钢市和巩义市居民的社会冲突意识相对较低（见表21）。

表21 不同县区别居民的社会冲突意识

单位：分

	平均值	样本数	标准差
金水区	36.67	106	22.46
新郑市	33.31	103	16.50
巩义市	32.53	98	11.90
孟州市	37.18	97	17.80
新乡县	32.24	95	9.83
济源市	33.54	101	15.76
义马市	33.14	96	12.17
舞钢市	30.75	87	12.47
华龙区	32.97	102	15.54
平桥区	40.37	74	16.97
总　体	34.17	959	15.76

（四）居民社会治安评价差异分析

社会治理的目标是维护社会公平正义，促进社会和谐稳定。社会治安状况是衡量社会治理状况的一个重要指标。因此，我们在调查中设计了关于当地社会治安状况的评价。从总体上看，被调查地区74%的居民认为当地的社会治安状况是好的，说明河南省社会治安状况总体良好。

调查显示，城乡居民对社会治安状况的评价趋于一致。但是，不同文化程度、工作状况和收入水平的居民之间，对当地社会治安状况的评价存在差异。

城乡居民对于社会治安状况的评价差异不大，分别有74%的城市被访者和73.9%的农村居民认为当地的社会治安状况是好的（见表22）。

表22 城乡居民对社会治安状况的评价

单位：%

	非常好	比较好	一般	不太好	非常差
城市	23.2	50.8	21.3	3.4	1.1
农村	22.5	51.4	23.5	2.3	0.2
总体	22.9	51.1	22.3	2.9	0.7

从表23可以看出，不同文化程度居民对于社会治安状况的评价差异较大。其中，文化程度为高中的居民对当地社会治安状况的评价最高，有79.8%的居民认为当地社会治安状况是非常好与比较好之和；文化程度为大专及以上的居民对当地社会治安状况的评价最低，69%的居民认为当地社会治安状况是非常好或比较好。

表23 不同文化程度居民对社会治安状况的评价

单位：%

	非常好	比较好	一般	不太好	非常差
小学及以下	19.8	55.7	19.2	3.6	1.8
初中	22.2	48.8	24.9	3.0	1.1
高中或中专	22.7	57.1	17.6	2.2	0.4
大专及以上	28.2	40.8	27.6	3.4	0.0
总体	23.0	50.9	22.4	3.0	0.7

从表24可以看出，不同工作状况居民对于社会治安状况的评价差异较大。其中，已退休的居民对当地社会治安状况的评价最高，有77.5%的居民认为当地社会治安状况是非常好与比较好之和；打零工的居民对当地社会治安状况的评价最低，71.9%的居民认为当地社会治安状况是非常好或比较好。

从表25可以看出，不同收入水平居民对于社会治安状况的评价存在差异。其中，收入在50001元以上的居民对当地社会治安状况的评价最高，有78.6%的居民认为当地社会治安状况是非常好或比较好；收入水平在10001~30000元的居民对当地社会治安状况的评价最低，74.1%的居民认为当地社会治安状况是非常好或比较好。

表24 不同工作状况居民对社会治安状况的评价

单位：%

	非常好	比较好	一般	不太好	非常差
在家干农活	19.9	54.5	23.7	1.4	0.5
无工作	19.6	53.7	20.6	4.2	1.9
打零工	25.0	46.9	26.5	0.5	1.0
有稳定工作	28.0	45.8	22.0	4.2	0.0
已退休	15.0	62.5	15.0	6.2	1.2
总体	22.7	51.1	22.4	3.0	0.8

表25 不同收入水平居民对社会治安状况的评价

单位：%

	非常好	比较好	一般	不太好	非常差
10000元以下	19.5	54.6	22.6	2.8	0.6
10001元~30000元	25.4	48.7	22.2	3.2	0.5
30001元~50000元	27.2	49.4	21.0	1.2	1.2
50001元以上	28.6	50.0	19.6	1.8	0.0
总体	23.5	51.1	22.1	2.8	0.5

（五）居民社会治理参与意识分析

社会治理与群众利益息息相关。社会治理体制改革强调"社会协同"和"公民参与"，因此，社会治理中居民的参与情况关系到社会治理的成效。调查显示，城乡之间、不同文化程度、工作状况和收入水平的居民之间，对当地社会治安状况的评价存在差异。农村居民更倾向于成立社会组织和自己解决纠纷。文化程度和收入状况都有助于提高居民的社会治理参与意识。此外，已退休居民的社会治理参与意识也较高。

城乡居民的社会治理参与意识存在着差异性。其中，对"社会管理成立组织参与才有力量"，城市居民同意的比例低于农村居民，说明农村居民更意识到成立组织的重要性。对"群众参与社会管理只会添乱"，城市居民赞同的比例低于农村居民。对"邻里纠纷可以由老百姓自己解决"，城市居民赞同的比例低于农村居民（见表26）。

表26 城乡居民社会治理参与意识分析

单位：%

	社会管理事关群众利益,群众应当积极参与	社会管理中成立组织参与才有力量	群众参与社会管理只会添乱	邻里纠纷可以由老百姓自己解决	社会服务要调动老百姓的积极性
城市	91.6	80.1	20.3	49.0	90.5
农村	91.8	84.9	24.7	57.3	90.6

不同文化程度居民的社会治理参与意识存在着差异性。其中，对"社会管理事关群众利益，群众应当积极参与"，文化程度为大专及以上的居民赞同比例最高。对"社会管理中成立组织参与才有力量"，文化程度为大专及以上的赞同比例最高。对"群众参与社会管理只会添乱"，文化程度为大专及以上居民赞同的比例最低。对"邻里纠纷可以由老百姓自己解决"，文化程度为初中的居民赞同的比例最高，文化程度为大专及以上的居民赞同比例最低。对"社会服务要调动老百姓的积极性"，文化程度为小学及以下居民赞同的比例最低（见表27）。

表27 不同文化程度居民社会治理参与意识分析

单位：%

	社会管理事关群众利益,群众应当积极参与	社会管理中成立组织参与才有力量	群众参与社会管理只会添乱	邻里纠纷可以由老百姓自己解决	社会服务要调动老百姓的积极性
小学及以下	91.5	83.0	28.5	57.0	87.9
初中	88.9	79.8	27.9	59.5	88.1
高中或中专	93.3	82.3	19.5	45.9	93.6
大专及以上	94.2	85.4	9.3	45.6	93.0

不同工作状况居民的社会治理参与意识存在着差异性。其中，对"社会管理事关群众利益，群众应当积极参与"，已退休的居民赞同比例最高。对"社会管理中成立组织参与才有力量"，打零工的赞同比例最高。对"群众参与社会管理只会添乱"，已退休的居民赞同的比例最低。对"邻里纠纷可以由

老百姓自己解决",无工作的居民赞同的比例最高,已退休的居民赞同比例最低。对"社会服务要调动老百姓的积极性",打零工的居民赞同的比例最高(见表28)。

表28 不同工作状况居民社会治理参与意识分析

单位:%

	社会管理事关群众利益,群众应当积极参与	社会管理中成立组织参与才有力量	群众参与社会管理只会添乱	邻里纠纷可以由老百姓自己解决	社会服务要调动老百姓的积极性
在家干农活	90.6	81.7	27.7	59.4	89.7
无工作	90.5	81.4	22.9	61.0	91.0
打零工	91.8	85.0	21.8	47.9	92.8
有稳定工作	92.3	82.3	18.4	46.2	89.7
已退休	96.2	79.5	16.5	44.3	88.6

不同收入水平居民的社会治理参与意识存在着差异性。其中,对"社会管理事关群众利益,群众应当积极参与",年收入在50001以上的居民赞同比例最高。对"社会管理中成立组织参与才有力量",年收入在50001以上的赞同比例最高。对"群众参与社会管理只会添乱",年收入在50001以上的居民赞同的比例最低。对"邻里纠纷可以由老百姓自己解决",年收入在50001以上的居民赞同的比例最高。对"社会服务要调动老百姓的积极性",年收入在50001以上的赞同比例最高(见表29)。

表29 不同收入水平居民社会治理参与意识分析

单位:%

	社会管理事关群众利益,群众应当积极参与	社会管理中成立组织参与才有力量	群众参与社会管理只会添乱	邻里纠纷可以由老百姓自己解决	社会服务要调动老百姓的积极性
10000元以下	91.4	80.6	26.9	54.4	88.9
10001元~30000元	91.3	80.9	19.7	50.5	91.1
30001元~50000元	91.4	82.9	24.7	52.5	90.1
50001元以上	92.9	92.9	12.5	58.9	96.4

结 论

（1）在基本公共服务方面，河南省居民对公共服务的满意度整体比较高。居民对教育和养老服务的关注度最高；城乡居民对基本公共服务满意度差异较小，对公共服务满意度的评价趋于一致。

（2）在社会参与方面，河南省居民的社会参与意识整体比较高，居民社会参与意识受到文化程度、收入状况等因素的制约和影响；居民社会参与的主要途径是居委会，而通过社会组织的参与度相对较低。

（3）在社会信任方面，河南省居民的社会信任从中央到基层递减，对不同类型社会组织的信任情况有较大差异，其中对宗教组织的信任度最低；社会信任度在不同群体、不同地区之间存在一定的差异。

（4）在社会冲突方面，河南省居民的社会冲突意识比较低，城乡居民对社会冲突意识的差异已经缩小，居民的维权方式相对平和。

（5）在社会治安方面，河南省居民对社会治安状况的评价较高，河南省社会治安状况总体良好；城乡居民对社会治安状况的评价差异不大，但不同收入水平的居民对社会治安状况的评价存在显著差异。

河南省新型农村社区养老服务调查报告*

樊红敏　马闯　欧广义**

摘　要：

本报告以三个具有典型性的新型农村社区为样本，调查分析了新型农村社区状况、社区居民养老意愿状况、社区居民养老需求状况以及社区居民养老服务供给状况。调查发现：第一，新型农村社区良好的服务设施、居民居家养老的意愿以及居民不断增大的社区服务期望，决定了今后养老服务供给以新型农村社区为基本单位；第二，社区养老服务资金匮乏、社区老年人经济支持水平较低、经济安全感差，城乡养老服务的差别巨大；第三，居民居家养老意愿较强，中国乡村生于斯、长于斯、老于斯以及养儿防老的乡土观念，加之不断增大的社区照料需求，决定了构建社区居家养老服务体系是未来养老服务发展的方向；第四，社区养老服务供给主体单一、专业服务能力差以及养老供需差异不断拉大，决定了未来社区养老服务建设要以多元主体参与的服务供给模式为发展方向。

关键词：

新型农村社区　养老服务建设　社区居家养老服务体系

当前，农村人口老龄化的趋势在不断加速，截至 2010 年年底，河南省 60

---

* 河南省教育厅人文社会科学研究项目"城镇化背景下新型农村社区养老服务建设研究"（14A630007）阶段性成果。

** 樊红敏，博士，教授，社会管理河南省协同创新中心研究员，研究方向为基层社会治理与社会发展；马闯，博士，社会管理河南省协同创新中心研究员，研究方向为地方治理；欧广义，郑州大学公共管理学院 2013 级行政管理专业研究生。

岁以上老年人口已达到1196万人，占总人口的12.7%。人口老龄化呈现出未富先老、规模大、增长速度快、高龄化趋势明显等特点。同时，伴随着工业化和城市化进程不断加快，大量农村青壮劳动力流入城市，农村空巢老人留守问题更加突出。国家统计局河南调查总队对全省4200个农户劳动力就业情况进行了调查：2008年，全省农村劳动力外出务工人数占从业劳动力的比重为22.6%，2009年、2010年、2011年分别为30.5%、31.4%和32.0%，呈稳步增长态势。2012年，河南省全面启动了县（市、区）新型农村社区布点规划，截至2012年7月底，已启动新型农村社区试点2300个，初步建成350个，累计完成投资631.5亿元。[①] 新型农村社区建设中，居住方式、生活方式的改变，优良的基础设施为农村养老服务建设奠定了基础，也使养老服务问题更加突出。

《中共中央关于全面深化改革若干重大问题的决定》指出，积极应对人口老龄化，加快建立社会养老服务体系和发展老年服务产业。以新型农村社区建设为契机，如何加强农村养老服务成为农村社会建设以及社会发展中面临的重大课题。本调研报告中，农村老年人以我国法定的60岁作为标准；社区养老服务是指以社区为载体，整合政府、社会、社区、个人等多方面的力量和资源，为老年人提供必要的救助、照料、娱乐交往等内容的社会化服务。调研组以社区的成熟性、典型性、多样性、代表性为指标选取了三个新型农村社区为样本，运用问卷调查和入户访谈的方法，客观地收集有关新型农村社区建设状况、社区居民养老意愿状况、养老需求状况以及养老服务供给状况的相关数据，通过调查分析，提出完善新型农村社区养老服务体系建设的政策建议。

一 样本情况

三个新型农村社区分别是河南省滑县锦和新城一期、新密市超化镇的黄固寺社区、新密市来集镇的王堂祥和社区。考虑到同一社区居民养老服务状况的同质性和社区规模，确定了三个社区的样本数，黄固寺社区为90个，祥和社

---

① 谭勇：《我省启动新型农村社区试点2300个》，《河南日报》2012年8月31日。

区120个，锦和新城社区150个。共发放问卷360份，全部是调查员入户发放或者访谈调查，有能力的被调查人自行填写，无能力填写的由调查员访问并代行填写，问卷全部回收。经过后期的整理和检验，从中剔除了17份不完整或者无效问卷，回收问卷数为黄固寺社区87份，祥和社区116份，锦和新城社区140份，整体回收率95.3%。其中，问卷分为老年人卷和年轻人卷，老年人有效问卷为123份，样本中男性为80人，占老年人总数的65%，女性43人，占总数的35%；年龄层次也较为集中，60~65岁的人数为59人，几乎占到总人数的一半，80岁以上的高龄老人11人，占总人数的8.9%。年轻人有效问卷共有220份，其中男性127人，女性93人，分别占总数的57.7%和42.3%；年龄分布多集中在20~50岁，占到了91.7%。

二 社区及社区养老服务设施状况

（一）社区基本概况

1. 黄固寺社区

黄固寺社区作为集体经济发达型农村社区，属于工业型社区，面积2平方公里，560户，总人口2331人，60岁以上老年人434人。其耕地面积1327亩，2011年工农业总产值达1.76亿元，上缴税收940万元，农民人均纯收入11561元。黄固寺社区集体经济发达，主要有煤炭、耐材等产业，从1985年开始村集体就拥有3~4家煤矿，1990年年初集体经济开始下放改制，黄固寺村始终坚持集体经济。2005年，由于煤矿沉陷，村领导班子在樊海风的领导下，决定建立新型农村社区，将分散在方圆几公里的村民集中居住。在村集体的推动实施下，第一期花园小区于2007年建成，入住200户。村民只付了房屋建筑成本，土地平整、建筑规划、公共基础设施由村集体承担，黄固寺被评为新农村建设示范村，市、县、乡对黄固寺进行了奖补。第二期文明小区2008年建成，入住用户60户，第三期和谐小区2009年建成，入住110户，第四期幸福小区2011年建成，入住190户。花园小区、文明小区、和谐小区都为独院，幸福小区为五层楼房。

2. 王堂祥和社区

王堂祥和社区属于农业型新村社区，共有720户，3200人，劳动力人数800人，从业人数750人，大部分年轻人在外或者周边打工，原王堂村耕地面积2800亩。王堂村村民以种养殖业为主，有苗圃基地4处，日光温室基地2处，畜禽专业户25户。2012年全村工农业总产值1.5亿元，上缴税金800万元，农民人均纯收入11300元。王堂祥和社区的发展模式是能人治村型。王堂村现任党支部书记、村委会主任王富聚，1952年生，是一个成功的农民企业家，他创办的郑州国华食品有限公司总投资达到2亿元，是河南省方便面行业前三强企业。2008年他从公司退休以后，任王堂村党支部书记、村主任。

祥和社区于2010年起建，目前已建成706户，已搬迁入住400余户。按照郑州市"五通七有两集中"和新密市"1+25"的要求，社区配套设施水、电、路、燃气已经开通，连锁超市、礼堂、警务室、卫生室、文化广场（文化长廊、大型户外全彩LED显示屏、健身器材场、休闲长廊）、灯光篮球场、门球场、人工湿地、污水处理设施已经建成投入使用，社区党委已经成立，综合服务中心、幼儿园、小学等设施已经竣工，村庄规划、社区规划、社区建设等方面走在前列，绿化、污水处理工程按照现代田园风光社区规划建设，成为新型农村社区的样板。

3. 锦和新城一期

锦和新城属于城郊新村社区，2009年开始，滑县产业集聚区管委会对代管的33个行政村通过土地流转实现土地整合，由成立的新鑫田园开发公司，按照"公司化运营、企业化管理、市场化运作"模式，对整合后的土地实行规模集约经营。锦和新城一期起建于2010年，工程投资12亿元，迁并18个行政村，涉及4737户，17988人，投资13.18亿元，建筑面积96.4万平方米，目前18个村庄人口全部入住；二期工程计划投资22亿元，规划建筑面积113.3万平方米，计划在两年内完成建设，此项目已启动。

锦和新城新型农村社区按照"土地整合、村庄整合、统一规划、集中建设"的思路，实行"工业园区、农业园区、农民社区"三区互动，被确定为河南省新农村建设示范村，在2011年5月被省住建厅评为"双十佳村"。

（二）新型农村社区建设条件较为成熟

新型农村社区建设作为一种新的居住模式和生活方式，其建设需要符合一定的条件。一个是新型农村社区建设必须以村民新的劳动方式的改变为基础，否则便会出现"牛怎么上楼"的问题；一个是新型农村社区建设还需要一定的契机和资金保证，否则便会成为一个"鬼城"和"半吊子工程"，造成巨大的资源浪费，也得不到村民的认同。三个社区在发展模式、建设原因、建成时间、规模上不同（见表1），但建设条件都已具备，社区居民满意度较高。

表1　三个社区的不同点

社区	黄固寺社区	王堂祥和社区	锦和新城一期
建成时间	2007	2012	2011
建设原因	煤矿沉陷搬迁	煤矿沉陷搬迁	产业集聚区规划
主要推动者	村领导集体 樊海凤支书	新密市 王富聚支书	产业集聚区管委会 新鑫田园开发公司
类型	工业型新村	农业型新村	城郊型新村
发展模式	集体经济发达型	能人治村型	公司化运作型
规模	中(1个行政村)	大(3个行政村)	超大型(18个村)

从三个新型农村社区建设的时机和条件来看，黄固寺社区和王堂祥和社区都是因为煤矿沉陷搬迁，村民有住新房的需求，锦和新城是因为在城郊，产业集聚区土地整理、整体规划的需要；从主要推动者来看，黄固寺社区和王堂祥和社区在新农村建设中，黄固寺社区和王堂祥和社区的村支书樊海凤和王富聚支书发挥了巨大的作用。据黄固寺监委会程主任介绍，黄固寺新型农村社区搞得好也得益于发达的集体经济和以樊海凤为支书的村集体领导班子。

王堂祥和社区建设的主要推动者是新密市，镇里也比较重视，具体实施者为村集体领导班子。新密市要求王堂村抓住煤矿沉陷区群众搬迁安置的契机，整村推进新型农村社区建设。王富聚书记为首的村领导班子作为新型农村社区建设的具体实施者，在建设初期，他充分发挥了资源整合和动员能力，先后垫资达1000万元用于新型农村社区建设，基础设施的投资资金，郑州市、新密市每户补助5000元,一些绿化、污水处理以项目的方式由省、市、县给予补助。

而锦和新城一期的建设更多的是政府和市场的力量,在新型农村社区建成后,政府通过土地流转的方式,对土地实行公司化经营,大力发展现代农业。从资金来源上来看,主要是政府和企业筹资。

从社区居民就业来看,黄固寺社区居民就业最充分,王堂祥和社区次之,锦和新城居民就业最差,因此锦和新城居民满意度也相对偏低。黄固寺社区在樊海风为首的村集体领导的扶持和帮助下,村里办起了纸箱包装有限公司、阻燃塑胶制品有限公司、丝绢花制作有限公司、宝宝舒制衣厂、服装加工厂,解决了大龄村民、妇女就业问题。在农业方面,成立了义超红薯合作社,通过合作社实现了土地流转,也解决了村里部分村民的就业问题。

王堂祥和社区支书王富聚充分发挥自己致富能力强的特点,实施"乐业"工程,兴办了2家种植专业合作社,分别为郑州祥林苗圃种植专业合作社和新密市王堂种植专业合作社,两家合作社的兴办解决了王堂社区大部分年龄大的居民以及妇女的就业问题。

锦和新城一期的社区居民土地流转后,大部分村民离开了土地,一部分到企业、农业园区做工,一部分在建筑工地打工,有一部分自我创业,剩余有相当一部分老弱病残缺少技术的社区居民没活干(见图1)。产业园区在就业方面出台了一些政策,[①] 就业有一定的改善,但尚未形成有影响力、有吸引力、有辐射力的产业集群,城市功能还不完善,难以为居民提供充分就业保障。

三个社区建设规模都在不断扩大之中,以黄固寺社区为中心,在建的还有周岗社区、申沟社区、李坡社区,共同称之为超化新区;而祥和社区包括王堂祥和社区、马武寨社区、桧树亭社区;锦和新城包括一期和二期,共涉及33个行政村。目前以三个社区为中心,正在形成新型城镇,其中锦和新城已经属于滑县新城区的一部分。以上三个社区情况见表2。

---

① 新区就业政策为:第一,具有新区户口,在服装厂打工的,满半年以上的每人每月补助200元,补助半年。第二,在同等条件下,集聚区内的农民优先在新鑫田园公司农业园区内务工就业。集聚区内的农民优先安置在保洁、绿化等公益岗位。

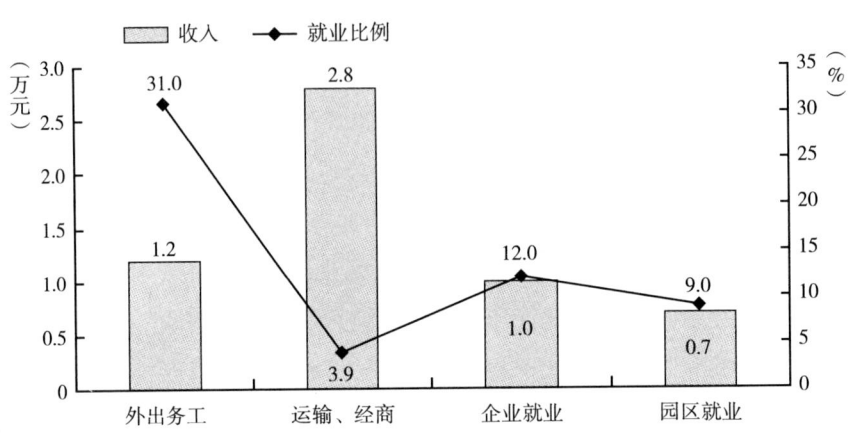

图1 18个村庄土地整合后,锦和新城收入现状统计

表2 三个新型农村社区具体情况

社区	黄固寺	王堂祥和	锦和新城一期
面积(平方公里)	2	9.5	1.7
合并村数量(个)	1	3	18
可容纳人口(人)	2331	7931	40336
投资(亿元)	1.1	1.6	13.18
资金来源	集体筹资	政府倾斜,集体统筹,群众主体	公司化运作
房屋类型	部分独院、部分楼房	全部楼房	全部为独院

(三)社区养老服务设施相对完善

本调查所选取的三个新型农村社区都是属于在社区建设中比较好的典型社区,服务设施齐全,养老服务条件有较大改善。如卫生室、浴室、老年人活动中心等较为齐全,社区环境也非常好,有广场、绿地、各种花卉等(见表3);值得一提的是,黄固寺社区已经兴建了老年公寓,可入住老人120余人。除五保户免费入住外,65岁以上老人均可入住。锦和新城和祥和社区在基础设施方面,次于黄固寺社区。

表3 三个社区服务设施状况

配套设施	黄固寺社区	王堂祥和社区	锦和新城
社区配套设施（水、电等）	完备	完备	完备
绿地广场、休闲长廊	具备	具备	具备
老年公寓	有	没有	没有
健身器材	有	有	有
老年人活动中心	有	正在规划	没有
卫生室	有	有	有
浴池	有	没有	有
超市	有	有	有

在三个社区的满意度调查对比分析中发现，黄固寺满意度最高，王堂祥和社区次之，锦和新城排最后。可见社区建设的时机、条件越成熟，就业情况越好，社区满意度越高。

三 社区居民养老状况调查

社区居民养老主要包括社区居民养老意愿状况、养老需求状况、养老供给状况。

（一）社区居民养老意愿状况调查

农村社区居民的养老意愿可操作化为经济支持、居住地选择、养老方式偏好、休闲生活偏好四个指标。从这四个维度分析新型农村社区居民的养老偏好。

1. 经济支持偏向子女养老

在经济支持这一维度，在"您认为，老年人的养老主要靠谁负担"这一问题上，在"靠自己、靠子女、靠政府、靠社会组织"四个选项中，69.7%的老年人认为养老主要靠子女，19.5%的人认为应该靠政府，选择靠社会组织的几乎为零。这一结果和社区年轻人的结果接近，72%的年轻人认为应该靠子女，11.7%的人认为应该靠政府，选择社会组织的几乎为零（见图2）。

这一结果可能与中国的文化传统以及与之相关的养老观念有关系。在

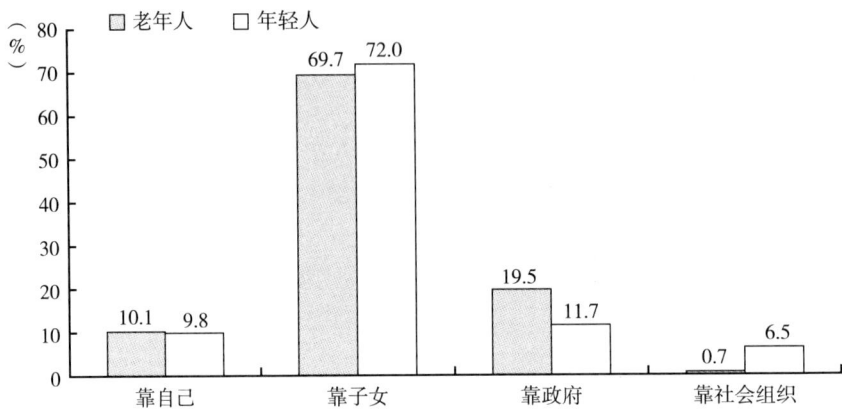

图 2 养老靠谁负担

"您对养儿防老持什么态度"这一问题上,在"非常赞同、比较赞同、一般、比较反对、非常反对"五个选项中,老年调查对象选择非常赞同的占35.5%,选择比较赞同的占43.8%,反对的仅有1.7%;在年轻人的回答中,选择非常赞同的占47.7%,选择比较赞同的占31.3%,赞同的达到了79.0%。

2. 养老方式倾向"居家养老"

在养老方式选择这一维度,在"倾向哪种方式养老"这一问题上,在"在家养老、机构养老(养老院)、社区养老(托老站)"三个选项中,通过对三个社区调查问卷的分析,可以得出,不论老年人还是年轻人,大部分人都是选择居家养老。老年人选择居家养老的有79.3%,年轻人选择居家养老的有77.1%(见图3)。

3. 乡土惯性和乡土文化是居家养老的主要原因

关于社区居民选择居家养老的原因,在"您选择在家养老的最主要原因"问题上,在"不愿意离开家人或社区、无力支付养老院的费用、住养老院不自由、社区服务可解决照顾问题、怕别人讲子女不孝顺、目前自己生活还能自理"选项中,不论是老年人还是年轻人,首选的因素都是"不愿意离开家人或社区",所占比例分别是71.1%和72.7%;其次的因素均是"无力支付养老院的费用"和"怕别人讲子女不孝顺"(见图4)。

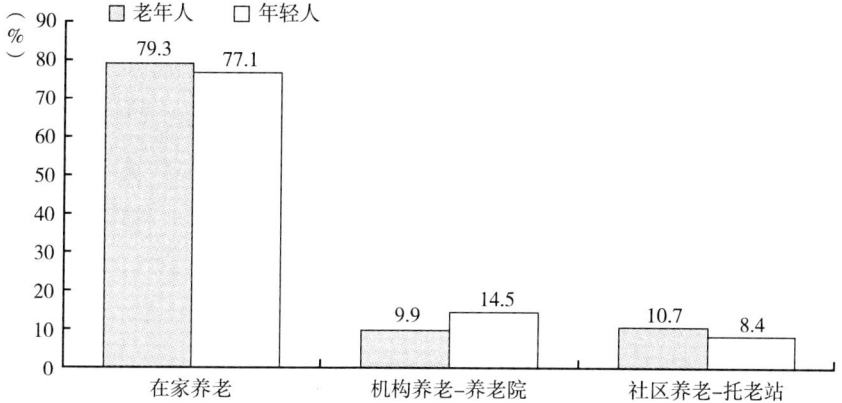

图3 倾向于哪种养老方式

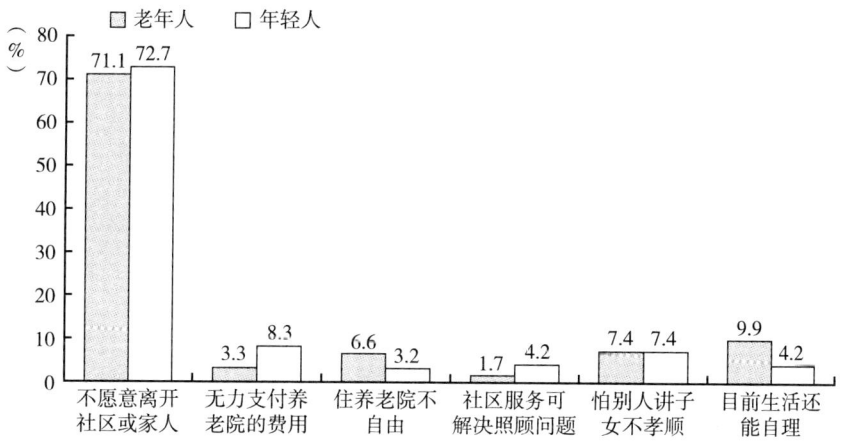

图4 居家养老的原因

（二）养老需求状况

根据马斯洛的需求层次理论，农村社区居民的养老需求可以分为经济供养、生活照料、精神慰藉三个维度，新型农村社区居民养老需求状况从这三个维度加以分析。调查结果分析如下。

1. 社区老年人经济支持水平较低，经济安全感差

三个社区居民相对其他非新型农村社区村民来说经济条件较好，社会保障也比较健全,但他们经济收入较低。在家庭总收入调查方面,有39.8%的老年人收入在5000元以下,并且仍有11.0%的老年人家庭总收入小于1000元。

从收入来源上来看,养老金和养老补贴大大增加了老年人收入的稳定性,但支持力度较弱,每月仅有100多元不等,有24.8%收入来源于个人的劳动收入,选择租金收入的为0,说明农村老年人缺乏财产收入,亲友的补贴对老年人的经济支持所占比重偏大,为老年人收入的27.4%(见图5)。

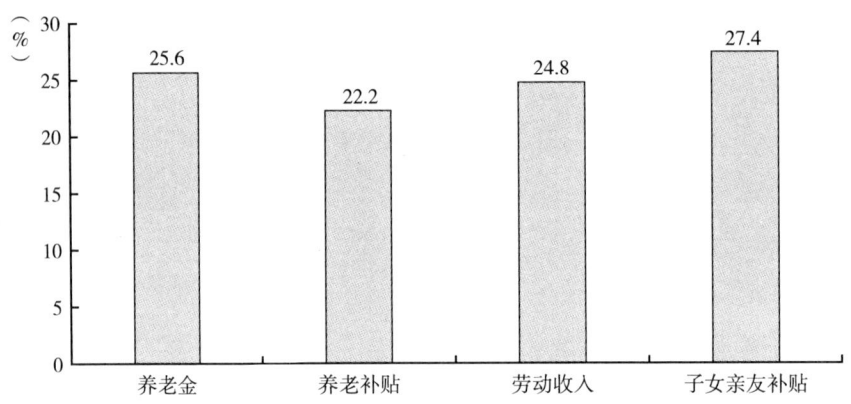

图5 老年人主要收入来源

在"老年人最需要的是什么"这一问题上,在经济供养、生活照料、情感慰藉、自我实现四个选项中,选择经济供养的老年人较多,占28.1%,在年轻人的问卷中,38.4%的人也认为对老年人而言最需要的是经济供养,显示了对经济保障的担忧。(见图6)

对"您目前是否从事有收入的工作"这一问题上,调查显示,有28.8%的老年人仍在从事有收入的工作。就他们仍继续工作的原因进行调查,59.1%的人选择了家庭日常开支、9.1%的人选择了医疗开支。

2. 社区生活照料需求增加,社区服务期望增大

随着新型农村社区的建立,社区居民生活照料需求增加,对社区服务期望增大,认为社区应该承担更多社区养老照料的责任。

在"当老年人遇到困难时,应该由谁提供帮助"这一问题上,选择由亲属或子女负责仍占第一位外,有23.8%的老年调查对象和19.6%的年轻

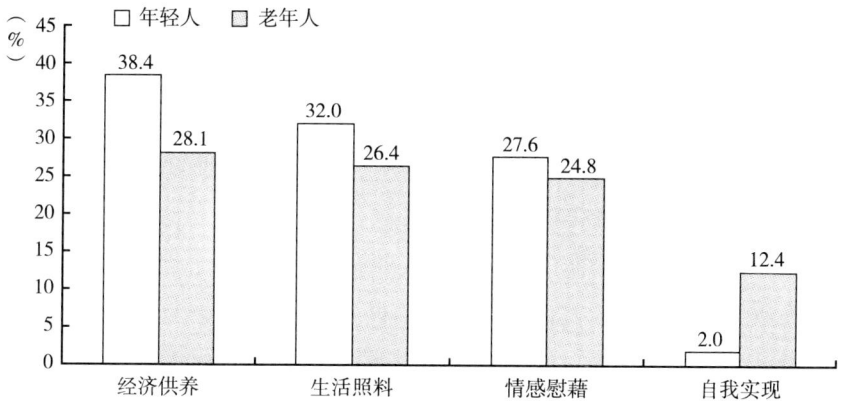

图6 老年人最需要的是什么

调查对象选择由社区工作人员负责,远高于选择家政人员和志愿者义工(见图7)。

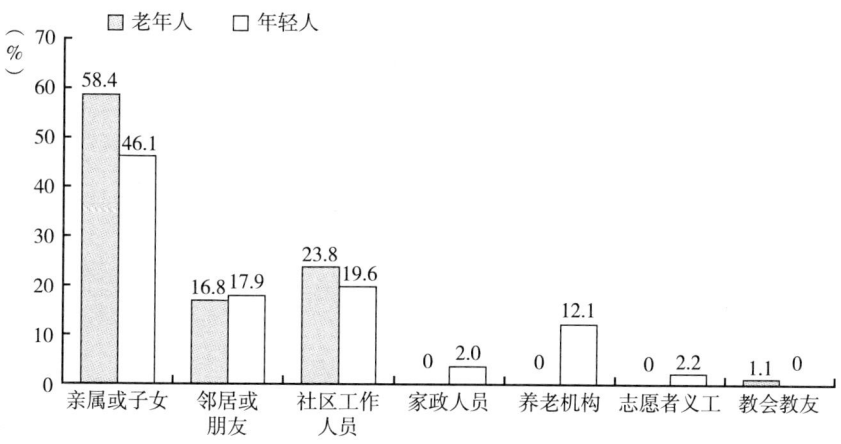

图7 当遇到困难时,您希望谁为您提供帮助

尽管老年人和年轻人对养儿防老的态度基本一致(赞同者分别为81.9%和82.3%),但在是否和子女一起居住方面差异显著:老年人在关于是否和子女一起居住这一问题上,回答"是"的占72.6%,而年轻人,选择和子女一起居住的为60.3%,和老年人相比,低了10个百分点。考虑到老年人和年轻人拥有孩子的数量差异显著,老年人的平均子女数为2.54个,年轻人的平均

子女数为1.76个,从长期的发展趋势来看,未来养老服务的需求也在急剧增加。

在服务设施的需求上,卫生室、老年活动室、运动场地排在前三位。其中,28.5%的调查对象选择了卫生室,27.1%的调查对象希望提供老年活动室,23.4%的人希望社区提供运动场地。

在服务项目需求上,老年人和年轻人的调查结果一致,生活照料服务、医疗保健服务排在前2位。其中,47.9%的老年人和71.7%的年轻人选择了希望社区提供生活照料服务,42.1%的老年人和25%的年轻人表示希望社区能够提供医疗保健服务。(见图8)

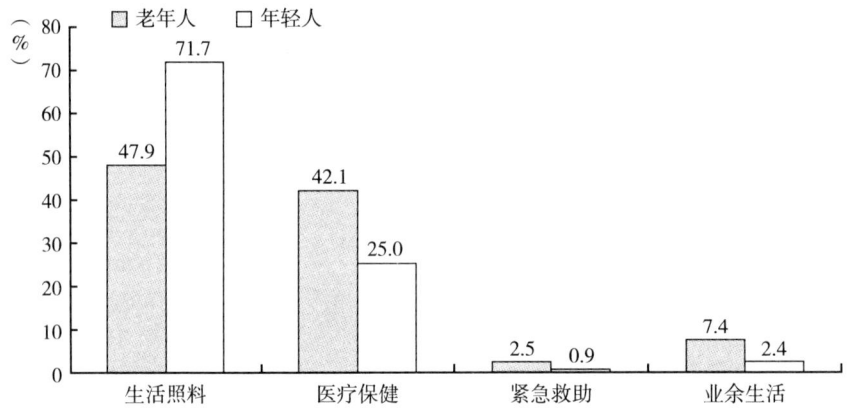

图8　希望社区为老年人提供的养老服务项目

3. 交往娱乐需求增加,宗教慰藉作用替代明显

在三个新型社区调查中,通过跟社区居民访谈发现,社区居民在社区生活中,生活方式已经发生了部分改变,晚上到广场跳舞的市民生活方式已经出现,社区居民到活动中心交往娱乐已经形成习惯。在"是否愿意积极参加活动这一问题"上,在非常愿意、比较愿意、不太愿意、根本不参加四个选项上,选择愿意的占71.3%,其中选择非常愿意和比较愿意的比例分别为28.8%和42.5%。

从调研情况来看,黄固寺社区举办的老年娱乐活动相对较多,高于祥和社区和锦和新城,但仍无法满足老年人的交往娱乐的需求。在宗教慰藉功能方面,在访谈调查中发现老年人信教的比例较大,信基督教和传统宗教的都有,三个社区附近都有基督教堂,其中黄固寺社区附近的基督教堂为2012年新建。但在问卷调查中,在"你是否参加宗教活动"这一问题上,在"非常多"、"比较多"、"一般"、"偶尔"、"从来没有过"五个选项上,98.3%的老年人都选择了从来没有参加过,只有1.7%的老年人选择了非常多。访谈和问卷调查差异很大,说明政府的宗教政策和宗教宣传发挥了很大作用,不管是老年人还是年轻人都不愿透露自己或家里人的宗教信仰信息。

(三)养老服务供给状况

新型农村社区居民的养老服务供给状况主要包括养老服务项目、老年社交娱乐活动开展等,本部分着重从供给项目、供给能力、供给质量三个维度上进行分析。

1. 养老服务项目较少,城乡社会服务差别巨大

养老服务项目主要是有关日常照料、关怀、慰问、医疗服务等方面的服务项目。首先,调查发现,新型农村社区提供养老服务项目单一,优惠或免费的生活服务几乎没有。老年人急需的如居室保洁、代换煤气、入户洗衣、日间照料、康复护理、养生宣传、精神慰藉等服务有限,而免费或优惠项目几乎没有。仅黄固寺社区依托自建的老年公寓,为老年人提供一些养老服务项目,主要是食宿、保洁、洗澡等生活照料服务。樊海凤书记介绍说,"这两年村办集体企业效益不太好,也缺人才,养老服务勉为其难。"问卷调查中显示,社区村民接受过免费体检服务项目的比例较高,57.0%的村民选择了社区提供的免费或优惠的体检服务。而调查发现,免费体检服务也是由"流动医院"在体检下乡、进社区公益活动时提供的,具有偶然性和临时性。

其次,调查发现,城乡社会保障和社会服务差别巨大。在黄固寺社区访谈中,退休职工表示享受每年去大医院免费体检的服务项目,而原村民则没有常规的免费体检服务。交通服务、医疗应急服务方面都可看出城乡公共服务的巨大差别。在祥和社区调查中,很多社区居民都反映,希望公交能通到社区门口,虽然新型社区道路修得很好,但交通服务没有跟上。在医疗急救服务方面,三个新型农村社区卫生所或老年公寓中,没有发现氧气包等基本急救设备,社区卫生所也没有能力提供急救服务。

2. 养老服务供给主体单一，专业服务能力差

调查发现，社区养老不论是管理还是服务都处于起步阶段，根本谈不上专业能力。一方面，社区管理机构是养老服务供给的唯一主体，对于社会组织、志愿服务，社区居民和管理者都很陌生。社区管理机构当中，没有专人负责养老服务，加之社区管理事物众多，根本无暇顾及养老服务，养老服务管理缺失。以社区老人信息统计为例，当问到社区老人信息统计时，社区管理人员反问"统计老人信息，有什么用"。究其原因，在访谈中，村干部也谈到，是根本"顾不过来"。以老年人卫生健康知识宣传这一养老服务为例，在"所在社区是否经常进行老年人卫生健康知识宣传"的调查中，在非常多、比较多、偶尔、几乎没有、和从来没有过五个选项中，44.7%的人的选择是偶尔，19.5%人选择的是从来没有过，11.4%的人选择几乎没有过。从调查数据可以看出，有超过70%的人认为社区举办的卫生健康知识宣传很少。

另一方面，社区里缺乏养老服务专业培训过的管理人员或服务人员，也谈不上专业能力。黄固寺社区有6人专门负责老年公寓的管理和服务工作，2名管理人员由村干部兼任，4名服务人员是社区里的"4050"人员。其他社区限于财力，根本没有专门的养老服务人员。

3. 养老服务缺乏资金保障，服务项目难以维持

在调研中，三个社区的领导都谈到，社区服务缺乏资金，服务项目基本都要靠收费维持。黄固寺社区是集体经济最发达的社区，也一再提到养老资金缺乏，社区筹办的老年公寓可容纳120人，"五保老人"可以免费入住，其他65岁以上老人包吃住按200元/人/月收费。为了维持老年公寓运作，社区每年要投入至少20万元。"如果社区完全放手，按市场收费，缺乏收入来源的老年人负担不起相应的价钱"，目前资金主要来源于农村集体土地征用补偿费、村办集体企业利润和省政府专项资金[①]等方面。而祥和社区和锦和新城社区因为

---

① 2012年6月20日，为切实增强新型农村社区战略基点作用，促进城乡统筹发展，河南省财政厅筹措资金10亿元，支持各地新型农村社区建设。此次下达的专项资金，可作为资本金注入投融资平台，引导带动社会投资，放大财政资金使用效应；也可采取以奖代补、先建后补、财政贴息的方式，直接用于社区公共基础设施和公共服务设施建设补助，主要包括社区道路、供排水、垃圾处理等基础设施，以及社区服务中心、标准化卫生室、文化健身广场、幼儿园等公共服务设施建设和社区规划编制。

资金问题，在养老服务方面难以提供有效的服务。

在"社区为老年人提供哪些优惠或免费的生活服务（可多选）"这一问题上，在洗澡、理发、送饭、洗衣、按摩、体检、保洁、陪聊、出行、无、其他11个选项中，有65%的老年人选择了体检，17%的人选择了洗澡，选择理发和保洁的人均为3.5%，只有2.3%的人选择按摩和陪聊。

4. 老年人社区娱乐活动较少，供给需求差异显著

新的居住模式增强了老年人对社交娱乐活动的需求，但从供给上来看，老年人可以参加的社区娱乐活动很少。黄固寺社区的盘鼓队、舞龙队非常有名，但参加的大都是年轻人。其他2个社区几乎没有开展文化娱乐活动。在"您所在社区是否经常举办老年人娱乐活动"的调查中，超过60%的人选择的是比较少，其中40.7%的人选择了偶尔，13.8%的人选择了几乎没有举办过，10.6%选择了从来没有举办过（见表4）。

表4 社区举办老年人娱乐活动的情况

单位：%

项目	没有	几乎没有	偶尔	比较多	非常多
黄固寺社区	5.3	15.8	31.6	36.8	10.5
祥和社区	22.7	18.2	31.8	18.2	9.1
锦和新城	14.6	15.4	51.8	16.1	2.1
总 体	10.6	13.8	40.7	26.8	8.1

在政府慰问方面，调查显示，社区党员和困难户与一般社区居民的差异巨大。访谈中，社区党员和困难户都表示，政府逢年过节"经常慰问"，而一般居民则大多表示"很少"、"偶尔"、"没有"。

四 结论和政策建议

（一）结论

（1）新型农村社区良好的服务设施、居民居家养老的意愿以及居民不断增大的社区服务期望,决定了今后养老服务供给以新型农村社区为基本单位,这是农村养老服务建设的重要切入点。

(2)社区养老服务资金匮乏、社区老年人经济支持水平较低、经济安全感差,城乡养老服务的差别巨大,要求增加政策和制度供给,加大社区养老服务资源投入,提升社区养老服务供给能力,这是提升社区养老服务供给能力的基础和前提。

(3)居民居家养老意愿,中国乡村生于斯、长于斯、老于斯以及养儿防老的乡土观念,加之不断增大的社区照料需求,决定了构建社区居家养老服务体系是未来养老服务发展的方向,这是社区养老服务建设的根本。

(4)社区养老服务供给主体单一、专业服务能力差以及养老供需差异不断拉大,决定了未来社区养老服务建设要以多元主体参与的服务供给模式为发展方向,这是新型农村社区养老服务建设的突破口。

(二)政策建议

1. 推进新型农村社区养老服务标准化建设

新型农村社区建设仍处于起步阶段,对养老服务模式的认识尚未统一,不同社区的做法各不相同,运行模式也是多种多样,未能实现标准化建设。这一方面导致有些社区在不断摸索过程中走了大量的弯路,浪费人力、物力、财力,同时这种各自为政的发展模式,不利于社区居家养老模式的推广,也很难快速发挥社区在养老服务建设中的规模优势。因此,推进新型农村社区养老服务标准化建设,要以新型农村社区为基本单位,加快养老服务标准化建设,进一步缩小城乡养老服务差距,重点推进《养老服务设施建设标准》、《志愿者服务标准》、《老年人帮扶标准》、《老年公寓服务标准》、《养老服务行业标准》等规范性措施,对居民需求意愿强烈的卫生室、老年活动室、运动场地等要纳入考核和资助体系。通过标准化建设,推动新型农村社区养老服务规范化、均等化发展。

2. 完善社区养老服务资源投入政策体系

地方政府要切实推进城乡基本公共服务均等化,在养老服务、养老用地等方面出台相关扶持政策,强化在农村社区养老服务体系建设中的支出责任,建立新型农村社区养老专项资金,加大向农村社区养老服务建设的支持力度。同时切实执行《关于全面推进居家养老服务工作的意见》文件精神,贯彻落实支持居家养老服务的优惠政策,积极研究制定税收减免、资金扶持等具体优惠措施,并在规划上整合区域养老服务资源,建立社区资源共享机制。通过用地保障、信贷支持、补助贴息和政府采购等优惠政策,积极引导和鼓励企业、公益慈善组织及其他社会力量参与养老服务设施的建设、运行和管理。

3. 构建社区居家养老服务体系

社区居家养老服务要遵循"政策引导、政府扶持、社会兴办、市场推动"的原则,形成以居家养老服务为核心的养老服务体系。通过政府或社区购买服务的方式,建立养老服务队伍;通过就近安排养老服务员解决就业的方式,提供老年人需要的诸如生活照料、家政服务、医疗护理和精神慰藉等;在服务方式上,可以探索建立社区内部志愿服务体系,通过志愿服务工作的开展,推动建立立体化的居家养老服务体系;在资金投入上,政府为主,社会力量支持为辅;在经营方式上,政府补贴和个人抵偿收费结合,向社区老年人提供日托、餐饮、复健和娱乐服务。

4. 探索多元主体参与的服务供给模式

养老服务供给模式是指政府、民间组织、志愿者、企业等作为养老服务主体在社区养老服务建设中的角色定位。社区居家养老服务供给要努力实现政府、民间组织、志愿者、企业等不同力量的多元参与;在引入市场力量方面,要尽快形成一种资源配置、监督约束的机制,进而体现财政支付的公平性。我国民间组织还要经历一段时间的发展,这就要求我们充分发挥、发掘社区的功能,扶持并鼓励民间组织投入到养老服务事业中,从政策上放宽门槛,允许它们接受政府和社会各界的资助,承担社区照顾的任务;动员并组织广大志愿者无偿、低偿地开展社区照顾活动,壮大志愿者的队伍。此外,在政府主导与企业参与方面,要尽量避免政府在居家养老服务中的垄断行为,以补偿和资助的方式鼓励民办企业发展老年服务产业。

新型农村社区建设资金投入模式调查报告*

钟培武　赵青霞**

摘　要： 2012年河南省全面启动县（市、区）新型农村社区布点规划。新型农村建设的资金投入模式有村集体自我投入资金建设模式、企业投入资金与村庄合作共建模式、政府投入带动村民出资自建模式、企业投资开发建设村民自主购买模式。在政府主导推进新型农村社区建设的过程中，普遍存在着公共资金投入难以保障、市场资金带有盲目性和农民投入压力较大等问题。结合我省各地实际应因地制宜，分类引导；完善政策吸引和市场调节，鼓励社会多元化资金投入，发挥市场机制的决定性作用；转变职能，侧重服务，加强新型农村社区居民的公共服务保障。

关键词： 新型农村社区　资金投入模式　分类引导

2012年，河南省全面启动了县（市、区）新型农村社区布点规划。截至2012年7月底，已启动新型农村社区试点2300个，初步建成350个，累计完成投资631.5亿元。新型农村社区建设有助于带动农村投资需求，改善农民居住条件，并推动土地集约利用。但"钱从哪里来"成为新型农村社区建设面

---

* 河南省哲学社会科学重大项目"促进人口有序转移，实现人口集中，推动新型城镇化健康发展研究"（2013A002）阶段性成果。
** 钟培武，博士，郑州大学公共管理学院教师，社会管理河南省协同创新中心研究员，研究方向为城镇化；赵青霞，郑州大学公共管理学院2012级政治学理论研究生。

临的重大问题。为此，2013年8月，社会管理河南省协同创新中心与河南省政府研究室，在全省选择了10个有代表性的县（市、区），对其新型农村社区建设相关部门以及40个社区，就新型农村社区建设进行了问卷和走访调查。在此基础上，从资金投入的角度提出了新型农村社区建设的政策建议。

一 新型农村社区建设的资金投入模式

（一）村集体自我投入资金建设模式

村集体自我投入资金建设模式多见于集体经济发达型村庄。这类村庄依托村办企业发展起来，具有较强的集体经济实力，村集体通过自我筹资投入，建设新型农村社区，既改善提高了村民的居住和生活条件，也为村集体经济发展提供更大的土地资源空间。这类新型农村社区不仅有发达的村集体经济，还有强有力的领导班子和富有号召力的村庄领袖。在统一协调土地、基础设施投入和动员那些最初想不通，不愿入住新型农村社区村民等方面，充分发挥了资源整合和动员作用。这种类型的新型农村社区以就地改造型为主，政府只在基础设施方面有很小的投入，社区居民无投入或投入较少，居民满意度认同度较高。村集体自我投入资金建设模式具有典型性，需要具备的条件是工业型村庄、雄厚的村集体经济实力以及强有力的村庄领袖。新乡市的刘庄社区、濮阳市的西辛庄社区等，都属于此类社区。

（二）企业投入资金与村庄合作共建模式

企业投入资金与村庄合作共建模式是指，通过建设用地出让和用地指标流转形成土地整合资金，由企业投资建设新型农村社区，这一部分资金要占到资金总量的70%，其他30%的资金主要是以项目的方式由省、市、县给予补助。以新密市王堂祥和社区为例，基础设施的投资资金为郑州市、新密市财政各以每户5000元补助标准投入，一些绿化、污水处理以项目整合的方式从省、市、县三级财政获得。政府通过土地整合，用土地指标换取建设资金，突破社区建设的资金瓶颈，既解决了大部分社区建设资金问题，也解决了企业用地问题，不失为一种双赢的最优选择。企业投入资金与村庄合作共建模式有一定的前提条件：经济相对发达，实现了工业化；或者具有地理区位优势如城郊村，有大量企业急待入驻。这类新型农村社区多见于各县（市、区）的产业集聚区及大中城市的城乡接合部。新郑市的孟庄社区和舞钢市的瑞祥社区就属于这种类型。

（三）政府投入带动村民出资自建模式

政府投入带动村民出资自建模式是指地方政府通过动员引导，采取成片联村集聚或多村整合联建等做法，依托各级财政投入、政府部门对口支持、企业帮扶资金和村民自己出资推进新型农村社区建设。这种类型资金投入模式中，县乡政府负责新型农村社区的基础设施和公共服务设施建设投入，村民在社区规划位置出资建设自己的住房。如新乡市固古寨社区和舞钢市张庄中心社区。这种模式基层政府承担了建设职能，带来了刚性的财政投资需求，也是调研中较为普遍的资金投入模式。

（四）企业投资开发建设村民自主购买模式

企业投资开发建设村民自主购买模式是指，企业按照商业化模式和政府规划要求，投资建设社区公共设施和住房，开发完成后将社区住房按照低于当地商品房价格向村民出售（这部分住房大部分用地属于集体建设用地，没有产权证，商品房价格较低，也有个别有产权的）。这类社区建设中，政府承担了规划以及土地划拨等工作，企业按照市场化运作和城镇房地产开发模式投资建设新型农村社区。调查发现，每个被调研的地市都有这种房地产开发式新型农村社区，这类社区在建设初期地方政府承诺了一定的基础设施建设和服务配套资金，但政府资金投入严重不足，往往难以兑现承诺。目前这类新型农村社区购买入住率较低，也遇到了宅基地腾退难题。在旧宅基地腾退中，舞钢市政府规定拆旧复耕期应该为3年。然而在调研中发现，村干部及村民都觉得3年这个时间期限过短，至少需要5~10年的时间。孟州市一位乡镇党委书记认为，宅基地腾退需要20~30年的时间才能够完成。这类社区建设具有一定的盲目性，短期内造成了土地资源浪费，也带来了新型农村社区投资开发企业的投资风险。

二 新型农村社区建设资金保障难题

我省农村存在着较大的地区经济和社会条件差异，在推进新型农村社区建设的过程中，普遍存在投入资金难以保障，不同程度地解决不了"钱从哪里来"的问题，并隐含了一定的社会风险。

（一）基层政府财政资金缺口较大

我省是农业种植大省，基层政府在新型农村社区建设中发挥着核心的主导和推动作用。按照省财政厅测算，一个5000人口规模的新型农村社区的基础设施和公共服务设施建设资金2000万元～3000万元，如果以政府为主导推进全省2000多个新型农村社区建设，公共财政资金需求在5000亿元以上。虽然省财政和地市级财政有相应的资金支持，但相对现行财税制度下的县乡财力，收支形势严峻。新型农村社区建设后农民要享有城乡均等的教育、医疗、社保和就业等公共服务，更需要持续的财政投入。调查发现，政府主导建成的样板新型农村社区中，居民的社会保障等公共服务后续投入严重不足，基层政府面临着巨大的公共财政资金缺口和新的债务风险。

（二）上级涉农项目财政资金被整合挪用

不少县（市、区）政府为推进新型农村社区建设，通过项目包装的方式，将上级各项涉农专项财政资金整合用于新型农村社区建设。虽然国家对各个政府部门涉农资金的审批和使用都有明确的用途规定，但很多县区政府还是使出浑身解数，整合了如新增建设用地有偿使用费等土地专项资金和以工代赈等涉农资金用于社区建设，有的县区甚至把与新型农村社区建设有关的政策性项目资金均列为整合对象。涉农资金的整合违背了专项资金使用规划，影响了专项资金的使用效果。

（三）市场资金投入的盲目性导致社会风险隐患

新型农村社区虽然被列入城镇范畴，但其人口集聚规模效应远不及城区。

市场资金在政府的承诺和推动以及对房地产开发盲目乐观的情况下,急促上马建设新型农村社区,导致资金供应链断裂,形成"半拉子"建设工程,进退两难,造成农民、开发企业和政府之间的矛盾纠纷,增加了农村社会治理的不稳定因素。调查发现,也有个别社区已经建成,但所选区位、建筑品质等问题,造成已建成的新型农村社区无人购买入住,政府承诺的建设资金也无法到位,政府公信力进一步下降,加剧了社会矛盾。

(四)农民资金投入压力大,引发了不满和怨气

对于政府投入带动、村民出资自建型新型社区,虽有政府财政少量的新型社区建房补贴,但拆旧建新给农民带来的资金压力,一方面造成农村社会资源的浪费,另一方面,引发了村民对村两委领导班子和基层政府的不满和怨气。在一新型农村社区调查中,社区居民普遍对村领导干部用煤矿包赔资金建设新社区过程中可能的腐败问题,对住房的建筑品质以及将多年来的积蓄用于新房装修造成的返贫以及经济安全的焦虑,都有不同程度的反映。而在宅基地腾退中,个别地方出现了村民房屋被强制拆迁,宅基地被强制腾退,村民心中滋生了不满和怨愤。

三 新型农村社区建设的思考和建议

推进新型农村社区建设的可持续性发展,需要充分考虑地方经济实际,分类引导,充分发挥市场的资源配置作用,吸引社会多元化的资金投入,避免政府的大包大揽。

(一)因地制宜,分类引导

遵循地区经济和社会发展条件差异,分类引导新型农村社区建设。对具备城镇化区位优势、集体经济优势、产业集聚优势和特殊山地滩区地理等条件成熟地区,支持村集体投入资金,鼓励村企合作共建新型农村社区,把改善农民生活居住条件和转换生产方式有机结合起来;对经济基础和地方财政条件基本具备地区,强化政府的前期规划和引导,分步推进,待条件成熟时再实施建

设；对于条件不具备地区，不搞政府强制性的"一刀切"，放缓或暂缓实施。通过分类引导，防止不顾地方实际财力的"一哄而上"，减轻地方政府在新型农村社区建设中的公共财政投入压力。

（二）政策吸引，市场调节

发挥市场机制在新型农村社区建设中的决定性作用，遵循农村新型社区住房市场的供需关系，制定土地、税收和补贴等优惠政策，鼓励、吸引社会多元化资金投入，激发市场主体在新型农村社区建设中的投入热情；探索新机制，推进社区服务型、经营型配套设施的市场化运作，增强新型农村社区的可持续发展能力；充分发挥农民的建设主体作用。尊重农民拆旧建新的自主意愿，发扬不同地域的人文、民俗和传统特色，把握农民渴望改善生产生活条件的时代背景，发挥农民在新型农村社区建设投入中的生力军作用。

（三）转变职能，侧重服务

要转变基层政府职能，资金投入重点放在新型农村社区居民的公共服务保障上，而不是大规模参与社区硬件建设，减少基层政府财政资金投入压力；要加大省级财政和地市级财政对在建新型农村社区的投入支持，从省级层面整合有关新型农村社区建设的涉农项目资金。对已建成社区，地方政府要完善迁入居民的养老、医疗、社保和就业等公共服务保障，逐步构建与城镇居民均等的公共服务体系。对在建社区，要持续投入建设，防范和化解因公共服务缺失和资金投入中断带来的农村治理隐患。

河南省已入住新型农村社区调查报告*

许冰 张萌**

摘　要：
调查发现，我省已入住新型农村社区居民的满意度普遍较高，但还是存在一些亟待解决的问题：社区居民无稳定收入，经济压力较大；社区的公共服务和文化活动不足，社区公益组织和各类社团发展滞后；缺乏社区管理和服务的专业人才等。有鉴于此，已入住新型农村社区的后续治理需从以下四个方面着手：第一，跟进开展新农村社区的职业技能培训服务；第二，落实新农村社区公共服务资金；第三，培育和发展各类社区组织；第四，加强专业管理人才的引进和培训，提升新农村社区基层管理的科学化和专业化水平。

关键词：
新型农村社区　公共服务　满意度

目前河南省的新型农村社区可以分为规划的新型农村社区、在建的新型农村社区和已入住新型农村社区。已入住新型农村社区是指已建成、达到入住标准且已有部分居民入住的社区。调查发现，已入住新型农村社区在规划和在建的新型农村社区中占比为20%。已入住社区的管理和服务关切新型城镇化的模式、路径以及发展方向。为此，社会管理河南省协同创新中心与河南省政府

---

* 河南省哲学社会科学重大项目"促进人口有序转移，实现人口集中，推动新型城镇化健康发展研究"（2013A002）阶段性成果。
** 许冰，郑州大学公共管理学院社会工作系讲师，社会管理河南省协同创新中心研究员，研究方向为社会工作、社会组织与社会救助；张萌，郑州大学公共管理学院2013级政治学理论研究生。

研究室联合于2013年8月对10个县（市、区）40个居民社区进行了新型农村社区问卷抽样调查，共回收有效问卷979份，其中新型农村社区问卷190份，就新型农村社区建设、管理和服务等问题进行了调查分析。

一 新型农村社区调查情况

（一）合村并居新型社区入住率低，但已入住居民满意度较高

当前新型农村社区主要有两类，一类是就地改造型新型社区，一类是合村并居新型社区。调查发现，合村并居新型社区入住率在50%以下，相当一部分住户是为儿子准备的婚房，老人仍然住在原来的房子里；还有相当一部分人虽已入住新社区，但老宅基地仍没有腾退，两边居住，这部分占入住新社区的80%以上。从社区建设的模式上来看，政府推动型占主导地位，有53.6%的居民是因当地政府统一规划要求而入住新社区的。但统计结果也表明，已入住居民对新农村社区是满意的：76.8%的住户对入住新农村社区表示满意，只有4.3%的居民表示"不满意"（见图1）。

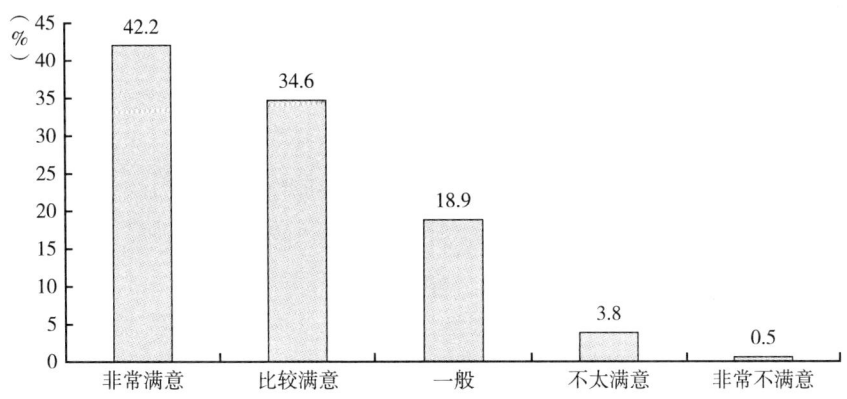

图1 已入住居民对社区生活的满意度

（二）无稳定收入、经济压力较大成为社区居民的首要问题

在已入住新型农村社区居民中，有68%的居民劳动方式没有改变，其中

24.1%的居民仍以务农为主，43.9%的居民成为失业失地农民，以无工作或打零工为主。有稳定工作的新农村社区居民仅占26.7%。从家庭收入来看，32.1%的新社区居民家庭收入主要靠农闲时就近打零工，24.1%的家庭主要靠外地打工，19.1%的家庭靠务农种地，19.1%的家庭靠自己做生意。（见图2、图3）其中，53.1%的居民认为生活成本过高，经济比较紧张。显然没有稳定的收入以及新农村社区相对较高的生活成本成为入住居民目前面临的主要问题，就业问题成为新型农村社区建设的最大瓶颈和社区治理的首要问题。

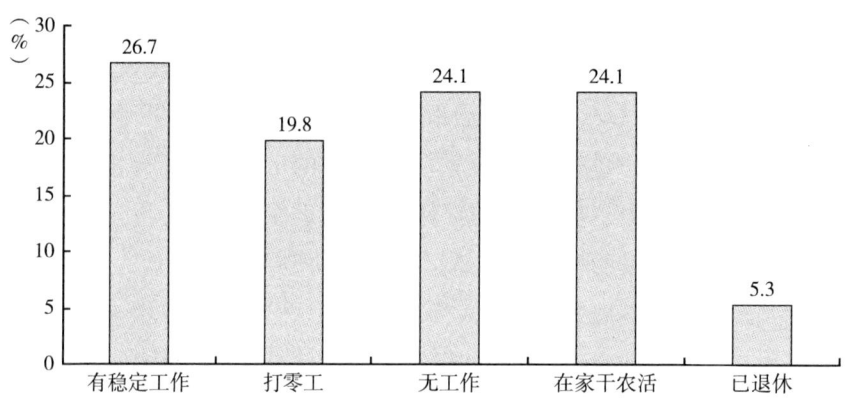

图2　已入住居民的工作状况

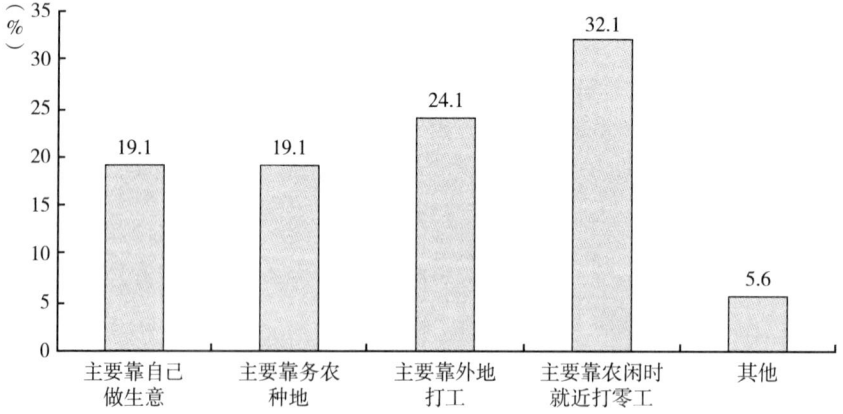

图3　已入住居民的家庭收入来源

（三）社区公共服务和文化活动不足，社区公益组织和社团发展滞后

随着新型农村社区的建立，基于地缘的生活形态、文化系统以及人际交往

系统在很大程度上被打破,急需新的文化和社会交往活动替代以往的村庄文化。统计数据显示,居住方式的改变使参与文化活动、社会交往以及从事公益服务的意愿大大增强。有84.7%的新社区居民愿意成为志愿者。但新社区公益组织和社团发展滞后,社区组织的参与率仅为22.3%。由于缺乏各类社区组织,居民参与社区公共事务的平台单一,难以满足其参与公共事务的需求。同时,居民对社区公共服务期待有很大提升,由于大多新型农村社区配套的公共服务资金难以落实,社区公共服务供给难以为继,与期待形成很大落差。41%的居民对社区公共服务不满意,位居"经济收入"之后第二位。其中,18.4%的居民对上学、看病、购物、垃圾处理等配套设施不满意,17.7%的居民对交通不满意,4.8%的居民认为管理服务较差(见图4)。

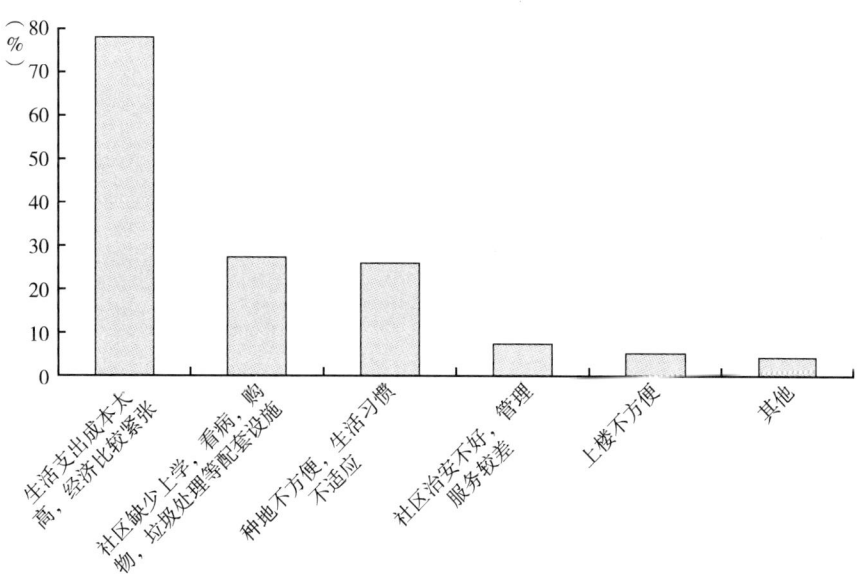

图4 已入住居民生活中存在的主要问题

(四)社区管理服务专业人才匮乏

统计数据显示:本次调查的10个地区40个(村)居委会中,没有一个社区设有专职社工,这其中也包含了所有新农村社区。没有专业岗位的设置以及专业人才的入驻,容易造成社区建设与发展的人才短板,不利于社区形成一个长期、科学的发展思路，也容易造成管理滞后，利益或矛盾表达渠道单一，群众居住满意度降低，最终使各类矛盾凸显出来。

二 思考与建议

结合当前已入住新型农村社区存在的主要问题，一方面应回应居民的迫切需求，设立职业技能培训服务，落实公共服务资金；另一方面应加快社会组织的发展，并做好人才的引进和培训工作，提升社区的综合治理能力。

（一）职业技能培训服务亟待跟进

居民拥有稳定的收入是新农村社区和谐发展的前提和保障。本次抽样调查的数据中以农业为生的居民仅占24.1%，无工作、打零工的居民占43.9%，而在过去一年中，有65.3%的居民都未曾接受过当地（免费/政府补贴）的职业技能培训（见图5）。新农村社区居民的就业和收入保障已经成为一个不容忽视的问题。因为即使在政府推动下暂时实现了居民的整体搬迁，也会因大量农民无稳定收入、无固定职业而对新农村社区未来的和谐稳定埋下隐患。因此，新农村居民的职业技能培训服务亟待跟进，要尽可能预防和减少社会矛盾，降低后期社区治理的成本。

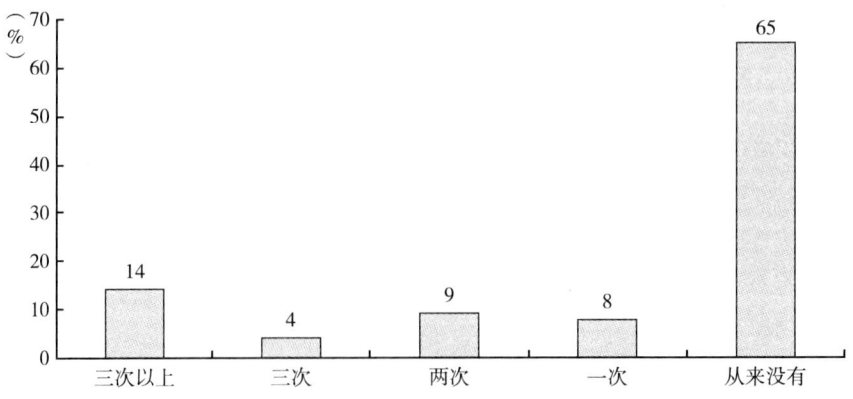

图5 居民在当地接受（免费/政府补贴）的职业培训情况

较之以往分散的村落,新农村社区拥有高效率的组织平台以及较为集中和丰富的培训资源。因此要利用这些优势,尽快在新农村社区建立起与城市社区相同的居民就业管理登记以及培训服务。

(二)公共服务资金亟待落实

虽然我省在2012年就出台了《河南省新型农村社区规划建设标准》,但从调查情况来看,由于不同新农村社区公共服务资金投入不同,各新农村社区实际的公共服务供给状况参差不齐。

住房建设只是新农村社区建设中最基础的环节,随着大量居民的迁入,公共服务必须同步跟进,并形成长期、稳定的固定资金投入。在本次调查中获悉,在影响农村居民搬迁至城镇的各类因素中,67%的居民选择了"对子女教育好",51.3%的居民则选择了"生活品质高";在"子女上小学的地点选择"一项中,只有20.7%的居民选择了"在本村上",其余都选择了乡镇、县城和省辖市等。城镇学校丰富的教育资源已经成为吸引农村居民搬迁的主要动力。鉴于这种现实需求,在新农村社区各种配套公共服务的投入中,要将基础教育投入放在首位;其次,逐步完善医疗、购物、垃圾处理等配套设施的建设与服务,满足和实现搬迁居民对于新农村"生活品质高"的期待。

(三)社区组织有待发展

新农村社区建设与实现民主自治离不开各类社区组织的发展。从调查情况来看,我省农村居民对公共事务管理的参与意识都很强,但缺乏参与的平台和渠道。社区组织的发展对及时反馈、解决居民需求,丰富居民文化,构建新的人际互动网络,链接各方资源,促进社区的内部融合以及与外部的融合等都将扮演积极的角色,是实现社区多元治理以及有效治理的关键一环。

2013年中央财政支持社会组织参与社会服务立项470个,鼓励孵化和发展各类社会组织。我省也应该重视并积极推进新农村社区内各类社会组织的孵化,在不同领域里探索并建立政府购买民间组织服务的政策和标准,以招标的形式鼓励城市的社区组织走向农村,同时接纳并促进与一些民间慈善组织的合作,实现社区服务资金来源的多元化以及服务主体的多元化。

（四）重视人才引进和培训

可以说，农村社会组织发展滞后，跟不上社区治理的需求，在很大程度上是由于缺乏相应的组织和建设专业人才。在人才引进方面，一方面可以结合省内基层选调生等相关人才政策，为新型农村社区引进各类专业人才，充实基层管理队伍；另一方面要设置合理的薪酬待遇，留住人才。在人才培训方面，可以考虑通过建立实践基地的方式，借助于一些高校或教育机构的专业培训平台，通过签订"订单式"的培训合约，依据实际需求对现有的社区工作人员提供教育培训，提高农村社区管理的专业化和科学化水平。

郑州市居民食品安全心理调查

马 琳[*]

摘　要：

本文以郑州市区 205 名消费者为调查样本，对郑州市居民食品安全心理状况进行调查，并通过计量模型分析了消费者对食品安全评价的影响因素。调查发现：男性消费者、年龄大的消费者、家中没有 12 岁以下小孩的消费者、对政府制定食品安全监管政策满意度高的消费者和对食品安全事件关注度低的消费者对食品安全评价较高。据此，本文从政府监管部门、食品生产企业、普通消费者三个方面提出了提升消费者食品安全评价的建议。

关键词：

食品安全　消费者　心理　郑州市

国以民为本，民以食为天，食以安为先。食品安全是事关人民群众切身利益的大事，社会各方对此高度关注。党的十八大报告中明确提出"改革和完善食品药品安全监管体制机制"。然而近年来曝光的"食品安全"恶性事件（毒奶粉、瘦肉精、地沟油、染色馒头、大米镉超标、硫黄生姜等），表明了我国食品安全监管体系与制度建设上存在的问题和社会诚信的缺失、道德的滑坡。消费者是如何评价食品安全现状的？消费者对食品安全的监管措施是如何评价的？消费者食品安全评价影响因素是什么？

为此，我们选择郑州城市消费者作为研究对象，对郑州市居民的食品安全心理进行研究。调查选择郑州市中原区、金水区、二七区和郑东新区 4 个区作

---

[*] 马琳，博士，郑州大学公共管理学院讲师，社会管理河南省协同创新中心研究员。

为样本调查点。调查对象为4个区内随机选取的消费者,调查时间为2012年10月7~28日,调查人员为郑州大学的5名本科学生。调查的方式是发放问卷调查,对阅读问卷困难的被调查者采取调查人员读问卷内容,让被调查者口述选择的方式进行。共发放调查问卷220份,收回问卷220份,经过整理,除去所有问题选项一致、部分问题没有选择等无效问卷,共获得有效问卷205份。问卷的有效率为93.18%。

调查问卷内容主要包括六个方面:消费者个人特征、家庭特征、食品安全评价、政府信任、食品安全认知、食品消费行为。消费者个人特征包括性别、年龄、学历、婚姻状况;消费者家庭特征包括家庭人均月收入、家庭人均食品月支出、家中是否有12岁及以下儿童。

一 郑州市居民食品安全心理状况

(一)郑州市居民食品安全问题关注度较高

调查发现,食品安全问题已成为郑州消费者日常消费中最为关注的问题之一,郑州居民对食品安全担忧度普遍较高,且女性的担忧度高于男性。调查数据显示,81.86%的郑州消费者对目前食品安全状况表示"担忧",而表示"不太担忧"及"不担忧"的分别占14.71%、3.43%,如图1所示。

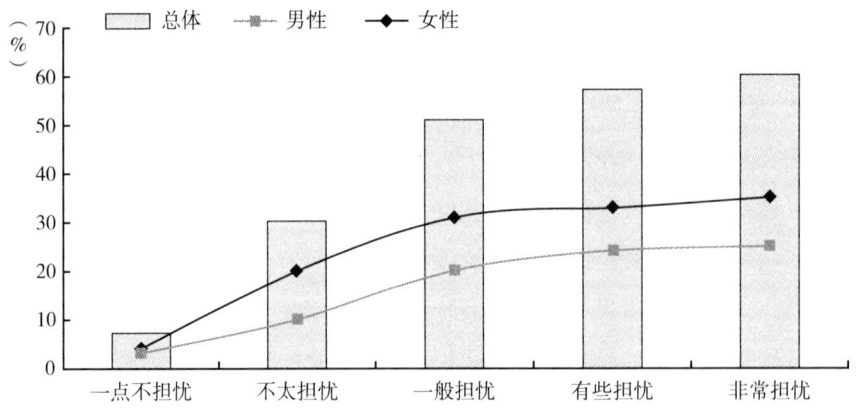

图1 郑州市居民食品安全担忧情况

我们选取近期新闻曝光的6项食品安全事件来了解郑州市居民对食品安全事件的关注程度，如图2所示。

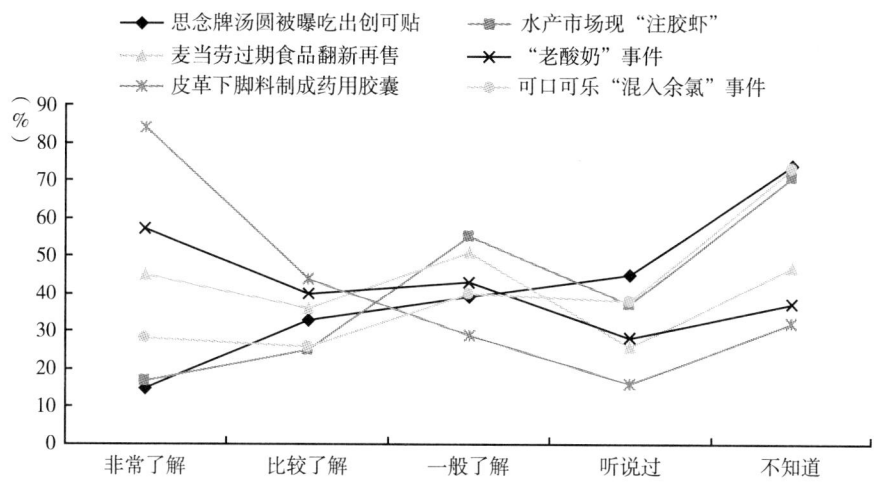

图2 消费者对食品安全事件关注度

由图2可知，消费者对"皮革下脚料制成药用胶囊"、"老酸奶"和"麦当劳过期食品翻新再售"事件的了解程度相对较高，而对"可口可乐混入余氯事件"、"水产市场注胶虾"和"思念牌汤圆被曝吃出创可贴"事件的了解程度相对较低，这可能与各种食品安全事件的新闻媒体曝光量相关。

（二）郑州市居民食品安全评价较低

问卷设计问题对郑州市食品安全总体状况评价，答案共5项，分别是"非常安全"、"比较安全"、"一般安全"、"不太安全"和"很不安全"，如图3所示。

总体来看，郑州城市消费者对目前食品安全的评价较低，205人中没有一人选择"非常安全"，39.51%的消费者认为"不太安全"，23.90%的消费者认为"很不安全"。从性别来看，女性对食品安全的评价要低于男性，女性认为食品"不太安全"和"很不安全"的比例分别为41.46%和28.46%，高于男性的36.59%和17.07%。

由于在日常消费中，消费者对不同种类食品的关注程度有所不同，对不同

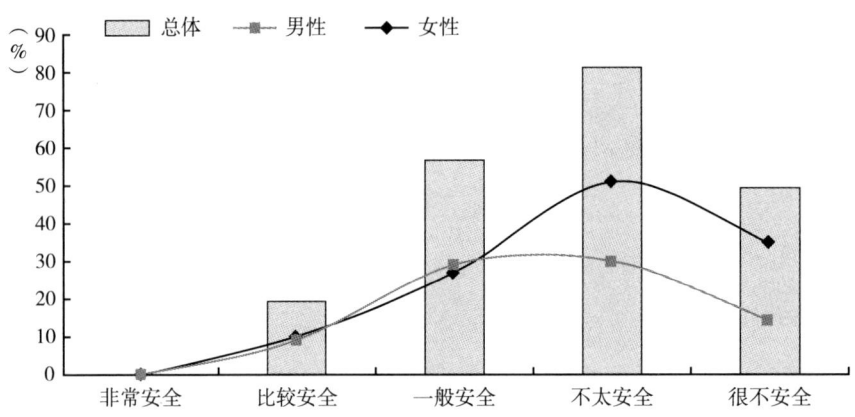

图3 消费者对食品安全的总体评价情况

种类的食品安全评价也不同,因此,我们将居民日常生活中常消费的食品分为6大类(果蔬制品、肉禽制品、水产制品、乳制品、粮食制品、油脂类食品)进行了调查。答案共有5个选项,"非常安全"、"比较安全"、"一般安全"、"不太安全"和"很不安全",如图4所示。

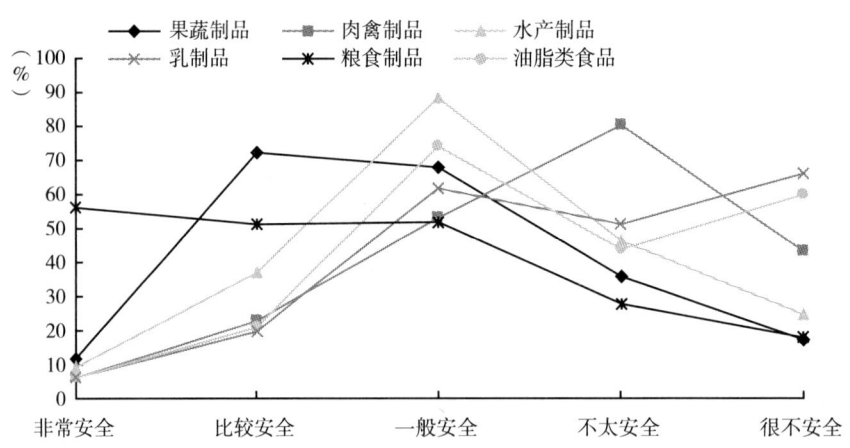

图4 消费者对分类食品安全的评价情况

从图4来看,消费者对粮食制品和果蔬制品的安全评价较高,认为粮食制品"非常安全"和"比较安全"的消费者分别占27.32%和24.88%,认为果蔬制品"非常安全"和"比较安全"的消费者分别占5.85%和35.12%。而消费者对肉禽制品、乳制品和油脂类食品的安全评价较低,认为肉禽制品"不太安全"和"很不安全"的消费者分别占39.02%和20.98%,认为乳制品"不太安全"和"很不安全"的消费者分别占24.88%和32.20%,认为油脂类食品"不太安全"和"很不安全"的消费者分别占21.46%和29.27%。

(三)消费者对政府食品安全工作抱有更多的期待

食品安全是一个与公众健康以及公共卫生息息相关的问题,政府在食品安全监管中起着不容忽视的作用,承担着至关重要的责任。那么,政府食品安全作为是否让消费者满意呢?调查数据显示,近六成的被调查者对政府的监管工作力度明确表示不满意,绝大多数消费者希望政府能够在加大惩处力度方面有所作为。另外,仅有8.33%的消费者认为政府对食品安全问题的信息披露是足够充分的。

问卷设计问题为消费者对政府实施的食品安全监管政策的满意度。答案共有5个选项,"非常满意"、"比较满意"、"一般满意"、"不太满意"和"非常差",如图5所示。

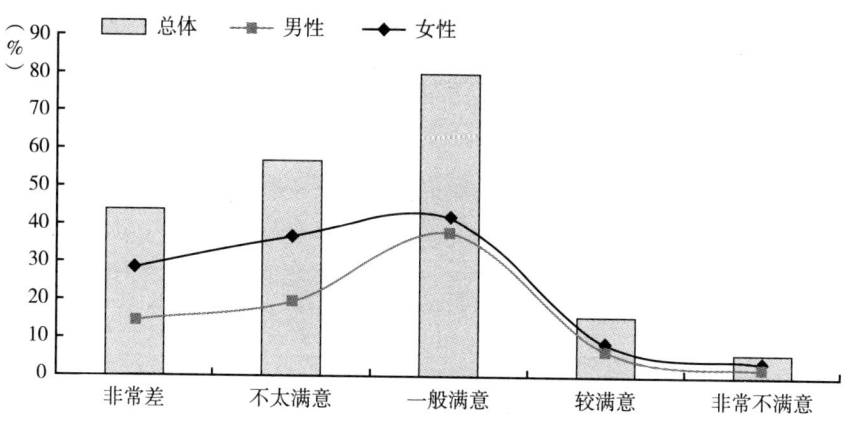

图5 消费者对政府实施食品安全监管政策满意度

从图5中可以看出,半数以上的消费者对政府的食品安全监管及其采取的措施偏向不满意,只有7.80%的消费者选择较满意,2.93%的消费者选择非常满意,说明大多数消费者对政府实施的食品安全监管政策并不满意。

（四）消费者食品安全意识薄弱

问卷设计主要从食品安全标识了解、食品安全法律了解、食品安全购买关注和路边摊消费意愿4个方面来评价消费者食品安全意识。

1. 食品安全标识了解程度较低

问卷选取质量安全、无公害食品、HACCP认证、保健食品4种食品安全图标来评价郑州市居民食品安全标识了解程度，分别是"QS"标志、绿色食品标志、HACCP认证[①]标志和保健食品标志，如表1所示。

表1 食品安全标志图

"QS"标志	绿色食品标志	HACCP认证标志	保健食品标志

调查结果显示，郑州消费者对4种标志的了解情况差异较大，如图6所示。其中"QS"标志的普及率最高，了解的消费者占67.65%，其他3种食品安全标识的普及率则比较低，保健食品标志、HACCP认证标志和绿色食品标志被消费者了解的比例分别为31.86%、11.76%和26.47%。总体来看，郑州消费者对常见的食品安全标识了解程度较低。

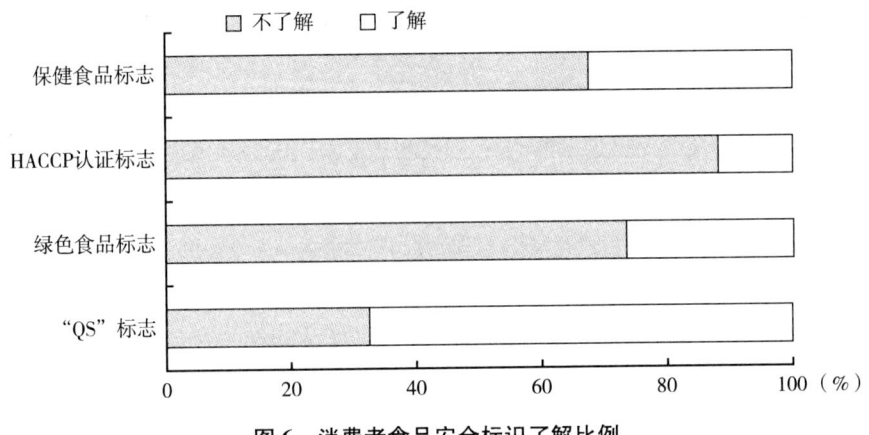

图6 消费者食品安全标识了解比例

2. 食品安全法律了解程度较低

食品安全法律了解主要调查消费者对《中华人民共和国食品安全法》和《餐饮服务食品安全监督管理办法》的了解情况。问题的答案为"非常了解"、"比较了解"、"一般了解"、"听说过"和"不知道",如图7所示。

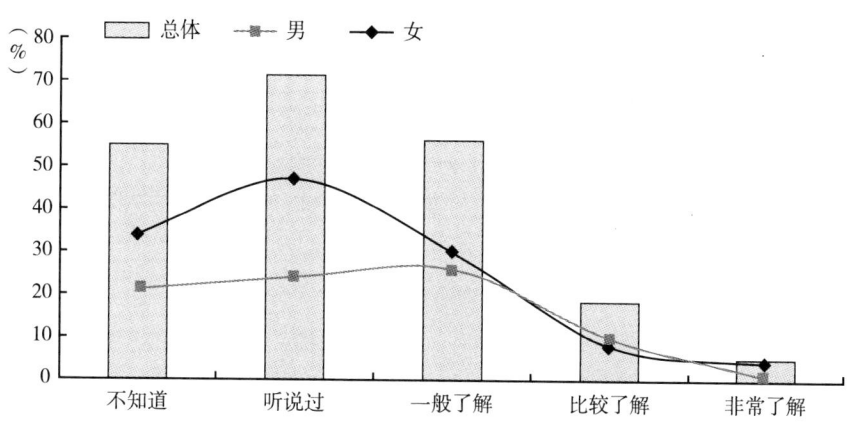

图7 消费者食品安全法律了解程度

调查发现,食品安全问题虽然受到大多数消费者的高度关注,但他们对相关法律法规的了解相当缺乏,仅有2.43%的被调查者表示自己对食品安全法律法规"非常了解",8.78%的消费者对食品安全法律"比较了解",而"不知道"、"听说过"和"一般了解"的消费者分别占26.83%、34.63%和27.32%。

3. 食品购买关注情况较差

我们选取生产日期、保质期、生产厂家、品牌和安全标识来评价郑州消费者食品购买关注情况。答案设计为"一点不留意"、"不太留意"、"一般留意"、"比较留意"和"非常留意",如图8所示。

由图8可知,消费者对食品的生产日期和保质期关注度较高,"非常留意"的占比分别为73.17%和72.68%,而对食品的生产厂家、品牌和安全标识关注度较低,特别是对食品的安全标识关注度最低,"非常留意"和"比较留意"的占比分别只有21.46%和12.68%。

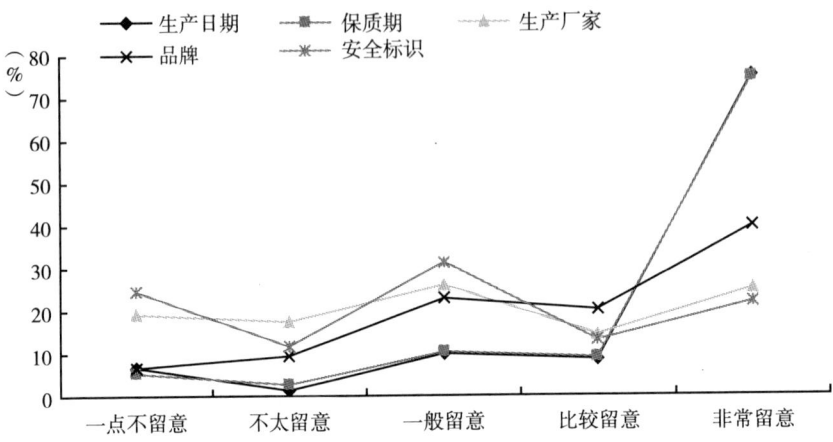

图8 消费者食品安全购买关注情况

4. 路边摊消费意愿较强

消费者常常因口感而暂时忽略食品所潜在的安全隐患。在问卷中设计问题"街边小吃虽存在安全隐患,但是否会因其口感而仍然购买食用",答案为"会"、"偶尔"和"不会",如图9所示。

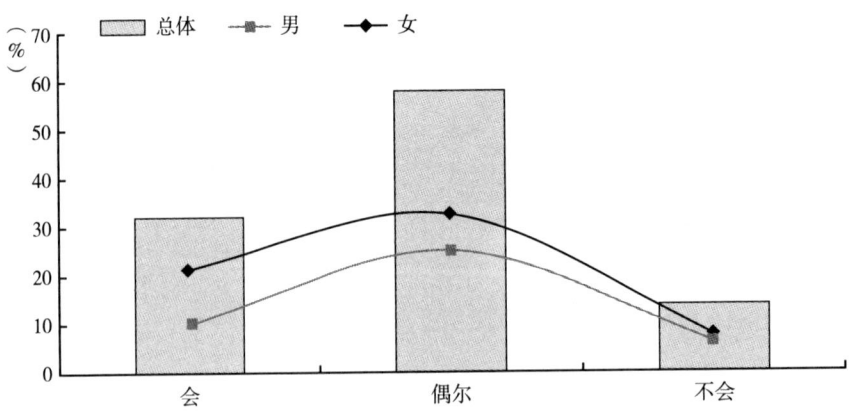

图9 消费者路边摊消费意愿

其中56.10%的消费者选择"偶尔会",30.73%的消费者明确选择"会",只有13.17%的消费者选择"不会"。总体来看,大多数消费者仍表示会因口感而忽略食品潜在安全隐患购买路边摊食品,其中女性的比例高于男性。市场需求决定了市场供给,消费者对食品安全的忽视给不重视食品安全的商贩带来商机。

(五)消费者食品安全问题应对较理性

我们选取了消费者时常遇到的6大类食品安全问题(注水肉、病害肉等肉类问题,食物中毒问题,散装食品卫生问题,食品已过保质期问题,食品无标签、标识问题,假冒伪劣产品问题)进行调查。结果表明,消费者最常遇到的食品安全问题是假冒伪劣产品问题和散装产品卫生问题,其次是食品已过保质期和注水肉、病害肉等肉类问题,常遇到的有食品无标签、标识问题,也有一小部分人表示自己曾遇到食物中毒等危及性命的食品安全问题,这表明,从生产厂商的生产到加工商的加工,再从经销商的储存到销售商的销售都存在着食品安全问题。

问卷设计问题"在遇到诸如上述食品安全问题时,如何应对",答案有"忍气吞声"、"投诉"、"制造舆论压力"、"状告起诉"和"非理性行为",如图10所示。

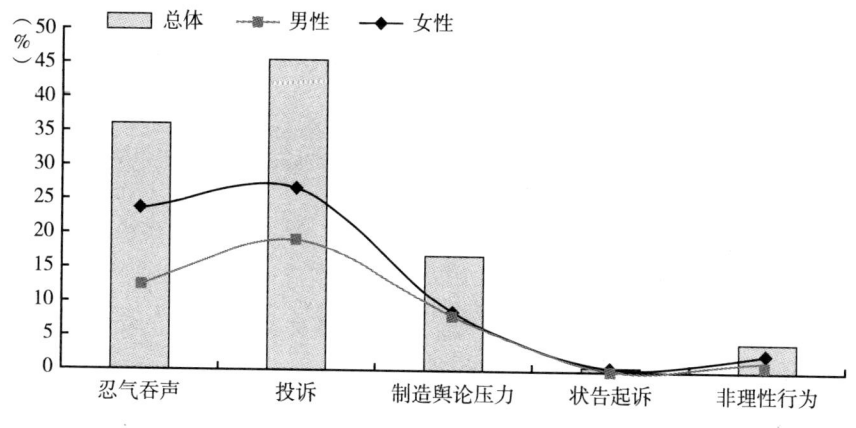

图10 消费者食品安全问题应对方式

在遇到食品安全问题时,44.39%的被调查者更倾向于采取"投诉"的方法来解决,而认为投诉无门、追究无果或自认倒霉而倾向于选择"忍气吞声"的消费者占 35.12%，选择"制造舆论压力"和"状告起诉"的消费者分别占 16.10% 和 0.49%。此外，仅有 3.90% 的消费者倾向于选择非理性行为来解决。总体看来，消费者在应对食品安全问题方面无明显的非理性行为倾向。

二 影响郑州市居民食品安全评价的因素

（一）构建郑州市居民食品安全评价的理论模型

问卷设计的郑州市居民食品安全评价共 5 个选项，分别为"非常安全"、"比较安全"、"一般安全"、"不太安全"和"很不安全"，且这些选项是分类变量。问卷中的其他问题也多是分类变量，包括消费者的年龄、收入等都不是连续变量。Logistic 分析较多用于因变量以及自变量为分类变量的回归分析中。本研究的目的是想了解郑州消费者食品安全评价影响因素，因此，定义因变量为两种情况，一是消费者认为食品安全，二是消费者认为食品不安全。这样，在 Logistic 分析中的因变量只有两种分类。

把消费者对食品安全的评价看作是消费者个人特征、家庭特征、政府信任、食品安全认知、食品消费行为的函数，即：$U = f$（个人特征，家庭特征，政府信任，食品安全认知，食品消费行为）。

（二）理论模型的变量说明

模型共定义了 13 个解释变量。消费者的个人特征包括性别、年龄、学历、婚否；家庭特征包括家庭人均月收入，家庭人均食品月支出，家中是否有 12 岁及以下儿童；对政府实施食品安全政策的满意度；食品安全认知包括对近期食品安全事件的关注度，食品安全相关标识了解度和食品安全法律了解度；食品消费行为包括食品购买关注安全情况和路边摊消费情况。具体定义和取值如表 2 所示。

模型定义了 1 个因变量，消费者对食品安全的评价，分为两类（消费者认

表 2　解释变量定义与处理说明

变量		变量定义与取值	均值	标准差
个人特征	性别(X_1)	男 =1,女 =0	0.40	0.49
	年龄(X_2)	小于 20 岁 =1,20～30 岁 =2, 30～40 岁 =3,40～50 岁 =4, 50～60 岁 =5,大于 60 岁 =2	2.59	1.32
	学历(X_3)	初中及以下 =1,高中(包括中专、技校) =2, 大学、大专 =3,研究生及以上 =4	2.55	0.72
	婚否(X_4)	已婚 =0,未婚 =1	0.60	0.49
家庭特征	家庭人均月收入(X_5)	小于 1000 元 =1,1000～3000 元 =2, 3000 元～5000 元 =3,大于 5000 元 =4	2.36	0.90
	家庭人均食品月支出(X_6)	小于 100 元 =1,100 元～300 元 =2, 300 元～500 元 =3,500 元～1000 元 =4, 大于 1000 元 =5	3.32	0.98
	家中是否有 12 岁及以下儿童(X_7)	有 =0,没有 =1	0.65	0.48
政府信任	对政府实施食品安全政策的满意度(X_8)	非常差 =1,不太满意 =2,一般满意 =3, 比较满意 =4,非常满意 =5	2.44	1.04
食品安全认知	近期食品安全事件的关注度(X_9)	对 6 类食品安全事件了解程度的均值 (不知道 =1,听说过 =2,一般了解 =3, 比较了解 =4,非常了解 =5)	2.87	0.98
	食品安全相关标识了解度(X_{10})	对于质量安全、无公害食品、HACCP 认证、保健食品四种标识的认知值的和(是 =1,否、不清楚 =0)	1.38	1.17
	食品安全法律了解度(X_{11})	不知道 =1,听说过 =2,一般了解 =3, 比较了解 =4,非常了解 =5	2.25	1.03
食品消费行为	食品购买关注安全情况(X_{12})	对食品的生产日期、保质期、生产厂家、品牌、安全标识的留意程度均值 (不留意 =1,不太留意 =2,一般留意 =3, 比较留意 =4,非常留意 =5)	1.72	0.93
	路边摊消费情况(X_{13})	会 =1,偶尔 =2,不会 =3	1.82	0.64

为食品安全 =1,消费者认为食品不安全 =0)。对所有因变量和解释变量问题做出有效回答的问卷共有 205 份。由于问卷中设计消费者对食品安全评价有 5 个维度的答案(A 非常安全,B 比较安全,C 一般安全,D 不太安全,E 非常不安全),消费者选择 A 和 B 选项则认为食品安全,选择 D 和 E 选项则认为食

品不安全,当选择 C 选项时,把该消费者的选择作为两组观察值,整理数据可知,共有 56 个消费者选择 C,这 56 组数据分别作为认为食品安全和认为食品不安全进入数据样本,这样,样本数据共有 261 个。

(三)郑州市居民食品安全评价影响因素分析

运用 SPSS13 统计软件对 261 个样本数据进行二元 Logistic 回归处理,得到结果如表 3 所示。

表3 所有变量回归时的模型参数估计

	系数	标准化系数	Wald 检验	自由度	显著性	OR 值	95.0% 置信区间	
							下限	上限
性别	0.683	0.324	4.452	1	0.035**	1.980	1.050	3.735
年龄	0.330	0.164	4.069	1	0.044**	1.391	1.009	1.917
学历	0.065	0.259	0.064	1	0.801	1.068	0.643	1.774
婚否	-0.023	0.497	0.002	1	0.964	0.978	0.369	2.589
家庭人均月收入	-0.044	0.224	0.038	1	0.845	0.957	0.617	1.484
家庭人均食品月支出	0.204	0.218	0.874	1	0.350	1.227	0.799	1.882
家庭是否有12岁及以下小孩	0.568	0.343	2.737	1	0.098*	1.764	0.900	3.456
政府信任	0.932	0.194	23.026	1	0.000***	2.540	1.736	3.718
安全事件关注度	-0.335	0.186	3.253	1	0.071*	0.715	0.497	1.029
食品安全相关标识了解度	0.114	0.140	0.659	1	0.417	1.120	0.852	1.473
食品安全法律了解度	0.064	0.172	0.137	1	0.711	1.066	0.761	1.492
购买关注安全	0.167	0.195	0.737	1	0.391	1.182	0.807	1.731
路边摊消费	0.037	0.265	0.020	1	0.889	1.038	0.617	1.745
常数	-5.725	1.614	12.577	1	0.000	0.003	—	—

注:* 显著性水平10%,** 显著性水平5%,*** 显著性水平1%。

由表3可知,消费者的学历、婚否、家庭人均月收入、家庭人均食品月支出、食品安全相关标识了解度、食品安全法律了解度、购买关注安全、路边摊消费 8 个解释变量的回归结果都不显著,说明消费者的食品安全评价对上述几个变量反应不敏感。因此,在剔除上述 8 个变量后,又进行了一次回归,结果如表4。

表4 剔除不显著变量后回归的模型参数估计

	系数	标准化系数	Wald 检验	自由度	显著性	OR 值	95.0%置信区间	
							下限	上限
性别	0.657	0.313	4.420	1	0.036**	1.929	1.045	3.559
年龄	0.307	0.117	6.953	1	0.008***	1.360	1.082	1.709
家庭是否有12岁及以下小孩	0.633	0.317	3.988	1	0.046**	1.883	1.012	3.503
政府信任	0.828	0.178	21.768	1	0.000***	2.289	1.617	3.242
安全事件关注度	-0.299	0.158	3.612	1	0.057*	0.741	0.544	1.009
常数	-3.795	0.795	22.766	1	0.000	0.022	—	—

注：* 显著性水平10%，** 显著性水平5%，*** 显著性水平1%。

对剔除不显著变量后回归参数模型的检验，由检验结果可知，假设显著性为0.05，在 Hosmer 和 Lemeshow 检验中，p 值为0.865显著大于0.05，所以模型拟合度较好。而调整后的 R^2 值为0.296，说明模型的拟合度较高。

在 Logistic 回归模型中，定义的因变量和部分解释变量是分类变量，因此模型的系数只反映变化的方向而不反映变化的大小，因此本文只讨论解释变量变化影响消费者食品安全评价的"好"和"差"，而不讨论"好"和"差"的程度。在13个解释变量中，消费者的性别，年龄，家庭是否有12岁及以下的小孩，政府信任，食品安全事件关注度5个解释变量的显著性水平最高。

1. 性别对消费者食品安全评价的影响

由表4可知，在5%的置信水平上，消费者对食品安全评价与消费者的性别正相关。即女性更倾向于对食品安全评价低，男性更倾向于对食品安全评价高。考虑到现实生活中，女性可能更加细心，风险意识可能更强，所以对食品安全更加关注，对食品安全评价不高。

2. 年龄对消费者食品安全评价的影响

由表4可知，在1%的置信水平上，消费者对食品安全评价与年龄正相关，即消费者的年龄段越高，越对食品安全评价高，认为食品安全情况"好"，反之，消费者的年龄段越低，越对食品安全评价低，认为食品安全情况"差"。可能的原因是，年龄层次较高的消费者经历过"吃不饱"的时代，他们更加节约，而年龄层次较低的消费者并不关注是否"吃得饱"，他们关注的是能不能"吃得好",因此他们对食品安全的要求更高,对食品安全评价相对较低。

3. 家中是否有 12 岁及以下小孩对消费者食品安全评价的影响

由表 4 可知,在 5% 的置信水平上,消费者对食品安全评价与家中是否有 12 岁及以下小孩正相关。即家中有 12 岁及以下小孩的消费者更倾向于对食品安全评价低,家中没有 12 岁及以下小孩的消费者更倾向于对食品安全评价高。由于家中有 12 岁及以下儿童的消费者可能为了孩子的健康更加关注食品质量,所以他们对食品安全的要求也更高,对食品安全的评价也就相对较低。

4. 政府信任对消费者食品安全评价的影响

由表 4 可知,在 1% 的置信水平上,消费者对食品安全评价与政府制定食品安全监管政策满意度正相关。即对政府政策满意程度高的消费者对食品安全评价高,对政府政策满意程度低的消费者对食品安全评价低。对食品安全评价低的消费者可能把食品安全问题的责任归结于政府食品安全监管政策的制定不合理,所以消费者对政府食品安全监管政策满意度的高低影响对食品安全评价的好坏。

5. 食品安全事件关注度对消费者食品安全评价的影响

由表 4 可知,在 10% 的置信水平上,消费者对食品安全评价与食品安全事件关注度负相关,即对食品安全事件关注度高的消费者对食品安全评价低,对食品安全事件关注度低的消费者对食品安全评价高。对食品安全事件关注度高的消费者对现实生活中的食品安全恶性事件了解更多,可能认为食品中存在更多的不安全因素,因此,对食品安全评价相对较低。

三 提高居民食品安全评价的政策建议

基于郑州市居民食品安全心理特征,以及影响郑州市居民食品安全评价的因素,以下从政府相关管理部门、食品生产企业、消费者三方面提出提高消费者食品安全评价的政策建议。

(一)完善诚信体制建设,加大监管力度

对政府相关监管部门,首先要加强政府的诚信体制建设,根据研究结论,

消费者对食品安全评价与政府信任正相关,因此,加强政府的诚信体系建设,特别是食品安全监管部门的诚信体系建设,能够提高消费者食品安全评价,使消费者在食品市场放心消费,从而促进食品产业健康发展。其次,加大对食品安全恶性事件中食品生产企业处罚力度,研究结论表明,消费者食品安全事件关注度与食品安全评价负相关。一方面,以儆效尤,警示其他食品生产企业,提高食品生产企业生产不安全食品的成本;另一方面,让消费者看到政府部门处理食品安全恶性事件的力度和决心,放心消费,增强消费者对食品市场的信心。最后,加大对食品安全知识的宣传,开展食品安全知识讲座,印发鉴别安全食品的相关图书资料,普及食品安全常见标识、相关法律法规。

(二)强化自律、注重诚信建设和道德建设

对于食品生产企业,首先是加强自身道德修养。充分认识到食品安全问题对消费者的人身危害,尤其在原材料购买、生产机器定时清洗、职工个人卫生方面严格把关,不能只着眼于眼前经济利益,一定要兼顾社会效益。其次是推行责任追究制。哪个环节出现问题就要追究该环节负责人的主要责任,环环相扣,环环把关,促进各个环节之间的相互监督。对于不合格的产品,商家要将其拒之门外,坚决不摆在售货架上,抵制不合格产品流入市场,并且对其生产厂家进行举报,追究生产厂商的责任。最后是加强与消费者的互动。生产厂房要主动地向社会大众开放,让人们清晰了解食品的加工环境,增加食品生产的透明度。实行食品安全问题举报奖励制度,情况属实即给予奖励,同时对已购买不合格食品的消费者,要及时道歉并给予一定赔偿。

(三)提高食品安全认知,积极抵制食品不安全行为

食品安全问题关系到消费者的切身利益,消费者要坚决维护自己的合法权益。一方面,消费者要时刻关注食品安全问题,购买食品时要多加留心食品的生产日期、保质期、生产厂家、安全标识等,提高警惕,增强自己辨别优劣的能力。另一方面,对于不合格食品坚决不购买,消费者要让其退出市场;当发现食品安全问题、假冒伪劣产品流通时,及时向有关部门举报,为打击违法分

子贡献自己的力量。当遇到食品安全问题时,消费者不要忍气吞声,要学会运用法律武器来保护自己的合法权益,举报、投诉不法商家。

(四)积极探索食品安全监管的新路径

我国目前食品安全监管主要由政府相关部门负责,由于食品市场的特殊性,食品生产厂商数目巨大,政府相关监管部门全方位的监管难度很大,应该积极探索食品安全监管的新路径。一方面,逐步推进食品销售商连带责任制。监管重点由食品生产商转向食品销售商,食品销售商如果销售问题食品需要承担连带责任,并加大对食品销售商的处罚力度,使得食品销售商主动加强销售食品的安全检查力度。另一方面,实行市场合同外包,引入社会合法团体参与,配合政府进行食品安全监管。非政府组织作为强有力的民间力量,应肩负起自身的社会责任,非政府组织应积极发挥范围广、行动灵活、覆盖面大等优势,走基层、进社区,深入食品消费群体,加大对食品安全问题的宣传,同时普及食品安全知识。

河南省新生代农民工社会支持体系调查报告

康绍霞*

摘　要： 本文运用文献法和问卷调查法，对新生代农民工社会支持体系展开调查，调查发现河南省新生代农民工的情感支持主要来自于家人、经济支持主要来源于用工单位、实际困难支持主体呈多元化等特点。河南省新生代农民工社会支持体系中存在如下问题：家人以外的其他个体支持有限；政府层面的正式社会支持缺乏；用工单位的支持意识不够；民间组织的支持力度不强。在调查的基础上，提出了健全制度加强正式支持、发挥社会组织功能强化组织支持、进一步增强非正式支持等完善河南省新生代农民工的社会支持体系的建议。

关键词： 新生代农民工　社会支持　社会工作者

20世纪80年代以来，随着工业化和城镇化的迅速发展，农村剩余劳动力逐步开始向城市转移，随着经济社会转型的进一步深化以及我国土地政策的调整，农民进城务工的数量持续增加。据原国家人口和计划生育委员会流动人口服务管理司2011年的调查显示，"近三年来，我国流动人口规模以每年1000

---

* 康绍霞，郑州轻工业学院政法学院讲师，社会管理河南省协同创新中心研究员，研究方向为社会发展与社会问题。

万的速度增长,未来三十年,还将有3亿农村人口进入城镇。"① 一方面,农民工已经成为中国城市经济建设和社会发展中不可或缺的劳动群体,为城市的经济社会发展做出了巨大的贡献。但农民工在就业、住房、子女教育、社会保障、福利待遇等方面均处于劣势地位,无法平等共享城市文明的进步和城市发展的成果。另一方面,农民工群体工作和生活还游离在城市正式制度和社会组织之外,无法真正融入城市社会,处在城市的边缘地位。农民工群体所面临的诸多困难和问题越来越引起社会各界的广泛关注,如何加强对农民工群体的服务与管理已经成为提高社会治理能力推动社会治理创新的一项重要内容。

当前,我国农民工群体呈现出一些新的特征,农民工已不再是一个高度同质群体,而是在内部结构中产生了明显的代际分化:新生代农民工日渐成为农民工队伍的主要力量。新生代农民工与传统农民工相比,在社会认知、工作期望和行为取向等方面呈现出很大差异,他们更渴望融入城市,对工作和生活有更高的要求。2010年中共中央一号文件《关于加大统筹城乡发展力度 进一步夯实农业农村发展基础的若干意见》明确要求,要采取有针对性的措施,着力解决新生代农民工问题。因此,如何发挥和完善社会支持体系的功能,使新生代农民工更好地适应城市的生活,为进一步融入城市打下基础,是一个非常值得关注和思考的问题。

本文所研究的新生代农民工是指"出生于20世纪80年代以后,年龄在16岁以上,在异地以非农就业为主的农业户籍人口。"② 本文采用偶遇抽样的方法在郑州市抽取了195名新生代农民工进行了调查。被调查的新生代农民工中,16~20岁者占11.8%,21~25岁者占51.8%,26~30岁者占20.5%,31~35岁者占15.9%;小学及以下文化程度者占4.1%,初中文化程度者占29.2%,高中及中专文化程度者占45.6%,大专及以上文化程度者占20.5%;男性新生代农民工占57.4%,女性新生代农民工占41.5%;未婚者占60%,

---

① 国家人口和计划生育委员会流动人口服务管理司:《中国流动人口发展报告2011》,中国人口出版社,2011。
② 全国总工会新生代农民工问题课题组:《关于新生代农民工问题的研究报告》,《工人日报》2010年6月21日。

已婚者占39.0%，丧偶者占0.5%，离婚者占0.5%。

　　社会支持是指个体从他人（包括家人、亲戚、朋友、邻里等）、组织和政府那里所获得的各种支持与帮助。本文尝试从二维（正式社会支持和非正式社会支持）和四维（经济支持、情感支持、实际困难支持和就业支持）的角度来考察新生代农民工的社会支持的构成。也就是说，从社会支持的来源上看，新生代农民工的社会支持可以分为正式社会支持和非正式社会支持，正式社会支持是指来自于用工单位、组织和政府的支持和帮助，非正式社会支持是指来自于家人、亲戚、朋友、邻里、同事等个体的各种支持和帮助。而从社会支持的内容上看，主要包括经济支持、情感支持、实际困难支持和就业支持。

一　新生代农民工社会支持的特点

（一）情感支持主要来自于家人

　　在调查中，当问起"当您心情不好时，向谁倾诉"时，26.2%的被调查者回答"向配偶倾诉"，21%的被调查者回答"向父母倾诉"，19%的被调查者回答"向兄弟姐妹倾诉"。由此可见，新生代农民工的情感支持主要来自于家人。流入城市后，新生代农民工面临一系列的考验与困境，他们在城市的生活和工作都不同于原来在农村时的"日出而作，日落而息"的生活方式，他们要适应城市的生活，在城市遇到不顺心的事情是常有的事。有些新生代农民工和配偶一起出来打工，而有些新生代农民工没有结婚，有的即使结婚了也没有带配偶一起出来。他们在城市的朋友也不多，没有几个值得信任的朋友。当遇到心烦的事情时，他们想到的首先是家人，家人成为他们情感支持的重要来源。

（二）就业支持方面，初次就业渠道主要来自于血缘关系和地缘关系，再就业中正式社会支持发挥重要作用

　　血缘关系和地缘关系是城市农民工的初级社会关系网络，这种关系同质性

强,尽管如此,它依然在新生代农民工的初次就业中成为主要的就业途径,如表1。身在家乡的新生代农民工,向往着城市的美好生活。于是,就会向远在他乡的家人、亲戚或者同乡寻求帮助,以求得在城市打工并生存下去。新生代农民工由农村流入城市的第一份工作,主要依靠的是血缘关系和地缘关系。在城市找到第一份工作后,新生代农民工还会进行再次职业流动,也就是再就业。在再就业的过程中,虽然非正式的社会支持依然发挥作用,然而,逐步适应城市生活后,新生代农民工也会在劳务市场,或者通过职业中介组织去找工作,同时,他们也会参加政府组织的技能培训。因此,在再就业中,正式社会支持发挥重要的作用。

表1 获得工作的途径

单位:次,%

变量	频次	百分比	有效百分比	累计百分比
自己或找熟人介绍	153	78.5	78.5	78.5
通过职业中介机构	7	3.6	3.6	82.1
通过家乡政府部门组织劳动力输出	1	0.5	0.5	82.6
其他途径	33	16.9	16.9	99.5
缺失	1	0.5	0.5	100.0
总数	195	100.0	100.0	—

(三)经济支持的主要来源是用工单位

新生代农民工尽管在家乡有来自于土地的农业收入,然而流入城市后,他们的收入来源主要是工资性收入。调查发现,新生代农民工的工资水平如下:38.5%的被调查对象工资水平为1501元~2000元,27.7%被调查对象工资水平为801元~1500元(见表2)。由此不难发现,新生代农民工的工资水平相比而言要高于其他年龄段的农民工,然而,与城市居民的工资水平相比,还处在较低水平。但这已成为新生代农民工的主要收入来源,远远高于他们在农村的收入。因此,新生代农民工经济支持的主体是用工单位。

表2　工资情况

单位：次，%

变量	频次	百分比	有效百分比	累计百分比
800元以下	8	4.1	4.1	4.1
801元~1500元	54	27.7	27.7	31.8
1501元~2000元	75	38.5	38.5	70.3
2001元~2500元	27	13.8	13.8	84.1
2501元~3000元	13	6.7	6.7	90.8
3000元以上	18	9.2	9.2	100.0
总数	195	100.0	100.0	—

（四）实际困难支持的主体呈多元化

新生代农民工在城市的生活与工作中会遇到很多实际的困难，当他们遇到这些困难时，他们都会向谁寻求帮助呢？在调查中，当问起"当您经济上有困难时，您会向谁寻求帮助"时，36.9%的被调查者"向父母寻求帮助"，26.7%的被调查者"向兄弟姐妹寻求帮助"，24.6%的被调查者"向同事寻求帮助"，10.3%的被调查者"向老乡寻求帮助"，40%的被调查者"向其他朋友寻求帮助"。由此可见，在经济困难方面，支持主体涉及父母、兄弟姐妹、同事、老乡和其他朋友。当问起"当您需要搬家时，一般找谁帮忙"时，23.1%的被调查者回答"同事"，21.0%的被调查者回答"兄弟姐妹"，9.2%的被调查者回答"老乡"，7.2%的被调查者回答"亲戚"，3.1%的被调查者回答"父母"，还有35.4%的被调查者回答"其他朋友"。显然，这一支持主体也呈多元化。

二　新生代农民工社会支持的相关性分析

（一）婚姻状况影响了新生代农民工对社会支持主体的选择

婚姻状况与遇到重要的事情找谁商量这两个变量之间的相关系数为0.205，这一相关系数表明，已婚者和未婚者遇到重要的事情时选择求助的对象各不相同，未婚者中大部分人选择了父母作为商量的对象，而已婚者中大部分人选择了配偶作为商量的对象，其次才选择父母作为商量对象。因此，婚姻状况对新生代农民工社会支持主体的选择有影响。这主要是因为结婚后，配偶成为自己最亲近的人，当新生代农民工遇到一些事情时，首先想到的是和配偶商量，而不是父母，而还没有结婚的新生代农民工，父母是自己最亲近的人，他们遇到问题时，显然首先想到的是自己的父母。

（二）年龄不同，实际困难的支持主体略有不同

年龄与搬家时找谁帮忙两个变量之间的相关系数为0.016，该系数表明，两变量之间的关系比较弱，前者对后者有微弱的影响。出于不同年龄段的新生代农民工交往对象的侧重点会有所不同，当他们遇到一些困难时，寻求帮助的对象也会稍有差异。尽管这种差异不大，但是，还是体现出了不同年龄段的新生代农民工交往的侧重点不同，年龄小的新生代农民工一般来说比较活跃，同辈群体的交往对象较多，朋友圈不仅仅局限于老乡，还会有同事和其他朋友，而年龄稍大的新生代农民工一般来说都已成家，交往的对象会有所局限。因此，当他们遇到困难的时候求助的对象也会有所不同。

（三）文化程度不同，实际困难的求助对象有微弱差异

文化程度与搬家时找谁帮忙两个变量之间的相关系数为0.008，该系数表明两变量之间具有弱相关。文化程度不同的新生代农民工，遇到实际困难时求助的主体有微弱差异。这两个变量之间的关系非常微弱，说明文化程度这个变量对新生代农民工实际困难的求助对象有微弱的影响。处于不同文化程度的新生代农民工，尽管交往的对象也会各有不同，但是，当遇到实际困难的时候，他们求助的对象变化不大。主要原因在于，虽然与老一代农民工相比，新生代农民工的文化程度会高些，但是，对于新生代农民工这个群体自身而言，他们的文化程度并没有太大的差别。

三 新生代农民工社会支持体系中存在的问题

（一）家人以外的其他个体支持有限

从上述分析可以看出，家人是新生代农民工社会支持的主要来源，无论新

生代农民工遇到困难的时候,还是心情郁闷的时候,首先想到的就是自己的家人。当然,亲戚、朋友、同事、邻里等也为新生代农民工提供了一些帮助,但是来自于他们的支持力度远远不够,而专业社会工作者的支持更少。新生代农民工如果想逐步适应城市的生活,必须认识到这一点,即仅仅依靠初级社会关系网络不能解决其在城市生活和工作中遇到的各种问题,次级社会关系网络的构建也异常重要。次级社会关系网络异质性强,能够提供各种各样的信息,对于新生代农民工而言,在维持基于血缘关系和地缘关系基础之上的初级社会关系网络的前提下,不断拓展基于业缘关系基础之上的次级社会关系网络显得尤为必要,充分利用来自于不同个体的支持和帮助,去弥补新生代农民工非正式支持中的缺陷和不足。

(二)政府层面的正式社会支持缺乏

对于新生代农民工而言,来自于政府层面的支持仅限于一些相关的法律法规和政策,当然也有一些由政府部门组织的技能培训。有些新生代农民工经济收入很低,工作环境很差,但是为了生存,他们仍在艰难度日。对于这部分新生代农民工而言,更需要政府的经济支持和救助。对于多数新生代农民工而言,他们更需要来自于政府的就业支持。当然,新生代农民工群体在城市的生活与工作中还可能遭遇其他的一些困难,政府层面的支持无疑是最重要的,也是最有力的。

(三)用工单位的支持意识不够

在新生代农民工的正式社会支持方面,用工单位无疑也是一个不可忽视的支持主体。用工单位是新生代农民工经济支持的主要来源,这为新生代农民工在城市的生存提供了基础。对于新生代农民工而言,用工单位决不应该仅仅为其提供经济支持。然而,在实际的生活与工作中,新生代农民工在用工单位仅限于获得工资收入,来自用工单位的其他支持很少。关键是用工单位的管理者还远远没有意识到这样一个问题,而且在工作中有些用工单位还经常侵犯新生代农民工的权益,例如,不签订劳动合同、克扣工资、加班不给加班费等现象时有发生。如何培育企业文化,采取有效的、人性化的管理措施，让新生代农民工能够真正体会到在单位如同在家一样的温暖，更重要的是不受歧视，着力解决新生代农民工的一些实际困难，这些都是摆在用工单位面前的问题。

（四）民间组织的支持力度不强

民间组织在新生代农民工的社会支持体系中处于重要的位置，具有极其重要的作用。民间组织在新生代农民工的技能培训方面、经济支持方面、就业支持方面都发挥了一定的作用。例如，有的民间组织在农民工的输出地，也就是在农民工流入城市之前就对其进行了相应的岗前技能培训，这为新生代农民工在城市就业提供了基础；有的民间组织关注新生代农民工的健康，设置了流动健康服务车，为新生代农民工提供了很好的卫生服务；也有的民间组织不仅为新生代农民工提供技能培训，还为其提供相应的就业信息。尽管民间组织为新生代农民工提供了多种支持与帮助，但是，我们不难发现，这些服务和帮助仅仅局限在个别或几个城市，只能在"点"上发挥作用，很难在"面"上全部行动起来。因此，民间组织的支持力度有待加强。

四 完善新生代农民工社会支持体系的建议

（一）健全和完善相关制度，加强对新生代农民工的正式支持力度

现行的户籍制度成为新生代农民工在城市发展的瓶颈，欲使新生代农民工在城市有更好、更大的发展空间和发展机会，就需要对现行户籍制度进行渐进式改革。把新生代农民工按照相应的条件分批分类逐步吸纳为城镇户口。新生代农民工群体对城市的发展和建设做出巨大贡献的同时，却没有享有与城市居民同等的市民待遇。通过建立覆盖城乡范围的社会保障制度，使新生代农民工的基本权益得到切实有效的保障。为了使新生代农民工在城市里生存并获得发展，适应城市的生活和工作、尽快融入城市社会，就需要打破劳动市场城乡分割的壁垒，建立城乡一体的劳动用工制度，让新生代农民工与所有城市居民一样凭学历、凭技能上岗就业。

（二）充分发挥社会组织的功能，强化对新生代农民工的组织支持

新生代农民工由农村流入城市后，对血缘关系和地缘关系有着很强的依赖，他们在城市的交往圈子里大多是家人和老乡，或者其他打工者。而这类交往对象同质性强，他们虽然对新生代农民工的日常生活具有重要的支持功能，但仅仅依靠这些初级社会关系网络是不够的，还需要强化用工单位和社会组织的支持力度。由于传统城乡二元体制的制约，新生代农民工游离于企业体制之外，无法享受与城市工人相同的待遇和福利。因此，应当使企业成为新生代农民工社会支持网络的重要建构者，一方面用工单位应自觉维护农民工的劳动权益，另一方面应关注新生代农民工的精神需求。用工单位除了对新生代农民工提供经济的支持外，可以充分发挥其他支持功能，例如，趁着节假日举行一些职工集体活动，增强职工间的联系和沟通；对于遇到困难的新生代农民工家庭予以特别的关注，适当的时候进行帮助和慰藉。当前，我国城市社会组织结构具有封闭性的特征，新生代农民工群体往往被社会组织排斥在外。加强对新生代农民工的社会支持，就需要整合社会多方面力量，充分发挥各级各类组织在新生代农民工维权方面的积极作用，建立健全多重利益维护渠道，全面提高新生代农民工权益保护的质量。

（三）进一步增强非正式支持

家人始终是新生代农民工的坚强后盾，为其提供了情感支持、实际困难支持等多方面的支持与帮助，继续巩固家人对于新生代农民工的支持大有裨益。但面对生活中的诸多困难，仅有家人的支持是远远不够的，因而亲友也是新生代农民工的一大支持主体。来自邻里的关怀与帮助，对于新生代农民工而言也是不可或缺的。新生代农民工流入到城市后，面对新的邻居，如何处理好与他们的关系异常重要。注重邻里互助，搞好邻里关系，是新生代农民工社会支持体系中的重要内容。同事是新生代农民工每天相处时间最长的人。如何处理和同事的关系也非常重要。业缘关系是新生代农民工拓展其社会网络的重要渠道，这种关系所具有的信息丰富多彩，异质性强，能够为新生代农民工在城市获得发展提供很大的帮助，是新生代农民工社会支持中的重要环节。

新生代农民工在适应城市的生活和工作的过程中，会遇到诸如工作适应、生活适应、文化和心理适应以及社会交往适应等问题。面对这些问题，专业社会工作者的介入无疑是解决问题的有效途径。作为助人自助的社会工作专业，有着自身独特的价值观和理念，也有自身特有的方法和技巧。可以采用个案工作方法，去解决新生代农民工所面临的初入城市后的生活适应问题和就业心理困惑等；可以采用理性情绪治疗模式和危机介入模式；也可以采用小组工作方法，把遭遇到共同问题的一组新生代农民工召集到一起，开展一个小组活动，提高其小组凝聚力和小组动力，最后使得小组成员成为相互支持者。当然，也可以采用社区工作方法，例如宣传和社区教育等，通过电视等媒体的宣传，消除社区居民对城市农民工的负面标定，以及通过开展讲座或辅导班，提高新生代农民工的就业能力。

第四部分 案例篇

Case Reports

郑州市以网格为载体的社会治理探索

夏德峰*

摘　要：

郑州市依托网格化管理，综合运用职能部门权力下放、人员下沉和下派群众工作队等措施，建立了以基层党组织为核心，政府市场监管、社会管理、公共服务和群众自治有效衔接，互为支撑的社会治理结构。建立了"全覆盖、无缝隙"的网格化管理体系，构建起了"纵横交织、条块融合、以块为主、全覆盖、无缝隙"的"服务+管理+自治"网格化管理体系。对于创新社会治理体制，增强社会治理能力具有重要的启示：第一要整合行政资源，发挥协同效应；第二要践行群众路线，形成共治新格局；第三要在工作中运用信息技术，推动行政办公现代化；第四要勇于探索实践，推进社会治理创新。

关键词：

网格化　社会治理　郑州市

---

* 夏德峰，博士，郑州大学公共管理学院讲师，社会管理河南省协同创新中心研究员，研究方向为公民参与。

当前，我国正处在改革的攻坚阶段和发展的关键时期，社会治理体制与社会主义市场经济不适应的问题日益突出。郑州市在借鉴、汲取外地市先进经验的基础上，立足本地实际进行了大胆改革创新，勇于破除现行体制下"条块分割、各自为战"的弊端，依托网格化管理，综合运用职能部门权力下放、人员下沉和下派群众工作队等措施，建立了以基层党组织为核心，政府市场监管、社会管理、公共服务和群众自治有效衔接，互为支撑的社会治理结构。

郑州的长效机制既吸取了网格化管理等现代城市管理的有益经验，又超越了一般意义上网格化管理的范畴，是凝聚了郑州本土特色的社会治理创新探索。

一　郑州市网格化管理的探索历程

（一）启动阶段

近年来，随着郑州市经济社会发展速度明显加快，流动人口迅速增加，非法生产、非法经营、非法建设、安全生产、信访稳定、食品安全等问题时有发生。通过深入剖析，郑州市委、市政府认为，造成这种乱象的原因主要有三个方面：一是基层基础不牢，一些政府职能没有落到实处；二是一些地方政府和党员干部存在官僚主义、形式主义作风，远离群众，信息不通，不能及时发现和解决问题；三是条块分割，基层乡镇（办）和政府职能部门之间职责不清、沟通不畅、协作不力、办事效率不高。为从根本上解决此类问题，郑州市建立了市领导分包联系基层乡（镇）办制度，市委、市政府领导坚持每周末到分包联系点实地调研，走村入户了解社情民意，倾听基层干部意见建议，探索新形势下做好群众工作的有效途径，逐步理清了工作思路。

2012年2月，郑州市在全市范围内开展建立"全覆盖、无缝隙"的网格化管理体系，深化"坚持依靠群众推进工作落实"长效机制建设，强化"发现问题、反映问题、解决问题、绩效评价、责任查究"机制，着力解决条块深度融合、履职能力提升、依法行政与群众自治融合衔接等问题。

（二）试点阶段

2012年3月，郑州市将金水区经八路办事处、新郑市梨河镇分别作为全市中心城区、城乡接合部、农村三种类型试点，分别由郑州市委政研室、市委办公厅、市政府办公厅派出群众工作队，指导长效机制建设。在此期间，市委、市政府主要负责同志坚持每周末到经八路办事处、惠济区老鸦陈办事处、新郑市梨河镇蹲点调研，为试点单位理思路、出主意、想办法，摸索经验。

（三）全面推进阶段

在总结深化提升试点经验的基础上，郑州市于2012年4月27日召开"坚持依靠群众推进工作落实"长效机制推进大会，集中推广三家试点单位经验，并就全市推行"坚持依靠群众推进工作落实"长效机制工作进行动员部署。会上印发了《关于规范"坚持依靠群众推进工作落实"长效机制的实施意见》（郑发〔2012〕8号），基本确立了"明确一个目标、坚持两个原则，细划三级网格，搭建四级平台，形成五级联动"的构架体系。2012年6月，郑州市出台《关于"坚持依靠群众推进工作落实"长效机制群众工作队管理办法》，明确了群众工作队的职责任务、管理制度、考核奖惩办法。通过群众工作队建立抓本系统、本部门工作落实的平台，实现了市、县、乡各级工作力量和职能向基层延伸，保证和推动了"坚持依靠群众推进工作落实"长效机制在基层的有效落实。2012年7月，郑州市社会公共管理信息平台正式联网运行，构建了社会问题常态化管理的技术平台，实现了群众反映问题的统一汇集、统一办理、统一反馈。2012年10月，郑州市出台《"坚持依靠群众推进工作落实"长效机制责任追究办法（暂行）》及其实施细则，明确了责任追究的主体及对象、方式及程序、责任区分界定等问题，为"坚持依靠群众推进工作落实"长效机制运行提供了保障。

（四）深化提升阶段

2013年3月，郑州市出台《2013年深化规范提升"坚持依靠群众推进工作落实"长效机制工作20项举措及推进方案》，从推进条块深度融合、完善考核奖惩办法、加强基层基础工作、强化基层群众自治、加强信息平台和群众工作队的管理、创新工作抓手改变工作作风等方面，进一步明确了目标任务。5月8日，郑州市召开"坚持依靠群众推进工作落实"长效机制工作推进大会，标志着郑州市长效机制建设进入全面深化、规范、提升阶段。

二 郑州市网格化管理的运行机制与特色

郑州市网格化管理体系以网格覆盖为标志,建立了"横到边、纵到底"的管理新构架,有效构筑起了"三级网格、四级平台、五级联动"的长效工作机制。在城市实行社区楼栋长等制度,在农村推行村民联户代表制度、"四议两公开"工作法等,将党的群众路线落到了实处。

(一)三级网格

一是把乡(镇、办)、村(社区)和村组(楼院、街区)划分成三级网格,统筹各级各部门力量、机关干部下沉基层驻村驻点,建立信息化平台,对每级网格定人、定岗、定责、定奖惩,实施网格化管理。以乡镇、街道为基准划分出了180个"大网格",以行政村和社区为基准划分出了2879个"中网格",以居民楼院、村组为基准划分出了19801个"小网格"。完善了以人、地、物、情、事、组织为核心的基础信息数据库,实现了政府管理和服务全覆盖。郑州市卫生系统利用现代网络技术,将全市城、乡、社区、村医疗服务网点纳入各级网格,实现"地图式定位责任服务管理",直观、便捷地显现与民众密切相关信息,使每个市民都能享受公平公开、触手可及的公共卫生和基层医疗服务。

二是以4.5万名公职人员下沉基层为标志,建立了条块融合、联动负责、齐抓共管的工作新格局。全市共下沉乡(镇)办工作人员10588人,整合各级职能部门力量下沉网格22374人,市、县两级下派工作队2390个10173人,形成了乡(镇)办、职能部门、群众工作队三个责任主体协同联动、共同担责的工作合力。

三是以四级信息平台为标志,建立了责任、有序、高效的基层管理和服务新机制。按照"统一受理、分级处置、跟踪督查、评价奖惩"的原则,建立了基层排查、定期会商、联合执法、督查考评、责任追究等13项工作制度,对市场监管、社会管理、公共服务中存在的问题,按照职责范围实行逐级发现、逐级报告、逐级办理,促进了各类问题的及时发现和有效处置。以新密市为例,新密市长效办与市直相关管理部门共同管理新密市网格化信息管理平台,各乡镇办长效机制办公室与市直派驻辖区相关管理部门形成一级网格信息管理平台,对其辖区内的二级网格平台和三级网格以及其他渠道收集的信息进行及时信息上报与处置反馈,具体工作流程见图1。

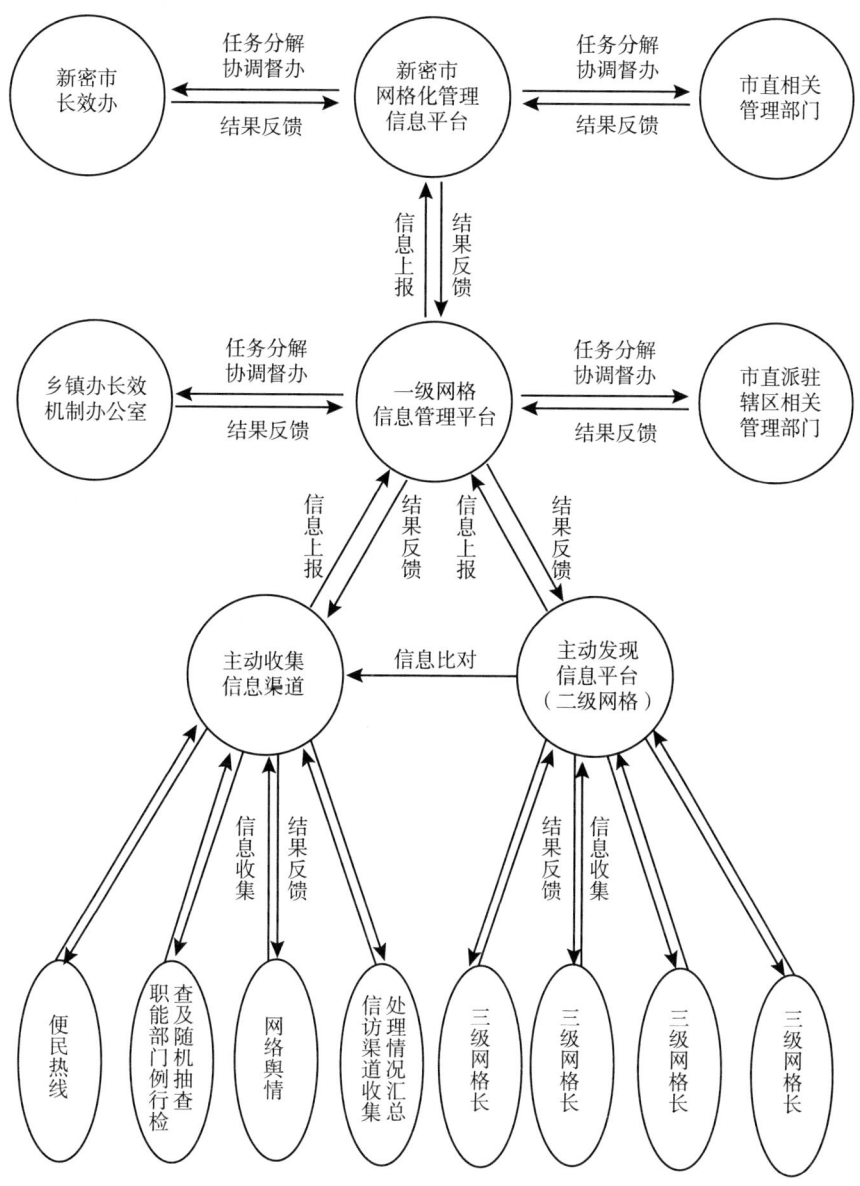

图1　新密市网格化管理信息收集处置流程

四是以广大群众的广泛参与为标志,建立了以基层党组织为核心,政府市场监管、社会管理和公共服务与群众自治有效衔接、互为支撑的基层治理新结构。郑州市领导坚持每周抽出半天时间到基层蹲点调研,各级网格人员从以前"宅"在机关里转变为现在的在网格上"忙",办事效率明显提高。引导广大党员融入网格、服务群众,在网格化管理中发挥模范带头作用。如:贾峪镇把党组织建在网格上,构建"红色网格",为基层党员党组织发挥作用搭建舞台。"横到边、纵到底"的各级网格架起了党员干部与群众之间的连心桥。

(二)四级平台

"四级平台",就是按照"统一受理、分类处置、逐级上报、跟踪督查、评价奖惩"的原则,搭建市、县(市、区)、乡(镇、办)、村(社区)四级联网的社会公共管理信息平台。每一级平台既是一个基层信息数据平台,也是一个工作指挥、处置、监督平台。依托社会公共管理信息平台,各级政府及其职能部门可以实现对辖区内的市场监管、社会管理、公共服务等问题,按照职责范围实行逐级发现、逐级办理、逐级报告,确保各类问题应发现、尽发现,应处置、尽处置,形成化解矛盾和维护稳定的工作合力(见图2)。

(三)五级联动

"五级联动",就是由市委常委分包县(市、区),县(市、区)党政班子成员和市直单位群众工作队分包乡(镇、办),乡(镇、办)党政班子成员和县(市、区)群众工作队分包村(社区),村(社区)干部分包村组、楼院、辖区公共单位,市直、县(市、区)直行政执法部门班子成员分别分包乡(镇、办)。通过市、县(市、区)、乡(镇、办)、村(社区)、村组(楼院、街区)上下五级联动,地方党委政府、职能部门和群众工作队三方联动联责,构建"事事有人管、人人都有责"的工作新格局。按照市里文件提出的"三个三分之一"的要求,即市直、县(市)区直部门负责人每年用1/3的时间调查研究、梳理指导本单位开展群众工作,领导班子每年有1/3成员带队深入基层,机关干部每年有1/3的人员参与基层群众工作,市直各部门、各单位全部参与群众工作,每个市直部门分包一个乡镇办;按照"落地1~2个

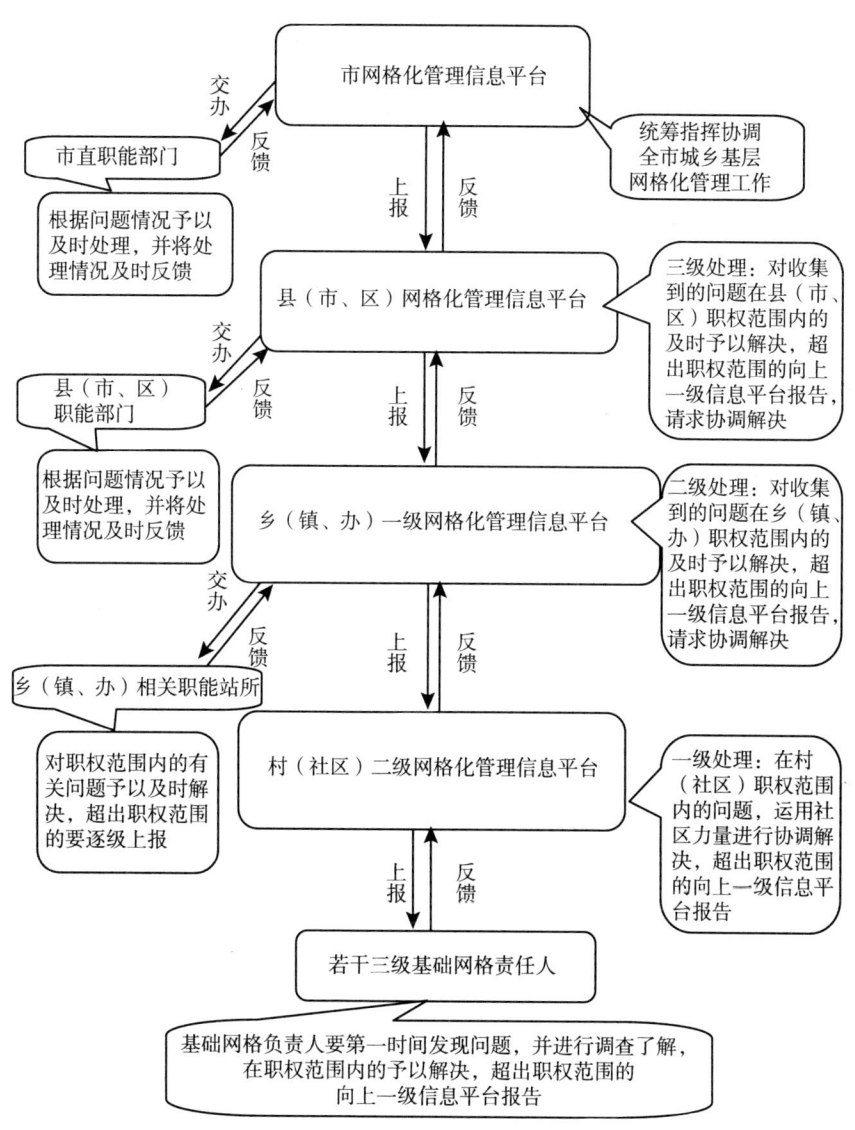

图 2　郑州市社会公共管理信息平台工作流程

村（社区），联系辐射一个乡（镇、办）"原则，抽调党性修养高、政治素质高、干部作风硬、责任心强、业务精通、身体健康的业务骨干开展群众工作。群众工作队按照"长期对口、蹲点联户、分片负责"的联系分包体制，派驻群众工作队联乡驻村开展工作。"长期对口"，就是长期分包，而不是短期帮扶，群众工作队尽可能与所联系点职能对口、业务融合；"蹲点联户"就是一个单位蹲的点是一个村（社区），工作范围是整个乡（镇、办）层面上的工作，每名群众工作队员联系一户或几户群众；"分片负责"，就是市、县、乡三级群众工作队落地的行政村或社区原则上不交叉。

（四）郑州市网格化管理的特色

郑州市网格化管理与一般网格化管理相比，有其自身的本土特色。与北京市东城区创建的"万米单元网格管理法"、山东诸城市推行的"社会治安综合治理网格化管理"、上海探索实行的"城市建设网格化管理"等模式相比，郑州市的网格化管理具有鲜明的"郑州特色"：郑州市的网格化管理最终目标是构建机制，并实现城乡全域覆盖，运用到市场监管、经济发展、社会管理、公共服务、党建等方方面面。

1. 内涵实质的深化

网格化管理是以地域网格为单元，以信息技术支撑的管理技术，在许多地方作为一种社会管理的手段被广泛运用。郑州市网格化管理创新，按照"重心下移、权力下放、全面覆盖"的组织运作原则，以提高公共服务水平和满足群众诉求为价值导向，广泛宣传调动群众参与的积极性，积极探索群众自治的方式方法，推动全社会参与网格化管理，共同维护社会公共利益、解决社会问题、化解社会矛盾，努力建设以基层党组织为核心，政府市场监管、社会管理、公共服务和群众自治有效衔接，互为支撑的新型社会治理模式。

2. 适用范围的延伸

一些地方的网格化管理多运用到社会治安、安全生产、消防、卫生等个别领域，或侧重于某个行业的管理，或局限于局部区域。郑州市以网格化为载体的社会治理创新在运用范围上，不局限于个别领域、局部区域，更注重广运用、全覆盖，实现对政府市场监管、社会管理、公共服务等职能的全覆盖。

3. 突出职权下放职责差异

郑州市以网格化为载体的社会治理创新在实际操作上，不仅做到了人员下沉、职责明晰，更做到了职权下放、差异化职责。它通过明确群众工作队、街道社区、职能部门下沉人员、网格长等不同主体的差异职责，推动市、县、乡三级工作力量和职能向基层延伸，形成市、县、乡、村（社区）、村组五级融合的"三级辐射、五级联动"的工作格局。职责明确以后，在哪个环节出了问题，就会实行逐级问责。通过差异化明确职责，实现了责权明晰、联动负责、逐级问责，推动了工作的全面落实。

4. 群众参与程度的深化

郑州市以网格化为载体的社会治理创新在多元参与主体上，群众不再是过去形式化、表面化的参与，而是作为基层社会管理主体参与其中，获得了城市管理的实质权利，不仅是政府公务人员，包括社区驻地单位、公共服务场所、物业公司以及离退休党员、商户代表、社区积极分子等多元力量也参与到网格管理中，发挥民意调查、市民听证会、网络问政等举措的作用，采取公开接访、设立电子信箱、公布热线电话等方式，创新群众参与社会治理的平台与载体，保证了公众在城市建设和发展中的话语权。

三 郑州市网格化管理的启示

（一）整合行政资源，发挥协同效应

整体政府理论强调政府机构功能的整合，通过各种方式"联合"或"协同"、"协调"以提高优质的公共服务和更高的运作效率。郑州市网格化管理体系的创新之处在于，通过让行政资源更多地向基层下沉推动条块融合，通过组团式下沉强化基层力量实现管理组织的扁平化，它是强制性的制度变迁，政府主导的社会治理创新。郑州市政府成立了社会公共管理办公室、社会公共管理信息平台与ZZIC网络行政平台进行互联对接，通过信息化平台加强网格化管理，并建立社会公共管理重要事项联席会议制度，加强民生诉求事项的办理落实。这是初始制度安排设定之后，在报酬递增路径依赖下使相关制度安排向同样方向配置，形成良性的路径依赖。但任何事物的发展都有一个过程，多是从结构上由简到繁、功能上由少到多、效率上由低到高的过程。这种制度安排在递增报酬情境下会成为一种自我强化机制持续下去，而且还需要通过正式制度的嵌入与非正式制度的支撑才能达成制度协同的"累积效应"。

（二）践行群众路线，形成共治新格局

一是引导广大党员融入网格、服务群众，在网格化管理中发挥模范带头作用。如：贾峪镇把党组织建在网格上，构建"红色网格"，为基层党员党组织发挥作用搭建舞台。二是转变工作作风。郑州市领导坚持每周抽出半天时间到基层蹲点调研，各级网格人员从以前"宅"在机关里转变为现在的在网格上"忙"，办事效率明显提高。如，城中村改造规划审批手续由 2012 年的平均 30 个工作日提高到 2013 年平均 20 个工作日；建设招标文件备案由 5 个工作日提升至 2 个工作日办结；招标情况书面报告备案、安全监督登记备案等 1 个工作日就能办结。市公安局在三级网格中开展侦破小案件、化解小矛盾、消除小隐患、解决小难题、办好小事情的"五小"警务活动，把工作做到老百姓的心坎上。

郑州市调动各职能部门"自上而下、重心下移"，把社区作为城市社会的基础单元纳入网格，使各种社会群体的聚焦点、各种利益关系的交汇点向心于行政管理与自我管理的衔接点，构建了"块"的作用更突出、"条"的力量更到位、网格责任更明确的管理格局，形成了基层社会治理结构的合力。

（三）运用信息技术，推动行政办公现代化

郑州市社会公共管理信息平台是网格化管理的重要依托。通过规划建设全市统一的"社会公共管理信息平台"，一是在问题发现和处置上实现全市上下联动、条块结合的业务协同；二是在全市规划建设基础资源数据库及其动态更新与数据共享机制，包括人口、流动人口、楼院、企业、驻区单位等基础资源数据库。信息平台从郑州市社会公共管理办公室、各职能委局连接到各县（市、区），延伸到乡（镇、办）、村（社区）和村民小组（街道、楼院），再通过市政府网络信息发布中心（公众诉求平台）联系社会公众，受理、处置和回复网络媒体事项，实现"一网打尽"式的联动与共享。政府信息资源整合打破了信息资源开发的孤岛状态，实现了政府信息资源的全方位共享和开发效率的最优化，从而使整个政府信息服务过程系统化、规范化。网格化城市管理信息平台作为技术支撑，实现了信息的实时更新和动态监控。使城市治理变

得更加积极主动,实现了从"人治"到"技防"的转变,实现了制度约束和技术约束的融合。

(四)勇于探索实践,推进社会治理创新

郑州"坚持依靠群众推进工作落实"长效机制着力于依靠行政方式创新,服务于经济社会发展。首先,积极推动条块融合,通过领导分包、重心下沉等措施,使职能部门全面融入网格化管理中,推动了工作作风的转变,使问题得以及时发现和解决,强力推动了工作落实。其次,通过权力下放、人员下沉和下派群众工作队,市直各职能部门主动下沉工作人员,对基层网格"定人、定岗、定责、定任务、定奖惩",引导职能部门"权往基层放、人往基层走、钱向基层投",不断强化基层基础,服务基层发展,提高了条块融合的实效,做到了问题的有效发现和及时解决,并使95%以上的问题在县(市、区)以下网格中得到解决。网格化管理长效机制从服务基层、关心群众、促进落实的角度出发,推动资源下沉,创新条块融合的机制,深化条块融合的力度,不断强化基层基础,将该管又没能力管好、想管又管不好的权力下放到基层,切实解决"揽权不管事"的问题,使各项工作得以有效落实,是对社会治理创新的进一步探索。

信阳市平桥区公共服务建设经验

刘学民　姚得峰*

摘　要：

当前，公共服务已成为公共行政和政府改革的核心理念。信阳市平桥区公共服务模式具体有如下做法：公共教育方面基础教育与职业教育并举；公共医疗卫生方面以农民医保为重点；社会保障方面以社保体系为支撑扩大了受益范围；公共就业服务以免费职业培训促就业；公共文化服务以文化建设提升公民素养。平桥区公共服务建设的经验是科学引导、统筹规划、组织建设、人才培育、建管并重、重在建设、改善民生、追求公平。平桥区公共服务建设的实践经验有建立政府长效支持机制、建立组织协调发展机制、加强人才保障机制、加强社会支持机制、强化评估与监督机制等方面。

关键词：

社会治理　公共服务均等化　平桥区公共服务建设

党的十八届三中全会公报指出：要推进基本公共服务均等化，加快形成科学有效的社会治理体制，确保社会既充满活力又和谐有序。根据我国的实际情况，义务教育、公共卫生和基本医疗、基本社会保障、公共就业服务，是广大城乡居民最关心、最迫切的公共服务，是建立社会安全网、保障全体社会成员基本生存权和发展权必须提供的公共服务，成为现阶段我国基本公共服务的主

---

* 刘学民，教授，郑州大学公共管理学院党委书记，社会管理河南省协同创新中心研究员，研究方向为公共组织与人力资源管理；姚得峰，郑州大学公共管理学院讲师，社会管理河南省协同创新中心研究员，研究方向为公民伦理。

要内容。平桥区在构建公共服务模式上进行了有益探索,围绕公共服务的具体措施契合了公共服务建设的根本任务:增加公共服务设施,改善社会生活环境,满足社会成员日益增长的多方面生活需求。本文根据实地调查获取的资料,分析平桥区公共服务体系建设的具体做法,在此基础上,提出河南省加强公共服务建设的对策与建议。

一 平桥区公共服务建设的具体做法

信阳市平桥区在构建公共服务体系的实践中,着重从以下几点来进行,分别是公共教育;公共卫生和基本医疗;基本社会保障;公共就业服务;公共文化服务等。

(一)公共教育:基础教育与职业教育并举

自中华人民共和国成立以来,平桥经历了改革开放的历史洗礼,经历了1998年撤县设区的涅槃重生,由一个传统农业大县,成长为信阳的工业强区、农业特区和花园城区。大力实施"科教兴区"战略,抓住机遇、振奋精神、迎难而上,教育事业发生了天翻地覆的变化。尤其是在职业教育方面,开拓了一套新模式:成立县(区)级职教集团、开展校企合作、发放培训"代金券"、政策吸引企业落户等,被《光明日报》称为"职业教育的'平桥样本'",并在2012年5月6日头版头条予以报道。多年来,平桥区坚持贯彻落实党中央提出的"优先发展教育、建立人力资源强国"的战略决策,以科学发展观为指导,以职业教育为依托,合理优化人力资源,加大促进就业力度。

1. 基础教育均衡发展

平桥区基础教育由学前教育、小学教育、普通中学教育以及特殊教育构成。平桥区委、区政府始终把教育摆在优先发展的战略地位,近年来先后对区幼儿园、区一小、区二小、区三小、市六职高、市三职高、信钢学校进行了综合改造[①]。

---

① 刘学民主编《信阳市平桥区社会建设的实践与发展》,东方出版社,2013。

学前教育普惠百姓。全区共有幼儿园215所，全区学前三年（3~5周岁）幼儿入园率71%，城区基本普及了学前三年教育，农村基本普及了学前一年教育。

九年义务教育均衡发展。适龄儿童少年入学率，小学为100%，初中为99.89%，其中残疾儿童入学率已达到85%；15周岁人口初等教育完成率100%，17周岁人口初级中学教育完成率96.8%；15周岁人口中的文盲率0.31%。平桥区人民政府曾被评为"河南省'两基'工作先进县区"。近年来，平桥区为促进城乡教育均衡发展，进一步推动城镇教师下乡支教工作，受到了各级领导的充分肯定和群众的普遍欢迎。

高中教育取得突破性进展。政府按照"社会融资、学校监督、定期收归学校"的原则，允许各高中在统一的规划下，将后勤设施建设推向社会，积极探索加快普通高中教育发展的新途径，使普通高中的办学条件得到了极大改善。

特殊教育关爱弱势儿童。区政府拨专款近30万元用于特殊教育学校办学条件改善，全区残疾儿童入学率达到85%。

2. 免费职业教育，走出平桥特色

平桥区把职业教育作为提高就业质量、改善民生的战略措施。通过整合职教资源、建设职教平台、统筹培训资金、实行职教免费、创新发展模式，推进全员职业教育等方式，来提升全民职业技能，促进区域经济发展，服务中原经济区建设。具体体现为以下几个方面。

首先，组建职业教育和就业服务局，实现教育与就业无缝对接。将职业教育与成人教育从区教育体育局中划分出来，将就业培训、劳动保障管理服务、劳务及涉外劳动服务职能从人力资源与社会保障局中划分出来，再将二者整合到一起，成立了首例职业教育和就业服务局，将职业教育与就业促进进行有效、有机无缝对接，"一条龙"专职服务全区职业教育和就业服务工作。该局成立以来，以服务为中心，狠抓职教集团公共实训基地的管理，取得了显著的成效。

其次，建设实训基地，构筑职教平台。为了解决学习与实训脱节问题，平桥区采取多元化投资形式，加快兴建职教集团公共实训基地。一是政府拿一部分钱，二是银行贷一部分款，三是争取上级职业教育和就业培训方面的资金，四是企业融一部分资及企业投资车间实训设备，五是采取BT模式，即投资商先拿钱建，政府划一部分土地作为质押。实训基地将承载8000多名学历教育和15000多名短期技能培训学员的学习、生活、实习实训。

再次，推行全员免费职教，促进民众就业与经济发展的共赢。财政每年拿出400万元~600万元，在全省乃至全国率先开展了免费职业教育——对平桥区籍职业学校在校学生，区财政直接将学费拨到各职业学校，实行免费入学。对于平桥籍返乡初高中毕业生、退伍军人、就业困难人员，平桥区财政为每位学员拿出1000元的技能培训券，实行免费技能培训。

最后，创新教学模式，实现"前校后厂、校企合一、工学结合、顶岗实习"。利用已建成的实训基地设施，平桥区政府开展"筑巢引凤"、"职教招商"，截止到2013年已引进社会资金和民间资本9200多万元，既扩大了职教规模，强化了实训基地管理，又取得了投资效益。在教学模式上，注重实践教学，采取"引厂入校"的办法，把生产流水线安装到课堂，推行"前校后厂、校企合一、工学结合、顶岗实习"的教学模式，提高了职业学生的实际操作技能和就业竞争力。

3. 促进大学生就业，鼓励创业带就业

平桥区成立大中专毕业生就业工作领导小组；大力宣传高校毕业生就业制度改革发展形势，引导毕业生到基层就业、自主创业；建立毕业生就业信息网络，实现用人单位和毕业生在网上"面对面"交流；鼓励高校毕业生自主创业、自谋职业并为自主创业的高校毕业生提供小额担保贷款；积极落实各项高校毕业生优惠政策；积极落实"三支一扶"政策，根据工作需要，从平桥区服务的在岗大学生村干部中公开招聘社会工作者30名，到乡、镇、办事处、管理区从事公共服务建设工作。通过采取这些积极有效的措施，努力实现毕业生的充分就业，使大学毕业生总就业率达到98%以上[①]。

4. 扩大岗位与职业培训相结合，力促下岗职工再就业

首先，加强就业援助。依托街道、社区基层就业服务机构，对零就业家庭

---

① 刘学民主编《信阳市平桥区社会建设的实践与发展》，东方出版社，2013。

开展"一对一"就业帮扶，出现一户帮扶一户，确保每个零就业家庭至少有一人就业。

其次，大力开发就业岗位。结合本地经济和社会发展，找准就业增长点，紧紧围绕基层社会管理、公共服务、生产服务、生活服务、救助服务等服务业新领域，大力开发基层服务就业岗位，重点安置就业困难人员、零就业家庭、"4050"人员等就业困难群体。

最后，组织开展职业培训和创业培训。组织下岗群体参加相应的职业技能培训，让其掌握一门专业技能，更好地就业。

（二）公共卫生和基本医疗：以农民医保为重点，重视公共服务，强化社会公平

1. 构建完善基础公共卫生网络

分群体提供公共服务。对儿童按要求分时段进行12次免费体检，对高危儿及时进行转诊指导，对体弱儿建立专案管理，进行合理评估和健康指导。对孕产妇开展围产保健工作，至少进行5次孕期检查，按照相关规定免费提供孕期保健、咨询、指导服务，对有异常或出现危机征象的孕妇，要指导转诊，及时随访了解落实诊治情况。对65岁以上老年人每年进行1次健康管理，包括影响健康的危险因素咨询指导和干预、体格检查、检查1次空腹血糖等。对35岁以上居民每年首诊测血压，对血压异常者应登记造册并实施干预。

全面宣传健康教育知识。社区卫生服务中心和乡镇卫生院在辖区内按照标准设置健康教育宣传栏，每季度更新内容，每年免费提供健康教育宣传资料，播放音像资料。社区卫生服务中心和乡镇卫生院定期举办健康知识讲座，定期提供面向公众的健康教育咨询服务。

预防接种与突发性传染病控制。在预防接种方面：一是建立"政府主导、多部门参与"的协调机制。二是保持正常的财政资金预算。三是建立区、乡、村三级预防保健体系。四是建立儿童预防接种信息系统。五是维持免疫规划冷链运转机制。六是强化预防接种门诊建设。七是加大预防接种督导、考核机制。

2. 打造农村三级卫生网络

在农村卫生网络体系建设中，平桥区一是建设"别墅式"村级卫生所。实行统一规划、统一图纸、统一标准、统一验收，建设标准化村级卫生所，并配备医疗设备，培训乡村医生；二是培训高水平村医。分期送村医到省内外医疗水平高、培训条件好的地方进行系统培训，安排区全部村医接受培训，培训学费、生活费由区财政负担，实现先进医疗技术、服务理论与农村基层实际的对接。三是大力改善乡镇卫生院医疗服务条件，形成配套齐全、分层联动、保障有力的医疗卫生服务体系。

（三）基本社会保障：以社保体系为支撑，扩大受益范围，注重改善民生

1. 构建以"居家养老"为特色的社会服务格局

第一，结合本地特色，打造"六个一"居家养老服务模式。第二，探索村级居家养老服务中心建设，统筹城乡，完善巩固农村敬老养老服务。平桥区着力于农村老年人养老服务。按照养老服务主体多元化的要求，积极引导和鼓励社会力量兴办老年公寓、福利院、敬老院等养老机构。同时，对原有的公办福利机构进行改革，积极探索"公办民营"、"民办公助"等新模式。第三，大力推动老年人文体活动，发展各级老年活动中心，同时鼓励部门和单位管辖的文化活动场所向老年人开放，公园、图书馆、体育场等公共文化活动设施免费向老年人开放。第四，提供老年人维权相关服务，法律与德育相结合。大力宣传以"敬老"为主题的教育活动，倡导养老的传统美德，并推广签订《家庭赡养协议》，切实维护老年人的权益。

2. 进一步完善社会保障体系

构建城乡一体化的社会福利。出台涵盖老年人、残疾人、儿童等多种人群的社会福利政策，形成比较完善的社会福利政策体系，为全区居民提供多层次的福利服务。加强针对残疾人的公共服务，落实残疾人康复工作进社区，为残疾人提供就业培训和法律援助，使全区残疾人切实享受种种便利和帮助。

推动五险协调发展。推动失业保险、工伤保险参保人数和比例持续提高，全面落实城乡各级医疗保险、养老保险和生育保险服务。

统筹城乡社会救助。第一，确保城乡最低生活保障发放到位。第二，城乡医疗救助全面推开。第三，农村五保救助条件逐渐提高。第四，孤儿救助进一步落实到位。第五，重视扶贫工作的开展。

（四）公共就业服务：以免费职业培训促就业，构建充分就业的"能动平桥"

近年来，平桥区为积极促进就业，重点落实以下几项主要就业政策：社保补贴政策、岗位补贴政策、职业介绍补贴政策、培训补贴政策、高校毕业生就业见习生活补贴政策、税收收费减免政策、小额担保贷款政策、就业援助政策、实业调控政策、减负稳岗政策。

1. 落实"三个一"就业服务工程

依托区、乡、社区三级就业服务网络开展"三个一"就业服务工程，即，为实现就业铺一条路、为全面帮扶织一张网、为圆梦创业搭一座桥。不断加大资金投入，逐步完善公共就业服务体系，建设覆盖全区乡、办事处、管理区的人力资源社会保障事务所，实现人力资源和社会保障工作向基层延伸。

2. 促进大学生就业，鼓励创业带就业

采取积极有效措施，努力实现毕业生的充分就业。第一，成立平桥区大中专毕业生就业工作领导小组，为大中专毕业生就业政策的落实提供有力的组织保障；第二，大力宣传高校毕业生就业制度改革发展形势，引导毕业生到基层就业、自主创业；第三，建立毕业生就业信息网络建设，实现用人单位和毕业生在网上"面对面"交流；第四，鼓励毕业生自主创业、自谋职业，并帮助他们通过创业来实现就业。

3. 扩大岗位与职业培训相结合，力促下岗职工再就业

第一，加强就业援助。对零就业家庭开展"一对一"就业帮扶，确保每个零就业家庭至少有一人就业；对大龄就业困难人员、长期失业人员加大帮扶力度，集中安置就业困难人员。第二，结合本地经济和社会发展，找准就业增长点，大力开发就业岗位。第三，组织下岗群体积极开展职业培训和创业培训，让其掌握一门专业技能，更好地就业。

4. 以职教局实训基地为依托，开展职教培训

区政府下发《信阳市平桥区职业技能培训计划》，把阳光工程培训、劳动力就业培训、就业困难人员培训、雨露计划培训、复员退伍军人培训、困难职工培训、残疾人劳动技能培训、创业培训等全部集中到平桥职教局实训基地，把涉外劳务培训全部集中到CCC信阳培训中心，把信阳农专、信阳职业技术学院、市政府有关部门的培训计划也争取到平桥区职教局实训基地进行培训。凡是有创业愿望的人员均可以参加创业培训，实现创业培训全覆盖。实行高端引领培训计划，建设高技术人才队伍。采取定岗、定向、订单及送培训到乡镇、到企业的零距离培训形式，大力开展免费职业技能培训。开展涉外劳务培训，打通"出国门、挣洋钱"的绿色通道。

（五）公共文化服务：以文化建设为抓手，提升公民素养

在公共文化服务方面，以文化建设为抓手，通过开展公民教育、开放公共图书馆、举办丰富多彩的文化活动，逐步提升该区公民的自身素养，进一步推动社会创新。

1. 建乡镇公共图书馆

乡镇公共图书馆建设统一图纸、统一规划、统一标准、统一验收，分为成人借阅室、少儿借阅室、期刊室、采编室、电子阅览室。全区图书馆资源共享、网络互通、借阅证件"一卡通"。为了实行图书馆专业化管理，特招聘21名本科学历大学生村官到武汉大学信息管理学院图书馆情报专业进行理论学习，又到国内一流的东莞图书馆进行业务培训。

2. 开展群众文化活动

第一，举办各种大型文艺演出。形成富有平桥特色的文化活动品牌，提高该区的知名度，丰富群众的精神文化生活。第二，开展送文化下乡活动。加强对自治文艺团体的扶持、指导和管理，带动文化活动的开展，丰富农村社区居民的文化娱乐生活。第三，开展读书活动。区图书馆、乡镇图书馆、各学校广泛开展读书活动，同时与当地政府联合开展机关干部读书活动，提高了公共图书馆的影响力，也提升了群众整体文化素质。

3. 文化遗产保护成效显著

举办非物质文化遗产艺术会演，民间艺术会演，组织申报省级、市级"非遗"保护项目，其中"平桥皮影"被省人民政府公布为省级非物质文化遗产保护项目。公布第一批区级"非遗"项目代表性传承人55项60人，搜集曲目115篇，其中大部书4篇，中篇13篇，莲花落词98篇。搜集整理民间故事37篇，民间文学资料共百万字，很好地促进了该区民间艺术的传承和发展。

4. 打造公民教育"平桥模式"

第一，率先发起并推进公民教育。依托郑州大学公民教育研究中心，开展中小学公民常识教育课题试验研究。传播公民知识，强化公民意识，提高公民素质。第二，实施公民教育实践活动，普及公民知识，训练公民技能，培养公民素养，弘扬公民价值，造就合格公民。

二 平桥区公共服务建设的经验

平桥区在构建公共服务体系上，就公共教育、公共卫生和基本医疗、基本社会保障、公共就业服务、公共文化服务等诸多方面进行了大胆的探索，并取得了较好的效果，对河南省进一步探索构建公共服务体系具有很重要的价值和启示。

（一）科学引导、统筹规划是合理推进公共服务建设的必要条件

平桥区从经济社会发展的新需要和人民群众的新期待出发，合理规划城乡发展，统筹兼顾，对农村地区公共服务建设加大投入，建立了一批质量高、发展好的农村合作组织，使当地居民的收入向高、快、稳的方向发展；以培训为龙头，以产业为支撑，以企业为载体，做到城乡统筹，促使城镇经济带动农村富余劳动力的就业。

（二）组织建设、人才培育是全面推进公共服务建设的智力支持

平桥区认识到人才队伍建设的重大意义，多措并举，建设人才队伍。首先，全面培育社会工作人才。2011年9～11月，平桥区选派51名高素质的

年轻人才到郑州大学接受为期两个月的公共服务建设与管理专业培训,培训人才顺利结业并且被充实到社会工作一线,迈出了社会工作人才职业化和专业化的步伐。其次,广泛吸纳大学生村官。平桥区从2008年起全面开展了大学生村干部选聘工作,制定了"培养年轻优秀干部、加强基层组织建设、推动农村经济发展"的工作目标,积极探索大学生村干部管理的有效途径,通过创新工作方法,突出严管、厚爱、重用,建立了一支高素质的大学生村官队伍。最后,平桥区大力探索多种教育模式,贯彻落实全民教育方针,提高公民素质。

(三)建管并重、重在建设是积极推进公共服务建设的行动策略

在推进公共服务体系的建设中,平桥区实行"建管并重、重在建设"的工作策略,具体是加强民间组织的培育。平桥区深刻认识到培育发展民间组织、完善社会自治体系是社会领域改革的重要切入点。公共服务体系建设坚持点面结合,以点带面推动亮点工程,以职业教育带动就业,以文化自觉引领文化建设。要通过加强公共服务体系建设来解决社会问题、化解社会矛盾,维护群众利益的表达及社会秩序的稳定。

(四)改善民生、追求公平是稳步推进公共服务建设的基本诉求

顺应全面改善民生的趋势,平桥区政府通过改善民生,大力推动公共服务体系建设。具体做法为:第一,以改善民生为重点,着力推进改善民生工程。通过逐步完善社会保障体系、提升居民的教育水平和文化素质、扩大就业以及发展公共卫生事业等措施,推进各项民生工程的建设。第二,关注弱势群体,推进公共服务均等化。在建构公共服务体系的过程中,平桥区加大社会保障的覆盖面。通过健全养老服务、完善社会救助、全方位脱贫致富等措施使社会资源的分配向弱势群体倾斜。

三 平桥区公共服务建设的启示

党的十八大把"社会建设"纳入"五位一体"的总体布局之中,强调

社会管理创新。十八届三中全会又提出对"社会治理"的新要求。平桥区在公共服务建设方面的探索，为我省社会治理创新提供了有益的启示和经验。

（一）建立公共服务建设的政府长效支持机制

首先，增强财政支持力度，为公共服务建设提供保障。其次，重视政策调整和优化，减少公共服务建设阻力。最后，推动公共服务均等化，为公共服务建设打好基础。

（二）建立公共服务建设的组织协调发展机制

其一，加强组织领导工作体制建设。在公共服务建设过程中，除了要建立一个统一的领导组织外，政府内部其他各组织之间也要实现合作与协调，共同参与公共服务建设，并发挥各自的职能。其二，完善组织部门和岗位建设。成立平桥区公共服务建设委员会，该委员会为"类行政组织"，委员会下设公共服务建设局，该局下设专业职能部门。其三，乡镇级公共服务建设服务大厅的设置可参考区级情况，适当调整。

（三）加强公共服务建设的人才保障机制

第一，促进社会工作者队伍的专业化、职业化。构建专业化、职业化的社会工作人才队伍，可以有效地传递社会服务、化解社会矛盾，为公共服务建设营造良好的氛围。第二，加快建设在职培训的长效机制。第三，建设有保障的专业人才引进机制。第四，完善多层次的人才激励机制。

（四）加强公共服务建设的社会支持机制

公众和各类社会组织是公共服务建设的重要主体之一，良好的社会氛围也是推进公共服务建设的前提和保障，在公共服务建设过程中应当加强社会支持机制。首先，加大宣传力度，提升公众认识水平。其次，加强信息公开，提升公众的认可度。最后，建立政府与社会的双向互动平台。可以采取建立听证会等方式向公众征集意见和建议，建立公众诉求表达的网络沟通平台，使公共服务建设工作真正做到为民所想，为民所谋。另外，重视企业的作用，推动企业履行社会责任。

（五）强化公共服务建设的评估与监督机制

第一，加强公共服务建设项目研究，推动重点项目实施。第二，建立公共服务建设指标体系，健全检查评估制度。第三，建立第三方监督机制，完善社会监督体系。第三方监督是独立于政府职能部门的监督机构，其相对的独立性和专业性保证了评估的效率与效果，可以有效地保证公共服务建设目标的全面完成。一方面，要建立第三方评估制度，实施长效的审核评估、中期评估和终期评估等一系列的动态评估。另一方面，要建立第三方评估机构，实施第三方评估制度，确保公共服务建设目标的有效实施和顺利完成。

郑州市流动人口信息服务平台建设

高卫星*

摘　要： 在城镇化快速发展，流动人口数量急剧增长的背景下，郑州市建立了涵盖流动人口信息采集、治安管理、数据共享、请求服务、居住证管理、地理信息六大模块权威、先进、统一的流动人口信息平台。平台的运行实现了流动人口信息收集、登记、动态管理，促进了各级流动人口服务管理部门对各类流动人口的服务管理和流动人口均等化享受城市基本公共服务。

关键词： 流动人口　信息平台　公共服务

党的十八大报告要求"完善和创新流动人口和特殊人群管理服务"，十八届三中全会明确指出："健全包括农业转移人口在内的流动人口信息管理体系"。随着郑州市城镇化步伐不断加快，流动人口的数量急剧增长，如何创新流动人口服务管理工作，转变社会治理方式，加强数字城管和数字社管建设是郑州市当前亟须解决的重大课题。近年来，郑州市从流动人口信息服务平台建设方面着手，探索创新流动人口服务管理工作，为新型城镇化背景下城市社会治理创新提供了有益的借鉴和启示。

一　郑州市流动人口信息平台建设背景及必要性

郑州市作为河南省会、中原经济区核心增长区，全省工业、商业和服务业

---

* 高卫星，郑州大学公共管理学院教授，社会管理河南省协同创新中心研究员，研究方向为地方政府治理与改革。

的主要聚集地,是一个流动人口众多且流动性很强的城市。流动人口信息平台的建成与运行,为郑州市实现实有人口管理提供了技术保证,是郑州市人口工作形势发展的必然需求,也是创新社会治理机制的重要方法和加强政府信息化建设的重要举措。

(一)郑州市城镇化快速发展

作为河南省省会和国家区域性中心城市,近年来,郑州市城镇化快速发展,截至 2013 年年底,郑州市常住人口 919.1 万人,城镇人口 616.5 万人,郑州市的城镇化率从 2000 年的 55.1% 稳步增长到 2013 年的 67.1% (见图 1)。[1]

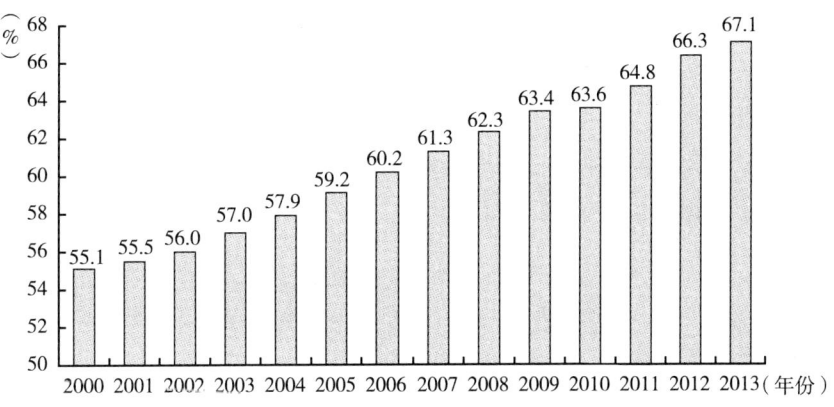

图 1　郑州市历年城镇化率

(二)郑州市流动人口服务管理的需要

郑州是中部地区的区域性中心城市,也是外来流动人口增加迅速且较为集中的城市。据统计资料显示,2000 年郑州市的流动人口数量仅为 51 万人,截至 2012 年总量已快速增长至 400 万人,郑州市流动人口总量占全省流动人口的 70% (见图 2)[2]。

---

[1] 《郑州市 2013 年国民经济和社会发展统计公报》,郑州市统计局网,http://www.zzstjj.gov.cn/tjww/tjgb/zzs/webinfo/2014/04/1383895564960997.htm,2014 年 2 月 26 日。

[2] 数据来源:"郑州市公安局治安支队统计数据"。

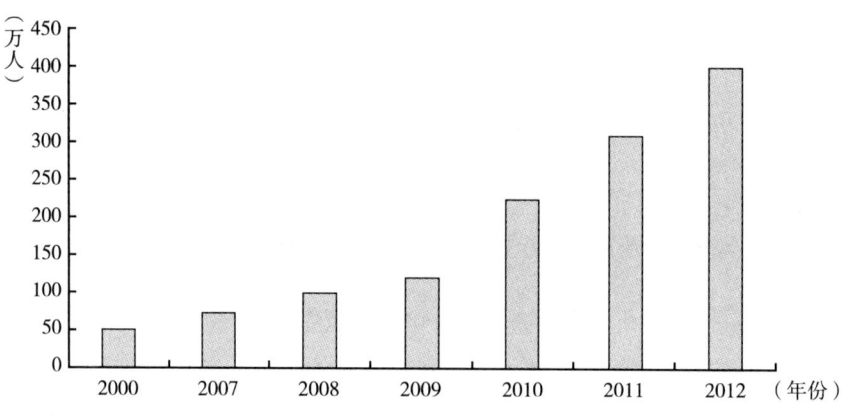

图 2　郑州市流动人口变化

郑州市流动人口主要为高校毕业生和外来务工人员。根据郑州市社会科学院调查数据显示，2007 年以来，外来务工人员以每年 20% 的增幅急剧上升，导致流动人口数目快速增加。按照郑州市委、市政府提出的郑州都市区建设战略构想，到 2020 年，全市总人口将达到 1500 万，建成区面积达到 1000 平方公里，城镇化率达到 80%。郑州市流动人口将会持续增加，流动人口的服务管理将面临空前的压力。流动人口服务管理工作是一项复杂的社会系统工程，涉及治安、居住、就业、教育、保障等方方面面。

构建统一的流动人口信息服务平台，实现各职能部门对流动人口信息的全覆盖，可以有效地解决郑州市流动人口服务管理工作中存在的瓶颈问题。一是各职能部门流动人口服务管理的"信息孤岛"现象，造成行政资源重置，加大行政成本；二是部门各自为政，缺乏协调机制，难以形成合力；三是通过社会途径采集流动人口信息的渠道不畅，社会化管理效果不明显；四是信息采集队伍力量不足，操作程序不规范，工作经费缺乏保障；五是流动人口信息数据杂乱，质量不高，影响政府科学决策和统筹安排。加强流动人口信息平台建设，充分开发应用流动人口综合信息资源，为政府加强社会管理，扩大流动人口享受基本公共服务提供良好的基础性技术条件。

（三）社会治理创新的支撑和基础

社会管理向社会治理的转变是社会治理主体从一元到多元的转变，能够最大限度激发社会创造活力,最大限度增加和谐因素及减少不和谐因素。因此,流动人口管理的工作重心应该从事后变为事前,尤其是把好人口治理的源头关,即人口信息的采集。郑州市是全国较早开放户籍和公共服务体系,较早推出"一证通"制度的城市,而这些社会管理上的重大创新,都要以完善的人口信息统计和管理为基础。建设人口信息平台既能推动社会治理的数字化、信息化,也是数字城市、智慧城市建设和实施社会网格化管理的必要基础。

城市人口信息管理是城市治理的重要内容,涉及人民的切身利益,影响城市的发展与进步。郑州市目前涉及人口管理的领域和项目越来越多,各部门各自为政的纵向人口管理系统存在着统计口径不一致、低水平重复建设等问题。宏观可持续发展战略的政策指导与微观社区治理都客观地需要动态掌握广泛的人口信息。因此,统一的、权威的城市人口动态数据是政府科学决策的重要依据。

二 郑州市流动人口信息平台建设方案

建设郑州市各职能部门流动人口相关业务信息的市级数据库。郑州市流动人口信息平台,目的是要建设成整合政府各职能部门业务管理系统采集的流动人口相关业务管理数据、实现数据交换共享的市级流动人口数据库,从而向全市各政府职能部门提供各类业务信息关联查询与信息核实等服务,实现全市流动人口数据的各类统计分析功能,为政府部门进行宏观决策提供实时、准确的数据支持。

实现流动人口动态管理。流动人口信息平台采集和储存的基本信息涵盖流动人员姓名、性别、民族、文化程度、婚姻状况、流动事由、户口所在地、到本社区日期、现住址等内容,还包括个人身高、体重、足长和鞋号等个人信息,在采集指纹和照相后录入电脑。利用流动人口信息平台可以完成对流动人口信息的管理、审核、网上函调、比对预警及流出注销。同时,结合地理信息系统,在电子地图上能够方便快捷地掌握某一区域流动人口的实时数据,实现对流动人员的动态管理。

实现流动人口信息检索、核查、复用功能。通过建立市级流动人口请求服务平台,实现为流动人口服务管理各职能部门提供信息检索、核查、复用等功能。按照总线结构的设计原则,制定统一的数据交换格式与接口标准,实现郑州市流动人口信息平台与各职能部门业务系统之间的数据共享和业务协作,达到信息共享、业务协同的目标。

建立居住证系统。通过建立居住证系统,实现居住证的受理、审核、制卡、签注等功能。为解决以往纸质暂住证不宜保存、频繁换领、容易伪造等诸多问题,平台建设以IC卡居住证代替纸质暂住证。通过IC卡居住证的办理,流动人口可凭借IC卡居住证在居住地享受各种符合政策的便民服务,同时有效满足各部门对核查流动人口身份的紧迫需求。

实现流动人口信息与地理信息的结合。结合流动人口信息与地理信息系统,使得流动人口信息可通过居住地或者从业场所所在地与地理信息相结合,在电子地图上能够方便快捷地掌握某一区域的外来居住人员和从业人员情况。

建立健全系统运行保障机制。为了使系统能够高效运行,平台还添加了配套的业务、技术和管理规范,制定相关规章制度,督促各级系统建设、信息采集和应用工作落实,保障系统的正常运行和可持续发展。为建立部门信息共享机制,顺利实现信息平台的功效,确保各职能部门对业务信息数据共采、共享工作健康有序进行,郑州市政府牵头拟定的《郑州市实有人口业务数据信息共享管理办法》即将出台。

三 郑州市流动人口信息平台建设及运行情况

流动人口服务管理工作是一项复杂的社会系统工程,涉及治安、居住、就业、教育、保障等方方面面。郑州市流动人口信息平台建设,旨在整合发改委、公安、人力资源和社会保障、计生、教育、建设、民政、工商、司法、财政、交通、卫生、农业、团市委、妇联等多个部门的信息资源,提供规范采集、统一管理、共享使用的平台,从而提高行政效率,降低行政成本,完善服务管理。

2013年10月,郑州市流动人口信息平台已经投入运行,建成的郑州市流动人口信息平台由六个信息系统组成:一是流动人口信息采集系统,主要功能是通过用工单位、出租房屋业主、社区、公共场所等社会途径采集流动人口相关业务信息；二是流动人口治安管理系统，主要应用于公安机关，包括对流动人口基础信息的采集、过滤、审核、比对、管控、统计分析等管理功能以及与公安网内其他业务系统之间的衔接；三是流动人口数据共享系统，主要包括各部门流动人口相关业务信息的数据交换、共享等功能；四是流动人口请求服务系统，主要提供流动人口信息的核查、复用、检索等功能；五是居住证管理系统，主要包括居住证的受理、审核、制证、发证、签注等功能；六是地理信息系统，主要包括标准地址库的应用、地址信息的标注、业务信息与地理信息的关联、电子地图展示和应用等功能。

构建了权威、先进、统一的流动人口信息平台。一是汇总、利用原有各类人口信息采集管理渠道，为不同政府部门开放不同权限的流动人口信息服务，为政府决策提供依据，发挥信息化便利和准确的特点，为切实改进针对流动人口的公共服务提供信息保障。二是对流动人口综合信息管理系统进行技术升级，逐步实现人口综合信息的社区化集中采集、数字化统一管理和安全性分类使用。为相关政府部门设置相应的信息入口，提供流动人口信息服务。同时，实现数据集中存放，减少信息采集的社会代价，提高政府的办事效率。三是建立健全公安部门、统计、计生、教育等相关政府部门之间使用流动人口信息系统的规章、机制，构建流动人口信息共享的制度化渠道。通过建设统一共享平台提供了信息共享，打破部门间的信息孤岛，使各部门的数据能够互联互通。

实现流动人口信息收集、登记、动态管理的社会化管理模式。一是探索建立流动人口注册登记义务制度，探索流动人口登记与公共服务提供挂钩的方式方法，促使流动人口从"要我登记"到"我要登记"方式转变。二是建立健全系统运行保障机制，为系统的建设和运行建立配套的业务、技术和管理规范。制定相关规章制度，督促各级系统建设、信息采集和应用工作落实，保障系统的正常运行和可持续发展。三是实现流动人口动态管理。利用流动人口信息平台完成对流动人口信息的管理、审核、网上函调、比对预警及流出注销，实现对流动人员的动态管理。

促进了各级流动人口管理机构对各类流动人口的服务管理。一是积极探索市、县（市、区）两级暂住人口管理办公室人员和经费问题的解决机制；建立暂住人口管理工作领导小组联席会议制度,加强组织领导和部门协调,形成管理合力。二是加强暂住人口登记站点建设,统一软硬件设施标准,核定办公经费,保证运转正常;推出"一站式"服务管理,综合办理各部门相关业务。三是进行非本市户籍成年男性、女性和随迁未成年子女获得公共服务的情况统计及分析。

充分发挥流动人口信息平台的作用。一是逐步完善流动人口信息平台的功能,发挥其在流动人口入学、就业、就医、社会保障、计划生育服务、政策性租赁住房保障等方面的基础性作用。二是建立居住证系统,实现居住证的受理、审核、制卡、签注等功能。解决以往纸质暂住证不宜保存、频繁换领、容易伪造等诸多问题,以IC卡居住证代替纸质暂住证,外来人员可凭借IC卡居住证在郑州享受各种符合政策的便民服务,同时有效满足各部门对核查外来人员身份的紧迫需求。三是实现流动人口信息与地理信息的结合。流动人口信息通过居住地或者从业场所所在地与地理信息相结合,在电子地图上能够方便快捷地掌握某一区域的外来居住人员和从业人员情况。

实现公共服务各职能部门多库并存、互联互通、信息共享。一是以"人、地、物、组织、事件"五要素整合各个职能部门的业务信息,依托公安网、政务网和互联网建立全市集中式数据库,实现数据集中存放,减少信息采集的社会代价,提高政府的办事效率。二是打破信息孤岛。统一共享平台提供了信息共享的手段,打破了部门间的信息孤岛,使各部门的数据能够互联互通。三是为政府决策提供依据,发挥信息化方便和准确的特点。通过一个共享平台,郑州市的相关职能部门可实现对流动人口数据的共享查询和汇总统计。四是提高政府内部的工作效率,为不同部门的应用整合提供强大的基础。各个部门可以从被动等待数据转变为主动要求数据和主动使用数据,促进数据应用和信息增值产品的生成,避免重复劳动和重复建设。五是系统在功能、性能、系统管理和运行的效率等各方面应在国内同类信息平台中具有先进水平。

四 郑州市流动人口信息平台的服务功能的完善与拓展

2013年10月,郑州市公安局已经联合中国农业银行发行IC卡居住证,实现"一证通",作为流动人口享受政府提供的公共服务的基本依据和必备条件。流动人口信息综合服务管理系统不但及时采集、更新流动人口的准确信息,也为政府更好地服务流动人口、制定相关公共政策提供了基础性的数据支持。由于信息登记和享受公共服务逐步挂钩,极大地促进了外来流动人员的自我稳定和城市融入。

(一)加强流动人口服务相关部门对平台的应用

流动人口服务管理工作是一项复杂的社会系统工程,涉及治安、居住、就业、教育、保障等方方面面。郑州市流动人口信息服务平台能够综合各职能部门信息数据,实现各职能部门对流动人口信息的全覆盖,从而为流动人口提供均等化的基本公共服务提供了基础。因此,需要调动流动人口相关服务管理部门的积极性,加强对平台的应用,真正实现相关公共服务部门信息的互通互联、信息共享,建立起为流动人口提供公共服务的基础性的信息库,各公共服务部门以此为依据,逐步向流动人口提供公共服务,从而更好地为流动人口提供更好更全面的公共服务,实现城镇化的健康发展,提高郑州市城市发展的质量。

(二)加强平台与地理信息系统的融合

流动人口信息平台建设应进一步加强与地理信息系统的深度结合应用,实现按条件获取人员和房屋地理位置,按需求获取某一区域流动人口和出租房屋数量功能,通过居住地或者从业场所所在地与地理信息相结合,在电子地图上能够掌握某一区域的外来居住人员和从业人员情况,从而进一步完善平台的应用功能,实现对流动人口的动态管理。此外,加强流动人口信息服务平台与地理信息系统的融合也能推动郑州市社会治理的数字化、信息化,是推进郑州市网格化社会治理,建设数字城市和智慧城市的必备基础。

(三)拓展居住证的服务领域

目前郑州市发行的新型 IC 卡居住证为双界面 CPU 金融 IC 借记卡,集居住登记和金融服务为一体,替代了过去的纸质居住证。一方面,居住证与流动人口信息平台匹配，政府职能部门可通过居住证读卡设备读取数据，实现信息共享，形成综合服务管理合力；另一方面，新型居住证还具有银行借记卡功能，"双卡合一"不仅方便流动人口从事社会经济活动，而且减轻了流动人口的负担。同时，居住证具有居住登记功能，存储持卡人身份、居住信息，连续居住实行签注，可以长期使用，大大提高信息精准度。这种新型IC卡居住证可擦写500次，除了居民个人信息及银行卡信息以外还预留有大量空间。下一步，需要进一步增加IC卡居住证的功能，使居住证成为持卡人享受政府公共服务的主要依据和持卡人身份的象征，凭居住证可以享受如公交一卡通、图书借阅卡等更多的市民待遇，使流动人口均等地享有更多城市公共服务。

（四）强化流动人口信息平台与其他信息数据库的对接

在以往的流动人口服务管理中，各部门根据工作需要只收集与本部门业务相关的流动人口信息，各部门之间的信息缺乏有效的、制度化的交换途径，从而造成"信息孤岛"现象。流动人口信息平台建设就是要打破"信息孤岛"现象，依托公安网、政务网和互联网建立全市集中式数据库，实现各部门所需数据集中存放，互联互通，减少信息采集的社会代价，提高政府的办事效率。因此，强化流动人口信息平台与其他信息数据库的对接，实现各部门之间的信息共享是流动人口信息服务平台高效运行的关键。需要建立部门信息共享机制，顺利实现信息平台的功效，确保各职能部门对业务信息数据共采、共享工作健康有序进行。

义马群众工作的实践与思考

程建平　程首一＊

摘　要：

近年来，河南省义马市在信访工作体制机制方面进行了大胆的探索，以统筹高效解决信访问题为目标，搭建和谐友好的群众工作平台；协调联动，充分发挥群众工作网络优势；立足于规范化、系统化、常态化，健全完善有效的群众工作机制；形成了新形势下群众工作的新理念、新体制机制、新方法。为新时期群众工作与社会治理创新提供富有启发意义的工作模式和方法。

关键词：

群众工作　社会治理　义马市

2005年，义马市率先形成了从实践创新到理论创新再到机制创新的用群众工作统揽信访工作、破解信访难题的"义马群众工作模式"。先后得到胡锦涛、温家宝等中央领导同志多次批示，给予了充分肯定。国务院、中央联席会议办公室、中央维稳办、国家信访局等中央有关部门和河南省委原书记徐光春，卢展工等省委、省政府领导多次到义马视察指导。2010年5月，马凯同志专门到义马进行调研。同年11月，中央联席办在山东临沂召开的"用群众工作统揽信访工作经验交流会"，会上义马做了典型发言，"义马经验"在全国得到推广。据统计，中国大陆除西藏之外其他30个省市自治区、

＊ 程建平，郑州大学公共管理学院教授，社会管理河南省协同创新中心研究员，研究方向为社会工作、社会救助；程首一，郑州大学公共管理学院社会学硕士研究生。

200个地市、近2000个县市先后到义马考察学习交流,"义马经验"逐步影响到全国。

一 义马群众工作实践背景

21世纪初,义马的工业化、城镇化进入了加速发展的时期,一些深层次的矛盾逐渐凸显并通过信访渠道集中反映出来。尤其是2001~2003年如井喷般爆发出来。主要表现为以下三个特点。

一是京访多,尤其是规模以上(30人以上)集体访突出。据不完全统计,2001~2003年,平均每月至少有2~3批到北京集体上访的人员,这些上访人员多数情绪激烈且行为偏激。三年间市委书记、市长先后多次到北京接访接人,其他党政领导到北京接访领人更是不计其数,这些事情的发生在一定程度上损害了义马的形象。

二是省访多,上访人员仍以规模以上的集体访为主。他们时常冲击省委、省政府大门、围堵交通要道、制造恶性事件,以期引起轰动效应。2003年义马市被省委、省政府通报批评并予以重点管理。

三是本地群体性事件多发。由于群众诉求得不到有效化解,群众怨气积结,并时常爆发。2001~2003年,上访群众曾多次冲击围堵市委、市政府,堵塞道路,殴打相关工作人员。如今还有好多义马人每当谈起当年的信访情景仍然记忆犹新。当时的义马信访形势可以用一个"乱"字概括。

面对"乱"局,义马市委、市政府感到前所未有的压力。一方面发展经济面临的压力巨大,另一方面维护稳定面临的形势严峻。在这种形势下,如何走出困境、破解信访难题,一度成为义马所要思考和解决的首要问题。若要找到问题的症结并对症下药,首先要做的就是调查研究。为此,2004年年初义马市委、市政府、人大、政协等四大班子成员,分别由主要领导带队到基层去、到群众中去寻根求源,做调查研究。经过两个多月的深入调研集中反映出几类问题。

一是企业改制的问题。因为义马是全国五百强之一、大型国有企业——义煤集团的所在地。由于当年企业改制,有大量职工买断工龄后脱岗及有大量职工下岗,这些利益受损的职工开始上访。此外,义马市属企业,由于经营不善大批破产倒闭,加之在企业改制中拖欠工资、拖欠养老金、失业金、医疗保险金等问题严重,造成工人大规模上访。

二是征地拆迁问题。由于城市要发展、经济要发展,需要大量征地建设和拆迁改造,而补贴款项又不能及时到位,又有大量的上访情况出现。

三是移民问题。由于黄河小浪底水利工程的建设,洛阳市新安县狂口村5000多村民整建制搬迁义马,因后续移民政策的变化,不断引发移民上访。

四是涉法涉诉问题。群众的诉求有许多是通过法院判决后认为法院判决不公,以致不走法律诉讼渠道,而走信访渠道要求解决。尤其是在信访老户中,涉法涉诉问题占80%以上。

五是干部作风问题。群众在生产生活中遇到了困难、遇到了问题,需要机关干部或基层村组干部帮助解决的问题又往往得不到解决。时常遭到冷遇、漠视或推诿扯皮,或恶语相加,从而激化矛盾产生信访问题。

以上五类问题占信访总量的90%以上,由于缺乏一套各部门协同作战、综合施策从根本上解决问题的机制,来自各方面的群众诉求只能靠信访局孤军奋战,往往是"头痛医头,脚痛医脚"。群众诉求得不到及时解决,使新访变老访,个访变集体访,集体访变群体性事件现象愈演愈烈。严峻的形势迫使义马市深刻反思,并逐步认识到要实现好、维护好、发展好群众的利益,就必须牢固树立群众观念,坚持"跳出信访看信访"。所谓"跳出信访看信访"是将信访工作和党的群众工作有机融合起来,建立起用群众工作统揽信访工作的体制机制。只有这样才能有效化解矛盾,营造和谐,促进发展。因此,决定将原信访局改为群众工作局。将群众诉求一揽受理、一揽协调、一揽交办、一揽解决。此方案上报到三门峡市委后,很快得到了上级领导的支持和批示,要求义马先行一步,大胆试、大胆闯,为全三门峡积累经验,义马群众工作局便应运而生了。直到2006年8月,河南省委在义马召开群众工作现场会后,上级认为义马市群众工作局要进一步提升。应像组织部、宣传部、统战部一样成为党委的组成部门,进而更好地发挥对全市群众工作起到"牵头抓总"、协调各方的作用。2006年年底义马群众工作局上升为中共义马市委群众工作部。全国首家群众工作部在义马诞生。

二 义马群众工作的实践探索

用群众工作统揽信访工作，是一项全新的探索和实践，没有现成的经验和模式可以借鉴。义马坚持边思考、边探索、边实践、边规范，逐步形成一套较为完备、符合实际、运转有序的体制机制。

（一）以统筹高效解决信访问题为目标，搭建和谐友好的群众工作平台

通过整合信访工作资源，组建群众工作部，搭建一个综合受理群众诉求、统筹解决群众问题、快速化解矛盾纠纷的工作新平台。从原来的信访局到现在的群众工作部，大致经历了三个阶段：一是挂牌探索阶段。2005年年初，义马市挂牌成立了"群众工作局"。在保留原信访局职能的基础上，安排县级领导轮流接访，整合公安、城建、国土、民政等职能部门，设立了群众之家，现场答复解决群众诉求、化解矛盾纠纷。二是巩固提升阶段。2006~2008年，在各级领导的指导帮助下，按照"拓宽领域、增加职能、完善服务"的思路，将群众工作局改设为市委群众工作部，在机构性质上，变政府序列管为市委、市政府共同管；在工作职能上，赋予了协调推动、综合研判、监督落实等新职能。三是规范完善阶段。从2009年至今，按照常态化、系统化、规范化的要求，设立了综合协调、诉求办理、宣教督查、民意调查、听证评估和群众接待中心等6个职能科室，确定一名市委常委担任群众工作部部长，一名副市长担任常务副部长，强化群众工作部协调、处理问题的权威。新的工作平台提高了群众工作部门统筹协调解决群众诉求和化解矛盾的能力。

（二）协调联动，充分发挥群众工作网络优势

在全市，着力构建起了以群众工作部为龙头、以群众工作站为纽带、以群众工作室为基础、以群众工作信息员为前哨，横向到边、纵向到底的四级群众工作体系。在市级层面，实行县级领导全日制接访，协调处理群众诉求。建立了信访周会审制，对重大疑难案件进行集中研究解决。在市直单位、办事处层

面,设立了64个群众工作站,负责掌握本单位、本辖区的群众工作动态,协调处理群众反映的问题。在社区居委会、企业层面,建立了72个群众工作室,安排专人收集社情民意,排查化解矛盾纠纷。在居民小组层面,选聘了83名信息员,及时反馈预警信息、快速发现矛盾纠纷。2012年7月,一个基层信息员反映,义马社区的群众因为房屋沉陷问题准备到省里上访,这一信息通过群众工作网络迅速反馈到市委,市委、市政府立即研究,责成相关部门限期拿出解决方案,同时连夜派出工作组深入该社区做群众的思想工作,避免了一场大规模的集体上访。近年来,通过四级群众工作网络受理群众诉求2000多起,排查化解矛盾900多起,消除重大不稳定因素30多个。①

(三)立足于规范化、系统化、常态化,健全完善管用有效的群众工作机制

(1) 民意沟通机制。长期以来,政府与群众沟通渠道不畅是群众诉求量增长的一个重要原因,群众所盼、所想政府不了解,而政府的一些重大决策群众也不理解。为此,义马市围绕着建立畅通的沟通渠道,全面推行了"交友帮扶"、"群众工作日"和"半天工作法"制度,变群众上访为干部下访,从坐等群众上门到主动上门服务群众。义马市明确规定,所有县级干部每人联系一个社区,所有部门分包到居委会,定期走访,了解群众在想什么、需要什么、有什么困难,和群众直面谈心。把每月30日定为"群众工作日",所有机关干部全部到群众家中,走门串户,拉家常、讲政策、办实事,从而使群众的要求和呼声在第一时间就能被党委、政府掌握,群众足不出户就能了解到上级的政策,就能反映出自己的想法和意见,就能解决所遇到的问题和困难。以党的群众路线教育实践活动为动力,大力推行群众工作"半天工作法",要求全市机关干部半天在机关处理日常事务,切实履行部门职责,保证机关正常运行;另外半天到重点项目、重点工作、分包社区等基层一线,推进项目、落实工作、解决问题,从而达到力量在一线配置、情况在一线掌握、问题在一线解决、干部在一线培养、感情在一线融洽、形象在一线树立的工作效果。2011

---

① 引自义马市群众工作部内部资料《义马市群众工作汇报》,2013。

年以来，累计收集社情民意 682 条，排查化解各类纠纷 633 起，为群众办好事、实事 358 件，解决苗头性不稳定问题 316 个，帮助群众和企业解决困难问题 350 余件，解决群众诉求 284 起。①

（2）矛盾化解机制。首先，实行了县级领导亲自接待上访群众制度。在群众工作部每天都有一名县级领导值班，接待群众来访，并且实行了首接首办责任制。当天值班领导接访后力争当天解决群众问题，如果当天解决不了的问题仍然由该值班领导负责此问题的全过程协调，直至群众诉求解决为止。其次，实行了研究信访问题的例会制度。规定群众工作领导小组每周召开一次工作例会，市委常委每月召开一次研究解决信访问题的专题会议。再次，设立了特殊疑难信访问题的资金专户，滚动使用、及时补缺，确保资金基数始终不少于 50 万元，对解决历史遗留问题，化解"钉子案"、"骨头案"起到了较大作用。最后，为进一步加大涉法涉诉案件的解决力度，市法院在群众工作部的联合接待中心专门设立了便民巡回法庭，专门受理群众通过信访渠道反映出来的涉法涉诉问题。采取以调为主、以判为辅、先调后判、调判结合的办法，化解了一大批涉法涉诉案件问题。据相关部门统计 2008 年设立该法庭以来，共接待来访群众 1296 人次，处理涉法涉诉信访事项 252 件，其中调解 185 件，判决 69 件，收到良好效果。② 在化解矛盾纠纷过程中，义马改变过去就事论事的做法，力求做到举一反三，不仅注重解决个案问题，更加注重研究解决带有普遍性的问题，先后解决了企业改制、征地拆迁、安全饮水等 13 类带有普遍性、规律性的问题。

（3）排查调处机制。市、办事处、村三级分别建立了矛盾纠纷排查调处制度，坚持定期排查、分级负责、逐级上报、归口管理。市级还建立了政法委、群众工作部等部门参加的联席会议制度，研究群众反映的突出问题，解决重点疑难案件。在实践中，义马市做到来访群众的问题及时处理，同类问题没有上访也能得到解决。比如，新区办事处部分群众反映生活用水污染和饮水安全问题，水利部门立即组织有关人员进行全面调查，拿出专项资金铺设管线，

---

① 引自义马市群众工作部内部资料《义马市群众工作汇报》，2013。
② 引自义马市群众工作部内部资料《义马市群众工作汇报》，2013。

解决了2000多户居民的饮水安全问题。群众反映过去没人管的问题，现在坐在家里有人主动上门服务了。

（4）听证评估机制。实际工作中，一些涉及群众利益的重大决定，征求群众意见不够充分，造成群众不了解、不理解，甚至误解，从而引发矛盾纠纷。针对这种情况，义马市实行了听证评估制度。在群众工作部门指导监督下，按照"谁决策、谁评估、谁负责"的原则，要求各部门在出台与群众利益密切相关的重大政策、重大项目前，必须采取公示、听证等方式进行社会风险评估，以避免因政策不当引发社会矛盾和社会问题。对大多数群众不理解、不支持的决策事项暂缓出台或不出台。市委、市政府明确规定支持率低于70%以下事项不能实施，支持率低于85%的暂缓实施，支持率在85%以上的才允许实施。比如义马至渑池快速通道建设，因为涉及占地拆迁的群众比较多，方案出来后，多次召开由专家、群众、政府部门参加的听证会和评估会，在取得支持并达成一致意见后，才开工建设。这个项目是义马建市以来实施的投资最多、规模最大的城建项目，但在拆迁建设过程中没有发生一起群众上访事件。2012年全市就水价、煤气价格、土地征用补偿标准等涉及群众利益的事项举行听证评估8次，其中否决1项，暂缓实施1项，从源头上减少了矛盾的发生，及时有效地维护了群众利益。[①]

（5）奖惩监督机制。为确保群众工作各项责任的落实，义马市建立健全了奖惩监督机制。先后下发了《义马市群众工作责任追究制度》、《义马市群众工作责任目标考核办法》等文件，将目标和责任结合起来。把干部所关注的兴奋点与群众工作的敏感点有机统一起来，以群众工作的成效作为评价干部的重要标准，在干部使用上给予倾斜。近年来，共有37名表现优秀的群工干部得到提拔重用，引起了强烈反响，使群众工作部成了香饽饽；[②] 在考核评先中，赋予群众工作部奖惩一票否决权，只要群众工作部不点头，干部提拔就不用想，单位评先就不用争；在责任追究上，凡是因工作不力、方法不当，引发群众集体上访、越级上访的，市群众工作部有权向市委提出责任追究建议。

---

① 引自义马市群众工作部内部资料《义马市群众工作汇报》，2013。
② 引自义马市群众工作部内部资料《义马市群众工作汇报》，2013。

三 义马群众工作的创新之处

创新对一个民族、一个国家而言，是民族进步的灵魂，是国家兴旺发达的不竭动力；对一项事业而言，是事业前进发展的原动力。义马市以创新群众工作理念为先导，以加强和完善群众工作机制为切入点，以全方位构建群众工作网络为平台，以理情绪、解难题、维稳定、促和谐、谋发展为目标，探索并初步形成了新形势下群众工作的新格局。探索实践过程充分体现了以人为本的执政理念，体现了对党的事业的责任感和使命感，体现了党对人民群众的深厚感情，有力维护了社会稳定、促进了经济发展。其经验的可贵之处在于创新，具体表现为以下几个方面。

（一）创新的理念

把做好新时期的信访工作升华为做好新时期的群众工作，密切了党和政府同人民群众的关系，巩固了党的群众基础。义马市委、市政府创造性地运用"跳出信访看信访"的新思路，将信访工作上升到新的认识高度。变等访为下访，增强工作的主动性；变抓表象为抓源头，防止和减少信访问题；变抓过程为抓结果，强力推动问题的解决；变为了稳定抓群众为服务群众促稳定，全力维护群众根本利益。

（二）创新的体制

义马市创新性地成立了群众工作部，不仅仅是换了一块牌子，更重要的是转变了体制。扩展了原有信访工作的内涵和外延，将中间环节的办信接访向源头防范和事要解决上延伸。透过现象看本质，实现了信访工作从原来的抓表象的矛盾，发展到现在抓防止和化解矛盾。把党的群众工作同信访工作有机融合在一起，用群众工作统揽信访工作，一揽受理、一揽协调、一揽交办、一揽解决群众诉求，这是对传统信访工作体制的突破创新。

（三）创新的机制

主要是建立"两日"制度，即领导接待日、群众工作日。同时，建立健全"五个机制",即及时顺畅的民意沟通机制,高效便捷的矛盾化解机制,举一反三的排查调处机制,科学民主的听证评估机制,严格有序的奖惩监督机制。将领导的示范带头作用与职能部门主动积极履行职责结合起来,及时有效地解决群众实际问题。这是贯彻落实《信访条例》的具体实践,是构建"统一领导、部门协调、统筹兼顾、标本兼治、各负其责、齐抓共管"的大信访工作格局基本要求的具体体现。

(四)创新的方法

义马群众工作方式、方法的创新主要表现为"五个转变",即变行政命令为教育引导,变简单管理为综合服务,变群众上访为干部下访,变"堵"为"疏",变少数部门努力为各部门齐抓共管。同时,义马市还构建起了以群众工作部为龙头、以群众工作站为纽带、以群众工作室为基础、以群众工作信息员为前哨,横向到边、纵向到底的四级群众工作网络服务体系。这样就将群众工作一竿子插到底,有效地预防和减少了信访问题的发生。

四 义马群众工作的经验启示

义马市用群众工作统揽信访工作的探索和实践,开辟了群众工作新局面,有效地化解了社会矛盾和冲突,从而有力促进了经济社会的全面发展,尤其是给新时期社会治理工作带来了诸多有益的启示。

(一)做好新时期社会治理工作必须全方位转变群众工作理念

理念是行为的先导。群众是社会治理的主体,要做好新时期的社会治理工作,就需要相信群众、依靠群众、发动群众、服务群众,充分调动群众的积极性和创造性,这样才能形成党委领导、政府负责、社会协同、公众参与、法治保障的社会治理新局面。管理是服务,治理也是服务。必须牢固树立服务优先的理念,探索市场经济条件下群众工作在社会治理中的新办法,建设开放型、服务型政府。

(二)做好新时期社会治理工作必须创新群众工作方式方法

群众工作方式方法的创新有利于社会治理工作平稳有序地开展,进一步提升社会治理能力和促进社会治理创新。只有坚持不断开拓创新,才能不断地发现新问题、解决新问题,维护社会稳定,促进社会和谐发展。新时期的群众工作要更多地运用平等协商、教育引导、典型启发以及法律等办法规范我们解决问题的程序,从而引导人民群众正确处理当前利益和长远利益、集体利益和个人利益的关系。新时期的群众工作要不断强化服务意识,始终深怀爱民之心,恪守为民之责,善谋富民之策,积极主动为群众提供全方位的服务,努力做到在服务中为民分忧,在服务中为民解难。新时期群众工作要从被动变为主动,鼓励干部主动深入基层、进入一线,倾听群众呼声,掌握社情民意,从而实现好、维护好、发展好最广大人民的根本利益。新时期群众工作要善于从理顺情绪、沟通思想入手,用疏导协商的办法解决问题,不断完善群众工作服务网络体系。

(三)做好新时期社会治理工作必须密切干群关系,牢固树立群众利益至上的观念

群众工作是社会治理基础性、根本性的工作。密切党群、干群关系,能够减少干部与群众之间的矛盾隔阂,提高党和政府的威信,有利于群众工作的开展。密切干群关系要求干部要深入到群众当中倾听群众心声,了解群众诉求,与群众零距离接触,面对面交流。只有当干部们放下了"架子",和群众搭起了"膀子",人民群众才会对干部的看法更加积极,有什么困难也愿意找干部诉说,干部们也就能真正了解群众所想,及时发现问题和解决问题。同时,干部自身也能得到培养和锻炼,提高与群众打交道的能力。

(四)做好新时期社会治理工作必须立足于解决问题、维护稳定、促进发展

新时期社会治理工作的出发点和立足点在于维护群众的根本利益,下大功夫解决群众关注的热点、难点问题,并努力化解矛盾纠纷,进而维护社会稳

定，为经济社会快速发展创造良好的环境氛围。用群众工作统揽信访工作新体系的建立，一方面促使政府做决策、办事情，更加尊重群众意愿，进而从源头上减少矛盾纠纷的发生，为经济社会快速发展创造了宽松环境。另一方面，把干部的精力从忙于应付信访问题中解脱出来，腾出更多的时间投身发展，让更多的群众从身心疲惫的告状、讨说法中走出来，一门心思地抓生产、快致富，形成了干群互动、共谋发展、共创和谐的良好局面。

郑州市金水区政府购买社工服务的探索与启示

霍海燕　胡晓明　高荣[*]

摘　要：

郑州市金水区以"受益广泛、群众急需、服务专业"为标准，开展政府购买社会工作服务的工作，拓展政府购买社会工作服务的领域和范围等，取得了较大的突破和进展。其主要做法包括：构建政府政策支持体系；建设人才队伍，培育专业社工机构；加大财政投入力度；创新和拓宽购买的方式和范围等。为河南省开展政府购买社工服务提供了有益的启示，如健全制度、扩大政府购买社会工作服务范围和内涵、推进宣传加强利益各方共识和认同、建设人才队伍和社工组织、加大财政投入力度等。

关键词：

政府购买社工服务　社会组织　公共服务

党的十八届三中全会通过的《中共中央关于全面深化改革若干重大问题的决定》提出，推广政府购买服务，凡属事务性管理服务，原则上都要引入竞争机制，通过合同、委托等方式向社会购买。国务院办公厅《关于政府向社会力量购买服务的指导意见》明确，"十二五"时期初步形成统一有效的购

---

[*] 霍海燕，郑州大学公共管理学院教授，博士生导师，社会管理河南省协同创新中心研究员，研究方向为公共政策与社会保障；胡晓明，郑州大学公共管理学院2013级博士研究生；高荣，郑州大学公共管理学院2013级博士研究生。

买服务平台和机制,到2020年在全国基本建立比较完善的政府购买服务制度。政府购买社会工作服务,是政府利用财政资金,采取市场化、契约化方式,面向具有专业资质的社会组织和企事业单位购买社会工作服务的一项重要制度安排。

2013年10月,河南省民政厅、财政厅共同印发了《河南省政府购买社会工作服务实施办法》指出,各级财政应将政府购买社会工作服务经费列入财政预算,逐步加大财政投入力度,扩大政府购买社会工作服务范围和规模,带动建立多元化社会工作服务投入机制,鼓励引导社会资金支持购买社会工作服务。金水区作为河南省政府购买社工服务的试点单位,高度重视社会工作发展,先后通过建立完善社工发展政策、培养专业社工人才、培育专业社工机构等一系列措施,先行先试,形成了具有金水特色的政府购买社会工作服务模式。

当前,河南省各地区正在积极谋划和筹备政府购买社工服务工作,但是如何摸索出一条与当地经济社会发展水平相结合的政府购买社工服务工作的方式和方法已成为制约各地区开展政府购买社工服务工作的重要因素。为此,2014年1月,社会管理河南省协同创新中心研究人员一行到金水区民政局及相关社区、社工机构进行实地走访和调研,调研期间,研究人员就金水区开展政府购买社工服务工作的历程、政策、当前存在的问题及下一步的发展方向访谈了民政局相关负责人及社工机构代表。本文在调研和访谈所搜集资料的基础上,对金水区政府购买社工服务工作的方式和经验进行总结,以期对我省其他地区开展政府购买社工服务工作提供借鉴和参考。

一 金水区政府购买社工服务工作的发展历程

金水区政府对政府购买社工服务工作的初步探索可追溯到2007年。自2007年金水区被民政部划为全国社会工作人才队伍建设试点区以来,金水区政府率先设立了"绿城社工服务站",该服务站是全国第二个街道服务站。金水区政府在积极设立社工机构的同时,注重和加强对社工人才的培养,积极引导和鼓励民政、社区工作人员参加社工资格考试，不断提高社会工作人员的专业化水平。

全区上下经过几年的努力和发展，金水区购买社工服务工作逐步走上正轨。为促进本区社会工作快速发展和社会工作模式的创新，区委区政府大胆引进省外社工机构。2011年，全国著名社工服务机构深圳彩虹社会工作服务中心在金水区设立金水彩虹社会工作服务中心，引进深圳彩虹社工机构给金水区社工事业的发展注入了新的活力。同年，金水区投入130万元，通过公开招标的方式，正式开始尝试在全区推行政府购买社工岗位，先后在社区服务、社会救助、养老服务、残障康复、学习教育等社会工作重点领域设立了首批政府购买社工服务岗位26个，将具体的岗位分布在区教体局、区残联、区慈善总会等9个区直单位（部门）和花园路、北林路等4个街道办事处。2012年，金水区政府财政拨款250万元投入到购买社工服务岗位，从首批岗位为26个增加到50个，岗位内设置增加了团委、妇联等区直有关部门和各街道办事处的"星级"社区和社区服务中心。

2013年，针对在实践运作中出现的社工多头管理、身份确认、价值认可和社工服务如何实现长效性和持续性等情况，在继续做好购买岗位社工的基础之上，区政府增加投入150万元，开始尝试由购买社工岗位转向购买社工服务项目，重点围绕"为老服务、社区服务和低保群体"开发了三个政府购买社工服务项目，以"项目购买"的方式直接将社会组织的服务与政府需求对接，从而促使社工机构加强社工的专业培训，并保证社工服务的专业性、独立性和持续性。目前这三个项目已完成招投标，正在陆续启动。为了保证社工服务质量，金水区政府引进了深圳市专业督导机构，成立了金水区福德社会工作服务中心，这也是我省首家社会工作专业督导服务中心。机构的成立不仅可以改善金水区的社工服务质量，还能够培育我省首批的社会工作督导人才。

截至2013年年底，金水区共有专业社工师200余人，街道级社会工作机构6家，民间社工专业机构15家。2011年金水区被国家民政部授予"全国社会工作人才队伍建设试点示范区"。2013年5月7日，原民政部戴均良副部长来金水区视察社会工作开展情况，并给予高度评价（见表1）。

表1 金水区政府购买社工服务发展历程

发展阶段	发展状况
萌芽期 (2007~2009年)	(1) 2007年金水区被民政部划为全国社会工作人才队伍建设试点区 (2) 2008年金水区政府率先设立了"绿城社工服务站",该服务站是全国第二个街道服务站 (3) 注重和加强对社工人才的培养,积极引导和鼓励民政、社区工作人员参加社工资格考试,不断提高社会工作人员的专业化水平
形成期 (2010~2011年)	(1) 2011年,区委区政府先后制定了《金水区社会工作发展五年规划(2011~2015)》《关于进一步加强社会工作人才队伍建设推进社会工作发展的意见》《与高校共建专业社会工作综合实践基地的意见》《优秀社会工作人才评选管理办法》等一系列政策文件和工作制度,逐步形成了政府购买社工服务的制度体系 (2) 2011年,全国著名社工服务机构深圳彩虹社会工作服务中心在金水区设立金水彩虹社会工作服务中心,深圳彩虹社工机构的引进带给金水区社工事业新的活力 (3) 2011年,金水区投入130万元,通过公开招标的方式,正式开始尝试在全区推行政府购买社工岗位,先后在社区服务、社会救助、养老服务、残障康复、学习教育等社会工作重点领域设立了首批政府购买社工服务岗位26个,将具体的岗位分布在区教体局、区残联、区慈善总会等9个区直单位(部门)和花园路、北林路等4个街道办事处
发展期 (2012年)	(1) 2012年,金水区政府财政拨款250万元投入到购买社工服务岗位,从首批岗位为26个增加到50个岗位,岗位内设置增加了团委、妇联等区直有关部门和各街道办事处的"星级"社区和社区服务中心
成熟期 (2013年~)	(1) 2013年,在继续做好购买岗位社工的基础之上,区政府增加投入150万元,开始尝试由购买社工岗位转向购买社工服务项目,重点围绕"为老服务、社区服务和低保群体"开发了三个政府购买社工服务项目,以"项目购买"的方式直接将社会组织的服务与政府需求对接,从而促使社工机构加强社工的专业培训,并保证社工服务的专业性、独立性和持续性 (2) 2013年,为了保证社工服务质量,金水区政府引进了深圳市专业督导机构成立了金水区福德社会工作服务中心,这也是我省首家社会工作专业督导服务中心,通过这个机构不仅可以根据深圳多年对社工服务的督导经验,为改善金水区的社工质量提供帮助,还能够培育我省首批的社会工作督导人才 (3) 截止到2013年年底,金水区共有专业社工师200余人,街道级社会工作机构6家,民间社工专业机构15家 (4) 2013年5月7日,原民政部副部长戴均良到金水区视察社会工作开展情况,并对金水区创新社会工作方法方式给予了高度评价

二 金水区政府购买社工服务的主要举措

郑州市金水区在推进政府购买社工服务工作中,逐渐探索出了一条适合本地发展实际的道路,以完善政策体系、培育社工组织、建设人才队伍和加大财政力度等形式,通过政府出资向专业的社会工作服务机构购买社工服务,为辖区居民提供专业、优质的公共服务。

(一)构建完善的政府购买社工服务政策体系

金水区区委、区政府高度重视社会工作发展及政府购买公共服务工作,成立由民政牵头,区直各部门共同参与的社会工作发展领导小组。同时,结合金水实际,提出了"需求是根本、人才是核心、机构是基础、政策是保障、资金是加速剂"的发展思路,通过在全区实施"六一工程"(即:设置一批公益岗位、打造一支专业队伍、培育一批民间机构、开发一批服务项目,建立一套工作机制、形成一个制度体系),强力推进社工发展。① 金水区还先后制定出台了《金水区社会工作发展五年规划(2011~2015)》、《关于进一步加强社会工作人才队伍建设推进社会工作发展的意见》、《与高校共建专业社会工作综合实践基地的意见》、《优秀社会工作人才评选管理办法》等一系列政策文件和工作制度,逐步形成了政府购买社工服务的制度体系,为全区推进政府购买社工服务提供了有力的政策指导和坚实的制度基础。②

(二)积极推进社工人才队伍建设

金水区在社工人才建设方面,突出专业引导,积极推进四个"社工化"建设。一是推进民政工作者"社工化"发展。政府购买服务的理论知识和实务方法在民政工作中有着极为广阔的应用空间,为掌握主动、树立标杆,通过加强学习培训、专业考试等各种形式和途径,大幅度提升民政工作系统的社会工作者在社工知识和实务水平,积极引导全区民政工作者率先实现"社工化"转型。二是推进社区工作者"社工化"发展。通过建立健全针对社区工作的人才引进、培训交流、激励保障等工作机制,在制度层面积极引导社区专职工作者逐步转变为专业社会工作人才。区民政局、部分街道办事处先后与河南财

---

① 引自金水区民政局副局长访谈资料。
② 引自金水区民政局副局长访谈资料。

经政法大学、河南农业大学、郑州轻工业学院的社会工作院系联合建立了实习基地，有效推动了社会工作专业理论和方法在社区社会工作中的运用和推广。同时，区政府对考取社会工作师和助理社会工作师资格证书的社区专职工作人员，每人每月分别给予200元、100元的职称补贴。三是推进社区志愿者"社工化"发展。充分发挥区"金阳光"社区志愿者协会的引领作用，以社区志愿服务站为平台，把社区志愿队伍纳入全区社会工作人才队伍建设序列，大力推行"义工社工化"、"社工－义工"联动工作机制，通过规范社区志愿者管理、专业社工指导社区志愿者开展特色志愿服务活动，既提高了社区志愿者服务的专业化水平，培养出了一批具有专业社会工作水准的社区志愿者队伍，又打造出了一系列具有金水特色的社区志愿服务活动品牌项目。四是推进民间社会组织人员"社工化"发展。鼓励和引导民间社会组织的从业人员积极参与并逐步承担由政府主导的"社工进社区"、"长者社区关爱"、"社工助残"等专业社工服务项目。

（三）大力培育专业社工机构

2010年以来，金水区政府先后投入400万元，用于扶持直接提供社会工作服务的民间专业社工机构、公益性社工服务机构。一是孵化引进先进地区的社工机构。2011年，通过提供办公场所、扶持资金等优惠措施，吸引深圳市龙岗区社工机构在我区成立了郑州市金水区彩虹社会工作服务中心，从而依托这一平台，引进深圳社工机构的先进管理运作经验，实现资源共享，通过整合各方面的资源优势，尤其是香港经验、深圳经验及高等院校的资源，对我区社工发展给予引导和支持。2013年，金水区又探索引进了深圳市专业督导机构成立了金水区福德社会工作服务中心，这也是我省首家社会工作专业督导服务机构。该机构的成立对培养我省首批社会工作督导人才、与社工岗位和社工项目专业支持方面发挥着重要的作用。二是孵化培育本土民间社工机构。按照"专业发展，各具特色"的指导思想，充分调动社会力量兴办民间社会工作服务机构的积极性，积极扶持相关专业化机构转型或拓展业务，先后成立了玖久、豫馨、爱民、华心、同行等民间专业社工服务机构13家，夯实了社会工作发展的基础平台。这些机构发挥各自优势，已初步承担起针对老年人、少年儿童、低保人群和残障人士的社工服务工作，受到辖区居民群众的一致好评和欢迎。

（四）不断加大财政投入力度

政府既是社工服务的提供者，又是社工服务的购买者，政府财政投入的力度直接影响着社工服务的质量和效果。金水区政府通过"岗位"＋"项目"购买方式，逐年加大财政投入，为政府购买优质高效的社工服务奠定物质基础。2011年，金水区政府投入130万元，通过公开招投标方式，按照每个岗位每年5万元的标准，开始尝试在全区推行政府购买专业社工岗位，先后在社区服务、社会救助、养老服务、残障康复、学校教育等社会工作重点领域设立了首批政府购买社工服务岗位26个，将具体的岗位分布在区教体局、区残联、区慈善总会等9个区直单位（部门）和花园路、北林路等4个街道办事处。2012年，区财政又投入250万元购买社工服务岗位，岗位从首批的26个增加到了50个，岗位内设置增加了团委、妇联等区直有关部门和各街道办事处的"星级"社区和社区服务中心。2013年，区财政继续对2014年50个社工岗位进行投入，并将购买标准提高到每个岗位5.5万，财政专项预算也从250万元提高到了275万元。截止到目前，金水区已累计投入财政资金1000余万元用于发展专业社会工作。①

（五）重视对政府购买社工服务及社工知识的宣传和普及

2007年以来，金水区先后邀请社工领域知名专家和专业院校学者50余人次，举办各种社会工作知识培训班、专业社会工作发展座谈会、香港社工督导培训班、"专业社工坊"座谈会、实务提高培训、考前培训等各类培训或座谈会60余场次，全区社会工作专业人员、从业人员和各级干部职工参加人数累计25000余人。同时，金水区还积极向全社会推广政府购买社工服务。区民政局和全区岗位社工在各自岗位上积极运用专业知识和工作方法，先后开展各类社工知识讲座和宣传推广活动50余场次，开展个案377个、小组工作325次、

---

① 引自金水区民政局副局长访谈资料。

"社工+义工"联动 100 余次、帮教访谈 1500 余人次、督导活动 389 次、服务拓展 20000 余人次,有效提升了政府购买社会服务的社会认知度。

(六)不断创新和拓宽政府购买社工服务的方式和范围

金水区针对在实践运作中出现的社工多头管理、身份确认、价值认可和社工服务如何实现长效性和持续性等情况,在继续做好购买岗位社工的基础上,区财政增加投入 150 万元,开始尝试将社工服务由岗位转向项目,重点围绕为老服务、社区服务和低保群体开发了三个政府购买社工服务项目,以"项目购买"的方式直接将社会组织的服务与政府需求对接,从而促使社工机构加强社工的专业培训,并保证社工服务的专业性、独立性和持续性。目前,三个项目已完成招投标,并于 2013 年 12 月 6 日进行了签约。

三 金水区政府购买社工服务工作的启示

(一)建立健全政府购买社会工作服务制度

各级政府应根据当地经济社会发展情况,围绕社会工作服务流程、专业方法、质量控制、监督管理、需求评估、成本核算、招投标管理、绩效考核、能力建设等环节,加快相关标准研制步伐,逐步建立科学合理、协调配套的社会工作管理服务标准体系;逐步建立和完善政府向民办社会工作机构购买服务机制,全省各地根据自身的经济社会发展状况,加快建立一套行之有效、切合实际的政府购买社工服务的政策法规。

(二)进一步扩大政府购买社工服务的范围和内涵

推进政府购买社工服务,必须不断扩大政府购买服务的范围。各级政府应不断扩大购买范围,可以考虑先从社区服务、医疗卫生、教育等与人民群众关系密切的领域入手。通过不断积累经验,进一步扩大购买的领域。通过不断扩大购买范围,形成社工服务多元供给的格局,不断提高服务质量,来满足人民群众日益增长的需求。

（三）推进宣传教育，不断提升政府购买社工服务利益各方的认识和认同

相关部门应重视对政府购买社工服务的基本理论和知识的宣传和教育，保持宣传教育的持续性，使其深入人心，使相关主体明白何为政府购买服务及政府购买服务的实施过程、成效等。同时政府积极关注公众需求，快速回应，兑现承诺，建立政府与公众的信任关系。社会上应加大宣传力度，通过广播、电视、报纸、网络等媒介，将社团、社工及其宗旨、属性、优秀社工以及开展的一些案例工作通过多种感官通道传达给广大受众，提高社团和社工的社会知晓度。

（四）加快推进社工人才队伍建设

社工服务质量要想得到提高，社工人才素质的培育和提升是关键因素。不断通过专业化培训和社工再教育等方式，促使专业院校实习生、毕业生与社工机构达成定向培养意向，逐步实现"理论实践—再教育—回归创业"的提升社工专业化水平路径，进一步强化社工人才的专业属性和实务处理能力。同时，社工机构应树立人本观念，完善用人机制，优化考核激励机制。通过激励机制，做到物质激励与精神激励相结合。同时为员工提供培训与职业生涯规划，从而吸引更多高素质人才的加入，并且留住优秀人才。

（五）进一步加大对政府购买社工服务的财政投入力度

各级财政应将政府购买社会工作服务经费列入财政预算，逐步加大财政投入力度，扩大政府购买社会工作服务范围和规模，带动建立多元化社会工作服务投入机制。探索建立社会工作服务项目库，实现项目库管理与预算编制的有机衔接。加大从民政部门留用的彩票公益金中安排资金力度，用于购买社会工作服务。鼓励引导社会资金支持购买社会工作服务。

（六）积极培育和发展社工组织

针对社工服务市场化和社会化的趋势，要制定一系列相关的法律制度，如

社工组织与政府的合作形式,沟通协调机制以及各角色的职能界定,融资方式、市场准入条件等。通过规范化的制度保证社工组织在承接公共服务时有法可依、有章可循,建立与社会工作组织发展相适应的制度环境。此外,我省社工组织的运营费用主要是靠政府的购买服务项目经费,缺乏自筹资金的能力,这使得社工组织的发展受到很大的制约。社工组织要发展,首先需要有必要的资金保证社工组织能正常运行,但是目前我国的社工组织自筹经费的能力还不足,基本靠政府的项目购买来维持,如果哪一天政府停止资金的拨付,那社工组织就面临破产的命运。资金不仅关系到社工组织提供社工服务质量,而且关系到这些机构的生存问题。因此,社工组织要尝试采取多元化的融资渠道筹集资金,一方面要鼓励企业捐款,或者和企业合作,成立基金会,另一方面要加大整个社会对公益性社会组织的宣传力度,形成良好的互助氛围,通过民间募捐筹集资金。

社会治理新探索：河南社会法庭

张嘉军*

摘　要：

本文介绍了河南省在社会治理中的创新探索，河南社会法庭建设的特色与基本情况。文章从机构设置和人员选拔、纠纷解决类型与受理渠道方面具体介绍了河南社会法庭的运作程序；并通过具体个案分析，介绍了河南社会法庭在实际运作中取得的良好效果。阐述了河南社会法庭在法官选任、机构设置、受案范围、纠纷解决手段、机制协调、化解效力中存在的问题与下一步改进的方向。此外，文章还指出了河南社会法庭建立对社会治理创新的具体启示：需要积极调动民间力量或社会力量，并且需要政府的扶持与引导。

关键词：

社会法庭　化解纠纷　社会治理创新　河南省

在建构和谐社会过程中，为推进社会治理模式的创新，河南法院系统建构了社会法庭。社会法庭是指由普通群众作为主体，主要运用乡规民约、人情大义、伦理道德等纠纷主体熟知的、自觉遵守的社会规范调处社会纠纷，化解社会矛盾的基层群众自治性组织。社会法庭与人民法庭具有一定的关联性，诸如社会法庭是纠纷解决的第一道防线，人民法庭是第二道防线。但二者也存在本质上的差异，诸如社会法庭是基层群众自我教育、自我管理、自我服务、自我

---

* 张嘉军，博士，郑州大学法学院教授，社会管理河南省协同创新中心研究员，研究方向为司法制度、民事诉讼法学。

解决纠纷的民主自治组织；而人民法庭是国家的审判机关，代表人民法院行使审判权；社会法庭调处纠纷并非诉讼活动，而人民法庭办理案件则是诉讼活动的司法行为等。社会法庭与人民调解也同样具有一定的相似性，诸如二者人员构成上多是村民、二者纠纷解决方式上多用调解等。但二者也不同，诸如社会法庭可以化解医疗、教育等纠纷，社会法庭背后有法院的支撑使之在纠纷解决上获得更大的"权威性"等。由此发现社会法庭具有以下特征：一是社会性。社会法庭由民间设立而非国家，社会法官由村委会与居委会推选。二是自治性。社会法庭系自我管理、自我服务，不受外部任何部门的控制的独立自治机构。三是公益性。社会法庭解决纠纷不收费，这区别于其他的纠纷解决机构。

一　河南社会法庭建设的基本情况[①]

河南省法院于 2009 年 4 月开始尝试创建社会法庭，郑州、新乡、许昌作为第一批试点并于 2009 年 5 月正式开展试点工作。在总结前期试点经验的基础上，于 2009 年 9 月 12 日又进一步提出了"一乡（镇）一庭"的社会法庭创建目标，全面铺开社会法庭工作，并建成了一批特色鲜明的社会法庭。诸如许昌长葛市、商丘梁园区、开封市顺河区建立的少数民族社会法庭，由回族与汉族群众代表共同担任社会法官，积极调处族群内部、回汉群众之间的矛盾纠纷，促进了民族团结；平顶山舞钢公司建立了企业社会法庭，为维护职工权益，保障企业发展护航助力；温县成立了陈家沟旅游社会法庭，为游客及时排忧解难，为当地旅游业创造和谐发展环境。

截至 2013 年 12 月 20 日，河南省共建立社会法庭 2337 家，其中示范社会法庭 543 家，特色社会法庭 207 家（其中行业社会法庭 17 家）；选任社会法官 29157 名，其中常驻社会法官 6929 名，共调处纠纷 52537 起，累计调处纠纷 224035 起，为促进基层社会稳定和谐，服务我省经济发展做出了积极地贡献。

[①] 有关河南社会法庭的数据等主要来源于河南省高级人民法院社会法庭课题组：《社会法庭的理论与实践》（内部稿）；河南省高级人民法院每年关于社会法庭的年终总结报告。

《人民日报》、《法制日报》、《人民法院报》、《河南日报》、《河南法制报》、人民网、新华网、人民法院网等主流媒体对社会法庭工作给予了积极宣传和评价。2010年5月4日,《人民日报》头版以《探索化解矛盾纠纷的"乡土模式"》为题对社会法庭工作进行了全面报道。原最高法院院长王胜俊也对社会法庭工作给予了充分肯定。

河南省法院积极依托行业协会,建设了一批行业社会法庭。省法院与省知识产权局、省知识产权保护协会成立了河南省知识产权社会法庭;省法院、省保险行业协会成立河南省保险行业社会法庭;省法院、郑州中院与省银行业协会成立河南省银行业社会法庭;省法院、郑州中院与省贸促会成立河南省涉外商事社会法庭;金水区法院依托河南省外地驻豫经贸机构协会,设立河南省经贸巡回社会法庭;中原区法院依托河南省物业商会设立河南物业社会法庭;二七区法院依托河南古玩协会,设立古玩社会法庭;平顶山市依托保险业协会建立了平顶山保险业协会法庭。

河南省法院结合特定行业、特定领域的矛盾纠纷特点,相继建立了物业、旅游、维护军人军属权益、劳动争议、交通事故、物流、商贸等特色社会法庭。诸如郑州、安阳、洛阳、许昌创建的维护军人军属权益社会法庭,有力地维护了军人军属合法权益,为促进军民团结和军民融合式发展发挥了积极的作用;南阳市依托工会成立的维护劳动者权益社会法庭,更好维护了劳动者的合法权益;光山县成立的计划生育社会法庭,有效疏导了计生行政执法环节的梗阻,维护了计生对象的合法权益;漯河市依托保险行业协会设立的保险行业特色社会法庭,通过有效进行诉调对接,提高了保险案件审判效率,降低了保险公司的诉讼成本,节约了法院的办案成本;河南省台办和河南高院、郑州中院依托河南省台商协会创建的"河南省台胞社会法庭",许昌长葛市、商丘梁园区、夏邑县、开封顺河区创建的少数民族社会法庭,温县陈家沟、修武县云台山等旅游景区创建的旅游社会法庭,南阳唐河县源潭镇辣椒城和西峡县双龙镇香菇市场依托市场资源成立的辣椒城和香菇市场社会法庭等一大批具有鲜明特色的社会法庭,有效化解了特定行业、特定领域的矛盾纠纷,赢得了当地党委、政府、行业及群众的好评。温县、修武、卫辉、鄢陵、遂平、上蔡依托医疗机构新建6个医疗特色社会法庭,有效地缓解了医患矛盾。南阳法院积极与南阳市总工会协调,在13个县区都建立了维护职工权益社会法庭,其中卧龙区维护职工权益社会法庭工作得到了全国总工会领导的批示;息县、沁阳、南乐县还分别建立了交通事故社会法庭等。

河南省法院还高度重视对社会法官的培训指导,努力提升社会法官化解纠纷的综合能力。河南省法官学院首次将社会法官纳入培训对象,于2013年10月28日举办了全省社会法官示范培训班,320余人参加了培训;漯河市在2013年还对社会法官组织法律知识讲座46场,组织座谈交流15次。

河南省积极创新社会法官的管理和运作模式。民权县法院将94名常驻社会法官全部任命为人民陪审员,长葛市法院、孟州市法院将全部社会法官全部任命为人民陪审员(长葛413名、孟州90名)。通许县通过建立社会法庭协助法院审判执行制度,由社会法官协助进行送达、调解等工作,2013年通许县社会法庭协助法院审判执行案件达423件。

二 河南社会法庭的具体运作程序与纠纷化解效果

(一)社会法庭机构设置和人员选任

(1)社会法庭的设置地点与名称。社会法庭一般设在乡(镇)政府所在地。根据工作需要,可在社会法庭内设置适量的调解室、评议室等。社会法庭的具体名称为:县(市、区)+乡(镇)+社会法庭。

(2)社会法官选任的条件。选任社会法官应当具备如下条件:第一,顾全大局,热心公益事业;第二,遵守宪法和法律;第三,无违法犯罪记录和不良嗜好;第四,具有一定的法律知识和较强的调处纠纷能力;第五,在当地有一定的威望,品行良好、公道正派、身心健康。

(3)社会法官产生的程序。社会法官由社会法庭所在地的乡(镇)党委、政府从当地社会人士中推荐候选人或由各乡村、社区群众推荐,与社会法庭所在地的基层法院协商后确定社会法官人选。

(4)社会法庭的组成人员。社会法庭应有3~5名常驻社会法官,负责社会法庭日常协调和调处工作。根据工作需要,可在每个行政村或社区选定2~

3名社会法官,组成社会法官成员库;根据工作需要,社会法庭一般配备1~2名辅助人员,负责社会法庭日常事务管理工作。

(二)社会法庭纠纷解决类型与受理渠道

(1)纠纷解决的类型。社会法庭可以调处的纠纷主要有:第一,婚姻家庭纠纷;第二,赡养、抚养、扶养纠纷;第三,继承纠纷;第四,相邻权纠纷;第五,农村土地承包纠纷;第六,民间借贷纠纷;第七,人身损害赔偿纠纷;第八,其他可以由社会法庭处理的纠纷。

(2)纠纷受理的渠道。社会法庭受理纠纷的渠道有以下几种:第一,基层人民法院移交的诉前纠纷或立案后认为可交社会法庭处理的案件;第二,社会法庭所在乡(镇)的党委、政府交办的信访案件;第三,纠纷发生后,双方当事人自愿到社会法庭要求处理的;第四,社会法庭在排查矛盾纠纷过程中发现的民事纠纷,并征得纠纷双方当事人同意后,由社会法庭参与调处的纠纷。此外,社会法庭根据便捷、便利、便民的原则,可采取上门受理、上门调处、就地解决纠纷;有条件的社会法庭可实行远程受理纠纷。

(3)纠纷解决的程序与效果。第一,纠纷解决社会法官的选择与确定。社会法庭登记受理纠纷后,即通知双方当事人可从"社会法官库"中共同选择处理纠纷的社会法官,或由常驻社会法官协商确定。当事人双方协商一致,亦可从"社会法官库"以外人员如街坊邻居、亲朋好友等中选择参与调处的人员。第二,解决纠纷社会法官的人数。社会法庭调处矛盾纠纷,根据纠纷复杂程度可由1名或多名常驻社会法官调处,也可以由1名或多名社会法官或社会法官与常住法官联合调处。联合调处纠纷的,应确定一名主经办人。第三,社会法官解决纠纷的规范。社会法庭依照法律规定或乡规民约、风俗人情,根据自愿原则进行调解。第四,社会法庭解决纠纷的结果。经调解,当事人达成协议的,根据当事人的意愿,制作笔录或制作调解书。一方当事人按照调解协议内容当场履行全部义务的,可不制作调解书,但应当记录在卷,由双方当事人、社会法官、记录员签名。需制作调解书的,调解书由社会法官、记录员、纠纷双方当事人签名,必要时其他参与调处纠纷的群众代表也可签名。调解不成的,社会法庭可根据情况决定是否做出评判书。第五,社会法庭解决纠纷的期限。社会法庭自受理纠纷之日起，一般应当在 30 日内调处终结，不能及时调处终结的，应及时告知当事人到有关部门处理或提起诉讼。第六，社会法庭纠纷解决的效力。纠纷当事人不按照社会法庭制作的协议笔录或调解书履行义务的，社会法庭应当督促履行义务的一方当事人及时、全面地履行义务。对社会法庭制作的调解书，当事人要求人民法院确认的，由社会法庭所在辖区的人民法庭予以确认，赋予调解书强制执行的效力。人民法庭对社会法庭制作的调解书审查后，只要调解书不违反法律强制性规定、不违反自愿原则，应当在当事人申请确认后及时予以确认。对社会法庭没有调处成功的纠纷，当事人起诉到人民法院后，人民法院在审理时对社会法庭做出的处理结果或评判意见应给予充分考虑。

（三）社会法庭化解纠纷的效果：具体个案①

案例 1：2009 年 7 月 17 日 11 时，长葛市增福庙乡某有限责任公司员工吴某在工作期间从二楼失足坠下，后因伤势过重，抢救无效死亡。死者家属情绪十分激动，组织了几十名亲属到企业"讨说法"，将死者横尸公司门口，禁止人员出入，引起群众围观，造成该公司生产陷入停滞。增福庙社会法庭迅速在社会法官库中精心选取 7 名能力强、群众威望高、法律功底厚的社会法官，组成突发事件特别工作组，及时赶到现场进行调处。死者家属要求厂方一次性支付各类赔偿款 50 万元，否则就继续围堵，抬尸上访。7 名社会法官分头与死者的亲属、厂方沟通，劝慰死者家属冷静行事，同时邀请死者家族中较有威望的长辈，会同死者的儿子和公司负责人共同参与调解。同时，社会法官不失时机地让死者家属代表向增福庙法庭干警电话咨询具体的法律规定和赔偿标准，有效增强了调解的针对性和说服力。经过三个小时的辨法析理和多轮协商，双方就赔偿项目数额达成一致，签订了 23.5 万元的工伤死亡赔偿协议书，息事平怨，排除妨害，恢复生产。第二天上午，社会法官随同厂方代表将赔偿款一次性送到死者家属手中，死者家属对社会法官十分感激，表示对调解过程满意、结果满意，对社会法官满意。公司的领导和员工动情地说，社会法庭就是

---

① 有关个案来源于河南省各地市法院上报的典型性社会法庭案例。

"及时雨",在企业最危急的时候帮了大忙,保证了企业的正常运转。

案例2:禹州市鸠山乡甲村村民董某在本村开办一私立小学,教学声誉良好。2009年6月12日早晨,在该校就读的禹州市鸠山乡乙村村民丁某之子在早操期间突然口吐白沫,浑身抽搐。随即被送往禹州市鸠山卫生院治疗,因病情严重,在120接诊转院途中死亡,学生家长与学校之间为学生的赔偿问题发生纠纷,双方自行协商未果后通过鸠山乡甲村的村干部反映至禹州市鸠山乡社会法庭的社会法官王向涛处。王向涛考虑到本案的特殊性,会同双方所在村的社会法官王中钦、张有新(均为村干部),通知双方所在村的支部书记楚大伟、王新强和鸠山乡教办室主任赵建叙共同参与调解,增强了调解的针对性、实效性。在查清案件事实的基础上,不厌其烦地给双方理清法律关系,阐明各方应承担的责任。随后分别做双方亲属的工作,引导双方换位思考,互谅互让,缓解对抗情绪。当天下午,在社会法官的主持下,双方就赔偿意向和赔偿项目数额基本达成一致。次日上午,社会法官又分别赶到双方家中进行调解。最终双方于中午达成调解协议,由学校一次性支付赔偿款44000元,双方互不追究对方任何责任。下午五时学校将赔偿款44000元全部送到死亡学生家属手中。

案例3:村民韩某2001年由本村嫁出,由于各种原因,韩某的户口并未随之迁出。结婚三年后,由于性格等多方面的因素,夫妻双方于2004年协议离婚,两人所生的女孩由韩某抚养。韩某没有稳定的收入,抚养一个孩子困难很大,生活极为贫困。因韩某的户口一直未从村里迁出,再加上自己生活确有困难,遂要求在本村享受村民待遇。但村里的其他村民则不同意,他们认为韩某虽然户口没有迁出,但自从出嫁后一直未在本村居住,并且这么多年也没有给村里做过什么贡献,因此不能算是本村村民,故坚决不同意其享受村民待遇。由于此类案件法院不受理,韩某就找到社会法庭,要求解决。社会法官海立川了解到这一情况后,多次到村委会协调,详细讲述了韩某生活的不幸和一个人抚养孩子的艰辛,许多村委会委员听后深受感动。看到有和解的机会,海立川不失时机提出了符合双方利益的处理意见:韩某以后要积极参加村组的劳动,为本村的发展做一些应做的贡献。在此基础上,韩某享受村民待遇。随后,海立川配合村委会一起做其他村民的说服工作,将原本不同意韩某享受村民待遇的村民一一说服。海立川所提出的处理意见最终被全村村民和韩某所接受,2009年8月,村民大会做出最终决定:韩某自2010年开始在该村享受村民待遇。

案例4:2010年2月27日,76岁的刘某因不小心摔伤导致左髋部疼痛,随即到须水辖区某大型医院就诊。经医院诊断为:左骨转子间粉碎性骨折、肺部感染、Ⅱ型糖尿病,在刘某家属同意下,急诊在局麻下行左胫骨结节骨牵引术,术后给予抗炎、止血、化痰等药物治疗。然而,手术后的第二天,即2010年3月1日,中午出现胸闷、呼吸困难,经会诊后转科进一步治疗。在转科的搬运过程中突然痰液呛咳引起窒息,呼吸及心跳停止,经抢救无效死亡。刘某死亡后,其六个儿子陷入了极度的悲伤之中,认为父亲仅因摔伤而住院,是医院的过错而导致父亲死亡,情绪激动并多次集合本家人到医院讨说法,严重影响了医院正常的工作。3月2日,医院找到了社会法官张永生。张永生来到现场后首先稳定患者家属的情绪,告诉他们人死不能复生,事件已经发生,光这样闹不是解决问题的方法,入土为安是死者当前最大的心愿。如果这样闹,严重影响了医院的正常工作,还有可能导致其他的病人不能及时治疗而恶化,这也侵犯了他人的权益。在患者家属的情绪稳定下来之后,张永生不失时机地提出了赔偿的解决方案。最终,在张永生的调解下,双方当即达成了赔偿协议:医院一次性支付患者家属人民币45000元,并当场履行完毕。

案例5:2009年7月,申请人孙某在被申请人蒋某承包的建筑工程工地上打工,不慎摔伤,在长垣县中医院住院治疗。刚开始蒋某为孙某支付医疗费4000元。伤未愈,仍需治疗,蒋某不再支付医疗费。由此发生纠纷,孙某要求蒋某继续支付医疗费5000元。蒋某称,孙某自己不小心摔伤与其无关,且已支付4000元医疗费,坚决不再负担孙某的医疗费用。双方各持己见,互不相让,矛盾越来越激烈。长垣县城区社会法庭受理本案后,对被申请人蒋某进行耐心的说服教育,利用相关法律条文,宣读法律法规的有关规定。蒋某受到很大的启发,表示原来不懂法,你们社会法官给我上了一堂生动的法制教育课,同意接受调解。社会法庭也批评了申请人在工地干活没有注意安全义务,在该纠纷中也有一定责任。后经社会法官面对面、背靠背反复调解,双方终于达成协议,被申请人蒋某再支付申请人孙某医疗费2800元,当庭交清,双方不得以任何理由再因此事发生纠纷。

三 河南社会法庭存在的问题

(一)如何选任社会法官

社会法庭的价值和生命力,最终取决于它在解决民间纠纷、化解社会矛盾方面的实际效果。而这一目标能否实现,最关键的是能够选出优秀的社会法官。社会法官、特别是常驻社会法官选好了,这个社会法庭就成功了一半,这就需要在社会法官的选任上下功夫,突出社会法官的社会性,防止出现行政化倾向。但由实践调查发现,不少地方将党政机关干部以及许多事业单位人员选为社会法官,还不仅仅如此,不少地方在选任社会法官时,带有很大的随意性,没有建立一套严格规范的选任制度和体系。

(二)如何处理法院与社会法庭的关系

至于法院派出法庭与法院的关系,在法院组织法中有明确规定,即派出法庭为基层法院的组成部分,代表法院行使部分审判权。尽管社会法庭在定性上并非派出法庭,但是社会法庭又基本上系法院推动建立的,那么社会法庭与基层法院之间处于何种关系?法院对于社会法庭具有何种职权?这些都是值得思考、不容回避的问题。由实践来看,不少社会法庭系由当地党委政府直接建立、有些地方社会法庭直接由县(区)基层法院建立,这就存在着所建立的社会法庭在硬件设施、费用投入、人财物管理、业务管理等方面,应当由哪一单位对口管理的问题。如果由基层党委政府管理的话,在硬件设施建设、经费投入等方面当然具有便利性,但是在具体业务管理上却存在问题。如果完全由法院直接管理，虽在解决纠纷等业务管理上具有便利性，但在硬件设施建设、经费投入等方面处于不利状态。

（三）如何确定社会法庭的受案范围

社会法庭与人民法庭不同，人民法庭可以受理一切由法院主管的案件/纠纷，而社会法庭可以受理哪些案件、可以处理哪些纠纷？由实践中来看，各地对此并无一个具体的范围和标准，诸如有些社会法庭对于赌债等一切纠纷和冲突都受理、都去调处；有的社会法庭仅受理部分纠纷/案件；有的社会法庭对违反法律的案件也受理等。作为社会管理创新的方式之一——社会法庭而言，既然是维护社会稳定而化解纠纷，那么对于其适用范围特别是适合对哪些案件可以受理，应当有一个明确的划分。但是，目前对此并未有明确的划分。

（四）如何确定社会法庭解决纠纷的手段

"在塑造人的过程中，法律或法律的理念作为一个因素是起作用的，但仅仅是其中的一个因素，社会生活的每个方面也在起作用，有时甚至会起更大的作用"。化解矛盾纠纷的方法多种多样，诸如人民调解、和解、仲裁、行政裁决、诉讼等，为此法律也仅仅是化解纠纷的方式和手段之一。更何况法律也具有一定的局限性，法对社会生活的涵盖性和适应性不可避免地存在一定的限度。毕竟社会法庭有别于人民法庭，为此社会法庭解决纠纷的手段应当是采用人民法庭的方式还是其他，这个值得深思。由实践来看，很多社会法庭在解决纠纷时，并未采用人民法庭式的方式，而是根据当地的实际情况采取灵活多样的方式和方法。而且，对哪些方法或者手段可以采用，或者哪些不可以采用，目前也没有统一的规定。

（五）如何协调社会法庭与其他纠纷解决机制的关系

社会法庭解决纠纷也仅仅是整个纠纷解决机制中的一种，如何将社会法庭纠纷解决方式有效融入多元化纠纷解决体系之中，则是社会法庭走到今天不得不思考的一个重大的问题。多元纠纷解决机制之间的衔接配合问题，是整合各种纠纷解决力量，充分利用现有资源，发挥最大效能的关键和核心。只有建立有效衔接、协调运行的纠纷解决系统,才能最大限度地发挥诉讼内外各种纠纷解决机制的真正作用。我国现有的非诉调解机制有仲裁、人民调解、行业协会调解、行政调解、律师调解、司法调解及我省的社会法庭调解等,规范社会法庭与其他非诉调解组织的衔接配合机制对整合我国非诉调解机制资源从而探索构建多元化、科学化、制度化、低成本、高效率的多元纠纷解决机制,具有重要意义;并且,可以从制度上保障"多调联动"的运行和实际效果,从而最大化将民间调解、行政调解、司法调解等其他各种调解资源整合在一起,把矛盾纠纷化解在基层,对节约司法资源、构建和谐社会都具有重要意义。但从目前来看,各地并未实质性考虑如何将社会法庭有效融入多元化纠纷解决机制之中,并未将社会法庭整合进多元化纠纷解决体系,社会法庭的发展也更多是在自我空间中运行而非在与其他纠纷解决机制相互衔接相互配合下运行。

(六)如何强化社会法庭化解纠纷的效力

司法之所以具有权威性、之所以被作为纠纷解决的最后一道防线的原因就在于其解决纠纷的结果-裁判——具有效力,法院的裁判一旦做出且生效,负有义务的一方当事人就应当履行,如果不按时履行,法院可以强制执行。与此不同,社会法庭解决纠纷的方式更多是调解。从调解的类型划分来看,调解分为司法调解与非司法调解。司法调解主要是指法院调解,法院调解具有强制执行性;而非司法调解又可以进一步分为行政调解、人民调解和民间调解。行政调解主要是行政机关主导下的调解;人民调解主要是人民调解组织所进行的调解;民间调解系指由民间个人或者组织所进行的调解。由此发现,社会法庭调解属于民间调解。依照目前的法律规定,民间调解并不具有法律强制性,换言之,其化解纠纷的效力不够。这是困扰当前社会法庭工作进一步深入的瓶颈所在。如社会法官费了千辛万苦说服、引导当事人所达成的调解协议,当事人双方并不遵守、并不履行。

四 河南省社会法庭建立对社会治理创新的启示

社会法庭纠纷解决模式的建构正是纠纷解决由国家化向社会化逐步过渡的

环节之一，也是我国纠纷解决逐步社会化的表现之一。纠纷解决的逐步社会化将是未来中国社会治理的重要方向，即国家逐步由对纠纷解决的国家化中解脱出来，让社会承担起纠纷解决的重任。河南法院创建社会法庭组织社会力量积极化解民间和基层纠纷，是当下中国社会治理创新的方式之一。河南社会法庭建立对社会治理创新的具体启示主要体现在积极调动社会力量和政府正确引导两个方面。

社会治理创新要积极调动民间力量或社会力量。在解决社会纠纷问题方面，由国家承担所有纠纷的解决将会使国家不堪重负。相反，由民间或者社会自行解决所有的纠纷将会导致国家与社会的失控与失范。为此，这两种模式都不具存在的可能性。如果由国家承担绝大部分纠纷的解决，虽不能绝对认为会导致国家的不堪重负，但一定程度上定会影响国家其他方面职能的有效运作和行使。为此，这样的纠纷解决模式也并非理性的。因此，由社会或者民间自行解决绝大部分纠纷的最大优势在于，可以有效减轻国家在纠纷解决上的付出，可以使国家在肩负一定纠纷解决职能的同时，还能够抽出更多的精力去从事其他方面的事务。在笔者看来，人类社会最为理想的一种纠纷解决模式，应当是纠纷解决的社会化而非国家化。在这种社会化的纠纷解决模式下，国家并不承担主要的纠纷解决职能，相反，大量的民间纠纷应当由社会、由民间自行解决。而且二者在纠纷解决中的比重是：国家承担纠纷解决总量的20%，至多为30%，剩下的70%~80%由社会和民间来解决。由上述分析发现，就一个国家来说，纠纷解决的社会化则是最为理想、最为理性的纠纷解决模式。就此意义上而言，河南省法院系统建立的社会法庭一定程度上可以认为是当代中国在纠纷解决方面由国家化逐步向社会化过渡的一种有益尝试。

社会治理创新需要政府的扶持与指导。中国未来的纠纷解决模式中，国家应当把自己承担的绝大部分纠纷解决的空间让渡出来，由社会和民间来占有，让社会或民间成为中国未来纠纷解决的主要担纲者和主力军。当然，鉴于中国长期以来对国家解决纠纷的心理依赖和惯性，以及由此而导致的社会和民间纠纷解决能力的相对弱化，对于中国未来纠纷解决的社会化而言，应当实行"两步走"：第一步，在纠纷解决社会化的初期，国家在逐步让渡出自己解决纠纷空间的同时，应当大量培植和积极扶持纠纷解决的社会力量和民间力量，以便使它们能更好地肩负起纠纷解决的职能。第二步，在社会力量和民间力量真正能够肩负起民间纠纷解决的主要职能之后，国家在承担一小部分纠纷解决职能的同时，为了使民间纠纷的解决更加理性和有序，国家对承担民间纠纷解决的社会力量和民间力量应给予一定的指导。

郑州市社会信用体系建设探索

何 水*

摘 要:
> 郑州市是河南省社会信用体系建设4个试点城市之一。2003年以来,郑州市采取了一系列举措推进社会信用体系建设,包括建立组织机构、出台政策法规、搭建信用平台、征集信用信息、推动行业信用建设、开展信用信息服务等。经过11年的不懈努力,郑州市社会信用体系建设取得了良好的实践成效,初步探索出一条具有自身特色的社会信用体系建设之路,但同时也面临着组织、制度、平台以及供需四大方面的困境。郑州市社会信用体系建设的探索实践及其面临的困境表明,社会信用体系建设是一项复杂的系统工程,涉及方方面面,基础性工作十分繁杂,需要着眼长远,科学规划,大胆探索,稳步推进。

关键词:
> 郑州市 社会信用体系 信用建设

社会信用体系是市场经济条件下,一个国家或地区范围内,由一系列与信用有关,相互联系、相互促进、相互影响的信用道德文化、法律法规、制度规范、组织形式、技术手段、运作工具和动作方式构成的综合系统[1]。信用作为重要的社会资本,是经济社会持续健康发展的重要基石。改革开放以来,我国经济社会发展取得了举世瞩目的成就,与此同时也面临日益复杂和严峻的社会

---

* 何水,博士,郑州大学公共管理学院副教授,社会管理河南省协同创新中心研究员。
[1] 陈建中等:《社会信用管理体系建设构想》,中国经济出版社,2009,第17页。

治理问题,信用问题便是其中之一。面对现实社会中不胜枚举的失信事实,已经不能简单地将其归咎于部分人道德水平的下降。实际上,广泛存在的信用失序在一定意义上正是经济社会发展与信用治理不同步导致的一种客观存在。正因此,在创新社会治理过程中,加强社会信用体系建设,已经刻不容缓。郑州作为河南省会,于2003年启动了社会信用体系建设工作。2006年5月,河南省人民政府印发的《河南省人民政府关于加强全省社会信用体系建设的指导意见》(豫政〔2006〕28号),将郑州市确定为全省社会信用体系建设4个试点城市之一。11年来,郑州市社会信用体系建设取得了积极进展和良好成效,初步探索出了一条具有自身特色的社会信用体系建设之路。鉴于此,对郑州市社会信用体系建设实践进行分析和透视无疑具有重要意义。

一 郑州市社会信用体系建设的探索历程

2003年10月,党的十六届三中全会通过的《中共中央关于完善社会主义市场经济体制若干问题的决定》明确提出"建立健全社会信用体系",强调"形成以道德为支撑、产权为基础、法律为保障的社会信用制度,是建设现代市场体系的必要条件,也是规范市场经济秩序的治本之策"。根据这一精神,郑州市人民政府于2003年年底开始着手在全市展开社会信用体系建设工作。此后11年里,郑州市社会信用体系建设先后经历了正式启动、稳步展开和全面推进三大阶段。

(一)正式启动阶段

2003年11月,为加强对社会信用体系建设工作的统筹协调和指导,建立有效工作机制,经中共郑州市委、郑州市人民政府研究,郑州市人民政府办公厅印发了《关于成立郑州市社会信用体系建设工作领导小组的通知》(郑政办文〔2003〕157号),成立了以市委常委、市政府常务副市长为组长,市政府副秘书长、市委组织部副部长、市统计局局长为副组长,市经贸委、财政局、监察局、人事局、工商局、质监局等32家市直机关、公用事业单位主要负责同志为成员的郑州市社会信用体系建设工作领导小组,并下设办公室(简称市信用办,设在市统计局)负责领导小组日常工作。同时,建立了由领导小组各成员单位分管副职参加的全市社会信用体系建设工作联席办公会议制度和具体工作人员组成的联络员制度。郑州市社会信用体系建设由此正式启动。

2003年12月,郑州市机构编制委员会印发了《关于建立郑州市社会信用服务中心的批复》(郑编〔2003〕101号),批准成立了规格为正科级的郑州市社会信用服务中心,作为郑州市社会信用体系建设常设具体工作机构,并将其职责规定为:"拟定包括企事业单位和企事业单位法定代表人、公民、政府机关、垂直经济管理部门等在内的信用联合征信业务的法规、规章制度,探索建立全市信用考核指标体系;依照有关规定征集、整合信用信息资源并进行信用等级综合评估,为社会和中介机构提供信用评级、信息发布、信息查询等服务;建立、管理和维护社会信用信息系统,及时更新数据库"。郑州市社会信用服务中心成立后,即着手展开了相关法规和规章拟定、郑州信用网站建设以及信用信息征集等一系列工作。

(二)稳步展开阶段

自2004年开始,郑州市社会信用体系建设进入稳步展开阶段。当年2月,中共郑州市委、郑州市人民政府印发了《关于"求真务实、加快发展"的若干意见(16项)的通知》(郑发〔2004〕7号),要求尽快建立郑州市企业及个人信用档案制度,并分别对企业及个人信用建立的原则、信用褒扬、警示名录的确定和披露以及使用范围提出了操作性意见。此后连续七年,社会信用体系建设作为重要内容被纳入郑州市委、郑州市人民政府优化经济发展环境的意见里。

2006年2月,中共郑州市委办公厅印发了《关于做好郑州市企业信用信息征集工作的通知》(郑办〔2006〕9号),正式启动了企业信用信息的征集工作。截至该年12月,郑州市社会信用服务中心共征集16413家企业和3076家事业单位的信用信息,其中基本注册登记信息132.4万条,良好信用记录2000条,不良信用记录3.5万条,财务经营信息5000条。

2007年10月15日,郑州市人民政府召开第90次常务会议,审议由市法制局和市信用办提交的《郑州市企业信用信息管理办法》,并于12月1日以政府令形式发布执行。该《办法》对企业信用信息的征集与整理、公开与使用以及法律责任等方面进行了明确规定。

2008年6月,郑州人民政府办公厅下发了《关于建立郑州市重点人群信用信息档案制度的通知》(郑政办明电〔2008〕98号),要求郑州市社会信用体系建设领导小组办公室会同市司法局、财政局、建委、河南保监局,在全市范围内,以律师、会计师、工程质量监理师、保险推销员等社会信用建设有重要影响的人群为主要对象,建立信用信息档案制度。

2008年7月,郑州市财政局和郑州市信用办联合下发了《关于印发〈郑州市政府采购中使用企业信用报告实施意见〉的通知》(郑财办购〔2008〕13号),规定自2008年9月1日起在政府采购领域中使用企业信用报告,郑州市由此成为河南省第一家在政府采购中使用信用产品的城市。此后,为保证出具信用报告工作的严谨性、公正性,郑州市社会信用服务中心专门研究制定了评价标准和评价工作规范。

(三)全面推进阶段

2010年1月,郑州市人民政府下发了《关于加快推进全市社会信用体系建设的通知》(郑政文〔2010〕25号),进一步明确了社会信用体系建设的指导思想、任务、措施等,并对国地税、工商、质监、食品药品监管、农业、物价、工程建设、旅游、房地产和金融等行业信用建设和县(市、区)社会信用体系建设提出明确要求。郑州市社会信用体系建设由此进入了全面推进的新阶段。

2011年6月,《郑州市国民经济和社会发展第十二个五年规划纲要》发布。该《纲要》明确提出,在"十二五"时期,要推进诚信郑州建设,加强诚信教育,通过多种形式广泛宣传,营造"守信光荣,失信可耻"的风气,强化市民诚实守信意识,为经济社会持续快速健康发展创造良好的环境;以企业信用信息和个人信用信息系统为基础,建立信用评价体系;规范信用信息的采集、使用和管理,培育和发展一批具有社会公信力的信用服务中介机构;建立健全守信受益、失信惩戒的信用管理制度。

2013年2月,郑州市人民政府办公厅下发了《关于印发郑州市创建国家诚信城市试点市工作方案的通知》（郑政办〔2013〕7号），再次对全市社会信用体系建设进行了全面部署。此后，郑州市分别召开了县（市、区）会议和市直各部门会议进行部署，各县（市、区）和市直部门纷纷出台文件，明确信用体系建设组织机构及责任分工，制定责任分解方案，对重点任务进行了明确，细化了实施步骤。这一过程中，为进一步扩大征信工作成果，建立全市统一的征信数据标准体系，郑州市社会信用服务中心结合县（市、区）实际情况，从通用性、实用性的角度出发，分别制定了《郑州市各县（市）企事业单位、个人信用信息指标目录》（郑信用办〔2013〕01号）和《郑州市各区企事业单位、个人信用信息指标目录》（郑信用办〔2013〕02号），推动所辖县（市、区）开展信用信息征集工作，建立县（市、区）信用信息数据库。以征集企业信用信息为突破口的大胆尝试，促进了郑州市信用中心与各县（市、区）信用中心的业务联动，为加快县（市、区）全面开展社会信用体系建设工作，创建国家诚信城市试点市奠定了基础。

二 郑州市社会信用体系建设的主要举措

经过11年的不懈努力，郑州市初步探索出了一条具有自身特色的社会信用体系建设之路。这一过程中，郑州市采取了多种有力举措推进社会信用体系建设。

（一）建立组织机构

郑州市早在2003年就成立了社会信用体系建设工作领导小组和领导小组办公室，建立并实施了全市社会信用体系建设工作联席办公会议制度和联络员制度；设立了作为信用体系建设常设具体工作机构的郑州市社会信用服务中心。此后，随着全市信用体系建设工作的进展、任务的增加、辐射面的拓展，郑州市又于2013年在全市所辖12个县（市、区）全部成立了开展此项工作的机构，从而形成了市、县两级工作机构的互联与对接。截至目前，郑州市社会信用体系建设领导小组成员单位已由原来的32家扩大到69家。社会信用体系建设工作领导机构的成立和办事机构的组建，为郑州市社会信用体系建设提供了组织保证,并形成了具有郑州特色的全方位、多层次、广覆盖的社会信用体系建设工作格局(见图1)。

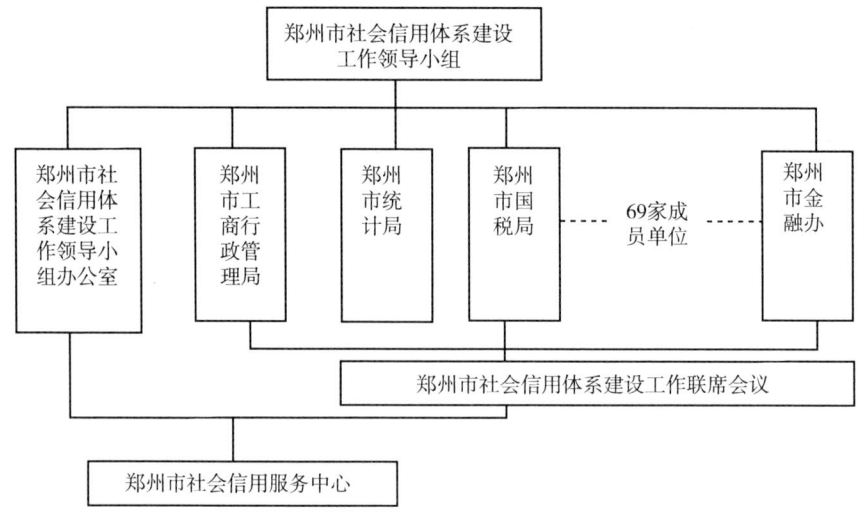

图1　郑州市社会信用体系建设组织架构图

(二)出台政策法规

为推进社会信用体系建设工作,郑州市先后出台了《关于"求真务实、加快发展"的若干意见(16项)的通知》、《关于印发〈郑州市政府采购中使用企业信用报告实施意见〉的通知》、《关于加快推进全市社会信用体系建设的通知》、《关于印发郑州市创建国家诚信城市试点市工作方案的通知》等一系列文件。特别是2007年12月1日正式颁布实施的《郑州市企业信用信息管理办法》,为全市企业信用信息的征集、整合和发布工作提供了有力保障。2010年,根据《郑州市人民政府办公厅关于2010年度政府规章立法后评估工作的通知》(郑政办文〔2010〕36号)精神,郑州市人民政府法制工作办公室和市信用办认真组织实施了对《办法》的立法后评估工作。在立法后评估基础上,郑州市社会信用服务中心对《郑州市企业信用信息管理办法》进行了细致分析研讨,并提出了修改意见,以期建立起覆盖全市企业和个人的信用监管机制、征集制度、评价制度、披露制度、服务制度、奖惩制度等,使之更加符合郑州市社会信用体系建设工作的发展现状,为全市社会信用体系建设工作的组织实施提供法律保障。鉴于《办法》作为地方行政规章约束效力有限,经公开征求社会公众意见和专家论证之后,郑州市人民政府于2013年向郑州市人大申报,建议将行政规章上升为地方性法规,目前该项工作已列入郑州市人大2014年地方性法规立法调研项目。

(三)搭建信用平台

郑州市社会信用服务中心组建后,着手探索建立郑州市社会信用信息系统,建设中心机房,并与专业软件公司合作,研发信用信息处理系统,搭建信用信息平台。2005年1月,"郑州信用网"正式开通,信用信息平台初步搭建成形。经过多年运行和不断升级,目前已构建起了具有高度安全性、扩展性、兼容性和服务性特征的"郑州市社会信用信息综合管理平台"。该平台为跨行业、跨部门、跨地域的信用信息资源交换与共享提供支持服务,为郑州市各级政府的社会管理、公共服务等提供信息交换和决策辅助。平台主要由"成员单位信用信息共享系统"、"企业信用申报系统"和"郑州信用网"网站三大部分构成。其中,"成员单位信用信息共享系统"主要为郑州市社会信用体系建设工作领导小组各成员单位的数据共享和查询提供服务;"企业信用申报系统"主要为企业信用信息报送、信用信息授权互查提供服务;"郑州信用网"则是郑州市社会信用体系建设的对外宣传服务窗口,网站同时集成了"成员单位信用信息共享系统"和"企业信用申报系统"的接口,以方便各单位和企业使用。

(四)征集信用信息

2006年正式启动企业信用信息征集工作以来,郑州市社会信用服务中心每年根据工作任务制定《郑州市企业信用信息征集目录》和《郑州市企业信用信息征集工作方案》,不断完善企业信用信息征集工作规范,加大征信工作力度,征信范围进一步扩大,征信指标不断丰富,信用数据库建设取得显著成效。征信指标从最初的17家成员单位发展到目前的40家成员单位,共有134个分类、1182项指标。其中,基础信息79类,主要包括市场主体的基本身信息、资质信息等；奖惩信息55类，主要包括工商、司法、税务、劳动保障等部门在行使职能过程中掌握的良好或不良信息等。此外，启动了对企业的直接征信工作，征信目录包括基本信息、资质品牌、经营发展、财务、信用记录五大类近500项征信指标。截至目前，全市统一信用数据库信息总条数近110万条，经过整合筛选，信息覆盖全市9万多家企业。在个人信用信息征集方面，郑州市社会信用服务中心于2008年开始展开重点人群的信用信息征集工作以来，目前已基本实现律师、会计师、资产评估师、工程质量监理师和金融产品营销人员等重点人群基础信用信息入库。

（五）推进行业信用建设

行业信用建设对促进行业守信自律、形成有效的市场约束具有极强的示范和辐射作用。郑州市房管局通过对开发企业良好信息和不良信息的细化和量化分值，将开发企业信用情况进行分级及网上公示，推进了郑州市房地产市场信用体系建设；郑州市环保局结合行政管理职能和审批权限，建立失信惩戒和守信激励机制，对信用好的企业在排污申报登记，排污许可证发放、环评审批等事项办理中给予优先办理、简化程序、"绿色通道"等便利和政策支持；郑州市司法局建立公证行业信用考核体系，将公证质量监督、诚信建设、职业道德建设和执业纪律相结合，对公证机构及公证员进行综合考评，坚决制止和严厉处罚不作为、乱作为等不正当竞争行为。此外，市国税局、市食品药品监督管理局、市城乡建设委员会等20家部门和事业单位均建立了信用管理机制。

（六）开展信用信息服务

随着郑州市社会信用体系建设工作的深入，郑州市社会信用服务中心的信用服务工作逐步展开，信用信息应用领域不断扩展。一是为政府各部门提供直接或间接的信用信息服务。郑州市社会信用服务中心在完成季度或年度征信后，将整合后的信用信息依据权限设置，返回给政府各个部门，政府各部门可以利用"郑州市社会信用信息综合管理平台"查询企业分布在其他部门的信用信息，为本部门开展社会管理提供参考。例如，"2012我心中的郑州市十大城市品牌"系列评选活动中，有近百家注册资金1000万以上的企业被提名，通过企业信用信息数据查询，其中23家企业因有信用记录负面信息而被直接取消参评资格。二是对政府采购企业进行信用评价服务。自2008年9月1日郑州市开始在政府采购领域中使用企业信用报告以来，郑州市社会信用服务中心对包括办公机具协议供货、公务汽车修理、公务接待、小型工程施工、装修及监理服务等12个项目的1200多家参与政府采购的企业开展了信用评价工作，免费出具信用报告。三是为社会公众提供信用信息查询服务。通过"郑州信用网"，社会公众可以查询所有入库企业和重点人群的基本信用信息。

三 郑州市社会信用体系建设的实践成效与现实问题

经过十一年的探索推进，郑州市社会信用体系建设工作取得了积极进展和良好成效，走在了河南省乃至中西部地区的前列。与此同时，郑州市社会信用体系建设也面临一些亟待解决的现实问题。

（一）实践成效

从现实观察来看，郑州市社会信用体系建设工作取得了积极进展，主要表现为组织体系基本形成、信用制度初步建立、信用平台搭建成形、征信工作有序进行、行业信用建设扎实推进以及信用服务逐步展开等方面。而随着社会信用体系建设工作的深入推进，广大企业和社会公众的信用意识在逐渐增强，逃废债务、制假售假、商业欺诈等突出问题得到一定程度缓解，全市社会信用状况在不断改善。以政府采购领域为例，投标企业日益重视自身信用状况，风险防控意识显著增强，信用状况不断好转。统计显示，2008~2013年，投标企业中BBB级以下级别企业逐年减少，A级以上企业比例有所提高。全市社会信用状况的改善，有力地规范了市场经济秩序，推动了郑州市经济社会的健康快速发展，增强了郑州城市综合竞争力。

郑州市社会信用体系建设不仅取得了良好的实践成效，相关工作还引起了一些媒体的关注和报道。例如，2008年11月5日，《中国财经报》发表了题为《打造诚信体系，信用与评标挂钩》的文章，对郑州市以促进诚信、规避风险为目标，自2008年9月开始在政府采购领域积极推行企业信用报告进行了报道和宣传；2009年4月29日，《中国财经报》刊登了题为《信用报告：企业竞标的重要砝码》的文章，对在政府采购领域积极推行企业信用报告的具体做法和取得的成效进行了深入的分析，并给予了充分肯定。

（二）现实问题

虽然郑州市社会信用体系建设取得了积极进展和良好的实践成效，但也必须看到，郑州市的社会信用体系建设与党中央、国务院对社会信用体系建设工作的要求以及国内发达省市如浙江、上海、深圳等地的社会信用体系建设相比，还存在一定的差距，在实践中也暴露出一些亟待解决的问题。

（1）组织困境。郑州市虽然成立了郑州市社会信用体系建设工作领导小组、设在郑州市统计局负责领导小组日常工作的市信用办以及作为常设具体工作机构的郑州市社会信用服务中心，但其组织建制、人员配备和经费配置决定了它们很难有效履行自身的职责。特别是目前郑州市社会信用体系建设监督管理主体和《郑州市企业信用信息管理办法》的执行主体不明确，郑州市信用办没有执法权和对违法部门、信用市场监督检查的监督管理权，无法监督法规的落实情况，从而造成管理上的断层，影响了《郑州市企业信用信息管理办法》的实施效果。

（2）制度困境。目前国家缺乏有关社会信用体系建设的明确上位法，河南省有关社会信用体系建设的相关法规、规章尚不健全，加之郑州市虽然出台了《郑州市企业信用信息管理办法》等规范性文件，但目前该《办法》对于各部门间企业信用信息整合与共享原则、程序及机制、信用信息使用中拥有良好或较差信用信息记录企业的激励与惩处措施等诸多方面并没有做出明确规定。因此，总体上看，目前郑州市社会信用体系建设的相关法规制度还不完备、法制环境还不完善，结果导致郑州市社会信用体系建设还面临不少制度方面的困境：一是征信机制不完善，信用信息征集、记录、披露和使用尚缺乏完备的法律法规支持；二是信用奖惩制度不到位，市场主体缺乏守信的内在激励；三是信用市场培育制度几乎空白，缺乏引导市场需求、扶持和规范信用服务机构方面的制度安排；四是信用建设工作的督查和考核制度仍未建立，尚未形成必要的工作合力等。

（3）平台困境。郑州市虽然已初步搭建了"郑州市社会信用信息综合管理平台"，但该平台的建设仍然面临一系列问题：一是缺乏有效的制度安排，社会资金难以进入，财政支持又不充分，"平台"面临可持续发展资金不足的问题；二是信息共享机制不完备，绝大多数成员单位缺乏报送信用信息的积极性；三是政府各部门之间的信息化水平存在较大差异，相当一部分政府部门的信息没有与平台信用信息系统实现实时交换，造成信用数据库信息完整性、及时性和准确性不足；四是联合征信平台建设管理制度不健全，各部门在平台建设、运行、维护和日常管理中的权责关系不明确，工作的积极性和主动性不足。

（4）供需困境。从现实观察来看，郑州信用服务市场总体上仍然面临供需双重不足的局面：一方面，信用产品供给主体有限，供给能力不强，供给的信用产品质量不高。作为公共信用服务机构的郑州市社会信用服务中心规模较小且专业人才不足，信用资源开发不够，供给的信用产品单一。而郑州市的社会信用服务中介机构又发展缓慢且从业人员的素质和业务水平参差不齐，整体发展水平较低，亟待规范并加强管理。另一方面，除政府采购领域之外，信用产品的社会需求总体不足，信用产品应用较少，信用市场活力有限。信用产品在政务、商务和金融活动中利用程度仍然偏低。企业的信用评级未能在其融资、交易等活动中充分发挥应有作用，社会和企业对信用产品的需求较为有限。社会公众仍习惯于现金交易，个人信用需求还刚刚起步。实践中，除非有强制性规定，否则企业和个人一般较少主动接受信用服务。

四 郑州市社会信用体系建设的启示

信用是个人立身之本、企业发展之基、国家兴旺之道。在全面建成小康社会的关键时期和深化改革开放的攻坚时期，必须充分认识社会治理创新过程中加强社会信用体系建设的重要性和紧迫性。郑州市社会信用体系建设的探索实践及其存在的上述问题启示我们，社会信用体系建设是一项复杂的系统工程，涉及方方面面，基础性工作十分繁杂，需要着眼长远，科学规划，大胆探索，稳步推进。这一过程中，尤其要注意以下五点：一是顶层设计。要注意制定和出台社会信用体系建设的总体方案及发展规划,明确社会信用体系建设的指导思想、建设原则、战略目标、发展阶段、基本框架及具体措施和保障,以指导各地、各部门的社会信用体系建设。二是法制保障。完备的法律法规是社会信用体系稳步推进的保障。社会信用体系建设必须以构建起一个包含规范征信活动、信息标准、共享与披露、信用奖惩、市场监管等内容在内的信用法律法规体系为前提和重点。三是政府推动。社会信用体系建设离不开政府的大力推动,特别是在社会信用体系建设初期,政府的组织协调、引导和支持作用至关重要。应注重发挥政府在制定规章制度、整合信用信息资源、搭建信用信息平台、引导信用需求、监管信用市场和培育发展信用服务机构等方面的作用。四是市场化运作。市场化运作是社会信用体系持续发展、长久运行的生命力所在。因此,在社会信用体系建设过程中,要大力培育信用服务机构,有效激发信用需求,发展壮大信用服务行业。五是营造氛围。社会信用体系建设离不开一个良好的社会环境基础。社会信用意识的提高、信用文化的提升是社会信用体系建设的内在动力。因此,社会信用体系建设过程中,应注重加大信用宣传和教育,营造良好氛围,积极动员社会各方资源和力量参与其中。

新郑市统筹城乡社会治理的实践探索

钟培武*

摘　要：

新郑市作为全国社会管理创新综合试点城市，坚持把民生优先的要求贯穿于社会治理创新工作中，通过教育、就业、医疗、住房、养老、服务组织建设等基本公共服务和社会治理的城乡统筹，经济社会发展取得了显著成效，有力促进了城乡一体化发展，增进了城乡社会和谐。新郑市的成功经验包括了实现从管理向服务的行政理念转换，以及突出社会治理中的群众主导和参与等方面。

关键词：

城乡统筹　社会治理　公共服务

2010年10月，新郑市被中央社会治安综合治理办公室列为全国35个社会管理创新综合试点城市之一。2011年1月，新郑市全面启动了社会治理创新综合试点工作。新郑市探索通过改善民生实现"社会+创新"，通过基本公共服务、就业服务、居民住房、医疗等方面城乡一体化探索，增进城乡社会和谐，实现教育、医疗、文化等公益事业基本实现均衡发展。新郑市统筹城乡促进社会治理创新的实践对于河南省社会治理创新具有重要的借鉴意义。本文通过介绍新郑市通过统筹城乡一体化社会治理的实践，总结新郑市在社会治理方面的典型经验，以期对河南省社会治理提供可资借鉴的经验。

---

* 钟培武，博士，郑州大学公共管理学院教师，社会管理河南省协同创新中心研究员，研究方向为城镇化。

一 新郑市统筹城乡一体化社会治理的背景

新郑市近年来经济发展迅速,县级财力充实,2012 年完成地区生产总值 486.3 亿元,财政总收入 72.48 亿元,是京广铁路以西为数不多的全国综合实力百强县市。从产业结构来看,2012 年新郑市第一、二、三产业增加值占地区生产总值的比重分别为 3.8%、72.3% 和 23.9%,处于典型的工业化发展阶段。新郑市是轩辕黄帝故里,传统文化氛围浓厚,民风淳朴,社会稳定。良好的经济条件和社会状况为加强和创新社会治理提供了坚实的经济社会基础。

新郑市经济社会发展中也面临着城乡二元化的问题,2012 年全市 68.7 万的总人口中,城镇人口占比仅为 47.4%,占比不到一半,低于郑州市的平均水平,城镇化的发展显著滞后于工业化进程,人口的城乡二元结构显著。随着经济社会的持续快速发展,新郑和全国其他地方一样,在经济社会发展活力得到极大释放的同时,在农村土地征用、城镇流动人口管理和城乡事务管理等方面也面临着社会矛盾增多、稳定压力增大等一系列社会治理问题,亟须创新社会治理,构建和谐社会关系。

作为一项复杂的系统工程,社会治理创新的终极目标,是要实现城乡百姓的安居乐业、社会的稳定有序和国家的长治久安。作为中原经济区有代表性的中小城市,为了加快现代化建设步伐,推进新型城镇化和新型工业化快速发展中的城乡和谐,化解社会矛盾,就必须统筹城乡经济社会发展,着力破除二元结构,实现城乡一体化。新郑市的创新实践是把统筹城乡社会发展、促进基本公共服务均等作为加强和创新社会治理的重要措施,通过把项目化管理和民生实事、城乡统筹有机结合起来,实现城乡基本公共服务均等化,推动城乡一体化健康发展,进而实现依托社会治理创新提升民生福祉,化解基层社会矛盾,实现城乡和谐。

二 新郑市社会治理创新的主要实践

新郑市在加强和创新社会治理过程中,坚持把工业与农业、城市与乡村、城镇居民与农村居民作为一个整体统筹规划,强力推进"民生优先、服务为先、基层在先"的社会治理城乡一体化,把统筹城乡社会发展、促进基本公共服务均等作为加强和创新社会治理的重要措施,着力构建城乡经济社会发展一体化新格局,通过推行"十个所有"惠民政策,抓好"十类人员"服务管理,积极探索城乡一体化的社会治理新模式,取得了阶段性成效。

(一)紧扣民生为本的社会治理和服务理念

坚持民生为本理念。从就业、医疗、住房、教育、养老等人民群众最关心、最直接、最迫切的事情入手,加大民生投入,实施"十个所有"惠民工程,一步一个脚印,扎扎实实地办好城乡居民看得见、摸得着、得实惠的实事好事。

坚持服务为先理念。以"一办十中心"建设为抓手,全面深化对流动人口、特殊人群、复转退军人、老年人、学前儿童、残疾人、青少年及在校学生、农村社区居民、"两新"组织人员、虚拟网络人群等"十类人员"的服务和管理,健全完善覆盖各类人群的社会服务管理体系,延伸服务触角,坚持面向基层、服务基层、强化基层,乡乡都有便民服务中心,村村都有"六护员",每个社区都有"六管员",形成"一条龙服务,一站式办公"的管理和运行机制,把服务体现在细微处,落实在最基层。

坚持产业为基理念。围绕经济的持续发展,既注重抓传统产业的改造提升,又注重抓高成长性产业发展和战略新兴产业培育,以食品、烟草、生物医药、商贸物流为主,注重配套产业发展,提升高端制造业和传统制造业,打造阳光产业、百年产业,发展乡镇和村组等农村各具特色的产业支撑。产业的发展提升和增强了地方经济实力,保障了社会建设的资金投入,为社会治理创新奠定了坚实的经济基础。

坚持法治为纲理念。高度重视依法治理,重视社会治理制度建设,推行"阳光政府"、"法治政府"建设,探索推行公共资源交易中心平台建设,政府所有的法律、法规及文件制定后都要经过新郑市法制办公室的把关,并为政府机关聘请法律顾问。推进"阳光司法",开展法律进机关、进乡村、进社区、进企业、进校园系列活动,形成了"四议两公开"工作法(农村所有村级重大事项在村党组织领导下,按照党支部提议、两委会商议、党员大会审议、村民代表会议或村民会议决议,决议公开、实施结果公开)等基层民主决策机制。

坚持文化为根理念。加强和创新社会治理,既要抓好经济建设和财富分配,又要抓好制度和文化建设,化解分歧,凝聚共识。新郑市的社会治理创新工作以文化为根、以文化为魂,以文化塑造城市品牌、熔铸城市精神,通过连年成功举办黄帝故里拜祖大典,弘扬中华传统优秀文化,增强城乡居民的精神认同感、和谐归属感和社会责任感,推动了社会治理创新从物质文明层面向精神文明层面升华。

坚持统筹为要理念。把统筹城乡作为加强和创新社会治理的重要方法和路径,把县域内的工业与农业、城市与乡村、城镇居民与农村居民作为一个有机整体,积极推进城市基础设施、城市管理、基本公共服务和社会保障、生产生活服务网络向农村和产城融合地区延伸,逐步缩小城乡差距、区域差距和收入分配差距,形成以中心城区为核心、以中心镇为支撑、以中心村为基点的社会治理创新整体格局。

(二)切实推进城乡基本公共服务一体化发展

新郑市在推进社会治理创新的实践中,紧密结合市情,贯彻落实"民生为本、统筹城乡"的社会发展理念,把保障和改善民生作为社会治理创新服务的根本任务,认真办好城乡居民看得见、摸得着、得实惠的实事好事,着力推进了城乡教育、就业、医疗、住房、养老、服务组织建设"六个一体化",充分体现基本公共服务的均衡性、基础性、保障性、普惠性和公益性,不断增强城乡群众的安全感、归属感和幸福感,增进城乡发展和谐,从源头上化解社会矛盾和纠纷。

1. 统筹教育资源配置一体化,让城乡居民学有所教

在现代社会,实现发展机会公平,特别是教育机会公平是促进社会公平公正的核心和基础,新郑市大力促进城乡教育资源的均衡发展,在全省带头探索推进从小学到高中的"十二年"免费教育。2007年新郑市在河南率先实现了免费义务教育和免费职业教育,落实中等职业学校助学金和免学费补助1500

余万元,惠及学生6000多人。2011年开始,市财政每年增加投入3000多万元,又免除了普通高中学生的扩招费、学杂费和住宿费,共使约2万名适龄学生享受到了免费的高中段教育,全面实现了真正的12年免费教育,惠及9万多名新郑适龄青少年。新郑实行公共教育资源的均等配置,全市实现中小学基础教育设施统一改造、教师统一调配、生源统一均分、保安统一选派。目前,新郑市的城镇和乡村义务教育阶段学校基本无差别,办学水平基本无差异,教师学生基本不择校,所有青少年不论城乡,均能平等享有优质均衡的十二年免费教育。

新郑市还努力实现学前教育资源配置合理、均等,重视和加大了公办幼儿园的建设。大力促进城乡学龄前教育的均衡发展,市财政全额经费保障的公办幼儿园覆盖了全部的15个乡镇和街道,通过实施"学前教育三年行动计划"和优质学前教育资源倍增工程,2011年新建农村公办幼儿园11所,全市城乡70%以上适龄儿童可进入公办幼儿园。通过对城乡教育同等加大投入、同步改善环境,有效提高了城乡学校教学质量,新郑市高考成绩连续20年位居郑州六县(市)之首,获得全国推进义务教育均衡发展先进地区等称号。

新郑市在实现城乡教育均等化发展、提升从幼儿园到高中阶段的教学质量的同时,还积极推进青少年全面教育服务。目前,所有中学都配备了法制副校长、专职法制教师和心理学教师,建设了预防青少年违法犯罪教育培训中心和生产实践基地、拓展训练基地,所有乡镇都建立了"留守儿童之家"和"情感驿站"。2012年对350多名因家庭困难、不良习惯等原因产生厌学倾向的初中毕业生,按照"一个都不能少,哪里流失哪里找"的原则,实行家庭、学校、社会三方负责制,尽最大努力让他们回到校园,目前已有200多名孩子得以继续进入高中学习。

2. 统筹就业服务一体化,让城乡居民平等就业

就业为民生之本,也是推动和促进人口城镇化的核心因素。针对城乡就业服务的二元化现象,新郑市依托位于郑州市郊和航空港区的地理区位优势,以科学大发展带动城乡就业,实施新郑新城、龙湖宜居教育城、新港产业集聚区等促进城乡一体化发展的十大工程,引进中石油、中储粮等实力雄厚的央企和一批劳动密集型企业外来投资企业,扶持发展本地企业,实施5个万亩农用机井综合升级改造、1500公里城乡道路新修改造等基础设施项目。城乡企业的壮大、产业的发展和基础设施项目的建设，大幅提升了城乡产业的就业吸纳能力，带动了10多万农村富余劳动力转移就业，其中仅本地上市企业"好想你"枣业公司就带动近万人就业。

新郑市还以政策扶持促进就业。建立了集就业服务、指导培训、劳动维权等于一体的市、乡、村三级就业服务网络。坚持以创业促就业，完善创业扶持政策，对有创业愿望和具备创业条件的城乡创业人员，全部纳入小额担保贷款政策扶持范围，在政策、资金、技术等方面对创业人员给予支持。2011年共发放小额担保贷款1亿余元，带动约7000人以创业实现就业。对城乡劳动者实行同等的免费技能培训、免费推荐就业的"双免政策"。2011年共完成农村劳动力专业技能培训、新生劳动力就业培训、企业职工岗位技能提升培训近18000人，推荐就业岗位26000余个。对复转退军人，优先享受"双免"政策，不断拓宽安置渠道；对城乡所有残疾人提供劳动能力评估、求职登记、技能培训、职业介绍、技能鉴定、康复指导等服务，努力帮助他们解决就业方面困难。

对低技能、低收入群体，新郑市以政府购买公益服务等方式保障就业。通过设立交通协管员、治安辅助员、保洁员、机关事业单位后勤服务等方式，共开发了2000多个城乡公共服务类公益性岗位。市财政设立专项资金购买公益服务，着重保障城乡"零就业家庭"、"4050"人员，2011年公益性岗位人员每月社保补贴从337元提高到380元、岗位补贴从400元提高到540元。在农村，通过发展现代高效农业和畜牧养殖业，发展第二、三产业，安排"六护员"等农村公益性岗位，拓宽就业渠道，实现农村富余劳动力等就业，让农民群众在家门口就近就业，确保新型农村社区每户至少有一个非农岗位，被评为全国农村劳动力转移就业示范县。这些城乡就业服务一体化政策的实施，不仅有效解决了城镇化加速推进过程中大批农村富余劳动力转移就业问题，有效缓解了城镇就业压力、缩小了城乡居民收入差距，更使一批生活相对困难的群众感受到了党和政府的温暖。

3. 统筹医疗保障一体化，让城乡居民病有所医

全面推行新型医保，按照"人人都能享有医疗保障的社会性公平"的目标，在基本实现城镇医保全覆盖的基础上，大力推行新型农村合作医疗。全市共有 50 多万人"参合"，"参合"率达到 99% 以上。对"五保"、低保、重点优抚对象等部分困难群众，由市财政负责全额资助参加新农合或城镇居民医保，进一步提高了特困家庭医疗救助报销比例。

着力改善就医环境，统筹推进乡镇卫生院改造和村卫生室、社区卫生服务中心标准化建设，建立健全突发公共卫生事件应急体系和市、乡镇（街道）、村（社区）三级医疗保障体系。全市共有市级综合性医院 5 家、乡镇卫生院 12 个、社区卫生服务中心 4 个、村卫生所（室）300 多个，基本实现城乡居民"小病不出村（社区）、大病不出市"。

注重强化片医服务，在城乡推行片医制度，成立了 300 多个片医小组，组建了 1000 余人的片医团队，把城区社区卫生服务中心和片医负责制服务模式向农村延伸，不仅满足了各类人群不同的需求，提高了城乡居民健康水平，而且实现了从"以疾病为中心"向"以健康为中心"的转变。为 60 多万城乡居民普遍建立了健康档案，建档率达 99% 以上，初步实现了"健康档案有人建、预防保健有人管、小病能够及时看、大病帮着转医院"。通过统一筹资标准，统一个人缴费，统一报销比例，统一基本药物目录，着力消除城乡二元医疗保险制度差别，推行全市城乡居民合作医疗制度，对城镇居民按照新农合筹资标准进行筹资，使城乡居民享受更高的补偿水平，享受更好的惠民政策，也让城乡居民看病就医更加方便、更加快捷，大大提高了医疗卫生公共服务的保障水平。

4. 统筹居民住房保障一体化，让城乡居民住有所居

顺应人民群众对"优质生活住处、优质公共配套设施、优质选择性消费"的新期待，新郑市大力建设宜居新型社区。将中心城区、龙湖宜居教育城等作为新型城市社区建设试点，选择薛店、辛店等重点乡镇作为新型城镇社区建设试点，由市财政出资对全市 300 多个行政村统一规划整合为 146 个行政村，重点规划建设 33 个城乡新型社区，"十二五"期间将建成 10 个万人规模的新型社区。政策推进过程中，坚持规划设计、基础设施、生态绿化、文化教育、社区服务"五个先行"，积极探索以"土地流转置换社会保障、宅基证置换房产证、农村户口置换居民户口"模式。与此同时，每年有计划、有重点地在城区选择3~5个城中村,在农村选择7个偏远村、贫困村进行重点改造,加大水电路等公共设施投入,改善人居环境。

积极兴建保障性住房工程。在坚持廉租补贴为主、实物配租为辅的住房保障基础上,投资4.6亿元建设畅馨苑保障性安居工程,一期建成保障性住房1068套,首批户主已入住,逐步使符合条件的低收入家庭享受经济适用房、廉租房带来的实惠。对因灾造成房屋倒塌无自救能力的群众实施"温暖工程",由政府出资帮建3间房屋,不仅实现"居者有其屋"的要求,还实现"居者优其屋"的愿望。

科学建设移民安置新村。按照"搬得出、稳得住、能发展、快致富"的要求,认真落实省、郑州市南水北调移民安置优惠政策,建设6个移民新村(社区),1100多户、4600多名群众已全部搬进新居。城乡住房保障措施的实施,既加快了农村人口向城市转移并顺利融入城市,又加快了农村土地向集约化经营转变。

新郑市还积极鼓励建设职工公寓和公共租赁住房,推行以用工企业和房地产企业为主,政府参与的模式,解决外来务工人员和服务业从业人群的住房困难问题;加快经适房和廉租房建设,逐步把在城市有就业渠道的农村居民纳入经适房和廉租房体系。

5. 统筹养老服务保障一体化,让城乡居民老有所养

目前,新郑市现有人口60多万,60岁以上老人9万余人,占全市总人口的13.6%,已超过国际老龄化社会10%的标准。面对老龄化进程不断加快、家庭养老服务功能逐渐减弱、社会养老需求不断增加、养老费用无法承受等新形势,新郑市以孤寡老人、空巢老人和社会老人为重点,探索实践了一条与市场经济相适应的运作方式市场化、服务对象大众化、服务机构网络化、管理方式规范化、养老服务社会化的新路子,让老年人养老有去处、服务有平台、待遇有保障。

首先是构建城乡均等的养老服务政策体系,从2009年开始,财政每年投资500多万元,让城乡60岁以上老人都可以免费乘坐城乡公交车。全面推行城乡居民社会养老保险制度,全市共有30多万人参加养老保险制度,7万多名符合参保条件的60岁以上城乡老人全部享受养老保险待遇。全市60岁以上老人，不论城乡户籍身份，均可每2年接受一次免费体检，并按年龄段领取高龄补贴。

加强养老服务基础设施的建设投入。探索市区建设老年人服务中心、光荣院、社会福利院，乡镇敬老院增设老年公寓，新型社区配建托老站、村组兴建幸福院的运作模式，让优质养老资源惠及更多群众，初步形成了"居家养老为基础、社区养老为依托、机构养老为补充"的普惠型养老体系。投资3000多万元建成了集办证服务、老年教育、文体活动等功能于一体的市老年人服务中心，投资2000多万元建设了拥有300张床位、以养老等功能为主的社会福利院，近年来投资6000多万元加强了乡镇敬老院标准化建设，新建5所敬老院，新增养老床位2000张。在保证1600多名"五保"老人集中供养的前提下，积极探索敬老院利用闲置资源增设老年公寓的"一院两用"机制，在新型社区和城中村改造中建设老年幸福院，为入住的空巢老人提供日常照顾、餐饮健身等服务。

下一步还将对公共服务延伸、方便群众等领域进行探索。例如，目前郑州市确定代办城乡居民社会养老保险的银行网点在新郑只有14个，且只有4个乡镇有代办的银行网点，面对每年30多万人的缴费、7.5万老人的取现，网点的缺少、分布不均给群众带来诸多不便。今后将探索两种代办模式：由村三资管理服务中心和银行、管理机构对接代办模式，办理辖区内群众城乡居民社会养老保险缴费、领取；由邮政储蓄银行在村（社区）设置代办点模式，为群众提供贴心、方便的代办服务。通过上述政策措施，统筹城乡养老服务保障的均衡发展。

6. 统筹社会治理服务组织建设一体化，整体推进城乡社会治理创新

按照"条块融合、网格化管理，上下联动、差异化职责"的要求，整合资源，以市社会治理综合治理指挥中心为第一级网格，以乡镇、街道办事处为第二级网格，以行政村为第三级网格，以村民组为第四级网格，建立健全网格化管理工作队伍、工作平台和运行机制，构建"横向到边、纵向到底"的信息平台管理模式，通过群众反映信息和网格主动收集信息相互补充、相互配合，形成"高效率、低成本"的网格化管理运行机制。

结合基层社会治理实际，压缩管理层次，增加管理幅度，探索市区社会治理服务机构的扁平化管理，在市一级层面积极推进"一办十中心"建设。结合事业单位改革，在编制不突破、机构不增加前提下，整合社会治理服务资源，建设新郑市社会管理综合治理委员会办公室和"110"服务、矛盾纠纷调解、老年人服务、青少年及大学生服务、"两新"组织服务、残疾人服务、就业社保服务、信访接待服务、虚拟网络管理服务、特殊群体帮教服务等十个中心，建立高效便捷的社会治理服务平台。2011年5月，新郑市成立了110服务中心，依托公安局110这个方便快捷、群众依赖的特殊号码，融合"网格化管理、组团式服务"信息系统，建立以110为统一呼号的社会治理服务平台，实行24小时工作制。中心整合全市63个职能部门及各类社会服务热线，从与民生密切相关的职能部门抽调人员，实行统一管理、统一接警、统一受理、统一交办、统一督查、统一反馈，实现了信息共享、综合联动、便民安民，按照"资源整合、信息共享、方便群众"的原则，将全市关系民生的各职能部门资源高度整合，将网吧、学校、森林、防爆等集中到可视管理平台上。接警台可接受多路报警电话，同时对全市警力指挥调度，图像监控系统可支持1300个摄像头同时传输并储存图像。对110指挥中心接到的非警务报警、群众反映的生产生活问题和各类热点难点问题，集中受理，归纳分类，按照"谁主管、谁负责"和"属地管理"原则进行交办督办，形成一个管用、有效、便捷的应急服务平台。服务中心成立以来，共接受群众求助信息16000多条，回访满意率约为98%。市矛盾纠纷调解中心，积极探索和推行人民调解、行政调解和司法调解"三调联动"工作机制，免费为涉法涉诉当事人搞好咨询、服务和调解，从源头上减少和预防了涉法涉诉信访案件的发生。近两年以来，刑事附带民事案件的调撤率达90%，一般民事纠纷调成率达70%。

在乡镇（街道）一级推进社会治理服务平台建设。成立由党（工）委书记任主任，乡镇长（街道办事处主任）为第一副主任的社会治理综合治理委员会及其办公室，统筹协调社会治理、便民服务、信访稳定、人民调解、治安防范、人民武装等工作。把"一办十中心"服务职能向基层延伸，整合信访、公安、司法、武装等部门职能，建立了乡镇综治中心，负责为群众提供政策宣传、来访接待、矛盾调解、治安巡防、受理查处刑事民事案件等服务。整合计生、民政、土地及社会保障等站所职能，建立为民服务中心和民调中心，为辖区居民提供养老保险、医疗保险、民事调解、民政救助、法律咨询、婚姻家庭咨询、信访求助等一站式办公、一条龙服务。目前,全市15个乡镇(街道)综治中心、为民服务中心和民调中心运转顺利。

在村(社区)一级推进服务管理组织规范化建设。积极推进社区服务标准化体系建设,开展了"星级"社区创建活动,市财政每年出资1000多万元,配备社区治安巡防、文化宣传、民调民政、设施维护、环境保洁、卫生防疫等"六管员"队伍。全面推行社区规范化建设、人性化服务、精细化管理,合理设置服务窗口,全市30个社区均成立了为民服务站,规范服务标准和工作流程,延伸覆盖公共服务,努力构建村(社区)党组织、村(居委会)、为民服务站与物业公司"四位一体、齐抓共管"的服务管理模式。选派320余名正科级以上干部到全市所有村(社区)兼职挂职,选出了新一届村两委班子,夯实基层组织基础。构建了"综治办总协调、乡镇有管护站、村级有六护员、社区有六管员"的公益事业服务组织体系,社会治理和公共服务触角深入到城乡基层,做到管理更加有序,服务更加到位。

探索虚拟与现实社会同步管理机制。成立各单位共同参与的虚拟社会综合管理机构,建立70人的专职网管队伍,把网民当暂住人口来管,把"论坛版主"当业主来管,建立健全网上舆情监测研判和快速反应机制,努力实现虚拟社会和现实社会同步管理。强化矛盾纠纷联调稳控机制。依托市信访接待服务中心和矛盾纠纷调解中心,落实每月15日领导干部下访、党政干部每日定点接访和群众家访等制度,设立特殊疑难信访问题救助专项基金,探索人民调解、行政调解和司法调解"三调联动"工作机制。成立100人的专职应急服务、600多人的城乡(社区)巡防、1000多人的民调等队伍,确保应对突发性事件时拉得出、调得动、稳得住。

在流动人口服务管理方面,实行从"户籍管理"到"行迹管理",探索"以证管人、以房管人、以业管人、以校管人"模式,建立了覆盖辖区所有人员的动态管理体系,全市暂住流动人口17万人,登记率达98%以上。在"两劳"人员服务管理方面,对无家可归、无业可就、无亲可投的刑满释解人员进行安置救助,对440多名社区服刑人员建立矫正信息管理系统,促其顺利回归和融入社会。在残疾人及精神病人服务管理方面,完善对残疾人的康复指导、就业培训、推荐就业等各项服务,全市所有乡镇、街道办事处均完成了康复服务室建设并配备康复设备,共培训残疾人1000名,推荐并安排就业740多名。对重症精神病人实行政府监管和家庭监管并重,防止此类人员的治安刑事案件的发生。在复转退军人服务管理方面,做好复转退军人的接收安置工作,鼓励其自谋职业、自主创业,并对城乡退役士兵实行免费技能培训。

在"两新"组织人员服务管理方面,依靠基层党组织、行业管理组织、基层群众自治性组织,支持"两新"组织参与公共服务和社会治理,全市登记注册新社会组织128家、从业人员5000多人,各类行业协会15家。新经济组织个体工商户5万多家、私营企业1900多家,从业人员20万人。在农村及社区群众服务管理方面,坚持"新农村建设到哪里、社会治理就推进到哪里,新型社区建设到哪里、社会化服务就跟进到哪里"的原则,积极推行社区党组织、居委会、服务站与物业公司"四位一体、齐抓共管"的服务管理模式,全市30个社区均成立为民服务站,使社区成为解决社会问题的主要阵地、社区服务站成为群众安居乐业的幸福港湾。

三 新郑市社会治理创新的启示

一是实现从管理向服务的行政理念转换。新郑市作为全国35个综合试点市之一,通过社会治理创新,不仅实现了从社会治安管控到综合社会治理模式的转变,更是基于城乡基本公共服务均等化,结合自身实际,深化了地方服务型政府职能转型,是服务型行政理念在社会治理方面的生动实践。新郑市坚持用工作方式创新推动社会治理创新,牢牢把握"分类指导、重心下移"的服务理念,通过优化城乡基本公共服务制度和机制安排,在优质行政服务中实施管理,在最快的时间里解决反映的问题,将可能激化社会矛盾的因素消弭在萌芽状态,解决影响社会和谐稳定的源头性、根本性、基础性问题。社会治理创新试点工作开展以来,新郑市没有发生一起重大集体越级上访事件,没有发生一起重大刑事治安案件,没有发生一起重特大群体性事件,没有发生一起重特大安全生产事故。

二是突出社会治理中的群众主导和参与。群众参与是做好社会治理创新的保障，群众满意则是社会治理创新的衡量标准。新郑社会治理创新主要发力点正是基于群众利益，体现以人为本，紧紧围绕城乡群众的切身利益开展工作。从"柴米油盐酱醋茶、衣食住行医教保"等事情入手，着力解决好社会治理各种源头性、基础性问题，推动城乡公共服务均等化，让改革发展成果落实到广大群众的民生福祉上。将社会治理创新的重点放在社会民生工作，打造人性化的公共服务体系。社会治理创新如果脱离群众就没有基础，群众满意是社会治理创新的衡量标准，必须始终坚持充分尊重人、理解人、关心人，寓管理于服务之中，让人民群众自觉接受管理、主动配合管理、积极参与管理。新郑市把群众意愿与社会治理创新紧密结合起来，畅通群众诉求渠道，创新服务群众载体，为全市所有村（社区）选派支部第一书记，赢得了群众的理解支持和一致好评。

三是注重治理创新的社会组织建设。政府组织既扮演管理者的角色，更发挥着服务主体的功能，社会治理要以人为本，让各类社会组织发挥积极职能，以实现不同社会群体的相互包容与和谐共处，形成一种政府、公众和社会之间的良性互动关系。改革开放以来，我国大量的"单位人"变成了"社会人"，单位组织形式的进一步弱化和人员流动性的不断增强，使得社会再组织成为当前加强社会治理的重要任务。新郑市实施网格化管理，构建了"横向到边、纵向到底"的信息平台管理模式，通过群众反映信息和网格主动收集信息相互补充、相互配合，形成"高效率、低成本"的网格化管理运行机制。结合基层社会治理实际，压缩管理层次，增加管理幅度，在市一级层面积极推进"一办十中心"建设，通过健全基层社会组织建设，将各类城乡人员有效纳入了社会治理范畴。

四是注重社会治理创新的制度化建设。新郑市紧密结合当地实际，完善"党委领导、政府负责、社会协同、公众参与"的社会治理格局，强化制度和体制机制建设。成立由党政主要领导担任正副组长的领导小组及办事机构，纳入党政领导干部政绩考核指标体系，充分发挥综合治理的体制优势。完善社会治理创新的规划和机制，建立长效工作机制。新郑市把加强和创新社会治理纳入全市国民经济和社会发展第十二个五年总体规划纲要，确定了建设全国社会管理创新示范城市的战略定位，科学编制了《新郑市加强和创新社会管理规划纲要（2012~2015年）》，推动社会治理创新工作持续、系统开展。深化社会治理创新的配套政策，制定具体的政策实施意见，明确指导思想、目标任务、工作原则和方法步骤，加大政府财政预算投入。先后制定了《加快推进社会管理创新工作的若干意见》、《加强和创新社会管理工作的实施意见》、《加强和创新社会管理工作实施方案》、《社会管理创新项目规范化管理指导意见》和《社会管理创新项目建设评查机制》等一系列文件，将社会治理创新工作量化为具体的项目，推动了工作落实。

五是注重社会治理创新的经济基础。坚持转变经济发展方式与转变社会治理方式并举，既注重"做大蛋糕"，又注重"分好蛋糕"，实现经济建设与社会建设协调发展、互促共进。社会治理创新工作涉及方方面面，新郑市把社会治理创新与经济社会发展、新型城镇化建设有机结合，科学谋划，系统设计，统筹推进。以民生为本的社会治理需要大量的财政投入，离不开持续快速发展的市域经济，新郑市按照"做优一产、做强二产、做大三产"的思路，加快产业结构调整，为持续推进社会治理创新提供强有力的经济和财力支持。同时，新郑市加快新型城镇化建设，为持续推进社会治理创新提供基础格局，按照"合理的城镇体系、合理的人口分布、合理的产业布局、合理的就业结构"要求，着力构建以中心城区为核心、以中小城市组团和中心镇为支撑、以中心村新型农村社区为基点的城乡发展格局，推进城市基础设施、城市管理、基本公共服务和社会保障、生产生活服务网络向农村和产城融合地区延伸，努力实现同步发展、协调发展。

图书在版编目（CIP）数据

河南社会治理发展报告. 2014/郑永扣主编. —北京：社会科学文献出版社，2014.6
（社会管理河南省协同创新中心智库丛书）
ISBN 978-7-5097-6123-6

Ⅰ.①河… Ⅱ.①郑… Ⅲ.①社会管理-研究报告-河南省-2014 Ⅳ.①D676.1

中国版本图书馆 CIP 数据核字（2014）第 118029 号

·社会管理河南省协同创新中心智库丛书·
河南社会治理发展报告（2014）

主　　编 / 郑永扣
副 主 编 / 郑志龙　刘学民　高卫星　樊红敏

出 版 人 / 谢寿光
出 版 者 / 社会科学文献出版社
地　　址 / 北京市西城区北三环中路甲29号院3号楼华龙大厦
邮政编码 / 100029

责任部门 / 皮书出版分社（010）59367127　　　责任编辑 / 郑庆寰　陈　颖
电子信箱 / pishubu@ssap.cn　　　　　　　　　责任校对 / 介慧萍
项目统筹 / 邓泳红　　　　　　　　　　　　　　责任印制 / 岳　阳
经　　销 / 社会科学文献出版社市场营销中心（010）59367081　59367089
读者服务 / 读者服务中心（010）59367028

印　　装 / 北京季蜂印刷有限公司
开　　本 / 787mm×1092mm　1/16　　　　　　印　　张 / 23.25
版　　次 / 2014年6月第1版　　　　　　　　　字　　数 / 377千字
印　　次 / 2014年6月第1次印刷
书　　号 / ISBN 978-7-5097-6123-6
定　　价 / 79.00元

本书如有破损、缺页、装订错误，请与本社读者服务中心联系更换
版权所有　翻印必究